Le présent ouvrage a été publié
avec le soutien de
l'Académie Nicaraguayenne de la Langue
ANL

"En espiritu unido, en espiritu y ansias y lengua."

La Collection "*Travaux Panofskiens*" est dédiée à l'étude des oeuvres d'art de la période moderne (XIIème-XVIIIème siècles) et de la période contemporaine (XIXème-XXIème siècles), à partir de plusieurs concepts des études de l'École de Warburg, notamment représentés dans les travaux de son principal représentant Erwin Panofsky. Ces concepts sont les suivants:
La transmission des symboles culturels entre les époques, et la permanence de leur représentation;
L'étude des oeuvres d'art comme matériel pour comprendre leur époque et l'histoire des mentalités qui y est liée, c'est-à-dire, inversement, les idées, les pratiques et les moeurs, que révèlent les oeuvres d'art;
En ce sens, l'interaction entre les cosmos de cultures profane et religieuse, d'une part, et populaire, cultivée et savante, d'autre part.
Le principal apport de la présente Collection, ou son principal projet en tous cas, est d'aborder, non seulement les oeuvres de l'époque moderne, champ d'étude particulier de l'École de Warburg et de Panofsky, mais d'amplifier cedit champ à celui de la contemporanéité, en particulier des avant-gardes, afin, non seulement d'appliquer la méthode panofskienne à l'art contemporain, mais encore pour en expérimenter la pertinence dans le cadre visuel de la non figuration et de l'abstraction (soit-elle, celle-ci, thématique ou formelle).

Dr. N.-B. Barbe

Norbert-Bertrand Barbe
Membre Honoraire de
l'Académie Nicaraguayenne de la Langue

PLUS 4'33" de JOHN CAGE une étude sur le silence

ISBN: 978-2-35424-224-4

Collection "*Travaux Panofskiens*"

© 2019, Bès Editions

Toute reproduction intégrale ou partielle du présent ouvrage, faite par quelque procédé que ce soit, sans le consentement de l'auteur ou de ses ayants cause, est illicite et constitue une contrefaçon sanctionnée par les articles L.335-2 et suivants du Code de la propriété intellectuelle.

"Toma un segundo vaso de agua y sale. Son las siete de la mañana. En la planta baja del Jaragua la asalta el ruido, esa atmósfera ya familiar de voces, motores, radios a todo volumen, merengues, salsas, danzones y boleros, o rock y rap, mezclados, agrediéndose y agrediéndola con su chillería. Caos animado, necesidad profunda de aturdirse para no pensar y acaso ni siquiera sentir, del que fue tu pueblo, Urania. También, explosión de vida salvaje, indemne a las oleadas de modernización. Algo en los dominicanos se aferra a esa forma prerracional, mágica: ese apetito por el ruido. («Por el ruido, no por la música.»)
No recuerda que, cuando ella era niña y Santo Domingo se llamaba Ciudad Trujillo, hubiera un bullicio semejante en la calle. Tal vez no lo había; tal vez, treinta y cinco años atrás, cuando la ciudad era tres o cuatro veces más pequeña, provinciana, aislada y aletargada por el miedo y el servilismo, y tenía el alma encogida de reverencia y pánico al jefe, al Generalísimo, al Benefactor, al Padre de la Patria Nueva, a Su Excelencia el Doctor Rafael Leonidas Trujillo Molina, era más callada, menos frenética. Hoy, todos los sonidos de la vida, motores de automóviles, casetes, discos, radios, bocinas, ladridos, gruñidos, voces humanas, parecen a todo volumen, manifestándose al máximo de su capacidad de ruido vocal, mecánico, digital o animal (los perros ladran más fuerte y los pájaros pían con más ganas). ¡Y que New York tenga fama de ruidosa! Nunca, en sus diez años de Manhattan, han registrado sus oídos nada que se parezca a esta sinfonía brutal, desafinada, en la que está inmersa hace tres días."

(Mario Vargas Llosa, *La Fiesta del Chivo*, cap. I)

"There's music in the sighing of a reed;
There's music in the gushing of a rill;
There's music in all things, if men had ears:
Their earth is but an echo of the spheres."
(Lord Byron, Don Juan,
Canto the Fifteenth, V)

SOMMAIRE

I. ÉTUDE LOGIQUE — 1

1. L'intégration performative des musiciens dans le morceau — 1
2. Le silence dans le morceau — 4
2.a. Les antécédents — 4
2.b. La question du bruit dans le morceau — 6
2.c. La musique dans le morceau — 14
2.d. *4'33"* dans l'oeuvre de Cage — 17
3. La performance dans le morceau — 21
3.a. Le morceau et le principe de *happening* — 21
3.b. La participation du public dans le morceau — 29
4. La philosophie du morceau — 30
4.a. Le bruitisme — 31
4.b. Rauschenberg et le vide — 31
4.c. Le *I Ching* — 38
4.c.1. Le néant — 42
4.c.2. Le *Soi* et le bruit du vent au travers de l'herbe — 47
4.c.3. Le morceau de Cage comme abolition futuriste du *Je* — 49
4.c.4. Le morceau de Cage comme abolition bouddhiste du *Soi* et expression du *Tathatā* — 54
4.c.5. La numérologie, entre le zéro et le un — 58

II. ÉTUDE GÉNÉTIQUE — 62

1. Une approche visuelle des partitions de John Cage: étude ésotérique et comparative — 62
2. John Cage et Marcel Duchamp — 69
3. John Cage, Luigi Russolo et Adolf Loos — 81
3.a. Et le discours civilisatoire des avant-gardes — 81

3.b. Un processus de destruction, "*et vice-versa, et inversement*"   87
4. John Cage, le jazz et les objets   89
5. Et le zen, dans tout ça?   103

III. Conclusion générale au volume   129

Notes   132

4'33" de John Cage: Une étude sur le Silence

"The silence often of pure innocence persuades when speaking fails."
(William Shakespeare, Winter's Tale, Acte II, Scène 2)[1]

I. ÉTUDE LOGIQUE

Si l'on essaie de comprendre le morceau *4'33"* (1952) de John Cage, il semble *a priori* nous renvoyer à la question du silence comme élément performatif.

Toutefois, recontextualisé, il semble que cette première interprétation, pas entièrement fausse, n'est pas non plus totalement correcte.

1. L'intégration performative des musiciens dans le morceau

Ce morceau entre en jeu avec de nombreuses compositions dans l'oeuvre de Cage, d'un point de vue de la structure et sa construction[2]. Toutefois, n'étant pas notre propos ici faire une histoire de la musique, et n'étant par ailleurs pas musicologue, nous nous contenterons d'aborder, uniquement, dans la présente étude, la question de l'usage du silence (non la question du silence en soi, notons-le[3]) dans *4'33"*.

"*In general, Cage's concert works for the prepared piano contain more contrasting materials and a far broader range of expression than his dance works. For example, each of the six movements in The Perilous Night creates its own atmosphere and expressive world through timbral contrast, shifts in dynamics, and rhythmic variety. Nine of the ten ten-measure units in the first movement contain an empty seventh measure. During the 1940s silence played an increasingly important role in Cage's music, a tendency that culminated in 4'33" (1952), Cage's famous "silent" piece. Several of the movements also anticipate other works. The 6 × 6-measure second movement is a miniature perpetuum mobile, much in the same manner as Sonata V from Cage's Sonatas and Interludes (1946-48). The fourth move-ment, 7 × 7 measures long, consists of an eighth-note ostinato in the right hand accompanied by a shifting pattern of long notes in the left hand. Similar to the second movement, it also anticipates the style of the "Gemini" sonatas (nos. XIV and XV, named after a sculpture by Richard Lippold) from the later work. The liquidation of rhythmic activity culminating in the final section of the last movement consists of static repeated long notes, resembling similar passages in Four Walls (1944), a work for piano without preparations.*"[4]

Or un premier fait important est l'utilisation des gestes du musicien ou du chef d'orchestre dans la mise en scène du morceau, pour l'encadrer, en marquer le début et la fin, en exprimer l'action musicale (il ne s'agit pas d'un simple vide, disparaissant les musiciens de la scène, mais au contraire d'un remplissement marginal, c'est-à-dire, littéralement, en marge du texte musical comme tel, de la partition/composition):

"Cage might have described these works as indeterminate with respect to performance. In committing such musical ideas to paper, he gave the performer great responsibility for interpreting the notation of the indi-vidual parts as well as in determining how each musician will play with others. There are prescribed sections, but whether or not they will be-come aurally distinctive to a listener is up to the performers who choose to enter or exit on these cues. With the performance of 4' 33", the audience can perceive the opening and closing of the keyboard cover, for ex-ample, when a pianist performs the work and thereby defines the sections of the composition."[5]

"Conceived by John Cage. 4'33" (four minutes and thirty-three seconds) constructed the absence of music. This timed period of silence invited the audience to listen not to the piano playing of concert pianist David Tudor but instead to incidental sounds - their own breathing, coughs or the rustling of programmes. Tudor began 4'33" by lifting the lid of a grand piano. Lie ended by replacing the lid. Between these two clearly defined actions he moved his arms three times, breaking the whole composition into three movements, in both the literal sense of the word and in terms of a musical store. The elements of chance, non-intentionality and naturally occurring sounds which made up 4' 33" were features that also appeared in many of Cage's later works. The piece's significance lay in its insistence that auditors or spectators must find their own meanings in the performance rather than respond to the expressive ideas of the artists. Through this seemingly simple decision. Cage defined the process of creativity as an essentially democratic one. Ile was undermining his status as a composer who intentionally constructs sounds to affect the spectator But he was also playfully negating Tudor's role as a virtuoso musician, as the piece prevented both artists from demonstrating their talents.
Not surprisingly, 4' 33" 's first audience was deeply provoked and the piece generatal avid debate. It was an early example of, and inspiration for, the kind of provocative practices that became widespread in the 1960s. initially known as happenings and then performance art. These all questioned the audience's role as passive observers and tried to make them somehow the object of the performance. 4' 33" still stands up as a conceptually challenging event, continuing to fuel debates about the nature of art. In summer 2002, it was the centre of a copyright dispute when composer Mike Batt was accused by Cage's estate of plagiarism when he included a piece called A Minute's Silence' on his album Classical Graffiti. Batt settled out of court. In January 2004, the piece was played for the first time in Britain by a full orchestra in a season of Cage's works titled 'John Cage Uncaged', and transmitted on the radio. These examples and the interest that surroundal both events and Cage's centennial in 2012 indicate how much the piece still lies firmly within the public consciousness and how it still functions as a paradigm of the extreme nature of some creative explorations. Recent interest in theatre and sound is extending and enriching such debates."[6]

"David Tudor gave us an important insight into the performance conditions of 4'33":
John Cage had been recently asked about the piece and that he had said that it was very important to understand that every note of the piece had been composed. It is, in philosophical hindsight, very important to understand that he had completed a compositional process in order to produce this piece... It is very important to read the notation. It presents the impression that time is passing.
This suggests that both Tudor and Cage felt that a score is essential to the performance of 4'33" (including page turning), that it is, in part, a theater piece. The act of the performer reading a score serves to alert and sensitize the performer and audience to the fact that something is happening.

William Fetterman recounts a number of performances of 4'33" in John Cage's Theater Pieces (see bibliography). These include a wide variety of performance practices. Of these, Tudor's performances are the most reserved and faithful to the aesthetics and score instructions.

Liberties are sometimes taken with the music, from performing it as one movement (or as several) to choreographing it as theater. During a performance at the North Carolina School of the Arts in Winston-Salem, in the summer of 1970, students threw paper airplanes and deliberately made noises. In Stuttgart, Germany, June 1979, The-Ge-ano Ensemble used piano, oboe, and a female vocalist in which the players mimed playing their instruments during the performance. At William Petterson College in Wayne, New Jersey, in April 1985, Jeffry Kresky choreographed an elaborate drama with costumes (a red-haired girl in purple dress), props (bright orange chair), page turner, handkerchief wipes of the brow, adjustments of stop-watch, etc.

Such productions are clear violations of the Cage's aesthetic intentions. Instead of focusing attention on the environmental and unintentional sounds, distractions are created that focus attention on the performers, intentional sounds, and extraneous actions.

I don't mean by the silent piece, or any other, that I accept all the intentional self-expressive actions and works of people as suitable interruptions of this other activity. I don't believe that a bad, thoughtless, undevoted performance of one of my works is a performance of it.

When asked about the disparity in time lengths of the scores, Cage replied that it could be of any length. This does not mean, however, that the formal structure of 4'33" can be violated. He said that it would still be titled 4'33", that the durations of the movements must be determined by some type of chance procedure, and that it must be in three movements.

Performance Recomendations
* *Avoid all distracting, extraneous actions, choreography, intentional sounds, etc., that could detract from focusing attention upon the environmental, unintentional sounds.*
* *The performers' demeanor and part in the music should be passive, static, and reserved, yet serious, focused, attentive, and respectful.*
* *Either the prescribed timings of the Kremen edition should be used or timings should be constructed for three movements using chance operations. These need not total 4'33". I do not recommend the spurious timings of the Tacet Editions.*
* *A score should be used, preferably the Kremen Edition, with page turns (but not a separate page-turner).*
* *A stopwatch should be used to keep track of the movement lengths.*
* *Some simple, non-obtrusive action should be taken to mark the separate movements. For example, a performer could display three large cards on a music stand, each of which would announce the movement number.*
* *The three separate movements, with their respective timings, should be listed in the printed program.*
* *4'33" is not a piano piece, but a piece for any instrument or instruments. It's reputation as strictly a piano piece needs to be overcome by more performances on other instruments.*

4'33" can be a very effective and evocative work in a concert setting. I premiered it in Tucson in 1973, where the piece was virtually unknown. The reactions of the audience and the sounds of the environment became the music. I used the Source Edition, along with a stop-watch, turning pages as I went. The piano was the medium, but opposite of Tudor, I lifted the keyboard lid when each movement began and closed it when it ended. The piece was played in the middle of an otherwise conventional music program, along with Mozart and Beethoven. It was listed in the printed program as 4'33" by John Cage along with a list of the separate movements and their timings.

At the outset of the first movement, as I sat in silence, the hall was very quiet. The audience, of course, was expecting the usual performance ritual. I was supposed to play something, make sounds. But when this didn't happen, one could actually feel the tension building in the hall. It was like a long silence during a phone conversation. The first movement

is the shortest, only about a half minute, but it seemed much longer. I would say that the first movement had a defined shape and content. It was very quiet - "silent" some would say, with increasing tension and a climax near the end.
I closed the keyboard lid and turned the page to the second movement, evoking a few chuckles. On opening the lid to begin the second movement, the mood changed. The crowd was now more relaxed, and aware that it was meant to be this way. The tension curve dropped dramatically. This movement was calm, quiet, with occasional sounds from the audience - a giggle here, a whisper there. Conversations were punctuated by quiet moments. Sounds were heard from outside the hall. This movement is the longest, about 2.5 minutes, but it actually seemed shorter than the first, and definitely more relaxed, now that people knew what to expect.
The lid was closed again, and another page was turned. Lid open - third movement. This movement had its own character as well. People were now participating freely, with contrapuntal conversations, giggles, whispers, coughs, and other sounds. No one left the hall. They were clearly enjoying it. The movement seemed to be of a light, airy character, the fastest of the three.
Close the lid - end of 4'33". There was a tremendous burst of applause from the audience, which was completely unexpected, a standing ovation. What was greeted with "a hell of an uproar, infuriating most of the audience" in 1952 was then, in 1973, greeted with resounding approval. Even Cage's mother remarked to Earle Brown, at the 1954 New York City premiere, "Now Earle, don't you think that John has gone too far this time?" Cage said that he lost friends because of this piece."[7]

2. Le silence dans le morceau

Reste que la partie médulaire du morceau est, nous l'avons dit, son usage du silence.

2.a. Les antécédents

Si l'on se reporte à la liste des pièces musicales centrées sur le silence[8], on se rend compte d'un fait intéressant.

Si elles apparaissent dès le début du XXème siècle, elles ne le font essentiellement que dans l'esprit d'écrivains (trois sources, contre seulement deux musicales). Il s'agit de la *Marche funèbre composée pour les funérailles d'un grand homme sourd*, 1897, d'Alphonse Allais; des concerts silencieux du peuple de Talpa dans *La Double Vie de Théophraste Longuet*, 1903, de Gaston Leroux; des "*performances consisting largely of silence*" dans la fable en prose *Cornelian*, 1928, de Harold Acton), c'est-à-dire dans le cadre comique ou de l'impossible, du *non-sense* (pour meilleure preuve le titre d'Allais).

"The first time Cage mentioned the idea of a piece composed entirely of silence was during a 1947 (or 1948) lecture at Vassar College, A Composer's Confessions. Cage told the audience that he had "several new desires", one of which was to compose a piece of uninterrupted silence and sell it to Muzak Co. It will be three or four-and-a-half minutes long— those being the standard lengths of "canned" music and its title will be Silent Prayer. It will open with a single idea which I will attempt to make as seductive as the color and shape and fragrance of a flower. The ending will approach imperceptibility.
At the time, however, Cage felt that such a piece would be "incomprehensible in the Western context," and was reluctant to write it down: "I didn't wish it to appear, even to me, as something easy to do or as a joke. I wanted to

mean it utterly and be able to live with it." Painter Alfred Leslie recalls Cage presenting a "one-minute-of-silence talk" in front of a window during the late 1940s, while visiting Studio 35 at New York University."[9]

Toutefois, en 1919, le compositeur tchèque Erwin Schulhoff composa la pièce "*In Futurum*" pour sa *Fünf Pittoresken* pour clavier, morceau composé entièrement de pauses.

Plus spécifique que Cage, qui laisse la possibilité que soit joué le morceau par n'importe quel groupe d'instruments (ainsi:

"*4'33" is written for any instrument or combination of instruments. It is, however, usually done as a piano piece. This is probably because of the precedent set by the premiere performance, since the score does not specify a piano or any other instrument. The score is in three movements. Curiously, it has existed in at least six different versions (two different manuscripts and four different editions), although only two of these are different in performance.*"[10]

Et:

"*In 1962, Cage wrote a 4'33" No. 2, which is also titled 0'00", "to be performed in any way by anyone". It is a completely different piece. The score, entirely verbal, states, "In a situation provided with maximum amplification (no feedback), perform a disciplined action, with any interruptions, fulfilling in whole, or in part, an obligation to others. No two performances are to be of the same action, nor may any action be the performance of a 'musical composition'. No attention is to be given to the situation (electronic, musical theatrical)." This is a quasi-theatrical work, and its primary distinction in sound is the provision of maximum amplification and an indefinite length. The title 0'00" refers to unmeasured time. "I'm trying to find a way to make music that does not depend on time . . . . [It's] nothing but the continuation of one's daily work... What the piece is trying to say is that everything we do is music, or can become music through the use of microphones, so that everything I'm doing apart from what I'm saying, produces sound.'*"[11]

Yves Klein dans sa *Symphonie "Monotone-Silence" 1947... 1961* (indications, inclues les dates et les points de suspension, manuscrites de l'artiste - il semble, de fait, que cette ample datation révèle que, probablement, l'oeuvre soit postérieure à celle de Cage, puisque la première mention n'est que de 1957 de l'idée d'une telle *Symphonie* dans un songe de 1951 chez Klein, d'une telle oeuvre supposément réalisée en 1949, mais cette *Symphonie* n'aurait été présentée, que cette même année 1957[12], de sa première mention, donc, par l'artiste, pour accompagner ses *Monochromes* à la Gallerie Iris Clert, selon le note le compositeur Pierre Henry[13], qui la dirigea pour l'occasion[14], puis fut de nouveau jouée en 1960[15] pour accompagner un *happening*, la même incertitude entache la date des *Monochromes,* revendiqués identiquement par l'artiste de la seconde moitié des années 1940, mais présentés pour la première fois en 1955; en outre l'enregistrement de la

Symphonie qui indique la date de 1949 en haut à droite de la boîte aurait été changée selon le catalogue photographique de l'Université de Rice[16] -) spécifie explicitement qu'elle doit être jouée par un "*orchestre*" composé de:

"*20 chanteurs*
10 violons
10 violoncelles
5 flûtes
3 haut-bois
3 cors
3 contre-basses"[17]

Le mot "*cors*" (peut-être parce que l'artiste le confond avec les "*corps*" féminins qu'il utilisera dans son *happening*) semble avoir été repensé puis réaffirmé.

C'est donc dans une période de temps proche de la composition par Cage de celle de son morceau que Klein a travaillé le même problème.

Après ce moment historique, se sont développé les reprises du principe d'intégration du silence aux pièces musicales. On en compte ainsi pas moins de 38 démonstrations après 1952 en pièces jouées et en disques enregistrés.

2.b. La question du bruit dans le morceau

Il nous semble qu'un grand espace idéologique, c'est-à-dire d'intentions, sépare cependant Allais, Klein et Cage, bien que les trois impliquent une relation entre la musique et la visualité (pour Allais dans *L'Album primo-avrilesque* - inspiré de Paul Bilhaud[18] -, pour Klein dans la performance de 1960 associée aux monochromes IKB, et pour Cage dans ses différents essais picturaux parallèles, dans sa carrière, et de transformation des partitions en messages visuels, à l'instar, nous y reviendrons, d'autres compositeurs contemporains).

Pour Allais, comme l'indique son titre, il ne s'agit que d'un jeu d'esprit logique[19]. En effet, il est censé de supposer que les sourds ne peuvent pas comprendre la musique, donc amusant d'imaginer qu'on puisse, spécialement pour eux, poussant à l'absurde le raisonnement, créer une pièce silencieuse.

On notera cependant que ce raisonnement par l'absurde n'est pas totalement juste, là non plus. En effet, celle qui deviendra actrice plus tard, Emmanuelle Laborit, née sourde, dans ses mémoires, explique qu'elle pu sentir la puissance de la voix de Maria Callas, sans pouvoir affirmé si elle l'entendit réellement ou non, et, plus spécifiquement, que l'expérience, avec son oncle guitarristique, qui lui fit mordre le manche de l'instrument pendant qu'il en jouait, lui permet pour la première fois d'expérimenter, dans son propre corps, les vibrations produites par la musique dans l'espace[20].

"Barbara Gronau, dans sa conférence sur les «gestes d'auto-restriction», a introduit une distinction entre le nichtstun (le désoeuvrement, la paresse, le laisser faire) et le nichttun (la décision active de ne pas agir, qui repose sur un ensemble de techniques d'entrave et d'empêchement). En écho à cette conférence, nous avons essayé de penser le concept de «nichttun» dans le champ de la musique. À la suspension de l'action explorée par B. Gronau répond ici la non émission du son: que pourrait être une musique méthodiquement composée autour du vide et de l'absence de notes? Une musique qui fonde l'expérience d'écoute sur l'entrave du son? D'Alphonse Allais à John Cage, le parcours que nous avons proposé explore l'entre-deux séparant le son du silence, les «notes fantômes» ou «ghost-notes» (notes actionnées et non jouées) de certaines musiques précisément écrites pour ne pas être entendues.
Alphonse Allais, Marche funèbre composée pour les funérailles d'un grand homme sourd
Cette partition vide de notes, assortie d'une préface de l'auteur, a été initialement publiée en 1897, au sein de l'Album primo-avrilesque.
"Préface
L'Auteur de cette Marche funèbre s'est inspiré, dans sa composition, de ce principe, accepté par tout le monde, que les grandes douleurs sont muettes.
Les grandes douleurs étant muettes, les exécutants devront uniquement s'occuper à compter des mesures, au lieu de se livrer à ce tapage indécent qui retire tout caractère auguste aux meilleures obsèques.
A. A."
Si la tonalité humoristique résonne dès la lecture du titre, le lien entre rire et silence est plus complexe qu'une simple plaisanterie: à l'image du «lento rigolando» indiqué sur la partition, le silence joue sur plusieurs ressorts qui se combinent les uns aux autres dans le temps, retardant, pour mieux le libérer, le caractère spontané du rire. On peut distinguer deux types de ressorts principaux. D'une part, une accumulation de silences de différentes natures qui, superposés les uns aux autres, créent un enchevêtrement grotesque: silence du recueillement face à la mort, solennité d'un événement «auguste», surdité de celui qui ne peut entendre, mutisme d'une douleur inexprimable («les grandes douleurs sont muettes»), silence d'une musique que l'on n'entend pas mais que l'on «voit» comptée et déchiffrée par les musiciens, étouffement d'un rire contenu («lento rigolando»). D'autre part, le silence de l'absurde, qui défait le sens des conventions attachées au deuil pour les faire tourner à vide. Ainsi l'expression «les grandes douleurs sont muettes» apparaît, non comme la manifestation indicible d'une souffrance trop grande pour se traduire en paroles, mais comme une limite factuelle, prise au mot et mécaniquement traduite en exercice de (non) exécution. Minutieusement cadrée par des musiciens occupés «à compter des mesures», la Marche funèbre parodie également la minute de silence en la ramenant à la seule consigne du temps chronométré, soulignant ironiquement la tension entre la matérialité du décompte impliqué dans la «minute» de silence et la spiritualité du recueillement.

Très proche de l'esprit d'Alphonse Allais, Erik Satie a forgé l'idée d'une «musique d'ameublement» (1917), que l'on peut penser comme l'envers de la Marche funèbre composée pour les funérailles d'un grand homme sourd: à cette musique sans notes que l'on écoute en comptant les mesures répond, sur un mode inversé, l'idée d'une musique audible mais explicitement conçue pour ne pas être écoutée. La «musique d'ameublement» est une musique à laquelle on doit rester relativement sourd, une musique dont la fonction principale est d'agrémenter les conversations des convives en «meublant» les silences et en se mêlant harmonieusement aux bruits des couteaux et des fourchettes.
«Musique d'ameublement»
«Nous devons réaliser une musique qui est comme l'ameublement, autrement dit, une musique qui fera partie des bruits ambiants, qui en tiendra compte. Je la suppose mélodieuse, adoucissant les bruits de couteaux et de fourchettes sans les dominer, sans s'imposer. Elle meublerait les lourds silences qui tombent parfois entre les convives. Elle leur épargnerait le souci de prêter attention à leurs propres remarques banales»
Erik Satie
Mais c'est surtout à John Cage que l'on pense, lorsque l'on découvre la Marche funèbre d'Alphonse Allais. Postérieure d'une cinquantaine d'années, 4'33'' (1952) se rapproche de la Marche Funèbre non seulement par l'idée d'une musique sans sons, mais aussi par la structure de la performance silencieuse: le silence est, dans les deux cas, consigné sur une partition vide de notes, précisément cadré et mesuré par des musiciens qui sont présents mais ne jouent pas, comme le signale le terme «tacet» inscrit sur la partition de 4'33'' (du verbe latin tacere, acte volontaire de celui qui garde le silence, distinct de silere, qui renvoie à un silence passif et contemplatif).
Le rapprochement entre Alphonse Allais et John Cage se décline également à travers l'association entre silence et blanc: les White Paintings (1951) de Rauschenberg, toiles blanches dont l'influence fut, selon John Cage, décisive pour la maturation du projet de 4'33'', trouvent un antécédent facétieux dans la Première communion de jeunes filles chlorotiques par un temps de neige, image blanche de la série de monochromes qui accompagnent la Marche Funèbre au sein de l'Album primo-avrilesque d'Alphonse Allais.
De ce rapprochement troublant surgit un autre silence, le silence de l'oubli, dont on ne sait si l'on doit le ranger du côté du délaissement et de l'abandon (nichtstun) ou de l'omission volontaire (nichttun): pourquoi cette disproportion dans la réception d'œuvres similaires, dont l'une est passée sous silence, l'autre recouverte par une prolifération de commentaires? La réponse la plus évidente consiste à rappeler la différence de tons: la Marche Funèbre est explicitement présentée comme une plaisanterie, insérée dans un album de «premier avril» — comme toute plaisanterie, elle n'a pas vocation à être répétée, sous peine de s'user; 4'33'' au contraire est décrite par John Cage comme sa pièce la plus importante, celle à laquelle il pense chaque fois qu'il doit écrire une nouvelle composition et qui fonctionne, à titre d'idée, comme un principe constamment reconduit. Mais le rapprochement fait aussi ressortir, indirectement, le rôle essentiel du discours dans la réception du silence: si 4'33'' s'impose comme une œuvre essentielle dans l'histoire de la musique expérimentale, c'est autant par sa «performance» effective que par le discours qui l'accompagne. Or ce discours est, en partie, l'œuvre de John Cage, qui ne cesse de raconter, dans ses écrits et les nombreux entretiens réalisés tout au long de sa vie, l'histoire de cette pièce silencieuse, enracinée dans l'expérience de la chambre anéchoïde («I am constantly telling it»). Le silence de John Cage n'existe qu'en tant qu'il est traversé de paroles. Tel est le paradoxe de ces musiques silencieuses: exister par la parole, qu'elles impliquent comme consigne précise (voir par exemple les «exercices de musique pour sourds» des Notes de Marcel Duchamp), flux à meubler (la «musique d'ameublement» d'Erik Satie), ou commentaire à méditer, sous peine d'être pleinement silencieuses et définitivement enterrées.»[21]

Pour Klein, comme le montre parfaitement la partition, le morceau est nettement divisé en deux parties, le mouvement soutenu d'un note unique, puis celui, également soutenu, du silence. En outre, c'est après les vingt premières minutes de musique soutenue qu'apparaissent les modèles et que commence la performance[22], autre manière d'introduire une ponctuation associée à la notation musicale, en la renforçant.

On note que, du moins à notre avis, la note soutenue suffisamment longtemps par les instruments, notamment par les cordes, crée l'illusion autidive d'une progression par amplification, comme si réellement le son se développait[23]. Le silence renforce cette sensation.

Cage, au contraire, n'a aucune prétention comique (bien qu'il n'est pas improbable, comme on le voit dans sa présentation de *Water Walk* de 1944[24], qu'il ait un goût certain pour l'ironie), ni, à différence de Schulhoff ou de Klein, non plus de symétrie[25]. Dans le cas de *4'33"*, c'est le silence lui-même qui provoque la génération de son propre bruit (surprise du public, impatience, commentaires, etc.).

"*An even earlier predecessor of 4'33" harks back to fin de siècle Paris (1882-1896), at Montmartre's le Chat Noir, where Erik Satie, an idol of Cage's, performed. Satie was a friend of the artist/humorist Alphonse Allais (1854-1905); both performed late at night at the legendary Paris cabaret. For an 1884-85 exhibit of Expositions des Arts Incohérents, organized by Jules Lèvy "for people who did not know how to draw", Allais did a totally white painting titled "Anaemic Young Girls Going to Their First Communion through a Blizzard". He also did a totally black painting entitled "Negroes Fighting in a Cave at Night". These paintings predate the famous completely white and black abstract paintings of Robert Rauschenberg by nearly seventy years. More relevant here is Allais' "Funeral March" for the last rites of a deaf man, consisting of 24 measures of entirely blank music manuscript, except for a whimsical tempo mark of "Lento rigolando" 14b. This score is probably very similar to the original manuscript for 4'33" (now lost), yet precedes it by more than half a century. In the notes, Allais explains that the composition must be concerned entirely with measurements, rather than with sounds, adding to its remarkable precedence of 4'33".*
But the similarities of this funeral march to 4'33" are only superficial. The intent and concept of Allais' Funeral March was entirely different from 4'33". For one, Allais the humorist intended his work to be a joke. Cage was very serious about 4'33" and was careful to specify that it was not a joke. Secondly and more importantly, Allais' composition was really meant to be silent, being for a deaf man. Cage's work is not silent at all. It embraces the whole world of unintentional sound; i.e., it is full of sounds."[26]

En effet, "*In Futurum*", troisième mouvement de la pièce de Schulhoff[27] (8'10" à 9'50"), avec l'indication:

"*tutto il canzone con espressione e sentimento ad libitum, sempre, sin al fine!*"

Est encapsulé entre la fin du deuxième mouvement, plus lente et sourde au niveau du son (à partir de 7'35"), et le début du quatrième, qui s'avive rapidement (à partir de 10'10").

Ceci nous indique qu'un ordre musical intrinsèque sous-tend ce, quand même, extrêmement long silence d'"*In Futurum*".

C'est le même principe d'alternance que l'on retrouve[28] dans le Final (III) de la *Symphonie No 5* de Sibélius (4'16"-4'29", plus les intermittentes interruptuons 9'45-10'00")[29], *La Création* de Haydn (7'50"-8'16")[30], le dernier passage du dernier mouvement (Final, IVème mouvement) de la *Symphonie No 9* de Mahler (24'36"-24'59")[31], ou dans l'*Adagio pour cordes* de Samuel Barber (5'30"-5'56", 6'18"-6'19", 6'40"-6'41", 7'05"-7'06", 7'17"-7'18", 7'33"-7'36", 7'41"-8'01")[32].

Toutefois, dans ce dernier, on retrouve une utilisation dudit principe plus proche à celle qu'en fera Klein, par d'abord une note soutenue (5'30"-5'56") qui termine sur l'usage du silence comme ponctuation audible (nous insistons sur ce concept: c'est une suspension, comme une respiration, suivie aussitôt de la reprise) entre les accords postérieurs.

Ce sont les "*silences d'articulation*" des XVIIème-XVIIIème siècles:

"*Fr. Couperin, in " l'Art de Toucher le Clavecin," page 15, comments upon expressive rests in the following way. His ideas and phrases are occasionally lacking in clearness, but the passage deserves careful consideration. The translation is as literal as possible:*
- "*The sounds of the harpsichord being definite, each one in particular, and in consequence incapable of being either swelled or diminished, it has seemed almost incredible till now that any soul could be given to that instrument. However, having improved by study the natural talent Heaven gave me, I have become so fortunate as to touch the persons of taste who have heard me play, and to form pupils who, perhaps, surpass me.*
"*The effect I propose is due to the cessation, and to the suspension of the sounds, properly used, and according to the character of the melody.*
"*These two devices, by their contrast, leave the ear in suspense, so that in places where bowed instruments swell their sounds, the suspension of those of the harpsichord seems, by contrary means,*
to produce upon the ear the desired effect.
"*I have already explained, in notes and rests, both the A spiration and Suspension, in the Table of Graces of my first book of Pieces. I hope that the idea I have given of them will not prove useless to people of taste and feeling.*
"*These two names of 'Aspiration' and 'Suspension' may seem new; at any rate, if anyone boasts of having practised either of them, I don't think anyone will resent my having broken the ice, in giving to these graces names appropriate to their effects. Moreover, I thought it was better to understand one another in an art so highly esteemed and widely practised as harpsichord playing.*
"*For the 'Aspiration' you must detach the note upon which it is marked, but less quickly in tender than in light and rapid pieces.*
"*As to the 'Suspension,' it is hardly used in any but in slow and expressive pieces. The silence which precedes the note upon which it is marked must be regulated by the taste of the player."*
Th. Muffat in his "Componimenti," 1726, gives the following example:

Rameau uses these devices freely. Here are the explanations:

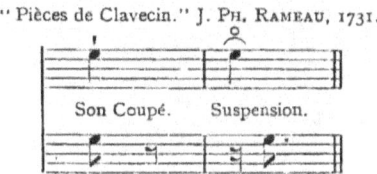

There being as yet no reliable reprint of his pieces, the following examples will prove valuable. There are complicated ornaments combined with the suspensions. The student who has persevered so far should find no difficulty in solving them:

T

(The quavers slightly unequal.)

We now come to these "Silences d'Articulation" for which there does not seem to be an English name, although they are absolutely indispensable to music. The wind instruments with their breathing and tongueing, the bowed instruments with their bowing, cannot help using them. In the pianoforte, the enormous emphasis given to the beginning of the notes by the blow of the hammer, to a certain extent replaces them, and at the same time points out one of the causes of the general deficiency of phrasing conspicuous in modern pianoforte playing, for these silences are its very foundation.
Quantz has some interesting remarks on this point:
- *Chap, xi., § 10*: "... One must not slur the notes which should be detached, nor detach those which should be slurred. The notes must not seem to be glued together. The tongue must articulate on the wind instruments and the bow on the stringed instruments, always according to the intentions of the composer as indicated by dashes and slurs. The notes will thus obtain all their liveliness, and the expression will be distinguished from the bagpipe, which is played without articulation. However well ordered the fingers may be, they cannot alone produce musical speech; the tongue and the bow must help, and it is these latter which affect most the expression of a piece."
On keyboard instruments the articulation depends entirely upon the judicious introduction of rests. Those ingenious 18th century people whose ambition it was to reproduce mechanically the artistic and expressive interpretation of music, were constrained to study these details. We find in "La Tonotechnie" (quoted page 43) the following interesting pages:
—

Page 6: " There are many things to observe in music, about which no author, as far as I know, has said anything, and without which one should feel hampered in the pricking [of cylinders]. I am compelled, therefore, to make a few observations, as a kind of supplement, to the principles of music. A musician acquiring by use and the habit of performing, the facility to render agreeably an infinity of things which are imperfectly indicated in the text, or even not at all, and upon which depend, however, the effects which give the character and expression, would have no need of my observations, which he can apply without thinking: but the Pricker of Cylinders being obliged to express everything in detail, could do nothing without some principles to guide him: therefore it is on those parts which I call the effects, always left out or badly indicated in the texts, that my observations will bear, to show the way to the Prickers; perhaps they may not be despised even by musicians, if they are desirous of transmitting to posterity the proofs of their genius without any alteration, by means of cylinders which could be adapted to harpsichords or organs, and which they would take pleasure in noting; and thus give the reason of the effects of their Art, in finding in my observations the principles of its details."

Page 18: " All the notes in execution, whether ornamented or not, are partly in hold and partly in silence; which means that they all have a certain length of sound, and a certain length of silence, which united make the whole value of the note.

"These silences at the end of each note fix its articulation and are as necessary as the holds themselves, without which they could not be detached from one another; and a piece of music, however beautiful, would be no more agreeable without these silences d'articulation than these country songs of Poitou, performed upon insipid bagpipes which only give a noisy and inarticulate sound."

Page 23: "To be convinced of the necessity of these silences at the end of each note, let one play upon an organ, harpsichord, or any other keyboard instrument a piece of music, no matter which, and in the playing of it pay more attention to the execution than to the way it is written; it will be noticed that a finger which has just finished a note is often lifted long before it is placed on the next note, and this interval is necessarily a silence, and if one takes care, it will be seen that between all the notes there are intervals more or less long, without which the execution would be bad: even the notes of the most rapid shakes are separated by very small intervals. Those intervals, more or less long, I call silences d'articulation in music, from which no note is exempt, like the articulated pronunciation of consonants in speech, without which the syllables would have no other distinction than the inarticulate sounds of the vowels.

"A (little attention in the pronunciation given to the articulation of the syllables will show that, to produce the effect of nearly all consonants, the sound of the vowel is stopped either by bringing the lips together or by pressing the tongue against the palate, the teeth, &c. All these stoppages of the vowel's sound are as many short silences which detach the syllables from one another to form the articulation of speech. It is the same in the articulation of music, with the only difference that the sound of an instrument being everywhere the same, and producing so to speak only one vowel, the silences d'articulation must be more varied than in speech, if a kind of intelligent and interesting articulation is to be produced."

Plenty of examples of these expressive rests will be found in the pieces from "La Tonotechnie," and the "Romance de Mr - Balbastre," from Dom Bedos, which are given in the Appendix of this book.

A word of warning, however, is necessary here. The staccato style of playing was fashionable c. 1770, and therefore exaggerated. It is unquestionable that these silences d' articulation are wanted; but they should be applied with moderation to the earlier music. The "insipid, noisy, and inarticulate" bagpipe gives pleasure to some; and even the bagpipe style of Bach playing of the present time has admirers." [33]

Dans le cas de Cage, par la longueur même, plus excessive que chez Schulhoff, on ne simplement plus être dans le cadre d'un espace, même long (comme chez Schulhoff, donc) entre deux mouvements, ni dans celui, encore moins peut-être, d'une respiration pour ponctuer l'ascension du mouvement musical après une tension (comme chez Barber ou Klein).

On est, plus simplement, face à une pièce à part, autonome.

C'est d'ailleurs ainsi que semblent l'avoir toujours compris les critiques.

En outre, comme nous l'avons dit, cette utilisation de l'absolu silence, ou du silence comme absolu, produit un objet distinct, que sont les bruits environnants:

"*When composer John Cage wrote 4'33" (Four minutes, thirty-three seconds), it would become his most famous and controversial piece. The audience at the world premiere was prepared to listen to this piece divided into three movements. Pianist David Tudor walked out on stage on August 29, 1952, in Woodstock, NY, sat down at the piano and closed the lid. At the end of the first movement, the lid was re-opened. This closing and opening was repeated to before the second and third movements. Instead of music performed in a traditional concert setting, the initial impression was that the audience had been subjected to silence.*
The silence of the piano did not leave the audience in silence. They made their own music by their whispers that grew louder as they wondered what was going on. Some of them got up and walked out. Others shuffled in their seat, anticipating that the pianist would play something. Cage created this work to encourage people to listen to the sounds around them. The sounds make their own music even if it is not the traditional or conventional music people are used to."[34]

"*I think perhaps my own best piece, at least the one I like the most, is the silent piece. It has three movements and in all of the movements there are no (intentional) sounds. I wanted my work to be free of my own likes and dislikes, because I think music should be free of the feelings and ideas of the composer. I have felt and hoped to have led other people to feel that the sounds of their environment constitute a music which is more interesting than the music which they would hear if they went into a concert hall.45*
They (the audience) missed the point. There's no such thing as silence. What they thought was silence (in 4'33"), because they didn't know how to listen, was full of accidental sounds. You could hear the wind stirring outside during the first movement. During the second, raindrops began pattering the roof, and during the third the people themselves made all kinds of interesting sounds as they talked or walked out."[35]

2.c. La musique dans le morceau

Par conséquent, il devient logique que la discussion s'ouvrît sur le fait de savoir si le morceau était une pièce musicale ou non.

Julian Dodd, Professeur de Philosophie à l'Université de Manchester, offre, en ce sens, une intéressante analyse du morceau, considérant que toute pièce musicale implique deux éléments: l'utilisation coordonnée des instruments, et non le hasard des phénomènes extérieurs, et le renforcement harmonique de la cohésion de l'écriture musicale et de son interprétation par le chef d'orchestre et/ou les indications issues de la partition, sur les temps, le rythme, etc., il décide, ingénieusement, et apparemment avec une forte raison, que le morceau de Cage est une intelligente réflexion sur la musique, mais en aucun cas ne peut être compris comme une pièce musicale[36].

Toutefois, deux objections nous viennent à l'esprit, toutes deux relatives à l'histoire de la musique, et sa conséquence sur l'élaboration des partitions musicales.

La première est que beaucoup de morceaux[37] sont des pièces abouties par hasard lorsque les différents musiciens s'accordaient entre eux avant de jouer la pièce écrite. Ainsi en est-il des préludes du XVIIème siècle[38]. Improvisée aussi, ou voulant en donner l'impression, sont les *toccata*[39], *capriccio, variazoni*[40], *partimenti*[41] ou fantaisies[42]. Et encore, en dans l'Écosse du XVIème siècle, les "*Pricksong*" et les "*Farbuden*", par opposition au "*cantus firmus*"[43]. Les inprovisations furent abondamment reprises par le jazz[44] et ses principaux représentants, dès Louis Armstrong et jusqu'au *free jazz* des années 1960, à cette différence près que dans le jazz de l'époque d'Armstrong, les interprètes reprenaient un *chorus* préalable, sans qu'importe quel en était l'auteur, alors que dans le *free jazz*, il n'y a plus obligatoirement de thème original[45]. Pour notre part, nous reconnaîtrons là l'évolution des impromptus *déchant sur le livre, ex tempore* et des *contrapunto alla mente* de la musique et du chant du XIVème au XVIIèmes siècles[46]. Ce qui oblige donc à rejeter la première objection faite par Dood: à savoir que le hasard ne peut entrer dans la confection de l'oeuvre musicale, et la seconde, que c'est la partition et les indications musicales qui font la musique.

On peut voir ainsi comment le baroque est un moment de passage, qui fait lien entre la Renaissance et les formes contemporaines qu'acquerront notamment les différentes techniques du jazz, et postérieurement de ses évolutions, du scat au rap, en tant que développement, dans le cas du scat, mélodique à partir d'une ligne de sons, et, dans le cas du rap, de base rythmique sous-tendant en boucle la reprise d'une ligne mélodique d'un ou d'un nombre réduit d'accords *ad libitum*. C'est la fugue, avec son principe de *partimento* et *basso continuo*, dont Bach (dont "*De son temps on jugeait moins les clavinistes en tant qu'exécutants qu'en tant que compositeurs et qu'improvisateurs*"[47]) saura tirer le meilleur parti, qui, au XVIème siècle, marquera la caractéristique suivante:

"*La basse contient le plus de mouvement, tandis que la main droite fournit un soutien harmonique constitué principalement d'accords.*"[48]

Or, c'est précisément ce *continuo*, qu'entendu comme *ostinato*, on retrouve dans le Final de Barber, et dans le premier des deux mouvements de la *Symphonie* de Klein.

On peut, pareillement, d'un point de vue historique, considérer que l'impromptu[49], qui au XIXème siècle devient la forme privilégiée de la virtuosité d'improvisation des compositeurs[50], représente l'accentuation du passage vers les modulations soutenues d'un Barber ou d'un Klein, par l'emploi de "*la pression notationale enharmonique*"[51] comme "*nouveau concept de la clef*"[52]. *Finlandia* de Sibélius[53] (1899, interdit par l'administration russe en Finlande, et qui ne put être joué qu'en 1904 dans les provinces baltes, sous le titre d'*Impromptu*) en est un bon exemple, qui montre comment ceci est, aussi, le produit de l'intégration dans musique savante des formes populaires nationalistes de la musique populaire, notamment dans la reprise du mode lydien avec sa quarte par les jeunes compositeurs tchèques du XIXème siècle, qui dans leur propres premiers essais de résurrection du patrimoine musical national ne faisait que le paraphraser[54] (principe, dirions-nous, de superposition, sans le vouloir, d'un *chorus* de retour au Moyen Âge).

La seconde objection que l'on peut faire à Dodd est que la musique contemporaine a abondamment théorisé et pratiqué l'intégration des bruits et sons accidentels, non musicaux donc dans le sens de la formation musicale classique, dans ses compositions (ce qui nous renvoie, parallèlement, à l'utilisation des objets tels quels, voire au principe subséquent des *ready-mades*, dans l'art contemporain), notamment à partir du bruitisme de Russolo (et de son *Manifeste* de 1913), et des expériences de Pierre Schaeffer, notamment de *Cinq études de bruits* (1948):

Étude No 1: Déconcertante ou Étude aux tourniquets
Étude No 2: Imposée ou Étude aux chemins de fer
Étude No 3: Concertante ou Étude pour orchestre

Étude No 4: Composée ou *Étude au piano*
Étude No 5: Pathétique ou *Étude aux casseroles*

Ce qui fait, dès lors, tomber l'objection de Dodd, comme quoi seuls peuvent être intégrés comme éléments musicaux dans l'oeuvre ou la pièce musicale les sons préalablement organisés par l'auteur. À moins que l'on veuille pousser la dialectique jusqu'à assumer la différence, de fait existente, mais qui ne paraît produire ou enlever aucun sens à notre propos, entre le processus d'un Schaeffer, qui enregistre, puis choisit, qu'il les édite ou non, les sons enregistrés, et Cage, qui, dans *4'33"*, ne peut pas revenir, puisqu'il s'agit d'un *happening* dans un sens, de réécrire les sons produits, ou, ce qui revient au même, qui n'a pas une seule pièce dans ledit morceau, mais autant de pièces que de variantes différentes que de nombre de fois où le morceau est joué.

"Cage's aversion to recordings is well known. Although several recordings of 4'33" now exist, it is unlikely that he would have approved of them, even in this "silent piece". He said, "What really pleases me in that silent piece is that it can be played any time, but only comes alive when you play it. And each time you do, it is an experience of being very, very much alive.'"[55]

2.d. *4'33"* dans l'oeuvre de Cage

La différence que nous notons, entre l'approche de Klein ou Barber et celle de Cage[56], est, exactement, celle qui existe, comme ligne de démarcation, entre *4'33"* et *Two Pastorales* (1952)[57], qui reprennent et accentuent[58] *Music of Changes* (1951)[59], aux découpes musicales encore un peu moins marquées, bien que déjà très nettement visibles.

4'33" est une pièce en soi:

"4'33" is John Cage's most famous composition. It was composed at Black Mountain College during the summer of 1952 and first performed by David Tudor at Maverick Concert Hall, Woodstock, New York, on August 29, 1952 (Dunn 1962, 25). The title refers to the clock-time duration of the composi-tion, which (usually) consists of four minutes and thirty-three seconds of silence. 4'33" has achieved a legendary status within not only Cage's work but twentieth century art as well. Many concert reviews from the last twenty or thirty years begin by reminding the reader that Cage is the composer of the "silent piece" as a pretext for a positive or negative bias in criticism. The most articulate negative interpretation of 4'33" is expressed by David Tame, who sarcastically writes that Cage "no doubt took considerable pains to compose" this "masterpiece," and that it should "be viewed as nothing but a joke; cheap, unnecessary, and perhaps also, ego-centric" (Tame 1984, 105-106). Richard Taruskin echoes Tame's view, stating that 4'33" is the "ultimate aesthetic aggrandizement, an act of transcendent empyrialism" (Taruskin 1993, 34). The most provocative contemporary critical interpreta-tion is by Caroline Jones, who attempts to make the case that 4'33" is

an example of "closet-case" homosexual art sensibility in which "silence" be-comes both a "shield and protest" to unacceptable political, aesthetic, and sexual practice during the "cold war" (Jones 1993).
Unfortunately, 4'33" is usually known from hearsay and is often misunderstood or simplified in terms of both the score and its performance. There are actually four different scores for 4'33", there are many different ways to perform the piece, and there are several later variations - all of which must be taken into consideration before making any critical/philoso-phical commentary. Cage himself considered 4'33" to be his most important work, noting that "I always think of it before I write the next piece" (Montague 1982, 11).
Contrary to Tame's sarcastic and erroneous documentation and inter-pretation, the idea of making a silent composition was in Cage's mind for several years previous to the actual making of a score in 1952."[60]

"What has been rarely noted is that he had the idea for the piece much earlier. In "A Composer's Confessions" there appears the following:
I have, for instance, several new desires (two may seem absurd, but I am serious about them): first, to compose a piece of uninterrupted silence and sell it to the Muzak Co. It will be 4 1/2 minutes long — these being the standard lengths of "canned" music, and its title will be "Silent Prayer". It will open with a single idea which I will attempt to make as seductive as the color and shape or fragrance of a flower. The ending will approach imperceptibility.
"Silent Prayer," as it was thus described in 1948, is clearly the first glimmer of an idea that, four years later, would become 4' 33"; while "Silent Prayer" is not 4' 33" itself, it is its ancestor. Thus the silent piece's origins lie not in Cage's works of the 1950s and 60s, but rather in the aesthetic milieu we are considering here: the late 1940s, the String Quartet in Four Parts, and the "Lecture on Nothing." We are justified, then, in considering the significance of 4' 33" in this context and in attempting to understand what it would mean to Cage before the invention of chance composition."[61]

La ligne musicale des *Two Pastorales*, de la même année que *4'33"*, montre des silences suivis, qu'à continuation nous nous proposons d'énumérer, pour bien en montrer la consistance systématique dans l'organisation rythmique et la modulation symphonique du morceau:

0'00"-0'06"/0'08"-0'10", 0'13"-0'17", 0'21"-0'44"/0'45"-0'47", 0'48"-1'08"/0'09"-0'24"/0'25"-0'27", 1'35"-1'39"/1'40"-1'43"/1'44"-1'56"/1'57"-2'00"/2'01"-2'02"/2'03"-2'25"/2'26"-2'33"/2'36"-2'41"/2'42"-2'43"/2'46"-2'47"/2'47"-2'48"/2'49"-3'04"/3'05-3'23" note tombant avec en 3'14" une note brève/3'24"-4'44" avec une note brève en 3'38", une autre en 3'44" et un accord en 3'46", puis une note brève en 3'47" et une autre en 3'48", 3'54", 3'56", 3'59", 4'20", 4'22", un accord en 4'33"-4'34" et en 4'41"-4'42"/les notes tombantes en 4'24" et 4'34" ont un écho dans la note répétée en 4'44-4'46 et la tombante en 4'49" répétée en écho bref en 4'50"/4'50"-8'18" avec une note brève en 4'59", 5'06", 5'15", un accord en 5'23" répété en 5'27", deux notes brèves respectivement en 5'50" et 5'51", des sons d'une note mais divers en 5'54", 5'56" (début de la seconde *Pastorale*), 5'58", une note presqu'imperceptible en 6'27", 6'34", une note en

6'37", 6'39", 6'41"-6'42" suffisamment espacées pour que l'on ne puisse pas parler à proprement dit d'accord, une note sourde en 6'44", en un accord en 6'47" suspendu puis repris en 6'49", une note imperceptible en 6'51", une note en 6'57", 7'07", 7'15", soutenue 7'18" mais très basse, un accord en 7'24", répété en 7'26", une note en 7'28", 7'49", 7'52", 7'55", 8'02" sourde/8'23"-10'05" avec une note en 8'40", 8'49", un accord en 9'23", 9'30", 9'32", une note tombée en 9'37", une note en 9'38", 9'40", 9'42" extrêmement basse, une note répétée en 10'02" puis 10'04", qui, répétée une troisième fois, ouvre sur les accords à partir de 10'06"/10'08"-10'59", avec une note en 10'29", 10'34" extrêmement basse, 10'41", un accord en 10'44", une note en 10'47", 10'49", 10'52", 10'54", 10'55"/11'03"-12'44" (qui est le final), avec une note en 11'04", des accords en 11'08"-11'09", 11'21"-11'22", 11'24"-11'25", un sifflet en 11'31" soutenu et suivi d'une note en 11'32", puis une autre sifflet plus soutenu en 11'37"-11'38" suivi et terminé par une note en 11'39", une note soutenue en 11'44", 11'50", une note en 11'52", 11'55", 11'57", 12'03", 12'16", 12'22", 12'26".

On retrouve le même principe d'espacement dans les *Sonatas and Interludes*[62], laissant les notes seules, or d'une ligne mélodique introduite par l'harmonie symphonique, mais substituée par les blancs, espaces ou vides, comme chez Arnold Schoenberg (on pense au *Piano Concerto*, Op. 42)[63], dans les oeuvres pour piano de Maurice Ravel[64], et très nettement comme chez Érick Satie[65]. Ou même encore dans le compas mesuré des *Nocturnes* de Gabriel Fauré[66], ou dans celui de Rachmaninoff, du *Piano Concerto* No 2 Op. 18[67], au *Prélude* en C Mineur[68], voire en passant par le *Poème Symphonique L'Île de la Mort* Op. 29[69].

De même, l'usage des silences chez Cage rappelle la longue entrée très basse, presqu'imperceptible, du *Boléro* (0'00"-8'25") de Ravel[70].

Alors que *Dream* (1948)[71], qui n'est rien d'autre qu'un harpège constant tout au long de la gamme, là encore sans intention comique, mais qui cependant, par sa structure répétitive exagérée, basique, ressemble beaucoup aux *Études* ou aux *Fugues* des époques antérieures, et en particulier à la *Plaisanterie musicale* K.522 de Mozart[72], montre le premier moment du travail de décomposition mis en place par Cage, avec l'interlude de *Water*

Music (1952)[73], où s'intègrent les parties de silence, ici dues aux changements d'instruments - piano ou utilisation des bruits d'eaux -, mais où une ligne mélodique sous-jacente, permanente[74], soutient et supporte l'ensemble des traits harmoniques du premier plan.

Ainsi, *Dream* met en évidence le travail d'étude ou de construction de fugue classique, chez Cage, alors que *Water Music* montre la réutilisation ou persistance chez lui de la disjonction de la ligne mélodique, propre, là encore, de l'enharmonie de la fugue et de l'*ostinato* du *basso continuo*.

C'est, précisément, en cela que *4'33"* se distingue de ces travaux qui l'antécèdent, en marquant, comme nous l'avons dit, un pas de plus:

"*A final piece from 1952 cannot be ignored, since it is, apart from anything else, Cage's most well-known piece and Tudor's premiere of it on August 29, 1952, is one of the key moments in Cage's compositional career. Nevertheless, 4'33" is much less important from the perspective of under-standing realizations of Cage's scores in general, and Tudor's role in this in particular, than its otherwise central position might suggest.9 From the point of view of Tudor's activities, 4'33" might better be viewed as a consolidation of what has preceded, a summation rather than a development. The notion Tudor expresses of a change from experiencing to watch-ing time is clearer here than in either Music of Changes or Water Music, since Tudor's activities in performance here involved principally the literal activity of watching clock time elapse, closing and subsequently reopening the piano lid to indicate the beginnings and ends of the three sub-sections of 4'33". In the original version of the score, from which Tudor gave the 1952 premiere, one might also see the conclusion of the calculations which pervade Music of Changes and the Two Pastorales. Notated in five-line staves, the same calculations were, in a technical sense, required. However, with an overall metronome mark of 60 (and, if Tudor's recon-struction of this original lost score is accurate, in 4/4 throughout), this becomes time-space notation in all but name (Fetterman 1996, 74). Moreover, Tudor's performance style, always characterized by physical understatement, is highlighted yet more extravagantly in a piece where the demands made of the performer require nothing but ensuring that the piece last for a defined period. Finally, a further inevitable consequence of the material of 4'33" was that it emphasized the empty (or not so empty) spaces of Two Pastorales. Tudor's aesthetic response to this experience is probably best illustrated by his own remarks that 4'33" is*
"*one of the most intense listening experiences one can have. You really listen. You're hearing everything there is. Audience noises play a part in it. It is cathartic—four minutes and thirty-three seconds of meditation, in effect.*" (quoted in Fetterman 1996, 75)"[75]

Le processus même d'écriture de *4'33"*, évoqué par Cage dans sa lettre à Tudor du 5 août 1951, n'est pas linéaire, et montre comment l'oeuvre se détachera de son originelle structure, à laquelle restent attachées, au contraire, les autres morceaux cités ci-dessus, contemporains ou juste antérieurs, du silence non en soi, mais comme encadrement et ponctuation de la musicale, en tant, donc, que "*silences d'articulation*":

"*John Cage to David Tudor, handwritten [August 5, 1951]*

Dear David

Your letter has given me much pleasure; how much exactly I cannot say since I've lost count of the number of times I've reread it. And then too my pleasure was increased by the fact that I never receive the 'hundred little daily communications'; I never had a set for that; I prefer what is actually in the room - the rest seems spooky. Although Jung et al to the contrary.

The day before your letter arrived I finished 2nd part of the piece (34 pages plus a system; 16.525 minutes) and I was feeling lonely because working on it had been a constant thereness and now gone, so that I took to washing the windows (the day was bright and clear as it is also today). While washing the 3rd window I heard a knock at the door and it was an old friend and his wife, - a research scientist in crystallography. When I told him about the I Ching, he said he already knew about it through a Chinese friend and that its mathematics are equal to those of the current avant garde + that the book is having quite an influence on modern scientific research. Mirabile dictu.

I am going to say that I cannot send you the music now because it is not copied and will take me several weeks to copy. It is quite a different piece from the first one, using accessory beaters and plectrums besides the fingers and fingernails you were fam with. I myself in the course of composing it developed several blisters (not calouses, since I do not "practice") (having besides no ear for music also no kinesthetic sense) (which, by the way, is my present explanation for the chance that you are a pianist and not a composer—you have a strong kinesthetic sense since listening to your conversation is like going to the theater. The second part rises several times to 184 with all 8 superpositions. It also includes a half-minute of silence (about 2/3 of the way through) which brings me to the idea that the approximate time-length of each part should be included on a program (instead of allegro con brio or in C). (NOTE: *Cage would ultimately realize this idea for the first performance of ar, as well as in the titles for the Ten Thousand Things series, including 34'46.776" (1954), written for Tudor.*)"[76]

3. La performance dans le morceau
3.a. Le morceau et le principe de *happening*

Par conséquent, nos deux objections à celles de Dodd nous font remonter à la première constatation de la présente étude: l'utilisation d'éléments d'actuation par les musiciens dans *4'33"* est l'illustration même du caractère d'improvisation ou d'impromptu de ce morceau.

Si l'on compare, à ce propos, le principe de mise en scène produit par Cage avec celui des *happenings* de George Maciunas, lequel lui dédie d'ailleurs le *Piano Suite for David Tudor and John Cage*[77], on le voit donc, dans son association avec Tudor, commencée notamment avec *4'33"*, on se rend compte que les mises en scènes des années 1960 de Maciunas reproduisent l'idée de Cage.

À ce propos, le mouvement du temps physique (la manière dont est perçu la séquence par le spectateur) dans l'espace de la représentation (la représentation du lieu d'écoute et/ou d'action) dans *4'33"* comme chez Maciunas, avec ses bruits hétéroclites (marteau notamment contre le bruit du piano - rappelant les orgues à chats, comme, non la musicalité, mais le choix des appareils électro-domestiques dans *Water Walk* -), qui, dans les deux cas, proposent de décomposer l'objet musical en bruits, comme chez Russolo, marquent un passage dans la conception du développement mélodique contemporain, que l'on peut, éventuellement, rapprocher, à cette même époque, du mouvement visuel, associé (on pense, en ce sens, aux essais d'illustration de la polyphonie du jazz dans les oeuvres de Mondrian dans la série *Boogie-Woogie*, par l'association de carrés - dérivant historiquement du pointillisme impressioniste - de couleurs en alternance rapide dans la toile) à l'évolution de la musique vers le psychédélisme, dans les oeuvres cinématographiques et télévisuelles. On se rend bien compte que les plans diagonaux, privilégiés dans les séries comme *L'Homme de Fer, Mission Impossible* ou *Haaï: Police d'État*, font écho aux musiques de leurs respectifs génériques, avec la figure centrale en cela de Quincy Jones, comme compositeur de "*soundtracks*"[78], phénomène qui apparaît, également, en France, avec la figure du compositeur Michel Legrand notamment, et en Italie avec Ennio Morricone. Par contre, il est intéressant de comparer le générique de *Incident* (1967, Larry Peerce), complètement linéaire, suivant, en fonction d'ailleurs du thème du film, et malgré sa date de réalisation tardive dans ce cadre (ce qui montre bien les tensions formelles à l'intérieur des genres, dans leur processus d'évolution, entre reproduction et transformation des modèles acquis, problème que l'on retrouve dès la Querelle, fondamentale pour comprendre l'Histoire postérieure des Arts, entre les Anciens et les Modernes du XVIIème siècle français), la ligne de chemin de fer, par rapport à *Orange Mécanique* (1971, Stanley Kubrick), sur un sujet similaire, qui, jusque dans sa bande-annonce[79], par l'alternance rapide des couleurs (notamment du rose), des images (quand apparaît et disparaît le personnage principal dans la maison où il commettra un crime), et les différences formelles et de dimensions des lettres, rompt la linéarité encore présente (donc pré-psychédélique ou hippye) dans *Incident*.

Cette même recherche, si l'on veut, pour briser le cadre fonctionnel du concert (comme chez les déconstructivistes uruguayens pour rompre le cadre traditionnel du rectangle ou du carré des limites de la toile[80]), ches Maciunas, dans ses *happenings*, ou chez Cage, en y réintroduisant la co-participation du public (comme au temps de Bach ou Mozart, c'est-à-dire au moment de la création de la musique européenne, où, dans les soupers de Cour, on écoutait le concert tout en mangeant et en discutant), cet *ostinato* du bruit, de la ville pour Cage dans son entrevue ou Russolo, est celle qui correspond, à la même époque à peu près (dans le passage des années 1950-1960, avec l'apparition du rock, aux années 1960-1970, avec l'intégration du funk, de la soul, et du psychédélique en général dans les arts visuels et musicaux), au passage d'un cinéma linéaire (que perpétueront, en Europe, le Nouveau Réalisme italien et la Nouvelle Vague française, mais dont sortira, précisément, dans les années 1970, et la seconde partie de sa carrière, Fellini, à partir notamment du *Satyricon* de Pétrone, qui, de fait, marque son entrée dans les années 1970, puisqu'il date exactement de 1969 - d'un autre côté, la décomposition narrative surréaliste, qui vient de Buñuel, très actif dans les années de la Nouvelle Vague, avec *Belle de Jour* de 1967 et *Le charme discret de la bourgeoisie* de 1972, et est reprise par Godard [lequel pourtant conserve, ironiquement, originellement, la linéarité spatiale dans son premier film *À bout de souffle* de 1960] puis Bertrand Blier -) à ce que nous appelerions la circularité rythmique (en pensant aux rotoreliefs de *l'Anemic Cinéma* de 1926 de Duchamp[81] et, en général, aux essais visuels - par exemple de Germaine Dulac, avec son *Étude cinégraphique sur une arabesque* de 1929[82] -, bien que limités et répétitifs car hors de tout champ narratif, des court-métrages de l'avant-garde) du cinéma des années 1970 (avec les principaux représentants acteurs dans leurs films que sont Steve McQueen ou Clint Eastwood, également, celui-ci, comme directeur; dans le monde des séries télévisées, c'est le passage du monolithique en tant que personnage de son héros John Drake, et linéaire visuellement et narrativement *Destination Danger* de 1960-1966 [diffusé jusqu'en janvier 1968][83] au psychédélique et hors-propos *Le Prisonnier* de 1967-1968 pour l'acteur et créateur Patrick McGoohan).

Or, notons, là encore, que cette circularité de l'impression visuelle et musicale (dont nous avons piu retrouver les origines jusque chez Duchamp, dont on sait l'importance génétique chez Cage, de son propre aveu encore dans son entrevue), se base, dans le psychédélique sur une forme d'*ostinato* par déchronisation:

"One can explain all other unconventional aspects of the progressive rock style through the prism of the Schumann/Adorno critique as well. For instance, a defin-ing feature of seventies progressive rock is its fusion of

European classical, British folk, and modern jazz in a rock matrix. For the rock critic, this was mere dilettant-ism. For the progressive rocker, it was a critique of the prevailing dichotomies of high culture/low culture and European art/African American entertainment, as well as a utopian model of a new culture in which the best elements of disparate cultures are harmoniously blended. Another defining feature of seventies progressive rock is its emphasis on keyboards, particularly the Hammond organ, Moog synthesizer, and Mellotron. For the critic, this emphasis results in a "bloated" sound; for the musicians, it is a means of bringing a sense of depth, both sonic and cultural, to a popular music that had been trivialized and desacralized under the deadening weight of corporatism.

Finally, despite the claims of critics like Lester Bangs that the progressive rock style was hopelessly effete, "a contamination of all that was gutter pure in rock,' one can, in fact, identify subversive undercurrents in the progressive rock style. Many of these derive from late-sixties psychedelic rock, progressive rock's single most impor-tant lineal ancestor. Michael Hicks has identified three fundamental effects of the LSD experience: dechronization (the breaking down of conventional perceptions of time), depersonalization (the breaking down of the ego's ordinary barriers and result-ing awareness of undifferentiated unity), and dynamization (whereby static physical forms appear to dissolve into molten, dripping, objects)." All three impacted the development of the psychedelic rock style, and, less directly, progressive rock. Dechronization is reflected by songs being lengthened and slowed down, with open-ended forms becoming the rule; compare both the tempos and the forms of pre-countercultural and countercultural rock, and the difference is immediately apparent. Progressive rock derives its modal harmony and fondness for long instrumental solos over an ostinato from psychedelic rock. Modal harmony's weak, "floating" sense of progression, and the sense of stasis created by ostinati, also mirrors dechronization.' Depersonalization is reflected in progressive rock's insistence on collective virtuosity against the pre-countercultural model of "front man" and "backing band." The distinction between lead and accompaniment dissolves into a democratic coun-terpoint that is denser and more complex than any pre-countercultural rock music. Dynamization, though not as important to progressive rock as to psychedelic rock, is still evident through the use of ample reverberation, echo, and stereo panning to suggest enormous interior spaces, the I Iammond and Mellotron to create a sense of (respectively) "cathedral-like" and "symphonic" spaciousness, and effects devices to render "molten" otherwise stable timbres. To be sure, progressive rock is not, strictly speaking, "drug music." While its 1970s audiences often partook, the music was too complex and demanding for the performers to safely indulge themselves while per-forming. Nonetheless, it is undeniable that progressive rock as a style was shaped to some extent by late-1960s hallucinogenic drug culture. There is notable congruence between progressive rock and hermeticism, in which a complex network of fantastic visual and literary symbols conveys deep truths. As with henneticism, progressive rock's tendency towards complex music, arcane lyrics, and surreal cover art masks skepticism about mainstream society's confidence in the communicative capacities of literal language. Again like the henneticists, progres-sive rock's tendency towards obscurity suggests a desire to "keep out the squares" and force those who want to be part of the "scene" to make a real effort to come to grips with its ideology and values system. Here, one notes the similarity in sensibility between progressive rock and modernism, which brings us full circle, since Theodor Adorno was musical modernism's most persuasive philosophical exponent. Even though it's likely the founders of progressive rock never heard of Adorno, they saw in their difficult, knotty, music a kind of negative dialectics set against the puerile, cliched, mass-produced swill of the corporate music machine."[84]

De fait:

"Minimalism is probably the most significant style of art music to emerge dur-ing the second half of the twentieth century. It emerged at roughly the same time as psychedelic music, during the mid-1960s. Its originators were young composers who were consciously rebelling against the complexity and icy ab-stractness of contemporary avant-garde styles such as the total serialism of the 1950s or the aleatoric (chance) music of the 1960s. As a style, minimalism is characterized by the use of ostinato networks—that is, several interlocking me-lodic patterns, usually modal—that are repeated over and over again with grad-ual, undramatic changes. The resulting harmonic progressions are simple and essentially consonant; there are few cadences. The rhythmic patterns are usually highly charged and energetic, reflecting the influence of African-American styles, especially jazz. An even clearer nod in the direction of African-American music was the increased unwillingness of a composer like Terry Riley to notate his mu-sic, and the correspondingly increased reliance on improvisation. The major minimalist composers—Steve Reich, Philip Glass, Terry Riley, LaMonte Young—undertook a systematic study of specific world musics, especially Indian classical music. Not surprisingly, the overall structural conception of their pieces, which are often very long, emphasize ideals more generally associated with East-ern than with Western musics—gradual, undramatic change, and an emphasis on musical elements such as overtones that normally go unnoticed in music where harmonic and melodic changes occur more quickly. Progressive rock audiences often overlapped with audiences for American min-imalism, which has had by far the largest audience of any art music style originating in the second half of the twentieth century;" it is perhaps surprising, then, that the two styles have not interpenetrated more than they have. There are isolated progressive rock passages that bear an almost uncanny resemblance to contem-poraneous minimalist pieces. The opening of Van der Graaf Generator's "Lost" (1970) resembles the busy, woodwind-dominated ostinato networks often used by Philip Glass in his music of the 1970s; the superimposed ostinato patterns and asymmetrical meters of ELP's "Infinite Space" (1971) suggest a slowed-down ver-sion of Steve Reich's Octet (1978).

For the most part, however, the two styles remained clearly separated. Both styles were monumental, but minimalism was above all a meditative music, a music that focused narrowly on a deep channel of experience; the greatest achievement of the minimalists was to create structural approaches that successfully capture psyche-delia's acid-induced sense of timelessness. While progressive rock did of course prominently feature meditative passages as well, the foundation of the style rests on sudden shifts between acoustic and electric instrumentation, between rock-and classically-oriented rhythmic conceptions, between simple/consonant and complex/dissonant harmonies. In short, progressive rock was a dramatic (and an eclec-tic) style in a sense minimalism never set out to be.

A more intimate connection can be seen between the electronic minimalism of Terry Riley and the English jazz-rock of the Canterbury school. Daevid Allen, who was involved in early incarnations of both Soft Machine and Gong, worked with Riley in Paris in the mid-1960s, and introduced Riley's use of tape loops and electronic drones to other members of the early Canterbury school. Quite frequently, these bands juxtapose meditative minimalist passages with more straight-ahead jazz-rock sections: for instance, the opening of Soft Machine's "Out-Bloody-Rageous" (1970), with its plethora of rhythmically charged electronic organ ostinati that writhe and overlap each other in ever-changing patterns, is strongly reminiscent of Riley's almost contemporaneous Rainbow in Curved Air. Riley's influence remains discernible in mid-period Soft Machine (i.e., "French Lesson" from Soft Machine's Seventh), and is also apparent in the work of various Soft Machine alumni (Hugh Hopper's 1984) and in the spacey synthesizer passages of Gong during their early 1970s incarnation ("A Sprinkling of Clouds" from You).

The musicians who did the most in establishing a rapport between minimalism and progressive rock were Brian Eno and Robert Fripp. Their two collaborative albums, No Pussyfooting (1972) and Evening Star (1975), largely created minimalist rock. Significantly, Fripp's work in this context had little discernible influence on the 1970s incarnation of King Crimson, even though he was involved in the two projects simultaneously. In these two albums, Eno drew on the tape loop technique developed by Terry Riley and Steve Reich: short melodic fragments and drones (for the most part played by Fripp on electric guitar) are looped over each other continuously, so that even as some patterns disappear into the aural background, new ones are introduced. The overall result is the same kind of slowly evolving soundscape that is apparent in the music of the minimalists. After King Crimson broke up in 1974, Fripp undertook a solo tour in which he performed this kind of music, which he dubbed "Frippertronics."

Another group that deserves mention in this context is Jade Warrior. This band started out as another English progressive rock group in the mold of King Crimson, but already on their Last Autumn's Dream LP of 1972 certain tracks ("Obedience") suggest a rock minimalism analogous to Fripp's and Eno's. By the mid-1970s the music of this band had become almost entirely instrumental; by frequently de-emphasizing the rhythm section and drawing minimalist, ethnic (especially Chi-nese), and cool jazz sources into a progressive rock framework, Jade Warrior created a distinctive sound—sometimes acoustic, sometimes electric—that pre-sages the New Age style of the 1980s by nearly a decade. The music of Jade Warrior, Mike Oldfield (whose Terry Riley–influenced Tubular Bells LP of 1973 was a sur-prise hit, reaching number three in the U.S. charts), and the seminal German group Popol Vuh (named after the Mayan sacred text) points up the consistent, if often tangential relationship between progressive rock, minimalism, and New Age styles. It is significant that two well-known progressive rock keyboardists, Rick Wakeman of Yes and Eddie Dobson of U.K., went on to become prominent New Age per-formers during the 1980s after their groups broke up.

Avant-garde Electronic Music

I have pointed out that there was a great deal of interest in electronic music among the practitioners of psychedelic music of the 1966-1970 period. It is not surprising, then, that much interest was generated in the electronic art music of the 1950s of composers such as Edgar Varese (who was lionized by American guitarist/bandleader Frank Zappa) and Karlheinz Stockhausen (who appeared on the cover of the Beatles' Sergeant Pepper album, and whose Gesang der Junglinge of 1956 remains a classic of early electronic music).

More than any other form of twentieth-century music, the electronic music of composers such as Varese and Stockhausen has exemplified the term "avant-garde," with traditional musical elements such as melody, harmony, and even rhythm being abandoned in favor of sound's purely coloristic qualities. Electronic music of this sort—which may be constructed from both electronically generated sounds and electronically altered natural sounds—is characterized by pulsating, buzzing, and wooshing noises which would not be considered "musical" by any traditional standards. This sonic material is often superimposed to create complex sound "collages" in which several layers or planes of seemingly unrelated sonic events are unfolded simultaneously.

The band that most fully explored this avant-garde electronic heritage was Pink Floyd. The group's organist, Rick Wright, in particular acknowledged the influence of Stockhausen;" the band's early use of quadrophonic sound in their concerts suggests a conscious emulation of the attempt to surround an audience with sound undertaken by Varese, whose landmark Poeme electronique was presented through four hundred loudspeakers at the 1958 Brussels World Fair. However, progressive rock was at its essence too much of a dramatic idiom to be overly influenced by the abstractness of experimental electronic music, and even at the height of the psychedelic era Pink Floyd carefully alternated experimental electronic passages with a largely acoustic, modal ballad style. After Atom Heart Mother (1970), which integrated their electronic experimentation into the framework of symphonic rock, Pink Floyd pursued electronic effects less and less for experimental reasons, but used them more sparingly, often to further emphasize the thematic content of their songs (thus the machine-like effects of "Welcome to the Machine," the jingling cash registers at the opening of "Money," the chiming of clocks at the beginning of "Time"). Several of the early Canterbury bands, especially Soft Machine, Match-ing Mole, and Egg, also evinced a strong interest in avant-garde electronics, even if not quite to the degree of Pink Floyd. Like Pink Floyd, though, these bands gradually abandoned their electronic experimentation during the early 1970s, as the Canterbury style grew increasingly close to mainstream fusion.

Perhaps the most surprising aspect of the mass appearance of synthesizers among progressive rock bands during the early 1970s is that they were used mainly as a souped-up organ or as an orchestral substitute. The most adventurous elec-tronic experimentation in English rock music had already taken place by 1970, before the mass availability of synthesizers; as suggested above, after synthesizers did become common, electronic effects were used increasingly sparingly, and usu-ally to emphasize the thematic content of a piece. After 1970, electronic experi-mentation was taken up in earnest mainly by German electronic rock bands such as Tangerine Dream and Kraftwerk; these groups entirely dispensed with both acoustic instruments and with the rock rhythm section of bass guitar and drums, with all members playing synthesizers. Tangerine Dream's sound, in particular, often comes very close to that of electronic "art" music; the "rock" element is supplied above all by the band's characteristic use of sequencers to create throb-bing, repetitive bass lines.

Indeed, the 1970s witnessed the confluence of a number of sources into a style that eventually came to be termed electronic New Age or simply electronic music. In music of this type one encounters the influence of minimalism (both *the rhyth-mically charged minimalism of the Riley/Reich school and the more motionless, atmospheric minimalism of the Eno/Fripp collaborations); the abstract sound collages of early pioneers of electronic music such as Varese, Stockhausen, and Pierre Henry; and on occasion certain devices drawn from progressive rock, such as complex metrical episodes, sudden shifts in mood, and gradual buildups to huge climaxes. Tangerine Dream and its various alumni, often referred to collectively as the "Berlin school," were especially notable proponents of this style; at their peak during the mid-1970s on albums like Rubycon (1975), Tangerine Dream pioneered a sound that was at once meditative and intense, pastoral and futuristic. Other notable practitioners of this style during the 1970s included the Greek syn-thesist Vangelis (a.k.a. Evangelos Papathanassiou) and the French synthesist Jean-Michel Jarre, whose music fused elements of the progressive rock style with the more atmospheric and cosmic electronics of the Berlin school, and two lesser-known French keyboardists/guitarists, Didier Bocquet and Richard Pinhas (the latter's Iceland of 1979 is an especially fine example of the style). In the 1980s and 1990s new figures such as Steve Roach have become prominent purveyors of the electronic style, which in recent years has often been termed "electronic New Age"; a number of veterans of the 1970s scene have remained active in this field as well.*

Brian Eno has remained an especially important figure, pioneering a style in pieces such as Musk for Airports, Discreet Musk, and Thursday Afternoon which he has labeled "ambient music." Eno's ambient music is often created for particular times and situations; his intention is that these pieces should function as tapestries, large-scale, nonintrusive atmospheres which lend a consistent mood to the envi-ronments in which they are heard. The ambient style is even-textured, spacious, and contemplative; several musical events appear and recur more or less regularly, but in ever-changing permutations. Eno's ambient music, at once tranquil and extraordinarily subtle, suggests that the development of a plethora of related electronic instrumental styles is far from being played out."[85]

On rappellera que Brian Eno fut un important collaborateur de Bowie, et que les *Tubular Bells* de Mike Oldfield reprennent la musique méditative tibétaine et zen[86].

Encore une fois, nous rappellerons que, génétiquement:

"The term ostinato as used in this discussion refers to a short melody or a motive which is normally (but not always) in the lowest voice and is repeated several times in succession. Some further characteristics of this type of ostinato are:
1. The melody is sometimes ornamented during the course of its repetition
2. The melody may or may not be transposed to different pitch levels
3. The melody serves as a foundation for other parts—such as riffs, countermelodies, and harmonies—which supply a con-tinuously changing texture above it
The repetition of a precise harmonic sequence (often referred to as ostinato harmonies) is a related genre. In this instance, the initially sounded melody and bass line are variable elements, whereas the harmonic sequence is fixed. Almost all blues composi-tions (including boogie-woogie) employ this type.
The ostinato idea in black improvised music is rhythmically and functionally related to the time-line (or life-line) as found in tradi-tional West African music, where it acts at once as a referential phrase length to which other musical phrases are added and as a vehicle for projecting the basic pulse."[87]

On est ainsi frappé, dans la relation Cage-Maciunas, de voir comment *Water Walk*[88] de Cage présente une sélection hétéroclite d'objets et appareils domestiques, nous voulons dire avant-gardiste (pour la centralité de l'objet, que nous avons déjà évoqué), pour, finalement, présenter une structure musicale extrêmement classique dans sa progression et l'intervention des différents types de sons qui y interviennent.

Il s'associe ainsi, également, à un autre élément important de l'art contemporain: l'objet[89].

"*A prominent example of this is Cage's Water Music of 1952. The performer is free to interpret the scattered instructions for playing actions, with only timing indications for the length of their duration as guidance. For many of the actions, the performer is left to choose his own instrument. Through this, he encouraged the individual to interact with the composition process, as this created a connection between piece and performer, and advocated his experiments in the generation of chance, as the piece changed with every rendition. In this piece, Cage embraces the arbitrary by writing the score in an unknown language. Interestingly, the graphic score presents more of a challenge for the performer than it logically should. Arguably, drawing is a more natural and instinctive mode of expression, than the learnt language of classical music. However, Western music relies on the symbols invented centuries ago for the purpose of producing identical recitals of the music. As this was the reverse of Cage's purpose, it was fitting that a new scoring system must be found. This element of chance is in each of the activities scored; even the radio is tuned to a random frequency. Additionally, Cage proposes that the sounds of static during the tuning process are equally valid as musical material as the melodic sound of a series of notes played on a traditional instrument.*
First performed by the renowned pianist David Tudor, at the New School for Social Research in New York during the spring of that year, Tudor shuffled cards to determine the order of the performance actions, and used a stopwatch to keep within the very quick but precise timing regulations. The piece was exceptional at that time as Cage utilized simple household objects to explore the wide variety of different sounds it is possible to make with water. Renamed Water Walk, it was performed by Cage in 1960 on the popular television panel game show I've got a Secret, during a celebrity guest round, where guests typically demonstrated a new product or technology.
The concept of a musical performance consisting of everyday sounds was clearly a revolutionary idea, and a bold movement to demonstrate on a program designed for mass entertainment rather than avant-garde music. Members of the studio audience laughed loudly and frequently as the curtains on stage were drawn back to reveal Cage's instruments: a water pitcher, an iron pipe, a goose call, a bottle of wine, an electric mixer, a whistle, a sprinkling can, ice cubes, two cymbals, a mechanical fish, a quail call, a rubber duck, a tape recorder, a vase of roses, a seltzer siphon, five radios and a bathtub. A grand piano was also present, but manipulated for unusual sounds or used more like an item of furniture than for any conventional purpose."[90]

Les morceaux de sons de *4'33"*, obtenus, dans leur variabilité, par la fragmentation de l'intentionnalité shapirienne (ou clémencienne, si l'on se reporte à Monet), au fond ne font qu'inverser le procédé de *Water Walk*, ne s'agissant plus de concrétiser ou bruiser la musique en la faisant sortir du cadre physique de ses instruments, mais de faire entrer les éléments qui forment la qualité sonore du monde qui nous entoure, dans un processus en cela très similaire à celui de Schaeffer dans ses *Cinq études*, et antérieurement à celui, originel, de Brussolo, dans le cadre de la musique officielle (ou, on pourrait même dire, de chambre), non tant pour en sélectionner le produit, comme il le fait dans *Water Walk*, par l'ordonnancement exact des objets et du choix de l'ordre dans lequel il en joue, afin de produire une sorte de symphonie concrète (on est ainsi souvent frappé, dans l'oeuvre de Cage, mais en général dans la musique concrète de la permanence des temps et des rythmes classiques, alors même que les objets et bruits qui sont utilisés ne le sont plus - mais c'est aussi cette persistance de la musicalité qui a permis l'intégration des valeurs de la musique concrète dans le rock alternatif, d'un David Bowie par exemple, puis symphonique des années 1960-1970, et ensuite dans la musique électronique dans ses diverses formes d'évolution, de Michel Jarre au disco jusqu'au trance, à la rave, house[91], etc.:

"Before writing 4'33" Cage had written many musical compositions in the 1930s and 1940s. Most of these had evocative, romantic titles, like Amores, Daughters of the Lonesome Isle, and The Perilous Night. Many of these early works were for prepared piano, a Cage invention that made the piano into a kind of miniature gamelan orchestra. He had already become well known as a musical innovator, one on the cutting edge of the American avant garde. Cage was one of the first composers to write electronic music, with his "Imaginary Landscapes". And in 1937 he predicted the future of electronic music in his lecture, "The Future of Music, Credo". He was also one of the first Western composers to compose music solely on the basis of rhythm, using what were previously regarded as noises. Here, suddenly, in 1952, was a piece whose title was just a number from a clock and in which the performer played nothing. It was an historic turning point for the composer, one from which he would never turn back."[92] -),

De faire entrer les éléments qui forment la qualité sonore du monde qui nous entoure afin, disons-nous, de produire une symphonie concrète, mais non retouchée (c'est le principe du *ready-made* avant-gardiste, et des *Études* de Schaeffer, voire du bruitisme de Russolo, la préexistence du bruit concret, extérieur, à son élaboration savante), et variable, selon le principe des Études, impromptus, etc., en dépendance, théâtralement, comme musique en direct, retournant aux valeurs des concerts originaux de l'élaboration de la musique occidentale basse à partir de la Renaissance, des événements et des intervenants du moments.

3.b. La participation du public dans le morceau

Il est ainsi amusant que le morceau ait été originellement joué à Woodstock, dix-sept ans avant le fameux concert.

Il est de même intéressant de noter que, l'esprit des temps faisant son jeu, *4'33"* fut joué pour la première fois exactement dix ans avant la publication de *L'OEuvre Ouverte* d'Umberto Eco (1962), ouvrage qui marqua profondément, sans aucun doute, la théorie de l'art contemporain, et sa compréhension, et qui soutenait que l'oeuvre n'existe que dès le moment où elle est lue, les niveaux de sens n'apparaissant qu'à partir du moment où ils sont compris par chacun des lecteurs, naissant ainsi autant de signifiés qu'il y aura de personnes, signifiés qui ne se contredisent pas, mais viennent se superposer.

On notera qu'Eco révisera sa position dans ses *Confessions d'un jeune romancier* (2013), où spécifiera qu'il ne parlait que du public savant. Mais la vérité est que l'ensemble de ses lecteurs l'avaient compris en sens général (d'où d'ailleurs sa rectification tardive).

Or n'est-ce pas de cela qu'il s'agit dans *4'33"*? Comme le pose Eco dans son ouvrage de 1962, que le spectateur (et même l'univers entier) soi(en)t "*co-auteur*(s)" du morceau de Cage?

4. La philosophie du morceau

Nous avons précédemment évoqué les origines du morceau dans le bruitisme, et son lien à l'art, notamment en le comparant avec les parallèles essais de Klein, doublés chez celui-ci de la réalisation et présentation, sous forme de *happening*, de *Monochromes*.

Terminant le présent travail, nous avons découvert le joli texte de Larry J. Solomon sur *4'33"*, qui recoupe beaucoup de nos thèses.

Nous l'avons déjà plusieurs fois cité comme recours, entre les autres auteurs.

Nous voudrions commencer ce chapitre, plutôt qu'en le paraphrasant bêtement, en lui laissant, au contraire, de nouveau, la parole, d'une part sur le lien du morceau au bruitisme, et d'autre part sur son rapport aux monochromes de Robert Rauschenberg.

En effet, ces deux passages, très importants, pour longs qu'il soient, nous serviront à entreprendre notre propre chemin vers une analyse supplémentaire du morceau de Cage.

4.a. Le bruitisme

"The origin of the concept of 4'33", i.e., a silent frame filled with non-intentional environmental sounds, is debatable. But when Cage was a Fellow at Wesleyan's Center of Advanced Studies (1960-61), he was asked to compile a list of books having the greatest influence on his thought. One of these was Luigi Russolo's, the Italian Futurist, The Art of Noises (1916). Cage referred to The Art of Noises in his 1948 lecture at Vassar. In this book there is a chapter that presages 4'33", i.e.,"The Noises of Nature and Life". Russolo begins by poetically describing many of the sounds of nature. Then comes a remarkable statement:
And here it can be demonstrated that the much poeticized silences with which the country restores nerves shaken by city life are made up of an infinity of noises, and that these noises have their own timbres, their own rhythms, and a scale that is very delicately enharmonic in its pitches. It has been neither said nor proven that these noises are not a very important part (or in many cases the most important part) of the emotions that accompany the beauty of certain panoramas, the smile of certain countrysides!
But let us leave nature and the country (which would be a tomb without noises) and enter a noisy modern city. Here, with machines, life has created the most immense, the most varied sources of noise. But if the noises of the country are few, small, and pleasing, then those of the city... Oh! To have to listen to noises from dawn to dusk, eternal noise!"[93]

4.b. Rauschenberg et le vide

Voyons à présent son intéressante démonstration sur le lien entre *4'33"* et les monochromes blanc de Rauschenberg, à partir de la division en sections du morceau de Cage:

"4'33" was written in the summer of 1952 just after Cage returned to New York City from Black Mountain College, where he had been invited to participate as a teacher and composer in this rural, private-school environment, and worked with other important figures in the art world. It was here that Rauschenberg did his White Paintings (1951) and Cage first saw them, provoking 4'33". It was here that the first multimedia "happening" occurred, Cage's Theater Piece No. 1, in which many of the faculty participated. It was also here that Cage planned work on Williams Mix and first used the time bracket notation that became so prevalent in his later music.
4'33" is written for any instrument or combination of instruments. It is, however, usually done as a piano piece. This is probably because of the precedent set by the premiere performance, since the score does not specify a piano or any other instrument. The score is in three movements. Curiously, it has existed in at least six different versions (two different manuscripts and four different editions), although only two of these are different in performance.
The original Woodstock manuscript, dated August 1952, is now lost and was written in conventional grand staff notation, containing measures of silence. It is here referred to as the Woodstock ms. It was this score that David Tudor used for the premiere performance. Tudor made at least two reconstructions of this score for his own performances.
The original was on music paper, with staffs, and it was laid out in measures like the Music of Changes except there were no notes. But the time was there, notated exactly like the Music of Changes except that the tempo never changed, and there were no occurrences - just blank measures, no rests - and the time was easy to compute. The tempo was 60.
The second manuscript (1953) was a birthday gift to Cage's friend, Irwin Kremen, and is here referred to as the Kremen ms (Kremen manuscript). It was written in graphic, space-time notation, where each movement was drawn as a time line in which each second is equal to an eighth of an inch. This is one of Cage's earliest graphic scores. It specifies the movement lengths as: 30", 2'23", and 1'40". In 1993, it was reproduced in Peters edition 6777a.
A third version, here designated First Tacet Edition, is the one that is most well known and used by performers and is now out of print, Peters No. 6777 (1960). The author has not seen a manuscript version of this edition. It is a

typewritten score that simply lists the three movements with Roman numbers with the word "TACET" (silent) below each. Below that is the following statement:
NOTE: The title of this work is the total length in minutes and seconds of its performance. At Woodstock, N.Y., August 29, 1952, the title was 4'33" and the three parts were 33", 2'40", and 1'20". It was performed by David Tudor, pianist, who indicated the beginnings of parts by closing, the endings by opening, the keyboard lid. However, the work may be performed by (any) instrumentalist or combination of instrumentalists and last any length of time.
FOR IRWIN KREMEN   JOHN CAGE
This statement is very curious. The timings Cage gave here for the Woodstock performance are not correct, because the original printed program shows that the timings were not 33", 2'40", and 1'20", but 30", 2'23", and 1'40". This raises an important question: Why would he give incorrect timings for the Woodstock performance? (A proposition is given below.)
A fourth version was a facsimile of the Kremen ms, but reduced in size, and was printed in Source in July, 1967. In performance it is the same as the original Kremen ms. It is here referred to as the Source Edition.
A fifth version, published by Henmar Press in 1986 curiously carries the same Peters listing (No. 6777). Here referred to as the Second Tacet Edition, it is nearly the same as the first, with the important exception that it was printed in Cage's own calligraphy, with the following statement added before the last sentence of the above:
After the Woodstock performance, a copy in proportional notation was made for Irwin Kremen. In it the timelengths of the movements were 30", 2'23", and 1'40".
This is a puzzling statement. How could one have been a copy of the other when the timings were different? (The timings are the essence of the piece.) Of what is the Kremen edition a copy? It could not have been a copy of the original, since the original was lost. Additionally, the original timings were not 33", 2'40", and 1'20" but the ones Cage made for the Kremen ms. It is also significant that Cage does not state that the piece was recomposed. One possible hypothesis is that the Tacet Editions were secondary, and that they were made in error.
A sixth version is Peters No. 6777a (1993), which is an exact reproduction of the Kremen ms. It is referred to here as the Kremen Edition.
The following table shows the movement lengths for the two different timings represented in the various versions. The proportions shown are the percentages of the total length.

4'33"				
	I	II	III	Total
Woodstock ms (1952), Source Edition (1967), Kremen ms (1953) & Edition (1993)	30"	2'23"	1'40"	4'33"
proportions:	11%	52%	37%	
Tacet Editions (1960, 1986)	33"	2'40"	1'20"	4'33"
proportions:	12%	58%	29%	

Why do the timings differ? Why are the movement lengths different in the Tacet Editions? The Woodstock ms was lost sometime after the first performance at Woodstock. (It remains lost to this day.) Either Cage apparently then felt the need to reconstruct a score for 4'33", by the methods he used before, perhaps rebuilding the whole composition again note by note, using chance operations, or he was simply remembering the timings of the original edition and performance incorrectly.
David Tudor seemed to have corroborated the first conjecture in an interview with Reinhard Oehlschägel:
(R.O.:) It is dedicated to an Irwin Kremen.
(D.T.:) No, no, that is a very complicated story. The first score of the piece was dedicated to me. Some years later [actually only months later - author comment], John Cage decided to compose a piece for Irwin Kremen. So he asked me for my copy (of the score) because that was the only one in which the rhythmic structure had been notated.
(R.O.:) That means the lengths of the three movements with headlines.

(D.T.:) Later, he lost my copy. Then, I had just been asked to perform the piece in its original form. That was 1982 in a concert with the title "Wall to Wall John Cage".
(R.O.:) In Symphony Space in New York.
(D.T.:) Then I looked through my programs and found that I had played the piece in Darmstadt at least once. I had a list of the durations, and there I discovered that the durations did not agree with those that are published in the Irwin Kremen draft. I attempted to find out what had happened. It is clear that he had composed the piece again with the same rhythmic structure, but with different durations. And then I made a new score with the original durations. And to make the story even more complex: in the first version published by John Cage, there is a page with instructions about the original durations, and further stating that the piece can have any duration.
But, is it "clear" that Cage recomposed the piece with chance operations? How, then, could the movements come out to be so similar in length? And, how does it happen, by chance, that the total length came out to be exactly the same with the two different timings? Cage himself never said that he recomposed the piece. What is now clear is that the Kremen Edition faithfully represents the original version, and the Tacet Editions are secondary. It is no wonder that Tudor made his own versions of the original, rather than using the Tacet Edition timings. There are so many problems with the interpretation that Cage recomposed 4'33" using chance operations, that one must conclude that Cage did not use chance for the timings of the Tacet Editions, but that they were his mistaken recollection of the original timings.
Concerning the original composition Tudor then continued:
I then did some detective work and discovered that as part of the compositional process he had asked the I Ching about the relationship between even and uneven numbers. Through coin tosses, he received the answer that exclusively even numbers should appear. Since the composition process was identical to that in Music of Changes, even numbers meant: no tones. At the beginning, he said: "I don't know about this piece..." And I asked him if I could perform it.49
But, how can all even numbers add up to an odd number like 4'33"? It seems unlikely that the piece turned out to be 4'33" by chance, because Cage, in 1948, as cited earlier, referred to his desire to compose a silent piece that was four and a half minutes in length, and sell it to Muzak. It seems that the 4.5 minute length was already in Cage's mind, possibly subconsciously, before he rolled the metaphorical dice. It was a standard length for Muzak's commercial pieces. This seems to call the whole process into question.
A pertinent statement about this came from the David Tudor/Reinhard Oehlschägel interview:
(R.O.:) Did you ask John how he made it?
(D.T.:) Yes.
(R.O.:) Aha. That is naturally a paradox, a beautiful one perhaps. Cage indicates in his book Silence that he made this piece after the "white paintings" of Robert Rauschenberg. That sounds as if it was not a pure chance throw of the dice, where nothing resulted, rather that it was already an idea. Perhaps the memory was very beautiful - John's memory of the first throw of the dice or coins?
In Cage's account of the compositional process for 4'33", he said, "I didn't know I was writing 4'33". When I wrote 4'33", I was in the process of writing the Music of Changes. That was done in an elaborate way. There are many tables for pitches and durations, and for amplitudes. All the work was done with chance operations. I built it up very gradually, and it came out to be 4'33" - and I just may have made a mistake in addition."
The specific details of process that were used to construct the Music of Changes (and 4'33") have been reconstructed by James Pritchett, and Cage described aspects of the process in Silence. He said that the process was complicated for the Music of Changes, involving 26 different charts for pitches, tempi, durations, superpositions, dynamics, and sounds, but for 4'33" he only used the eight durations charts. This would rule out tempi changes that would complicate the temporal durations for 4'33".
In the charts for durations there are sixty-four elements (since silence also has length). Through the use of fractions (e.g., 1/3; 1/3 + 3/5 + 1/2) measured following a standard scale (2.5 cm equals a crotchet), these durations are, for the purposes of musical composition, practically infinite in number. The note stem appears in space at a point corresponding to the appearance of the sound in time, that is if one reads at the tempo, or changing tempo indicated. Given fractions of

a quarter, half, dotted half and whole note up to 1/8, simple additions of fractions is the method employed for the generating of durations.

From this we can tell that a simple toss of coins was not sufficient to determine the durations, but that these were somehow correlated with fractions and that the charted durations were summations of these fractions (hence "segmented"). The rhythmic structure for the Music of Changes (and presumably also for 4'33") was 3, 5, 6.75, 6.75, 6.75, 5, 3.125. When added, these numbers total 29.625, a number very close to the 30" used for the first movement of 4'33". The chance operations used in the Music of Changes sometimes yielded "impossible requirements, in which case the player is to use his or her own discretion, so that chance generates conditions in which choice must be exercised. Cage was charged by Henry Cowell with not fully liberating himself from his tastes."

Music of Changes is a chance composition, but it is not indeterminate. It was notated using chance operations, but once the score was completed, the notation was to be played as written. Thus, the performance of Music of Changes is completely determined by the chance operations used to write it, as were the other chance works composed before 4'33". Chance music is here defined as music in which chance operations are used to determine its notation and the score determines the greater part of how the music is to be performed. Indeterminacy is defined as music in which the composer and/or performer cannot foresee the greater part of the result of a performance, which is made up of non-intentional sounds. (Cage often used the word "experimental" interchangibly with "indeterminate".) Chance was used by Cage to free the composer from controlling sounds, to free him of his likes and dislikes. Indeterminacy opened the field of music to non-intentional sounds - the concepts of non-intention and interpenetration are most critical. By Cage's standard, improvisation does not involve either chance or indeterminacy, since improvisors continuously make choices that are determined by their likes and dislikes, i.e., their tastes and memories, and they intentionally make sounds.

Cage wrote in his lecture on "Indeterminacy", printed in Silence:

This is a lecture on music which is indeterminate with regard to its performance. The Intersection 3 by Morton Feldman is an example. The Music of Changes is not an example. In the Music of Changes, structure, which is the division of the whole into parts; method, which is the note-to-note procedure; form, which is the expressive content, the morphology of the continuity; and materials, the sounds and silences of the composition, are all determined. Though no two performances of the Music of Changes will be identical..., two performances will resemble one another closely. Though chance operations brought about the determination of the composition, these operations are not available in its performance... The Music of Changes is an object more inhuman than human... The fact that these things that constitute it, though only sounds, have come together to control a human being, the performer, gives the work the alarming quality of a Frankenstein monster. This situation is of course characteristic of Western music, the masterpieces of which are its most frightening examples, which when concerned with human communication only move from Frankenstein monster to Dictator.

This statement confirms that Cage placed the aesthetic conditions of the Music of Changes firmly in the Western tradition, because, although composed with chance operations, it is still very determined. It is indeterminacy, not chance, that Cage regarded as the radical departure from aesthetic tradition.

4'33" is also one of Cage's first chance works, but, more importantly, it was the first that was completely free of any intentional sounds, embracing interpenetration and indeterminacy, thus representing a radical change of aesthetics. "In the case of 4'33", I actually used the same method of working [as in the Music of Changes], and I built up the silence of each movement, and three movements add up to 4'33". It seems idiotic. But, that's what I did. I didn't have to bother with the pitch tables, or the amplitude tables. All I had to do was work with the durations." He went on to explain that each movement was built up with short notes all of which were silent and determined by chance. Thus, the formal structure was determined by chance, but the content (unintentional environmental sounds) was indeterminate.

How did Cage decide that there would be three movements, and how did he determine the length of each? Three movements seems unlikely to have been a toss of the dice. Three or four movement works are the norm, not the exception, and some believe that this is an allusion to the traditional sonata.

William Fetterman helped Cage recollect that 4'33" was not written exclusively with the I Ching (which was probably used to determine the "note" durations) but also with the use of Tarot cards.

I wrote it note by note, just like the Music of Changes [1951]. That's how I knew how long it was when I added the notes up. It was done like a piece of music, except there were no sounds - but there were durations. It was dealing these - shuffling them, on which there were durations, and then dealing them - and using the Tarot to know how to use them. The card-spread was a complicated one, something big.

[Question: Why did you use the Tarot rather than the I Ching?]

Probably to balance East with West. I didn't use the [actual] Tarot cards, I was just using those ideas; and I was using the Tarot because it was Western, it was the most well-known chance thing known in the West of that oracular nature.

Cage pointed to this particular Tarot card formation when shown a number of possible configurations:

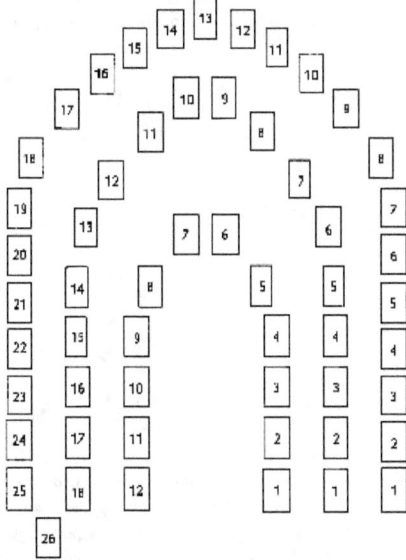

This is one of the most complex configurations and is arranged in three groups of concentric "horseshoes". Each of these horseshoes may have represented a movement, with the cards themselves each bearing a duration that could have been added to give the total length of each movement.

This seems to answer many questions about the composition of 4'33". It could show how each movement was built up with short silent "notes", how Cage knew when a movement was finished, why there are three movements, and why the first stops at 30". In some ways these questions seem to carry more import than the chance process used to create the silences, and definitely have a greater impact on what we hear.

However, there are problems with this interpretation. There is the matter of the two different timings; e.g., 30" versus 33" for the first movement. The odds of coming this close through the use of chance operations are remote unless the timing range on the cards was small, say .5" to 5". However, if the timing range was this small then the other movements could not have turned out to be as long as they are, considering the number of cards involved. For example, if the range was .5" to 5", an average of 2.75" per card, the second movement would have been only 50" long. If the range was much larger, then it is unlikely that the two different timings would have come out so closely in length. This would seem to corroborate the proposition that the Tacet Editions could not have been recomposed by chance operations, even with the use of Tarot cards. Thus, the Tacet Editions would seem to be bogus, unbeknownst to Cage. However, we can assume that the Tarot cards were used for the original composition and this explains the determination of three movements.

Another interpretation comes from an examination of Robert Rauschenberg's White Paintings that inspired the execution of a score for 4'33". This will probably come as a shock to those who may have seen the Kremen Edition, but have not seen Rauschenberg's paintings, or to those who have seen neither.

(COMPARANT:) *(a) (left) Robert Rauschenberg: White Painting, Three Panels, 72"x36" each, 72"x108" overall, (1951), in possession of the artist. Rauschenberg did a series of these white paintings, as well as some black ones, in 1951-52. They vary from one to seven or more panels, and all of the white paintings are of a uniform color and texture. He left instructions that they should be repainted from time to time to maintain their fresh, uniform, white color. (b) (right) The Kremen Edition (Peters No. 6777a, reduced in size) showing the first movement of 4'33". The original is 8.5"x11", copyright 1993 by Henmar Press Inc. The two works are placed side by side to show their visual resemblance.*

One is immediately struck by the resemblance of the above painting to Cage's graphical score, which if completely reproduced here would resemble the three panels, one for each movement. Cage drew vertical lines to demark the boundaries of the movements, and these resemble the vertical lines of the edges of Rauschenberg's canvas. The difference, in form, is that the equivalent "panels" in his score vary in width. Where Cage used the width as graphical representations of time lengths (1 page=7 inches=56 seconds), in the painting the temporal dimension is absent and irrelevant. Time here is measured horizontally across the page. This representation of the music may seem puzzling at first, because the long vertical lines seem unnecessary. They don't represent anything essential to the music since pitch is not involved. Cage could have used a notation like that of his "time bracket" type, which is more economical and has only a minimal vertical dimension. Why, then, the long vertical lines? It seems only reasonable that he was using this particular graphic representation as an analogue of Rauschenberg's paintings, where the large "panels" represent the "airports", or fields for sounds, like Rauschenberg's panels, which were "airports for shadows".

Could it be that the length of the first movement of Cage's score (30" in the Kremen Edition) approximated the width of Rauschenberg's 36" panels, at the same time equating space (inches) with time (seconds)?

In the late forties and early fifties it became clear that there is a correspondence between time and space. And music is not isolated from [space], because one second of sound is so many inches on tape. That means that the old meters of two, three, and four are no longer necessary, that space on a page is equivalent to time. Therefore, I began doing graphic notations, and those graphic notations led other people to invite me to make graphic works apart from music. And those led me in turn to make musical scores that were very graphic. 59

This could, indeed, be the origin of the title for 4'33". It is the first of Cage's works to bear a title of minutes and seconds. Many others followed. It seems reasonable that, through the use of chance operations, Cage continued constructing the movement until he came to a length that approximated the width of one of Rauschenberg's panels, thereby creating a musical space-time analogue of the paintings, while being faithful to the use of chance operations. David Tudor remarked, "He was, in a certain way, proud to have composed the piece, because it was similar to the paintings."

This method would also make sense with the total length, 4'33", being an approximation of the length of Muzak's commercial pieces (four and a half minutes) projected by Cage in the "Silent Prayer" predecessor of 4'33", and which would otherwise seem to be an unlikely coincidence. That is, Cage simply ended the piece when he came to a total length (the small parts of which were determined by chance operations) that approximated the 4.5 minutes that he already had in mind.

Another remarkable correlation between Rauschenberg's painting and the 4'33" concerns their overall proportions. The width of the first two panels of Rauschenberg's panels comprise 66.7%, or two-thirds, of the the total width. The first two movements of the Kremen ms total 63% of the total length, quite close to Rauschenberg's proportions. The first two movements of the Tacet editions total 70% of the total length, also close to the painting's proportions. If the Kremen and Tacet proportions are averaged, the result is 66.5%, almost exactly the proportion found in the painting. It seems unlikely that this correlation between Rauschenberg's painting and 4'33" could be a coincidence, especially considering the other relations mentioned.

The Kremen ms proportion is also close to that of the Golden Section, or Ø, approximately 61.8%, which is found in many works of art and is found as an approximation in the Fibonacci series of numbers. The proportion was used consciously by other composers of Cage's acquaintance, e.g., Karlheinz Stockhausen. The Kremen ms proportion is closest to an ideal Ø, within a 2% error. John Cage not only knew of Ø, but he used it in his music. In Composition in Retrospect he stated "Concerning symmetry horizontal or vertical, what I thought of was a rhythmic structure in which the small parts had the same proportion to each other that the groups of units, the large parts, had to the whole." 61 This is the precise definition of Ø, although he does not name it. Continuing, he stated "For instance 64, since it equals eight eights, permits division of both sixty-four and each eight into three, two, and three." 62 These are the Fibonacci numbers 2 and 3 combined to make 5 and 8, and are part of the Fibonacci series 1, 2, 3, 5, 8, 13, etc., in which each consecutive pair of numbers is summed to get the next number and in which each pair is an increasingly more precise approximation of Ø.

Why weren't chance operations used to obtain one number for each movement, rather than laboriously "building it up" with short silences, leaving the movement lengths undetermined in the process? It seems that Cage had not completely divorced himself from thinking of composition conventionally when he wrote 4'33", building the composition note by note. Thus, by adding enough notes together, a totality was created that conformed, at least in one way, to what he had learned from Schoenberg and the Western tradition. The Kremen ms, in graphic notation, shows a more radical vision, as Irwin Kremen has pointed out:

The score that John dedicated to me in 1953 was a thunderclap. It was not a copy of the Woodstock score. In a very real sense it was conceptually a radically new piece. It separated the old from the new. Whereas David used a score at the 1952 Woodstock concert that was, as he told me in 1994, conventionally notated and included all the measures, the score John gave me completely blotted that out. The time notation eliminated the discrete point (the note) as a time indicator and made time a function of linear space. Both together, this new way of indicating time and the emptiness of the score, i.e., the complete elimination of Western Musical notation, made the 1953 score, although titled the same, no mere variant of 1952. Whatever the score was that David used, it was still in the old musical tradition, however remarkable the concert may have been as an experience. The 1953 score, as a musical event, was the boldest possible, the most radical in the best sense of that often misapplied word. It was the further growth of his idea after Woodstock and constituted a Herculean blow to the musical past.63

Later, Cage did not regard the length of the movements as important. "It can be any length," he said, "so that we can listen at any time to what there is to hear."64 "I think what we need in the field of music is a very long performance of that work." 65 If the length is insignificant, then why spend "several days to write it"? And, why have specific lengths at all? - It was most likely because Cage later realized that a fixed temporal frame was not necessary for this work.

Perhaps he realized the mistake of the two different timings and decided that it really didn't matter after all. (Perhaps this was the "mistake" he referred to in I-VI.) This, in itself, points to another change in compositional philosophy after writing 4'33", which may have been the cause of it."[94]

4.c. Le *I Ching*

Cage, dans la lettre citée du 5 août 1951 à Tudor évoque l'influence centrale du *I Ching* dans la composition du morceau.

D'autre part, Solomon cite la question des différentes versions, sur lesquelles il s'attarde.

Nous voudrions proposer une explication alternative aux variations des trois mouvements dans le morceau.

Rappelons ces deux variantes: 30"/2'23"/1'40", ou 33"/2'40"/1'20"; les deux suites donnent 4'33".

Sans vouloir proprement faire une interprétation pseudo-mathémartique, on voit que les deux séries reproduisent trois temps: 1', 2' et 40", celui-ci changeant de lieu entre les deux versions.

À présent, si, comme l'ensemble des exégètes, nous assumons que le *I Ching* a été fondamental dans la production de *4'33"*, ne s'agissant de rien d'autre que d'un livre de divination par lancer de pièces ou de baguettes, et son texte étant avant tout ésotérique, sorte d'explication de chaque figure reçue après avoir jeter six fois les pièces, faisons le jeu de supposer un instant que ces nombres pourraient correspondre aux héxagrammes du *I Ching*.

Les figures, au nombre, donc, de 64, en sont les suivantes, pour ce qui nous concernerait (nous les classons dans l'ordre numérique):

Héxagramme 1 - Kien: Le créateur
Héxagramme 2 - K'houen: Le réceptif, celui qui reçoit
Héxagramme 4 - Mong: Le chaos juvénile
Héxagramme 20 - Kouan: La contemplation
Héxagramme 23 - Po: La destruction, l'éclatement
Héxagramme 30 - Li: La clarté, le fait de s'attacher
Héxagramme 33 - Touen: Le retrait a l'écart, la retraite
Héxagramme 40 - Hiaï: La libération, la délivrance

Leur explication respective[95] est:

"Kien: Le créateur Sens général de Kien C'est la force générée par les astres, en particulier, par le système solaire, d'où la maîtrise de cet hexagramme sur le ciel. Les traits yang correspondent à une forte poussée dans tous les sens, mais surtout vers le haut (par rapport à l'homme), d'où manifestation, positivité, avancement, élévation. Sens éssentiel de Kien Persévérance, réussite, accord du temps, fermeté, activité. Sens de Kien par rapport aux autres traits La Force. Jugement Puissance dans la création et sublime réussite par accord du temps."

"K'houen: Le réceptif, celui qui reçoit Sens général de K'houen C'est l'extrême réceptivité, femelle (un symbole utérin et vaginal donc, comme le montre la figure du Koua). C'est la terre, le yin, le don de soi (qualité féminine par excellence). On ne possède pas la femme comme on le croit généralement, c'est la femme qui possède le mâle, l'homme, le sperme, ce qui - du fait de la fécondation fait passer l'état de germe à l'état de manifestation). Il est donc absurde (comme les actuelles féministes) de penser que la femme est «supérieure» à l'homme. K'OUEN ou KHIEN sont complémentaires, aucun hexagramme n'est supérieur ou inférieur à l'autre. Simplement, ils ne peuvent se concevoir l'un sans l'autre. Dans leur livre du YI KING, Richard Wilhelm et Étienne Perrot écrivent: «En soi, le Réceptif est naturellement aussi important que le Créateur, mais l'attribut de «don de soi» définit la place que cette vertu primordiale occupe par rapport à la première. Elle doit être placée sous la conduite et l'impulsion du créateur, elle produit alors d'heureux résultats. Mais si elle sort de cette place et veut marcher aux côtés du créateur et à égalité avec lui, elle devient mauvaise. Il s'élève alors entre elle et le Créateur une opposition et une lutte qui produisent des effets néfastes pour l'un et l'autre». C'est la lutte des sexes dans notre actuelle civilisation, à la phase ultime de l'âge de fer. Sens éssentiel de K'houen La terre, la femme, le fait d'engendrer, le commencement, le développement. Passivité, douceur, énergie. Concorde, diplomatie. Sens de K'houen par rapport aux autres traits Que la nature, la terre, suive le ciel, et la femme l'homme, il existe là une logique profonde. La fécondité du 2 s'allie aux possibilités multiples (en germe) de l'Unité, pour produire tous les êtres. Qualité essentielle: Malléabilité (qui se laisse aplatir et étendre sous le marteau en lames, feuilles, etc... sans perdre sa substance. Qui se laisse manier, façonner, influencer, etc... Synonymes: flexible, souple, ductile, etc...) Substance féconde qui va produire, être animée."

"Mong: Le chaos juvénile Sens général de Mong L'eau coule au pied de la montagne, elle se trouve arrêtée par celle-ci. C'est le signe d'un arrêt du fait de la perplexité et d'un péril devant un obstacle. La source ne peut couler librement. Un sens d'aveuglement, de manque de lumière ou de pénétration se dégage de l'hexagramme sacré. Sens éssentiel de Mong L'arrêt face à un abîme, donc un danger, la perplexité, l'infléchissement de l'instinct, un trouble. Se tenir immobile face au danger fait penser au sens d'une voie qu'on ne discerne point, à la jeunesse sans maître, et qui doit en rechercher un. Sens de Mong par rapport aux autres traits Le chaos juvénile signifie le chaos et l'illumination qui lui fait suite. Jugement «A la première question, je donne la réponse. Si vous interrogez plusieurs fois, c'est importunité et je n'informe pas». Le chaos juvénile possède la réussite. Ce n'est pas moi qui vous recherche, c'est vous qui me recherchez.»"

"Kouan: La contemplation Sens général de Kouan C'est la contemplation, mais aussi le fait d'un regard circulaire examinant tout l'horizon. Le fait aussi d'être pris en modèle. Les deux traits yang, au-dessus, sont regardés par la foule des traits yin, qui symbolisent les inférieurs. C'est être placé comme sur un phare ou une tour. Les lois du ciel (comme au sommet des «zigourrat» - tours à sept étages - mésopotamiennes), peuvent être scrutées et analysées. Il existe donc un sens de contemplation des événements astraux, de l'univers, du Cosmos, modèle qui doit être mis à la portée des masses. Sens éssentiel de Kouan Le recueillement, la foi, l'exemple, l'étude des lois astrales, le pouvoir d'une personnalité supérieure, la divination, l'érudition, la tradition. L'arbre au-dessus de la terre figure ici la possibilité (on le voit de partout) d'atteindre «quelque chose» par la contemplation. Sens de Kouan par rapport aux autres traits LA VUE AU LOIN fournit une vue sublime et veut atteindre par la contemplation. Jugement Au-dessus est la vision. L'homme noble utilise les lois universelles pour guider les autres et le monde se soumet alors à lui. Le vent souffle sur la terre, partout présent."

"Po: La destruction, l'éclatement Sens général de Po C'est l'éclatement, la destruction, la coupure, l'effondrement. Tous les traits sombres (yin) attaquent l'unique trait yang, qui va céder à leur assaut. Imagé par une maison, le trait yang figurant le toit, celui-ci brisé, la maison se disloque. La montagne est assaillie par la terre obscure, qui progresse vers le haut. On peut y voir aussi l'assaut des forces subtiles contre l'homme supérieur et la maladie - ou l'éclipse - de celui-ci. Les forces des hommes inférieures, par contre, sont en constante progression, image d'un temps de décadence. Il convient de s'arrêter, de «s'occuper des bases». Sens essentiel de Po L'effondrement, la rupture, l'éclatement, l'hémorragie cérébrale, la dislocation du foyer, l'incendie de la maison, l'usure, un temps de décadence où les «hommes inférieurs» prennent le pouvoir. Sens de Po par rapport aux autres traits LA DESTRUCTION, L'ÉCLATEMENT, signifient la ruine, la putréfaction. Jugement Il ne faut pas changer de lieu, il convient de demeurer tranquille, de ne rien entreprendre de nouveau."

"Li: La clarté, le fait de s'attacher Sens général de Li Il est difficile de donner en un seul mot tous les sens de l'hexagramme sacré LI, formé par la répétition du trigramme de même nom. C'est à la fois reposer sur une chose, s'y attacher, la clarté, la jonction intime (mais aussi la séparation possible) et en fait on peut y voir l'aspect lumineux et passionnel de la manifestation. Tout dépend bien entendu de l'objet de l'attachement et, comme pour tous les hexagrammes, les éventuels traits mutables permettront de cerner au mieux la question. Le feu n'a pas de forme, mais s'attache aux corps qui brûlent (c'est le flux quantique des électrons lumineux, des photons, et l'on ne peut s'étonner que l'antique tradition chinoise réunisse à la fois «le feu» et «ce qui s'attache», car c'est là l'une des façons dont la physique moderne voit le phénomène de la combustion. Sens essentiel de Li Ceux du trigramme LI, ici répété: Le rapprochement ou la séparation, le soleil, le feu, l'éclair, l'œil, etc... Sens de Li par rapport aux autres traits «Le feu, la clarté, le fait de s'attacher» est dirigé vers le haut. Jugement La persévérance est bonne. Cultiver la docilité et les facultés d'adaptation provoque la fortune."

"Touen: Le retrait à l'écart, la retraite Sens général de Touen Ken en bas représente l'immobilité. En haut, c'est le mouvement. Le mouvement, est donc libre et, en fait, l'hexagramme sacré parle sans équivoque des hommes inférieurs venant en nombre (les traits yin du bas, qui montent et s'accroissent) et l'homme doué se retirant à l'écart, choisissant sa retraite devant l'éclipse de la lumière et la montée des ténèbres. Ceux-ci sont gros de périls et l'action de l'homme doué est donc naturelle, ne représentant nullement, du moins pour lui, une diminution. Telle est sa voie rationnelle. Ce n'est naturellement pas un moment où l'on peut accomplir de grandes choses (ceci dans le sens de la politique, par exemple). Sens essentiel de Touen Le fait de se garer, de se retirer, de laisser la place, de prendre une retraite, un départ, une voie de réflexion, «lâcher prise» (au sens où l'entend le zen). Sens de Touen par rapport aux autres traits LE RETRAIT A L'ÉCART signifie le fait de se retirer. Jugement Dans les petites choses, il faut être persévérant. L'homme doué tient les âmes vulgaires à distance, sans s'émouvoir, mais avec mesure."

"Hiai: La libération, la délivrance Sens général de Hiai En haut, la foudre. En bas, l'eau et la chute. La foudre sur la pluie signifie la fin d'une tension, la délivrance, la libération d'un obstacle. Tout se dissipe, soucis et difficultés ou périls. Il faut toutefois agir de façon puissante et intelligente, suivant les données de la situation. Le sens de pardon, d'indulgence, de reconnaissance de la faiblesse d'autrui, d'amnistie, est également présent dans l'hexagramme sacré. On sort du danger, mais la délivrance commence seulement. Sens essentiel de Hiai Le pardon, l'amnistie, la compréhension après un différend, un désaccord, ce qui est réglé à l'amiable, la fin des tensions ou disputes, la façon douce et insinuante d'écarter les obstacles, la respiration après la tension, le retour à la paix, la conciliation. Sens de Hiai par rapport aux autres traits LA DÉLIVRANCE signifie la détente. Jugement Le sud-ouest (direction symbolique) est profitable. Quand il n'y a pas de lieu où l'on doit se rendre, le retour est source de fortune. Quand il existe un lieu où l'on doit aller, la hâte est alors l'accès à la fortune. A la façon du tonnerre et de la pluie mêlés, l'homme supérieur pardonne les fautes et les péchés. (Il est dit qu'à la façon dont l'eau purifie toutes choses, l'homme doué ne s'attarde pas sur les fautes et péchés ou transgressions involontaires, mais passe au-delà. Il y a là, pour qui sait comprendre, l'attitude même qui constitue la noblesse personnelle)."

On voit, dès lors, assez clairement que nous avons à faire à des paires: 1-2 (créateur-récepteur, actif-passif, yang-ying); 4-20 (chaos-contemplation); 23-30 (destruction-clarté/éclatement-attachement); 33-40 (retrait-libération). Ce qui, en ligne, correspond aussi à une série de valeurs masculines, actives ou négatives (1, 4, 23, 33: créateur, chaos, destruction/éclatement, retrait), et féminines, passives ou positives (récepteur, contemplation, clarté/attachement, libération).

Reposés ces concepts dans le cadre de la création musicales, nous pouvons voir que leur succession n'est pas indifférente:

La première version propose la suite suivante: 30"/2'23"/1'40", soit: clarté/attachement; récepteur; destruction/éclatement; créateur; libération. La séquence semble fonctionner sur l'alternance des principes: 30/23=2/1=23/40.

La seconde version offre au contraire celle-ci: 33"/2'40"/1'20", soit: retrait; récepteur; libération; créateur; contemplation. On note donc tout de suite combien la seconde version, comprise dans un cadre de superposition de la temporisation musicale à partir des héxagrammes du *I Ching*, représente un pas supplémentaire, vers la pacification du processus vers le silence compris, non plus comme conflit, comme dans la première version (c'est-à-dire en tant que rupture de la séquence auditive habituelle de la pièce musicale traditionnelle), mais comme culmination.

Alors que la première version arriverait, selon cette lecture, à la libération dans la création par l'éclatement (la *tabula rasa*, pour employer un terme de l'avant-garde), la seconde fait de la libération (le silence comme extraction du bruit musical, de la composition) le premier pas vers la contemplation, dans un processus plus directement anagogique du phénomène de la création.

Ceci paraît logique dans le processus d'évolution de la représentation qu'a pu se faire Cage de ce qu'impliquait le silence total dans cette oeuvre basée sur lui.

Dans les deux cas, le résultat est: chaos-retraite. La mise à bas du modèle classique représentant l'éloignement et la recherche de paix, dans une ambiance plus globale.

"*A final aspect of Cage's philosophy that bears on 4'33" concerns his determination to use music as a metaphor for the way a society should behave. "I was intent on making something that didn't tell people what to do." To Cage, the incessant beat that keeps much of our conventional music together was analogous to a kind of military organization, and tonality itself, the dominance of a central tone, was like a dictatorship. So was the conductor of an orchestra. Thus, his late music tends to avoid these things.*
Cage even attributed ecological significance to 4'33":
We, as a human species, have endangered nature. We acted against it, we have rebelled against its existence. So, our concern today must be to reconstitute it for what it is. And nature is not a separation of water from air, or of the sky from the earth, etc., but a "working together", or a "playing together" of those elements. That is what we call ecology. Music, as I conceive it, is ecological. You could go further and say that it IS ecology."[96]

4.c.1. Le néant

Le néant dans le *I Ching* et la compréhension Zen est le point de départ de la Création.

"*Yet Zen thinks that the preceding is still a partial understanding of "here and now." To fully understand it, it is helpful to examine the following often-quoted phrase, as it is particularly illustrative. Zen demands the practitioner "to show one's original face before one's parents were born." This demand points to an experiential dimension prior to the bifurcation between the subject and the object—and hence "not two"—where "prior" means negation of the spatial-temporal ordering principles such as in Kant's understanding of time and space as a priori forms of intuition. It points to a non-dualistic experiential dimension that is zero time and zero space, by which Zen means that neither time nor space is a delimiting condition for Zen-seeing. In zero time there is no distinction between past, present, and future, or between "before" and "after,"; in zero space there is no distinction between the whole and its parts. One can also say that both time and space, experienced from the point-of-view of the everyday standpoint, is relativized when zero time temporizes and zero space spatializes, where zero time and zero space characterize the bottomless ground. Accordingly, Zen contends that zero time and zero space are the natural and primordial being of all things including human beings, for they are all grounded in it. Taking these points together, the Zen enlightenment experience suggests a leap from a causal temporal series.*
Consequently, Zen contends that "here and now" is enfolded in both zero time and zero space. This means that one time contains all times and one part contains the whole, as in the case of a holographic dry plate in which a part contains the whole. Seen in this manner, "now" for the Zen person is a temporalization of zero time, while "here" is equally a spatialization of zero space, even though he or she may be anchored in the perceptual field of "here and now" as understood above. In other words, for the Zen person both "now" and "here" are experienced as an expression of thing-events in their suchness, because, as mentioned in the foregoing, Zen takes zero time and zero space to be the original abode of thing-events. Caution must be exercised here, however. Zen's zero time should not be confounded with the idea of eternity standing outside a temporal series (e.g., Thomas Aquinas, Newton's "absolute time") by means of a logical or intellectual transcendence, nor the zero space to be identified with "absolute space" (e.g., Newton) wherein there is no content of experience. In other words, Zen does not understand time and space by imposing a formal category on them, by presupposing in advance a form-matter distinction, which indicates an operation of the discursive mode of reasoning by appealing to the either-or, dualistic, and ego-logical epistemological structure."[97]

Il cohabite avec l'*étant*, qui doit l'intégrer pour se libérer des contraintes de sa propre diachronicité.

43

"Many people ask this question of Buddhists: "How can the two aspects, bhutatatathata and the human being's activity, be combined? One is transcendental existence and the other is secular and profane. How can they meet? It's as if God and man would shake hands."
To a Buddhist, the answer is very plain. The shastra written by Asvaghosha on The Awakening of Faith in the Mahayana explains it very carefully. This was translated long ago by Dr. Suzuki, but it is now out of print.
The Sixth Patriarch explains it here in a few words spoken to his students from the platform made of earth. "No-thought; mindlessness - in Sanskrit, asmrti - combines bhutatathata and the activities of the tdaya-consciousness. Buddhist theory always has these two aspects: nirvana (absolute existence) and samsara (transmigrating existence). The alaya-consciousness transmigrates through many phases of consciousness, but bhutatathata never changes its face throughout time and space.
How, then, does the changeless bhutatathata become the changing a/aya-consciousness? This has been a very great question since ancient days. Many Zen students experience it but have difficulty in expressing their understanding. There is a koan that makes it clear how the absolute becomes phenomenal activity: "A sutra describes a bell tower in the Jetavana Vihara. At the four corners of the caves are hung silver bells that murmur with the breeze. If there is no breeze, they are silent. But there is a crystal bell in the center that always murmurs, with or without a breeze." How? Why? That is the question. When you grasp the point of this koan, you will understand how bhutatathata becomes a/aya-consciousness, how the absolute changes into the relative.
It is like zero. Zero is always zero; it never becomes one because you cannot add anything to zero. However, in the 1 Ching, to make zero into one is quite easy: when you recognize zero and point it out - "This is zero" - at that point, zero becomes one. Then, there must be something existing before zero (now one). So they postulate an absolute zero. Now we have the absolute zero, the relative zero, and one, making three. But the zero and the three are the same in their way of thinking.
"Good friends, 'no' means 'no what?" Though' means 'thinking what'?" No-thought is made up of two characters, mu and nen.
'No' means no dualistic conceptions, no afflictions of mind." "No," mu, means that two different entities - duality - do not exist in the world. Hence these afflictions of mind have no essential existence. Observed from the essential standpoint, there is no duality, no two different existences, so there is no reason to feel agony. But those who cannot transcend the idea of these two opposites will suffer.
There is just mu, absolute nothingness. There is no matter, whatsoever in the world, not only in the world, but in the whole universe. However, if you conceive of "nothingness; it is not true nothingness. You must destroy that conception, and then the real mu, real nothingness, will appear to you."[98]

"The Buddha thus reached a daring conclusion. With psychological sagacity and unconcerned thought, with an energy unknown to us Europeans, he analyzed this entire I-complex. His reflections led the Buddha to create for himself an instrument so sharp and so cutting that nothing of any extension could resist. Salvation comes to the Buddha because this nothingness acquires the power to dissolve every-thing that exists. The very moment when the 1 is dis-membered, we know that it is not I that is dismem-bered. It is a sort of feeling that comes and goes; a process of life that belongs to the beginning of crav-ing and nourishing, and is the cause of new craving. We recognize it as unreasonable, clinging, flowing endlessly from the depth of the waters. By creating this thought process, and with the incisiveness by which the Buddha dissolves all existence and all life, the I ceases to be. Without the I, material existence may still continue for a while, as perhaps a potter's wheel turns for a time after utensils are no longer made on it. But the circular course has ended. Salva-tion has come."[99]

Ce principe de néant s'oppose donc à celui de création individuelle, avec lequel il entre en conflit:

"*T'ang Chun-i.* Translated by Joseph S. Wu. *"Cosmologies in Ancient Chinese Philosophy." Chinese Studies in Philosophy.* 5:1 (Fall 1973): 4-47.
The author states:
First, the law of nature in Chinese cosmologies is law of immanence, in contradistinction to law of transcendence in the West Second, Chinese thinkers conceived the law of nature as a con-stituent of the essence of things, and such an essence is exhibited in the capacity for adaptation and creation through interaction with the changing environment. Therefore it is an immanent principle of freedom and principle of evolution. This is in sharp distinction from the notion of necessi-ty in the law of nature in the West. Third, for Chinese philosophers the nature of an object lies in its capacity [the Chinese original implies the meaning of tolerance] for interaction with other objects. This is very different from the Western view that the essence of a material object is ener-gy or force (p. 17).
Concerning the third point given above, the author had previously elaborated on it by stating:
The more interaction with other objects and events, the greater creativity an object or event will attain. From this we can see that this principle of life and freedom does not depend on the abtity of the single object or event; nor does it depend on will. Rather, it depends on the growing vital life force endowed by nature, which lies in its power to interact with other objects and events (p. 16).
The author states:
Chinese philosophers view individual existence as nothingness...prehending something-ness...so that growth and development are possible. Therefore there has never been a concept of material substance. The basic principle governing all existences is interaction leading to harmony' rather than to 'contradiction' or 'struggle (p. 16).
The author says, concerning the I Ching:
First of all, let me point out that the concept of interaction among existences, the interprehen-sive nature of 'nothingness' and esomethingness; and the principle of creative evolution as a result of interaction and interprehension, can be found almost everywhere in the text (p. 20). If the interaction between the two object fails to attain any harmony, these two objects have to readjust themselves by turning to other objects for new interaction so that their virtues can be changed or improved. After some change or improvement of virtues, the two objects can interact again in order to lead toward the complimentariness of their virtues so as to attain harmony and to give birth to new objects or events (p. 22)."[100]

Car, à l'inverse, la création vient du vide:

"*The Unfolding of the Changes*
In the beginning, there is nothing.
Nothing creates Nothingness.
Nothingness creates a Nothingness impregnated with potential.
This Pregnant Nothingness gives birth to All.
The All divides itself into the One and the Two.
These give way to Enlightenment.
Enlightenment expands into the Sun, Fire, Water, Air, Earth, and the Moon.
These various elements contract into The World.
Swami Anand Nisarg"[101]

Comme, dans sa vision positive de la foi des Chinois, inverse à celle de Malebranche dans *Entretien d'un philosophe chrétien, et d'un philosophe chinois, sur l'existence et la nature de Dieu* (1708), Leibniz dans *Discours sur la théologie naturelle des Chinois* (1716) expose ainsi:

"*IV. Le premier principe des Chinois s'appelle Li (Longobardi sect. 2, § 1), c'est-à-dire Raison ou fondement de toute la nature (sect. 5, § 1), raison et substance tres universelle (sect. 11, § 2); il n'y a rien de plus grand, ni de meilleur que le Li (sect. 11, concl. 3). Cette grande et universelle cause est pure, quiète, subtile, sans corps et sans figure, qui ne se peut connaître que par l'entendement (sect. 5, § 1). Du Li en tant que Li émanent cinq vertus, la Piété, la Justice, la Religion, la Prudence et la Foi (sect. 11, § 2). Le P. de Sainte-Marie, qui a aussi été quelque temps dans la Chine, et a aussi écrit contre les dogmes des Chinois, dit dans son traité sur quelques points importants de la mission, que leur Li est la loi qui dirige les choses, et une intelligence qui les conduit (p. 62); la Loi et la Règle universelle, selon laquelle le Ciel et la Terre ont été formés (p. 65); origine, source, et principe de tout ce qui a été produit (p. 72). Il remarque que les Japonais disaient aux missionnaires, que de la puissance et de la vertu du Li toutes les choses procèdent comme de leur principe; et qu'il suffit sans que le monde ait besoin d'aucun autre Dieu, comme le P. Luzena jésuite cité par le P. de Sainte-Marie (p. 68) le rapporte dans son Histoire de l'entrée du P. François Xavier au Japon, Livre 8., chap. 2. Ainsi selon les Chinois le Li est la seule cause qui fait mouvoir le ciel depuis tant de siècles d'un mouvement toujours égal; il donne la stabilité à la terre, il communique aux espèces la vertu de produire leurs semblables; cette vertu n'est pas dans la disposition des choses, et ne dépend point d'elles, mais elle consiste et réside dans ce Li; elle prédomine sur tout, elle est dans tout, gouverne et produit tout en maître absolu du ciel et de la terre (p. 73.). Le P. de Sainte-Marie y ajoute: Voila le Texte Chinois dans leur Philosophie Kingli (je crois qu'il faut lire Singli), Livre 26, p. 8.*

V. Le P. Longobardi ramasse dans sa section quatorzième les attributs que les Chinois attribuent à ce premier principe; ils l'appellent (par excellence) l'Être, la Substance, l'Entité. Cette Substance, selon eux, est infinie, éternelle, incréée, incorruptible, sans principe et sans fin. Elle n'est pas seulement le principe physique du ciel, de la terre, et des autres choses corporelles; mais encore le principe moral des vertus, des habitudes, et des autres choses spirituelles. Elle est invisible, elle est parfaite dans son Être au souverain degré; elle est même toute sorte de perfections.

VI. Ils l'appellent aussi l' Unité sommaire (dit-il) ou suprême; parce que comme dans les nombres l'unité en est le principe, et qu'elle n'en a point, aussi dans les substances, dans les essences de l'Univers, il y en a une qui est souverainement une, qui n' est point capable de division quant à son entité, et qui est le principe de toutes les essences, qui sont et qui peuvent être dans le monde. Mais elle est aussi l' Agrégée ou la plus parfaite multitude, parce que dans l'entité de ce principe sont renfermées toutes les essences des choses, comme dans leur germe. Nous en disons autant, lorsque nous enseignons que les idées, les raisons primitives, les prototypes de toutes les essences sont en Dieu. Et joignant l'unité suprême avec la plus parfaite multitude, nous disons que Dieu est unum omnia, unum continens omnia, omnia comprehensa in uno, sed unum formaliter, omnia eminenter.

VII. Le même P. Longobardi remarque dans la même section, que les Chinois disent, que le Li est le grand Vide ou Espace, la capacité immense, parce que dans cette essence universelle toutes les essences particulières sont renfermées. Mais ils l'appellent aussi la souveraine plénitude, parce qu'elle remplit tout, et ne laisse rien de vacant; elle est étendue au-dedans et au-dehors de l'univers. Ces matières (dit-il) sont traitées a fond dans le Chung-iung (un des livres de Confucius) depuis le chap. 20 jusqu'au 25. C'est ainsi que nous expliquons l'immensité de Dieu, il est partout, et tout est dans lui. Et c'est ainsi que le P. Lessius a dit que Dieu est le lieu des choses, et que M. Guericke, inventeur de la machine du vide, a cru que l'espace appartenait à Dieu. Pour donner un bon sens à cela, il faut concevoir l'espace, non pas comme une substance qui a des parties hors des parties, mais comme l'ordre des choses, en tant qu'elles sont considérées comme existantes ensemble, provenant de l'immensité de Dieu, en tant que toutes les choses en dépendent dans chaque moment. Et cet ordre des choses entre elles vient du rapport à leur commun Principe."[102]

On notera que Nietzsche, comme ensuite Jung, encore reprend des éléments similaires au *I Ching*, qui nous permettent aussi (accentuant ainsi le lien entre la conception européenne de sa symbolique et l'usage qu'en fait Cage) de comprendre les valeurs sous-jacentes à l'élaboration de *4'33"*, concrètement comme processus de tension, non pas tellement dans sa réalisation ou production, mais dans son idéologie ou positionnement par rapport au lien entre le silence et le son, ou, pour mieux dire, du silence en référence au son:

"*The authors of the I Ching encourage people to consult the oracle for their destiny and they appreciate superior men who are mindful of moral order amidst 'the chaotic diversity of things' in their everyday life. These men attain good fortune and avoid misfortune. In 'Ta Chuan/The Great Treatise' it is indicated that 'it is the order of the Changes that the superior man devotes himself to and that he attains tranquillity by. It is the judgments on the individual lines that the superior man takes pleasure in and that he ponders on' (1950:289). While the Chinese assert the Tao and its power as a natural and moral order in the physical world that man has to obey, Nietzsche posits a chaotic world in his notion of the Will to Power. Here the natural world is 'a monster of force', involving 'a play of forces and forces-waves' (WLN 38[12]). In Nietzsche's context it is impossible to assume a world of moral order. Thus, with reference to his idea of the Übermensch, Nietzsche advocates a 'higher morality', which involves that the sovereign individual is 'liberated again from morality of custom, autonomous and supramoral' (GM II 2). L. P. Thiele (1990:41) explains about the dictates of the higher morality that 'one seeks to develop virtues because they are one's own virtues, a sign of one's power and freedom. The "suprmorality" of the higher man... is a concentration of energy in the pursuit of an austere higher morality.' While the Chinese assert the way of the sage who is able to devote himself to the Tao, Nietzsche's doctrine of the Übermensch holds that the free spirit seeks his life's task in working out his creative self in the context of the Will to Power.*

.../...

This world: a monster of force, without beginning, without end, a fixed, iron quantity of force which grows neither larger nor smaller, which doesn't exhaust but only transforms itself, as a whole unchanging in size, an economy without expenditure and losses, but equally without increase, without income, enclosed by 'nothingness' as by a boundary,... a determinate force set into a determinate space, and not into a space that is anywhere 'empty' but as force everywhere, as a play of forces and force-waves simultaneously one and 'many', accumulating here while diminishing there, an ocean of forces storming and flooding within themselves, eternally changing, eternally rushing back, with tremendous years of recurrence, with an ebb and flood of its forms, shooting out from the simplest into the most multifarious, from the stillest, coldest, most rigid into the most fiery, wild, self- contradictory, and then coming home from abundance to simplicity, from the play of contradiction back to the pleasure of harmony, affirming itself even in this sameness of its courses and years; blessing itself as what must eternally return, as a becoming that knows not satiety, no surfeit, no fatigue – this, my Dionysian world of eternal self-creating, of eternal self-destroying, this mystery world of dual delights, this my beyond good and evil, without goal, unless there is a goal in the happiness of the circle, without will, unless a ring feels good will towards itself –do you want a name for this world? A solution of all its riddles? A light for you too, for you, the most secret, strongest, most intrepid, most midnightly? – This world is the will to power – and nothing besides! And you yourselves too are this will to power – and nothing besides! (WLN 38[12])

In the passage quoted above Nietzsche provides a description of our external world as well as of our inner world as 'a monster of force', that is 'eternally changing' like a stormy sea. Of the concept 'force' or 'energy' Nietzsche says that 'it must be ascribed an inner world which I call "will to power"' (WLN 36[31]). This will strives to increase power, to grow. The Will to Power, according to Nietzsche, is a living organism. The very notion, 'living organism' (WP 702), implies that there must be growth - 'that it must extend its power and consequently incorporate alien forces' (WP 728). Nietzsche's organic view of life and of the world implies that we are a part of this eternal cosmic process of change or transformation."[103]

4.c.2. Le *Soi* et le bruit du vent au travers de l'herbe

C'est ainsi que nous avons vu deux éléments importants précédemment: tout d'abord que Cage se plaignait que le public n'avait rien compris lors de la première de *4'33"*, en n'écoutant pas les bruits produits par le vent:

"They missed the point. There's no such thing as silence. What they thought was silence, because they didn't know how to listen, was full of accidental sounds. You could hear the wind stirring outside during the first movement. During the second, raindrops began pattering the roof, and during the third the people themselves made all kinds of interesting sounds as they talked or walked out."[104]

En outre, à ce même propos:

"In 1951, Cage visited the anechoic chamber at Harvard University. An anechoic chamber is a room designed in such a way that the walls, ceiling and floor absorb all sounds made in the room, rather than reflecting them as echoes. Such a chamber is also externally sound-proofed. Cage entered the chamber expecting to hear silence, but he wrote later, "I heard two sounds, one high and one low. When I described them to the engineer in charge, he informed me that the high one was my nervous system in operation, the low one my blood in circulation." Cage had gone to a place where he expected total silence, and yet heard sound. "Until I die there will be sounds. And they will continue following my death. One need not fear about the future of music." The realization as he saw it of the impossibility of silence led to the composition of 4'33"."[105]

"The first performance of John Cage's 4'33" created a scandal. Written in 1952, it is Cage's most notorious composition, his so-called "silent piece". The piece consists of four minutes and thirty-three seconds in which the performer plays nothing. At the premiere some listeners were unaware that they had heard anything at all. It was first performed by the young pianist David Tudor at Woodstock, New York, on August 29, 1952, for an audience supporting the Benefit Artists Welfare Fund - an audience that supported contemporary art.
Tudor placed the hand-written score, which was in conventional notation with blank measures, on the piano and sat motionless as he used a stopwatch to measure the time of each movement. The score indicated three silent movements, each of a different length, but when added together totalled four minutes and thirty-three seconds. Tudor signaled its commencement by lowering the keyboard lid of the piano. The sound of the wind in the trees entered the first movement. After thirty seconds of no action, he raised the lid to signal the end of the first movement. It was then lowered for the second movement, during which raindrops pattered on the roof. The score was in several pages, so he turned the pages as time passed, yet playing nothing at all. The keyboard lid was raised and lowered again for the final movement, during which the audience whispered and muttered.
Cage said, "People began whispering to one another, and some people began to walk out. They didn't laugh - they were just irritated when they realized nothing was going to happen, and they haven't fogotten it 30 years later: they're still angry." Maverick Concert Hall, the site of the first performance, was ideal in allowing the sounds of the environment to enter, because the back of the hall was open to the surrounding forest. When Tudor finished, raising the keyboard lid and himself from the piano, the audience burst into an uproar - "infuriated and dismayed," according to the reports. Even in the midst of an avant garde concert attended by modern artists, 4'33" was considered "going too far".
Note that 4'33" is incorrectly listed as "4 pieces" on the printed program. It is easy to see how the original list of timings, listed under the heading 4'33", would have been confused by someone who typed the program as being four pieces with their timings as titles. Nevertheless, the timings of the movements are a crucial record.
.../...

4'33", pronounced "four minutes, thirty-three seconds", (Cage himself referred to it as "four, thirty-three") is often mistakenly referred to as Cage's "silent piece". He made it clear that he believed there is no such thing as silence, defined as a total absence of sound. In 1951, he visited an anechoic chamber at Harvard University in order to hear silence. "I literally expected to hear nothing," he said. Instead, he heard two sounds, one high and one low. He was told that the first was his nervous system and the other his blood circulating. This was a major revelation that was to affect his compositional philosophy from that time on. It was from this experience that he decided that silence defined as a total absence of sound did not exist. "Try as we may to make a silence, we cannot," he wrote. "One need not fear for the future of music."
To Cage, silence had to be redefined if the concept was to remain viable. He recognized that there was no objective dichotomy between sound and silence, but only between the intent of hearing and that of diverting one's attention to sounds. "The essential meaning of silence is the giving up of intention," he said. This idea marks the most important turning point in his compositional philosophy. He redefined silence as simply the absence of intended sounds, or the turning off of our awareness. "Silence is not acoustic," he said, "It is a change of mind. A turning around." He was later to identify this with Eastern thought. "In India they say that music is continuous; it only stops when we turn away and stop paying attention." In 1988, in a conversation with William Duckworth, Cage affirmed the connection of this idea with 4'33". "No day goes by without my making use of that piece in my life and in my work. I listen to it every day... I don't sit down to do it. I turn my attention toward it. I realize that it's going on continuously. More than anything, it is the source of my enjoyment of life... Music is continuous. It is only we who turn away." Cage often referred to it as his most important piece, and it was his favorite. "I always think of it before I write the next piece."
The first reference to 4'33" came about in a talk that Cage gave at Vassar College in 1947 or 1948. It was part of an interdisciplinary conference, coming at the time when he was beginning his study of oriental philosophy. He said that there ought to be a piece that had no sounds in it. Although the germ of an idea was there, it would be five years before he would actually write it. The next year Cage wrote that he wanted to "compose a piece of uninterrupted silence and sell it to Muzak Co. It will be three or four and a half minutes in length - those being the standard lengths of 'canned music' - and its title will be Silent Prayer." This statement is particularly interesting in light of what Cage later said about the composition of 4'33", which I will return to shortly.
The origin of the concept of 4'33", i.e., a silent frame filled with non-intentional environmental sounds, is debatable. But when Cage was a Fellow at Wesleyan's Center of Advanced Studies (1960-61), he was asked to compile a list of books having the greatest influence on his thought. One of these was Luigi Russolo's, the Italian Futurist, The Art of Noises (1916). Cage referred to The Art of Noises in his 1948 lecture at Vassar. In this book there is a chapter that presages 4'33", i.e.,"The Noises of Nature and Life". Russolo begins by poetically describing many of the sounds of nature. Then comes a remarkable statement:
And here it can be demonstrated that the much poeticized silences with which the country restores nerves shaken by city life are made up of an infinity of noises, and that these noises have their own timbres, their own rhythms, and a scale that is very delicately enharmonic in its pitches. It has been neither said nor proven that these noises are not a very important part (or in many cases the most important part) of the emotions that accompany the beauty of certain panoramas, the smile of certain countrysides!
But let us leave nature and the country (which would be a tomb without noises) and enter a noisy modern city. Here, with machines, life has created the most immense, the most varied sources of noise. But if the noises of the country are few, small, and pleasing, then those of the city... Oh! To have to listen to noises from dawn to dusk, eternal noise!"[106]

Et en second lieu que les variations de mise en scène, laissées en partie libres aux opérateurs, et en partie dirigée par les notations de la partition, paradoxales, en soi, du morceau (puisque cela revient à noter un phénomène inexistant, en lui attribuant des valeurs actorales positives); or, ces deux éléments doivent nous guider, comme l'histoire de la cloche de cristal:

"But there is a crystal bell in the center that always murmurs, with or without a breeze." How? Why? That is the question. When you grasp the point of this koan, you will understand how bhutatathata becomes a/aya-consciousness, how the absolute changes into the relative",

Précédemment citée, et propre à la mise en place de la progression bouddhiste vers la pleine perception de l'ambivalence du Soi, ou de l'*étant* comme transitorité, avec le néant comme permanence de l'*Être*.

4.c.3. Le morceau de Cage comme abolition futuriste du *Je*

Dans le cadre du morceau de Cage, la musique performative, momentanée, inscrite dans l'écriture de la notation et son jeu, *versus* le monde des bruits extérieurs, qui représente cette impossibilité du silence total, la cloche de cristal qui, même lorsqu'il n'y a pas de vent, continue de tinter, mais - la précision est nôtre - d'une manière plus subtile que les autres, d'argent, c'est-à-dire de métal, monde éternel et incessant, ligne mélodique qui correspond, par rapport aux essais parallèles ou antérieurs de Cage et des autres auteurs cités, notamment de Klein, à ce que l'on pourrait, musicalement, reconnaître comme la ligne harmonique ininterrompue de l'*ostinato* dans la fugue, qui permet ou sous-tend, implicitement, l'écriture ou la performance de la ligne mélodique, et à laquelle, conservant les notations, dans les différentes versions manuscrites de *4'33''*, l'idée de cette inscription des mouvements, mélodiques, n'en propose que la sous-jacente ligne d'harmonie, à laquelle le morceau décide de se dédier tout entier, marquant le pas nouveau ou supplémentaire, de radicalisation, par rapport à, de fait, *Music of Changes*, de l'année juste antérieure, et aux *Two Pastorales*, de la même année que *4'33''*, mais qui représentent encore l'intégration du silence à un cadre musicale audible, écrit, prévu et prédéterminé, alors que *4'33''* en marque l'éclatement, la libération et la contemplation réceptive, et non plus perceptive, sorte de réintégration à la manière de Bouddha, du un en l'originel zéro, du *Soi* au néant qui l'entoure et le submerge, inversant idéologiquement ainsi les valeurs de la formalisation traditionnelle de la mise en page, en place et en scène de la musique, en la réintroduisant dans ce qui pourrait en être la logique originelle, d'intégration non du silence comme pause de ponctuation dans le cadre du son organisé, mais, au contraire, génétiquement, du son organisé naissant ou surgissant du bruit immanent, et de son flux, permanent, sourd, inconsistant souvent à l'oreille humaine, d'où l'incompréhension notée par le propre Cage lors de la première de *4'33"*, mais constant, universel et primordial, c'est un retour au limon, similaire, pour ne pas dire identique (nous avons rappelé à plusieurs reprises, et Solomon le fait également, l'origine idéologique du morceau de Cage dans le bruitisme du futuriste Russolo), à celui fantasmé par Marinetti dans son *Manifeste futuriste*, publié dans *Le Figaro* du 20 Février 1909:

"*Nous avions veillé toute la nuit, mes amis et moi, sous des lampes de mosquée dont les coupoles de cuivre aussi ajourées que notre âme avaient pourtant des coeurs électriques. Et tout en piétinant notre native paresse sur d'opulents tapis Persans, nous avions discuté aux frontières extrêmes de la logique et griffé le papier de démentes écritures.*
Un immense orgueil gonflait nos poitrines, à nous sentir debout tout seuls, comme des phares ou comme des sentinelles avancées, face à l'armée des étoiles ennemies, qui campent dans leurs bivouacs célestes. Seuls avec les mécaniciens dans les infernales chaufferies des grands navires, seuls avec les noirs fantômes qui fourragent dans le ventre rouge des locomotives affolées, seuls avec les ivrognes battant des ailes contre les murs!
Et nous voilà brusquement distraits par le roulement des énormes tramways à double étage, qui passent sursautants, bariolés de lumières, tels les hameaux en fête que le Pô débordé ébranle tout à coup et déracine, pour les entraîner, sur les cascades et les remous d'un déluge, jusqu'à la mer. Puis le silence s'aggrava. Comme nous écoutions la prière exténuée du vieux canal et crisser les os des palais moribonds dans leur barbe de verdure, soudain rugirent sous nos fenêtres les automobiles affamées.
- Allons, dis-je, mes amis! Partons! Enfin la Mythologie et l'Idéal mystique sont surpassés. Nous allons assister à la naissance du Centaure et nous verrons bientôt voler les premiers Anges! Il faudra ébranler les portes de la vie pour en essayer les gonds et les verrous!... Partons! Voilà bien le premier soleil levant sur la terre!... Rien n'égale la splendeur de son épée rouge qui s'escrime pour la première fois, dans nos ténèbres millénaires.
Nous nous approchâmes des trois machines renâclantes pour flatter leur poitrail. Je m'allongeai sur la mienne comme un cadavre dans sa bière, mais je ressuscitai soudain sous le volant - couperet de guillotine - qui menaçait mon estomac.
Le grand balai de la folie nous arracha à nous-mêmes et nous poussa à travers les rues escarpées et profondes comme des torrents desséchés. Ça et là des lampes malheureuses, aux fenêtres, nous enseignaient à mépriser nos yeux mathématiques.
- Le flair, cri ai-je, le flair suffit aux fauves!...
Et nous chassions, tels de jeunes lions, la Mort au pelage noir tacheté de croix pâles, qui courait devant nous dans le vaste ciel mauve, palpable et vivant.
Et pourtant nous n'avions pas de Maîtresse idéale dressant sa taille jusqu'aux nuages, ni de Reine cruelle à qui offrir nos cadavres tordus en bagues byzantines!... Rien pour mourir si ce n'est le désir de nous débarrasser enfin de notre trop pesant courage!
Nous allions écrasant sur le seuil des maisons les chiens de garde, qui s'aplatissaient arrondis sous nos pneus brûlants, comme un faux-col sous un fer à repasser.
La Mort amadouée me devançait à chaque virage pour m'offrir gentiment la patte, et tour à tour se couchait au ras de terre avec un bruit de mâchoires stridentes en me coulant des regards veloutés au fond des flaques.
- Sortons de la Sagesse comme d'une gangue hideuse et entrons, comme des fruits pimentés d'orgueil, dans la bouche immense et torse du vent!... Donnons-nous à manger à l'Inconnu, non par désespoir, mais simplement pour enrichir les insondables réservoirs de l'Absurde.

Comme j'avais dit ces mots, je virai brusquement sur moi-même avec l'ivresse folle des caniches qui se mordent la queue, et voilà tout à coup que deux cyclistes me désapprouvèrent, titubant devant moi ainsi que deux raisonnements persuasifs et pourtant contradictoires.
Leur ondoiement stupide discutait sur mon terrain... Quel ennui! Pouah!... Je coupai court, et par dégoût, je me flanquai - vlan! - cul pardessus tête, dans un fossé...
Oh, maternel fossé, à moitié plein d'une eau vaseuse! Fossé d'usine! J'ai savouré a pleine bouche ta boue fortifiante qui me rappelle la sainte mamelle noire de ma nourrice soudanaise! Comme je dressai mon corps, fangeuse et malodorante vadrouille, je sentis le fer rouge de la joie me percer délicieusement le coeur."[107]

Image qui, de fait, chez l'Italien s'explique, méthodologiquement, dans le *Manifeste technique de la littérature futuriste* (1912), qui, proposant de détruire la syntaxe, l'adverbe et l'adjectif, et d'utiliser le verbe à l'infinitif, le justifie ainsi:

"Détruire le "Je" dans la littérature, c'est-à-dire toute la psychologie. L'homme complètement avarié par la bibliothèque et le musée, soumis à une logique et à une sagesse effroyables n'a absolument plus d'intérêt. Donc, l'abolir en littérature. Le remplacer enfin par la matière, dont il faut atteindre l'essence à coups d'intuition, ce que les physiciens et les chimistes ne pourront jamais faire.
Ausculter à travers les objets en liberté et les moteurs capricieux: la respi-ration, la sensibilité et les instincts des métaux des pierres et du bois etc. Rem-placer la psychologie de l'homme, désormais épuisée, par l'obsession lyrique de la matière. Gardez-vous de prêter des sentiments humains à la matière, mais devinez plutôt ses différentes poussées directives, ses forces de compression, de dila-tation, de cohésion et de disgrégation, ses ruées de molécules en masse ou ses tourbillons d'électrons. Il ne faut pas donner les drames de la matière huma-nisée. C'est la solidité d'une plaque d'acier qui nous intéresse par elle-même, c'est-à-dire l'alliance incompréhensible et inhumaine de ses molécules et de ses électrons, qui s'opposent par exemple à la pénétration d'un obus. La chaleur d'un morceau de fer ou de bois est désormais plus passionnante pour nous que le sourire ou les larmes d'une femme.
Nous voulons donner en littérature la vie du moteur, cette nouvelle bête instinctive dont nous connaîtrons l'instinct général quand nous aurons connu les instincts des différentes forces qui le composent.
Rien de plus intéressant, pour le poète futuriste, que l'agitation d'un cla-vier dans un piano mécanique. Le cinématographe nous offre la danse d'un objet qui se divise et se recompose sans intervention humaine. Il nous offre l'élan à rebours d'un plongeur dont les pieds sortent de la mer et rebondissent violemment sur le tremplin. Il nous offre la course d'un homme à 200 kilomè-tres à l'heure. Autant de mouvements de la matière hors des lois de l'intelligence, et partant d'une essence plus significative.
Il faut en outre donner la pesanteur (faculté de vol) et l'odeur (faculté d'éparpillement) des objets, ce que l'on a négligé de faire jusqu'ici en littérature. S'efforcer de rendre, par exemple, le paysage d'odeurs que perçoit un chien. Écouter les moteurs et reproduire leurs discours.
La matière a été toujours contemplée par un moi distrait, froid, trop préoc-cupé de lui-même, plein de préjugés de sagesse et d'obsessions humaines.
L'homme tend à salir de sa joie jeune ou de sa douleur vieillissante la matière qui n'est ni jeune ni vieille, mais qui possède une admirable continuité d'élan vers plus d'ardeur, de mouvement et d'éparpillement. La matière n'est ni triste ni joyeuse. Elle a pour essence le courage, la volonté et la force abso-lue. Elle appartient toute entière au poète divinateur qui saura se délivrer de la syntaxe traditionnelle, lourde, étroite, attachée au sol, sans bras et sans ailes parce qu'elle est seulement intelligente. Seul le poète asyntaxique et aux mots déliés pourra pénétrer l'essence de la matière et détruire la sourde hostilité qui la sépare de nous.

La période latine qui nous a servi jusqu'ici était un geste prétentieux par lequel l'intelligence outrecuidante et myope s'efforçait de dompter la vie multi-forme et mystérieuse de la matière. La période latine était donc morte-née.
Les intuitions profondes de la vie juxtaposées mot à mot, suivant leur naissance illogique nous donneront les lignes générales d'une physiologie intuitive de la matière. Elle s'est révélée à mon esprit du haut d'un aéroplane. En regardant les objets d'un nouveau point de vue, non plus de face ou de dos, mais à pic, c'est-à-dire en raccourci, j'ai pu rompre les vieilles entraves logiques et les fils à plomb de l'antique compréhension."[108]

Or, cette volonté de rupture s'exprime par différents éléments, encore spécifiés plus particulièrement par Marinetti dans son *SUPPLÉMENT au Manifeste technique de la Littérature futuriste* (également de 1912)[109], que l'on retrouve explicitement chez Cage: le sérieux, par opposition à la plaisanterie:

"Je dédaigne les blagues et les ironies innombrables, et je réponds aux interrogations sceptiques et aux objections importantes lancées par la presse européenne contre mon Manifeste technique de la littérature futuriste."

L'incompréhension générale et la divination:

"1. Ceux qui ont compris ce que je voulais dire par haine de l'intelligence ont voulu y découvrir l'influence de la philosophie de Bergson. Ils ignorent sans doute que mon premier poème épique, La Conquête des Étoiles, paru en 1902, portait à la première page, en guise d'épigraphe, ces trois vers de Dante:

"O insensata cura de' mortali
Quanto son difettivi sillogismi
Quei che ti fanno in basso batter l'ali."

(Paradiso, Canto XI)

et cette pensée d'Edgard Poe:

".... l'esprit poétique – cette faculté la plus sublime de toutes, nous savons cela maintenant, – puisque des vérités de la plus haute importance ne pouvaient nous être révélées que par cette Analogie, dont l'éloquence, irrécusable pour l'imagination, ne dit rien à la raison infirme et solitaire."

(Edgar Poe – Colloque entre Monos et Una)

Bien avant Bergson ces deux génies créateurs coïncidaient avec mon génie en affirmant leur mépris et leur haine pour l'intelligence rampante infirme et solitaire, et en accordant tous les droits à l'imagination intuitive et divinatrice."

La "*suite ininterrompue*" (pour Cage, la ligne harmonique, de l'*ostinato*, contre la mélodique):

"[2] 3. La poésie idéale que je rêve et qui ne serait que la suite ininterrompue des seconds termes des analogies, n'a rien à faire avec l'allégorie. L'allégorie est en effet la suite des seconds termes de plusieurs analogies, toutes liées ensemble logiquement. L'allégorie est parfois aussi le second terme développé et minutieusement décrit d'une analogie.

Bien au contraire, je me propose de donner la suite illogique, non explicative mais intuitive, des seconds termes de nombreuses analogies, toutes déliées et opposées l'une à l'autre."

Mais surtout la "*destruction de la période traditionnelle*", l'entrelacement consécutif (l'attachement en termes du I Ching), l'abolition de la ligne mélodique (de la phrase, pour Marinetti), l'assomption consécutive de "*l'espace blanc*" et (comme le note Solomon pour le changement chez Cage pour *4'33"*:

"*Before writing 4'33" Cage had written many musical compositions in the 1930s and 1940s. Most of these had evocative, romantic titles, like Amores, Daughters of the Lonesome Isle, and The Perilous Night. Many of these early works were for prepared piano, a Cage invention that made the piano into a kind of miniature gamelan orchestra. He had already become well known as a musical innovator, one on the cutting edge of the American avant garde. Cage was one of the first composers to write electronic music, with his "Imaginary Landscapes". And in 1937 he predicted the future of electronic music in his lecture, "The Future of Music, Credo". He was also one of the first Western composers to compose music solely on the basis of rhythm, using what were previously regarded as noises. Here, suddenly, in 1952, was a piece whose title was just a number from a clock and in which the performer played nothing. It was an historic turning point for the composer, one from which he would never turn back.*
4'33", pronounced "four minutes, thirty-three seconds", (Cage himself referred to it as "four, thirty-three") is often mistakenly referred to as Cage's "silent piece"."[110]),

Le "*recours (à) la sécheresse abstraite des signes mathématiques*":

"*4. Tous les stylistes doués ont pu aisément constater que l'adverbe n'est pas seulement un mot invariable qui modifie le verbe, l'adjectif ou un autre adverbe, mais aussi une agrafe musicale qui rattache les différents sons de la période.*
5. Je crois nécessaire de supprimer l'adjectif et l'adverbe, parce qu'ils sont à la fois et tour à tour les festons bariolés, les draperies nuancées, les piédestaux, les garde-fous et les balustrades de la vielle période traditionnelle. C'est grâce à un usage savant de l'adjectif et de l'adverbe que l'on obtient le balancement mélodieux et monotone de la phrase, son soulèvement interrogatif et poignant et sa chute reposante et graduée de vague sur la plage. Avec la toujours identique émotion, l'âme retient son souffle, tremble un peu, supplie qu'on l'apaise et respire enfin largement quand le flot des mots retombe avec sa ponctuation de galets et son écho final.
L'adjectif et l'adverbe ont une triple fonction, explicative, décorative et musicale, par laquelle ils indiquent l'allure grave ou légère, lente ou rapide, du substantif qui se meut dans la phrase. Ce sont tour à tour les cannes ou les béquilles du substantif. Leur longueur et leur poids règlent le pas du style qui est toujours nécessairement sous tutelle, et l'empêchent de reproduire le vol de l'imagination.
En écrivant par exemple: "Une femme jeune et belle marche rapidement sur les dalles de marbre", l'esprit traditionnel se hâte d'expliquer que cette femme est jeune et belle, bien que l'intuition donne tout court un mouvement beau. Plus tard l'esprit traditionnel annonce que la femme marche. Il expliquera ensuite qu'elle marche rapidement et enfin qu'elle marche sur des dalles de marbre.
Ce procédé purement explicatif, dénué d'imprévu, imposé d'avance à tous les arabesques, zigzags et cahots de la pensée n'a plus de raison d'être. Il est partant à peu près sûr que l'on ne se trompera pas en faisant tout le contraire.
Il est indéniable qu'en abolissant l'adjectif et l'adverbe on redonnera au substantif sa valeur essentielle, totale et typique. J'ai d'ailleurs une absolue confiance dans le sentiment d'horreur que j'éprouve pour le substantif qui s'avance suivi de son adjectif comme d'une traîne ou d'un caniche. Parfois ce dernier est tenu en laisse par un adverbe élégant. Parfois le

substantif porte un adjectif devant et un adverbe derrière, comme les deux pancartes d'un homme-sandwich. Autant de spectacles insupportables.
6. C'est pourquoi j'ai recours à la sécheresse abstraite des signes mathématiques, qui servent à donner les quantités, en résumant toutes les explications sans remplissages et en évitant la manie dangereuse de perdre du temps dans tous les coins de la phrase en des travaux minutieux de ciseleur, de bijoutier ou de cireur de bottines.
7. Les mots délivrés de la ponctuation rayonneront les uns sur les autres, entrecroiseront leurs magnétismes divers, suivant le dynamisme ininterrompu de la pensée. Un espace blanc, plus ou moins long, indiquera au lecteur les repos ou les sommeils plus ou moins longs de l'intuition. Les lettres majuscules indiqueront au lecteur les substantifs qui synthétisent une analogie dominatrice.
8. La destruction de la période traditionnelle, l'abolition de l'adjectif, de l'adverbe et de la ponctuation entraîneront nécessairement la faillite de la trop fameuse harmonie du style, si bien que le poète futuriste pourra enfin utiliser toutes les onomatopées même les plus cacophoniques qui reproduisent les innombrables bruits de la matière en mouvement."

Il faut quand même préciser que cette communauté explicite du positionnement entre le futuriste Marinetti et Cage, si elle marque, sans aucun doute, une ligne directe d'influence, de Russolo et Marinetti à Cage, montre aussi, plus généralement, une problématique unifiée (sans le vouloir) des avant-gardes, ce que l'on voit parfaitement dans les réminiscences musicales de Ravel, Fauré, Satie, Rachmaninoff, ou Schoenberg (dont on sait en outre, en ce même sens, qu'il correspondit abondamment avec Kandinsky[111], et partagea avec lui des expérimentations parallèles[112]) chez Cage d'une part, et aux similitudes des recherches, à l'exacte même moment historique et dans le même mouchoir de poche des mêmes années d'après guerre, entre Klein, Rauschenberg et Cage.

4.c.4. Le morceau de Cage comme abolition bouddhiste du *Soi* et expression du *Tathatā*

Or, comme dans l'histoire de la cloche de cristal, c'est cela même que représente bhuta-tathatā :

"*bhuta-tathata: The inherent or true nature of phenomena or true suchness. It is that which is ultimately real as opposed to the changing forms in which phenomena manifest themselves as they arise and pass away. This is the positive way of expressing emptiness.*"[113]

"*Tathātā (Sanskrit, Pali; Tibetan: དེ་བཞིན་ཉིད་; Chinese: 真如) is variously translated as "thusness" or "suchness". It is a central concept in Mahayana Buddhism having a particular significance in Chan Buddhism as well. The synonym dharmatā is also often used.*
While alive the Buddha referred to himself as the Tathāgata, which can mean either "One who has thus come" or "One who has thus gone", and interpreted correctly can be read as "One who has arrived at suchness".

Mahayana Buddhism

Tathātā in the East Asian Mahayana tradition is seen as representing the base reality and can be used to terminate the use of words. A 5th-century Chinese Mahayana scripture entitled "Awakening of Faith in the Mahayana" describes the concept more fully:
In its very origin suchness is of itself endowed with sublime attributes. It manifests the highest wisdom which shines throughout the world, it has true knowledge and a mind resting simply in its own being. It is eternal, blissful, its own self-being and the purest simplicity; it is invigorating, immutable, free... Because it possesses all these attributes and is deprived of nothing, it is designated both as the Womb of Tathagata and the Dharma Body of Tathagata.
R. H. Robinson, echoing D. T. Suzuki, conveys how the Laṅkāvatāra Sūtra perceives dharmata through the portal of *śūnyatā*: "The Laṅkāvatāra is always careful to balance *Śūnyatā* with *Tathātā*, or to insist that when the world is viewed as *śūnya*, empty, it is grasped in its suchness."

Chan Buddhism
In Chan stories, *tathātā* is often best revealed in the seemingly mundane or meaningless, such as noticing the way the wind blows through a field of grass, or watching someone's face light up as they smile. According to Chan hagiography, Gautama Buddha transmitted the awareness of *tathātā* directly to Mahākāśyapa in what has come to be rendered in English as the Flower Sermon. In another story, the Buddha asked his disciples, "How long is a human life?" As none of them could offer the correct answer he told them "Life is but a breath". Here we can see the Buddha expressing the impermanent nature of the world, where each individual moment is different from the last. Molloy states, "We know we are experiencing the 'thatness' of reality when we experience something and say to ourselves, 'Yes, that's it; that is the way things are.' In the moment, we recognize that reality is wondrously beautiful but also that its patterns are fragile and passing."
The Thiền master Thích Nhất Hạnh wrote, "People usually consider walking on water or in thin air a miracle. But I think the real miracle is not to walk either on water or in thin air, but to walk on earth. Every day we are engaged in a miracle which we don't even recognize: a blue sky, white clouds, green leaves, the black, curious eyes of a child-our own two eyes. All is a miracle.'"[114]

L'absence d'indications performatives (ou, du moins, instrumentales[115]) dans *4'33"*, qui le distingue de la *Symphonie* de Klein, nous l'avons dit, a directement à voir avec cela:

"*Śūnyatā* (Sanskrit; Pali: *suññatā*), translated into English as emptiness and voidness, is a Buddhist concept which has multiple meanings depending on its doctrinal context. In Theravada Buddhism, *suññatā* often refers to the not-self (Pāli: *anattā*, Sanskrit: *anātman*) nature of the five aggregates of experience and the six sense spheres. *Suññatā* is also often used to refer to a meditative state or experience. In Mahayana, Sunyata refers to the precept that "all things are empty of intrinsic existence and nature". In Tibetan Buddhism, Sunyata refers to "openness and understanding nonexistence".
Śūnyatā is a key term in Mahāyāna Buddhism, and also influenced some schools of Hindu philosophy.

Etymology
"*Śūnyatā*" (Sanskrit) is usually translated as "emptiness," "hollow, hollowness," "voidness." It is the noun form of the adjective *śūnya* or *śhūnya*, plus *-tā*:
śūnya means "zero," "nothing," "empty" or "void".[7] *Śūnya* comes from the root *śvi*, meaning "hollow".
-tā means "-ness";

Development of the concept

Over time, many different philosophical schools or tenet-systems (Sanskrit: siddhānta) have developed within Buddhism in an effort to explain the exact philosophical meaning of emptiness.

After the Buddha, emptiness was further developed by the Abhidharma schools, Nāgārjuna and the Mādhyamaka school, an early Mahāyāna school. Emptiness ("positively" interpreted) is also an important element of the Buddha nature literature, which played a formative role in the evolution of subsequent Mahāyāna doctrine and practice.

Pāli Nikāyas and Chinese Āgamas

A simile from the Pali scriptures (SN 22.95) compares form and feelings with foam and bubbles.

According to Bhikkhu Analayo: "in the Pāli discourses the adjective suñña occurs with a much higher frequency than the corresponding noun suññatā. This is not a matter of mere philological interest, but points to an emphasis in early Buddhism on qualifying phenomena as `being empty' rather than on an abstract state of empty-`ness'."[9] One example of this usage is in the phena sutta, which states that on close inspection, each of the five aggregates are seen as being vain, void and unsubstantial, like a lump of foam [SN 22.95].

The Pali canon uses the term emptiness in three ways: "(1) as a meditative dwelling, (2) as an attribute of objects, and (3) as a type of awareness-release." The Suñña Sutta, part of the Pāli canon, relates that the monk Ānanda, Buddha's attendant asked,

It is said that the world is empty, the world is empty, lord. In what respect is it said that the world is empty?" The Buddha replied, "Insofar as it is empty of a self or of anything pertaining to a self: Thus it is said, Ānanda, that the world is empty.

According to Thanissaro Bhikku:

Emptiness as a quality of dharmas, in the early canons, means simply that one cannot identify them as one's own self or having anything pertaining to one's own self...Emptiness as a mental state, in the early canons, means a mode of perception in which one neither adds anything to nor takes anything away from what is present, noting simply, "There is this." This mode is achieved through a process of intense concentration, coupled with the insight that notes more and more subtle levels of the presence and absence of disturbance (see MN 121).

Emptiness as a meditative state is said to be reached when "not attending to any themes, he [the bhikku] enters & remains in internal emptiness" (MN 122). This meditative dwelling is developed through the "four formless states" of meditation or Arūpajhānas and then through "themeless concentration of awareness."

The Cūlasuññata-sutta (MN III 104) and the Mahāsuññata-sutta (MN III 109) outline how a monk can "dwell in emptiness" through a gradual step by step mental cultivation process, they both stress the importance of the impermanence of mental states and the absence of a self.

In the Kāmabhu Sutta S IV.293, it is explained that a bhikkhu can experience a trancelike contemplation in which perception and feeling cease. When he emerges from this state, he recounts three types of "contact" (phasso):

"emptiness" (suññato),

"signless" (animitto),

"undirected" (appaṇihito).

The meaning of emptiness as contemplated here is explained at M I.297 and S IV.296-97 as the "emancipation of the mind by emptiness" (suññatā cetovimutti) being consequent upon the realization that "this world is empty of self or anything pertaining to self" (suññam idaṃ attena vā attaniyena vā).[

The term "emptiness" (suññatā) is also used in two suttas in the Majjhima Nikāya, in the context of a progression of mental states. The texts refer to each state's emptiness of the one below.

Some of the Sarvāstivādin Agama sutras (extant in Chinese) which have emptiness as a theme include Samyukta Agama 335 - Paramārtha-śunyatā-sūtra (Sutra on ultimate emptiness) and Samyukta Agama 297 - Mahā-śunyatā-dharma-paryāya (Greater discourse on emptiness). These sutras have no parallel Pali suttas. These sutras associate

emptiness with dependent origination, which shows that this relation of the two terms was already established in pre-Nagarjuna sources. The sutra on great emptiness states:
"What is the Dharma Discourse on Great Emptiness? It is this— 'When this exists, that exists; when this arises, that arises.'"
The phrase "when this exists..." is a common gloss on dependent origination. Sarvāstivādin Agamas also speak of a certain emptiness samadhi (śūnyatāsamādhi) as well as stating that all dharmas are "classified as conventional".
Mun-Keat Choong and Yin Shun have both published studies on the various uses of emptiness in the early Buddhist texts (Pali Canon and Chinese Agamas). Choong has also published a collection of translations of Agama sutras from the Chinese on the topic of emptiness.

Early Buddhist schools and Abhidharma
Many of the early Buddhist schools featured sunyata as an important part of their teachings.
The Sarvastivadin school's Abhidharma texts like the Dharmaskandhapāda Śāstra, and the later Mahāvibhāṣa also take up the theme of emptiness vis a vis dependent origination as found in the Agamas.
Schools such as the Mahāsāṃghika Prajñaptivādins as well as many of the Sthavira schools (except the Pudgalavada) held that all dharmas were empty (dharma śūnyatā). This can be seen in the early Theravada Abhidhamma texts such as the Patisambhidamagga which also speak of the emptiness of the five aggregates and of svabhava as being "empty of essential nature". The Theravada Kathavatthu also argues against the idea that emptiness is unconditioned.
One of the main themes of Harivarman's Tattvasiddhi-Śāstra (3rd-4th century) is dharma-śūnyatā, the emptiness of phenomena.

Prajna-paramita Sutras
The emptiness of phenomena is often compared to drops of dew
The Prajna-paramita (Perfection of Wisdom) Sutras taught that all entities, including dharmas, are only conceptual existents or constructs.
Though we perceive a world of concrete and discrete objects, these objects are "empty" of the identity imputed by their designated labels. The Heart sutra, a text from the prajnaparamita-sutras, articulates this in the following saying in which the five skandhas are said to be "empty":
Form is emptiness, emptiness is form
Emptiness is not separate from form, form is not separate from emptiness
Whatever is form is emptiness, whatever is emptiness is form.
The Diamond sutra uses various similes to illustrate the nature of Shunyata:
"Like a tiny drop of dew, or a bubble floating in a stream;
Like a flash of lightning in a summer cloud,
Or a flickering lamp, an illusion, a phantom, or a dream."
"So is all conditioned existence to be seen.'"[116]

4.c.5. La numérologie, entre le zéro et le un

Ce "*to make zero into one*"[117] du *I Ching* est représenté par le Kien:

"Is there anything above heaven? All yang lines form the structure of heavenly strength. One heaven towers over another heaven. Auspicious, fruitful, and uplifting aspects are watching over your creative forces. Inspiration is at hand. The blank pages of an author with writer's block fill in no time. Your productive self accomplishes what was at one-time unobtainable. Each yang line supports another yang line with unnatural strength. Force over force or heaven over heaven takes your goals to new heights of power. Power exercised with caution instills loyalty and reverence in your kingdom. If power abused, your supporters lose trust. One must persevere to accomplish. If easily discouraged through anger and haste, creative endeavors will be unsuccessful for everyone involved. This is an all or nothing situation. Either you have the great strength of sincerity and rectitude or weakness will dilute this almost indomitable structure. You can be the hunter of your creative forces or the hunted. You can be the slayer who can manipulate this dazzling force over force or heaven over heaven, or the slayed from the misuse and abuse of improperly wielded power. If you live by the sword, you eventually die by the sword."[118]

"*In kung-an investigation, according to Ta-hui, rather than reflect over the entire kung-an exchange, which could lead the mind to distraction, one should instead zero in on the principal topic, or most essential element, of that exchange, which he termed its "critical phrase" (hua-rou). Ta-hui called this new approach to meditation k'an-hua Ch'an - the Ch'an of observing the critical phrase - and alleged that it was a "short-cut" (ching-chieh) leading to instantaneous enlightenment.'*"[119]

Il est intéressant de noter que la divination par le *I Ching* se fait par six lancements de pièces ou de baguettes. Or le nombre de références numériques des deux séries, telles que nous les avons rappelées, sont de cinq seulement.

Cependant, si nous ajoutons le 0' aux secondes de la première partie ou section de 30" ou 33", nous obtenons une progression 0-2-1, triangulaire (croissante, puis décroissante), promouvant ainsi l'évolution, propre des symphonies classiques, du morceau, silencieux. Sans doute cela, comme le montre Solomon, a des correspondances avec les monochromes de Rauschenberg, mais, plus amplement aussi, de la structure formelle, habituelle aussi, de la composition des tableaux classiques, et des triptyques religieux médiévaux, que reprend Rauchenberg.

Cette représentation 0-2-1 introduit aussi l'encerclement du récepteur entre le créateur dans ses deux formes: de néant et de *Soi*.

Les secondes jouent un rôle similaire: 3-2-4, et dans la seconde version: 3-4-2; "*Héxagramme 3 - Tchouen: La difficulté initiale*"[120] provenant du ou se dirigeant vers le récepteur et arrivant au chaos (la première compréhension du silence dans la version originale), puis, inversement, la difficulté initiale provoquée ou gestateur du chaos pour rebondir ou se résoudre (en sens, cette fois, pacifique) sur le récepteur.

En cela apparaît comme particulièrement intéressant le nouveau titre de *4'33" No 2* de 1962: *0'00"*[121].

On notera, de même, que la somme numérique de 4'33" (4+3+3) est 10, soit 1-0, les deux variables de tension entre le *Soi* et son retour dans le néant, dans cet ordre, que reproduit l'évolution du titre même du morceau.

Dans le même ordre de pensée, il faudra évoquer le fait que, du moment où Cage laisse les sons extérieurs s'imposer sur la musique organisée de la scène, qui s'en absente momentanément pour leur permettre, exceptionnellement, d'y entrer et d'y être écoutés (Dodd a raison en cela qu'une fois réalisé *4'33"*, Cage n'a plus pu (bien qu'il l'est tenté, notammnent avec ses *Number Pieces*) faire d'autre oeuvre similaire (ce qui l'obligera à se tourner chaque fois plus vers la question performative des musiciens, comme dans *Branches* de 1976[122] et *Inlets* de 1977[123], ce qui, là encore, donnerait raison à Dodd, en cela que l'oeuvre sort alors du cadre musical pour entrer dans celui du *happening*, comme chez Klein), si l'on excepte la seconde version, mais ce n'est que la même, qui a gagné deux nouveaux titres superposés, mais n'a rien acquis ni perdu dans sa forme initiale, c'est donc moins une deuxième version qu'au sens propre un *bis repetita* - c'est sans doute la limite qui différencie les arts visuels, dont la palette permet au moins des nuances dans le monochrome, du moment que celui-ci ne devient pas absolu, et même là encore, car si les couleurs sont limités, leurs nuances sont infinies, et la musique qui peut difficilement répéter à l'infini la même note ou aucune, comme non plus la littérature, si elle aime parler de la page blanche, ne peut pas vendre de livres qui en seraient fait, à moins que ceux-ci ne soient appelés pour ce qu'ils sont: des cahiers ou des journaux intimes en attente d'être remplir de mots, de taches, de ratures -), du moment, disons-nous, où Cage laisse entrer les bruits extérieurs, il faut reconnaître que les gestes de la mise en scène, plus notables dans le cas d'orchestres présentant *4'33"*[124], qui élèvent faussement les espérances des auditeurs que recommence la musique (c'est le principe de hasard et de choix, comme dans un livre de Donjons et Dragons de

Schooltime Special de 1968 de Corneliusa Cardew), en ne laissant pas totalement vide cet espace (par absence, également, des mouvements), intègrent une valeur, peut-être contradictoire avec la thèse générale du morceau, en tout cas qui lui est, au moins, dialectique: le concept de reprise. Celui-ci, déchirant le voile du silence absolu (peut-être inexistant, *per se*, mais intellectuellement conçu par, disons, la tradition, comme l'opposé de l'activité musicale ou d'émission de sons), implique que nous sommes encore et toujours dans le cadre d'une scène musicale, d'un concert, avec un public et des musiciens.

C'est sans doute en cela, que, centralement, se sont trompés Dodd (croyant que le morceau n'est plus musical), et le public original de *4'33"* (ne comprenant pas le silence, plus long que de coutume, certes, comme une simple nuance de temps, ou de temporisation, mais, malgré tout pas comme une fin en soi: qui impliquerait la sortie de la salle de concert). Et, oserions-nous dire, Cage lui-même (en assumant que le silence, c'est-à-dire le silence noté, peut être musical, c'est-à-dire peut se dissocier de ce dont il n'est que la pause, et, effectivement, ne peut, au risque, sinon, de n'être plus que le récit d'une mort annoncée, comme le note là bien Dodd, que ponctuer).

En ce sens, pour évaluer l'importance de ce total de temporisation dans l'oeuvre de Cage[125], au moins à cette époque, on relèvera que les enregistrements de *Music of Changes* (dont le titre renvoie au "*Livre des Mutations*" ou "*Book of Changes*", c'est-à-dire à l'*I Ching*), dans l'ordre décimal, reproduit le total de *4'33"*, ou s'en rapproche (en 1951, avec 43'; en 1956, avec 44'33"; et en 2003-2004, de façon un peu moins précise, avec 43'41"):

	Cage: *Music of Changes*[126]						
	Cage's timings (1951)	Tudor (1956)	Sultan (1974)	Henck (1982)	Schleiermacher (1997)	Kubera (1998)	Joste (2003/4)
I	ca. 3:37.5	3:58	8:10	4:18	5:30	4:26	4:04
II	ca. 16:30	18:30		19:46	24:36	18:59	18:36
III	ca. 10:30	10:28		10:41	11:12	11:34	10:02
IV	ca. 10:30	11:03		11:25	11:58	11:21	10:59
TT=	ca. 43:00	44:33		46:40	54:40	46:20	43:41

II. ÉTUDE GÉNÉTIQUE
1. Une approche visuelle des partitions de John Cage: étude ésotérique et comparative

Cage, parlant du son[127] (ou de l'absence de musique dans le son, et de l'opposition entre les deux), nous donne plusieurs éléments importants pour comprendre son oeuvre. Tout d'abord, citant Marcel Duchamp, et confirmant ainsi l'importance génétique de celui-ci dans *4'33"*, il évoque deux concepts du Français: la musique comme sculpture, et comme espace-temps. Nous y reviendrons. Or, Duchamp, précisons-le tout de suite, car cela sera utile dans notre développement, lorsqu'il écrivait *Erratum musical* en 1913, était dans la période de ses *Nus descendant l'escalier No 1* (1911)[128] et *No 2* (1912)[129], inspirés de *Femme nue descendant l'escalier* (1887) de Muybridge[130], mais aussi propre de préoccupations et de l'esthétique futuristes (il suffit, pour s'en convaincre, de comparer avec *Forme uniche della continuità nello spazio* de 1913 d'Umberto Boccioni), nous verrons postérieurement en quoi cette coïncidence idéologique sera, pour nous, importante.

Ensuite:
1. Il distingue le son, qui est partout, de la musique;
2. Cependant, il constate que celui-ci a une ligne mélodique et une temporisation intrinsèques: il est plus ou moins fort, et plus ou moins long;
3. Citant Schaeffer, il dit que l'utiliser est comme créer une sculpture;
4. Il oppose l'oeuvre formée, Bach ou Beethoven qui sont toujours identique, au son du traffic, qui est toujours, selon lui, changeant (il serait plus précis, nous semble-t'il de dire que les oeuvres écrites sont immuables dans leur forme, alors que les épisodes, imprévus, des éléments sonores du traffic: le moment par exemple où sonne un klaxon, celui où les voitures démarrent, ou s'arrêtent, ou bien où ronflent les moteurs à un feu rouge, et grondent en démarrant au feu vert, etc., se posent différemment, selon les véhicules [le type de klaxon, de véhicule - moto, voiture, camion,... -, de moteur, sa puissance en chevaux, la marque, l'année, etc.], les heures de la journée, l'intensité du traffic, le lieu, etc.).

Quelles sont les conclusions que l'on peut en tirer?

1. Cage utilise le son comme un élément musical impromptu (point 4), il s'inscrit en cela, comme nous l'avons montré, dans la tradition;
2. Il l'assume comme ayant une musicalité propre, compris le concept de musicalité au sens strict, comme un objet répondant aux normes spécifiques de la notation musicale, d'intensité et de durée (point 2), mais aussi, par conséquent, de hauteur et de timbre;
3. Toutefois, le son s'oppose à la musique comme telle (points 1 et 4) en cela qu'il se rapproche plus de l'*ostinato*, sans la ligne mélodique;
4. En considérant le son comme un objet à sculpter, Cage le distingue implicitement d'un objet à écrire ou à peindre (bien qu'il ait été dessinateur et peintre, non sculpteur), c'est-à-dire qu'il le différencie d'une oeuvre entièrement créée par la main de l'artiste; il se le représente comme la matière brute à partir de laquelle surgit l'image, telle que nous le représentent le mythe de Pygmalion ou les sonnets de Michel-Ange[131]; c'est donc comme un travail de dépuration que se conçoit elle-même la théorie musicale de Cage, confirmant, de nouveau, l'idée de l'*ostinato*.

En cela donc, on trouve que les partitions de Cage, compositions fondées sur la construction visuelle de courbes harmoniques, renvoient souvent, comme on le voit aussi de celle de la *Symphonie* de Klein (avec son "*extender (leader line or melisma line)*"[132] que l'on retrouve dans les partitions *Imaginary Landscapes No 1*, 1939[133], et *5*, 1952[134], et de *Chance* de Cage), au principe d'allongement du neume du style mélismatique.

Le prouvent les partitions[135] de Cage pour *Imaginary Landscapes No. 4* (1951) et *Williams Mix* (1952), *Imaginary Landscapes No 5, Music Walk*[136], *Atlas Eclipticalis, Fontana Mix* (1958)[137], *Ryoanji*, avec ses cercles d'émission pulsative successifs et entrelacés (qui rappellent ceux des programmes de Windows Media), et les correspondantes manifestations visuelles de Cage dans la série *Global Village*, inspirée du concept de McLuhan, et dont les traits parallèles espacés sur le fond monochrome rappellent les travaux de Mondrian, ami de Cage.

La partition de *Song Books*[138]:

"*Excerpts from sketches that illustrate I-Ching figurations. "Song Books" can also be performed with other works of indeterminacy, such as "4'33"" and/or "Radio Music."*"[139]

Dont les morceaux reprennent de forme monotone et répétitive (comme *Lecture on Nothing*) des phrases de Satie (morceaux 5, 7 et 10) - important donc, comme nous l'avons suggéré, dans la construction musicale de Cage - ou Thoreau (morceau 4)[140], reproduit encore la structure visuelle de *Music Walk* et *Atlas Eclipticalis*.

De fait, l'interaction entre musique et peinture se voit en comparant *Ryoanji* avec la série *New River Watercolour* (1988) ou *10 Stones* (1989)[141], où, sur le fond d'un énorme nuage jaune pastel (l'*ostinato*) se dessinent des formes noirs et bleues (la ligne mélodique) venant le ponctuer. Le même procédé que dans *10 Stones* se retrouve dans *River Rocks and Smoke 4/11/90 #1* (1990), où, cette fois, les lignes du premier plan, de couleurs plus vibrantes (ocre, violet et doré) rappellent les mouvements d'alternance de lignes (*ostinato*) et de points (notes de mélodie, comme nous l'avons étudié pour *Water Walk*), de notes organisées de manière compacte à l'intérieur de grandes lignes de circonvolutions les intégrant (mouvement de *basso continuo*), ou, sur un fond neutre jaune (le son/vide/silence tout autour) les pics de couleurs (on pense aux travaux de Kandinsky et Schoenberg), de ses partitions visuelles[142], respectivement dans *Chance*[143], *Variations II* (1961)[144] et, de fait (puisque le style mélismatique s'applique surtout au chant grégorien), dans *Aria* (Milan, Novembre 1958-Février 1959, page 6)[145]. La notation grégorienne est évidente dans *Litany for the Whale* (1980)[146] de Cage, et visible aussi, dès le titre, dans *Cantation I* de Hugh Shrapnela, voire dans *In C* (1964) de Terry Riley[147]. Il nous semble encor pouvoir la retrouver, par l'insistance sur la même note, comme chez Riley, dans *A Room* (1943), ce qui confirmerait le processus de simplification chez Cage des années 1940 au début des années 1950 avec *4'33"*, de l'*ostinato* musical au silence comme *ostinato* environnemental.

C'est ironiquement, dans les ironiques *Musiques d'ameublement* de Satie[148] que l'on rencontre originellement ce retour, postérieurement appliqué par Klein et Cage, à la forme mélismatique d'allongement notale.

Fontana Mix[149] montre encore parfaitement cette superposition d'une ligne de hasard (les lignes ondulantes rouge et bleue) sur la notation (le papier quadriculé), principe repris visuellement dans *Dereau #11* (1982)[150], où l'écoulement de l'*ostinato* (ligne bleue cassée du haut vers le bas, avec des annotations d'ordre mélodique) transperce la ligne ondulante comme un fil à aiguille se déroulant en tombant au sol, et supporté par rien, sur les formes plus pesantes d'un cercle blanc et d'un trapèze noir, vers l'affirmation visuelle d'une force ponctuée de notation finale (principe harmonique classique de la symphonie du XIXème siècle, ce qui confirme encore la structure traditionnelle de la pensée de Cage). On retrouve, dans la tache rouge décomposée, accompagnant, en bas, le cercle et le trapèze, un souvenir des couleurs de *Fontana Mix*.

Cette structure "coulante" de la composition, un peu, visuellement, si l'on veut pousser le trait, à la Salvador Dalí, de *Fontana Mix*, et surtout de *Dereau #11*, reprend parfaitement les intentions, et la visualité de la partition, de *Water Walk* et de la correspondant partition des *Experiments in Chance Operations*[151], avec ses annotations numériques enfermées dans des cercles comme d'incertaines et informes gouttes d'eau tout au long d'une portée.

Ce goutte à goutte se retrouve dans *Sixty-two Mesostics Re Merce Cunningham No.51* (1971)[152] de Cage, avec les lettres dont la grosseur représente l'intensité et la force. L'iconographie, bien évidemment, s'en inspire de la typographie futuriste, on pense par exemple à celle, fameuse, de Marinetti (1919)[153].

On note la similitude entre les essais formels de Cage dans et l'écriture en devanāgarī[154] de la syllabe *Oṁ*, dont:

"*La prononciation du oṁ est parfois décrite ainsi: a émerge du fond de la gorge, vers le palais, u roule sur la langue et m termine sur les lèvres. a symbolise la veille, u, le rêve, m, le sommeil. L'éveil correspond au quatrième temps: le silence, départ et retour du Pranava, et donc, Kali, déesse temporelle.*
Cette syllabe serait la somme et la substance du son de l'Univers. Om est le son de ce qui n'est pas entrechoqué, contraire à de l'air sur le larynx, ou au bruit d'un arbre qui se brise.

Aum iti ek akshara Brahman (Chandogya Upanishad), en sanskrit: «*Aum, cette unique syllabe est le brahman*»."[155]

De fait, de manière générale, les notations des partitions des auteurs référencés dans la présente étude, peuvent être rapprochées, visuellement, de celles des méthodes javanaises[156] (Surakarta - avec ses points harmoniques répartis sur le long de la sinuosité d'une ligne mélodique continue, comme *Fontana Mix*, *Ryoanji*, *Variations II* ou *Cartridge Music* -, Yogyakarta - qui se rapproche plus de la structure abstraite des fiches sur un tableau de jeu de hasard, comme *Atlas Eclipticalis*, *Music Walk*, *Variations VI* ou *Chance* -, Kepatihan - par chiffres, comme *Four* ou les *Song Books* -).

Nick Roth a bien compris le sens formel de la notation de *Sixty-two Mesostics Re Merce Cunningham No.51*, dans sa reprise du thème, avec ses *Water Score 1* et *2* de son *Water Project* (2012)[157].

On peut le rapprocher de celui de *Circles* (1960), composition pour voix féminine, harpe et deux percussionistes, de Luciano Berio[158], à partir des poèmes "*Stinging*", "*Riverly Is a Flower*" et "*N(o)w*" d'E.E. Cummings. En effet:

"*Circles was written for Berio's wife, the American mezzo-soprano Cathy Berberian. The work followed by two years the landmark composition Thema (Omaggio a Joyce) in which Berio deconstructed Berberian's voice through the use of innovative electronic manipulation. Throughout Circles Berio explores similar sound textures while limiting himself exclusively to acoustic means. The work was commissioned by the Fromm Foundation, with a dedication in the score to Mrs Olga Koussevitsky.*

Musical style and form
Berio follows an A-B-C-B-A arch form in Circles (the text from the first two poems being repeated with a different setting). In this way to form of the composition itself expresses a circle. Berio gives precise instructions in the score for the location of the performers and percussion instruments on stage. Throughout the course of the work the singer moves backwards as if receding into the ensemble. She is also required to perform on specific percussion instruments such as finger cymbals, claves, and various kinds of chimes."[159]

Si la version pour solo télévisé de *Water Walk* (page 4) indique la temporisation numérisée des événements successifs (donc la durée et la tonalité[160]), la même partition mais indiquée à partir d'une vision aérienne de la topographie scénographique[161] présente une structure visuelle très similaire à celle de *Variations II*, alors que la version synoptique de 1960 (Henmar)[162] montre ce principe de descente de *Fontana Mix* et d'*Aria*, mais accentué, et visuellement proche, bien qu'ici par le biais des lettres et de leurs dimensions, de *Dereau #11*, lequel principe, dans la description de *Water Walk* par Cage[163] commence par une série de lignes d'*ostinato* ou mélismatiques, pour nous, jusqu'en 130-135. En ce sens, *Circles* de Berio est, dans la vision de la position des instruments, également très similaire à celle de *Water Walk*, comme la structure narrative générale et la musicalité de *Circles* rappelle, bien qu'avec plus d'insistance dans les percussions (comme *Water Walk*), notamment pour l'usage des silences, *Two Pastorales*.

On note, similairement, que *Cartridge Music* (1960)[164] - dont on retrouvera la structure et la touche dans les cercles grossièrement dessinés et symétriques autour de lignes qui les relient dans les *Subway Drawings* de William Anastasi - reprend et associe les lignes de force et de tension du cercle, ici noir (comme dans la série *Ryoanji*), et de lignes en circonvolution l'entourant (principe de *River Rocks and Smoke 4/11/90 #1*).

La structure de *Variations II*, légèrement modifiée (les points noirs y étant substitués par des triangles) dans *Variations VI*[165], est similaire visuellement à celle[166] des diverses partitions du *Treatise* (1963-1967) de Cornelius Cardew, comme *Spiral Galaxy* (1972) de Robert Crumb l'est de *Chance*, et *Konstellationen* (également de 1972) de Roman Haubenstock-Ramati l'est de *Global Village*, et plus notablement encore de *Freeman Etudes* (1977-90)[167] et *Atlas Eclipticalis, Variations IV, 0'00''*[168]. D'une certaine manière, *Kosmic* (2008) de Wadada Leo Smith, avec son cercle et ses points portés sur une barre, qui rappelle aussi bien le manche d'une guitare qu'une partition notée, est proche de *Dereau #11*.

De la même manière que *Dramatic Fire* (1989) reprend *Dereau #11* en accentuant la division et opposition entre le nuage doré et la surface noire posée sur le bord inférieur de la peinture, de même, *Lecture on Nothing*[169] *Schooltime Special* (1968) et *The Great Learning* (paragraphe 7) de Cardew[170]. La *Composition No 5* (1969)[171] est très proche de la *Stripsody* (1966) de Cathy Berberian (laquelle interpréta en 1961, dans le même enregistrement, *Aria with Fontana Mix* de Cage, parallèlement à *Circles* de son époux Berio et *Frammento* de Sylvano Bussotti[172]), alors que *Study for Vibration* (1962) de Toru Takemitsu reprend et associe les lignes droites, triangulisées et le principe circulaire d'environnement musical des notations de Cage. Tout comme, similairement, *The Great Learning* de Cardew, à l'instar de *Concert for Piano and Orchestra* (1958)[173] de Cage, est à rapprocher d'*Universal Prayer* (1968-69) d'Andrzej Panufnik. La partition ou les indications visuelles de *Concert for Piano and Orchestra*, d'un côté présentant l'imag physique du piano, dédoublée, au centre de laquelle s'intègre une ligne de points, et de l'autre une portée derrière laquelle se dessinent des trapèzes avec des indications de lettres, dans une troisième configuration prend la forme d'une table de billard remplie des points tels des boules tirées au hasard sur le tapis, et associées à des lignes virtuelles (en pointillés) de possibles tirages ou coups[174]. Le même principe se fait sentir dans les bâtons et les points de *Chance*, qui rappellent le traditionnel jeu de mikado.

On notera, ainsi, de même, l'extrême similitude entre[175] les notations d'*Ubung fur Klavier* (1970) de Gottfried Michael Koenig, les *Lines from the midoints of lines* (1975) de Sol Lewitt et *Williams Mix, Composition No 5* ou les *49 Waltzes for the Five Boroughs* de Cage, en hommage à New York, formé par la superposition de 49 cartes de la ville[176]. De même, *Score for 7th Light* (2007) de Paul Chan[177] reprend la structure figurative de *Fontana Mix* et *Dereau #11*.

On retrouve la structure topographique appliquée à l'illustration écrite dans *Mushroom Book*. Cette géologie des lieux logique par rapport à l'intention de retrouver le cri primaire des objets (le *Canto de Guerra de las Cosas*, selon le titre du poète nicaraguayen Joaquín Pasos; mais aussi les *Manhattan Transcripts* de Tschumi, ou l'utilisation d'"*orthophotomaps*" par l'artiste nicaraguayen Óscar Rivas dans les années 2000, et antérieurement les photographies aériennes de Moholy-Nagy), et qui exprime, de nouveau, cet intérêt pour la pesanteur physique du monde concret, par opposition à la ductilité de l'élaboration humaine du chant ou de la note musical trop pure. Ce processus de brouillage correspond bien à l'intérêt mycologique de Cage, puisqu'il implique le temps (ou la durée) et l'inaction humaine. C'est le même principe qui le fera utiliser les imperfections du papier pour définir la notation dans certaine de ces partitions (le hasard des effets de la nature, dans le cas des champignons par l'action concrète de la décomposition, qui scarifie, comme dans ces mêmes années Jackson Pollock ses toiles, de touches et de jets le palimpseste de l'univers).

De manière très intéressante, dans la *Stripsody* de Cathy Berberian cette objectualisation des formes géométriques, propre de l'avant-garde, dans les partitions musicales évoquées, acquiert un caractère narratif, thématique en terme musical, où ici le référent musical est directement l'onomatopée ou la figure burlesque, de bande dessinée, ce qui doublement marque le lien d'une part avec l'art abstrait contemporain lorsqu'il réduit l'objet, comme chez les surréalistes, à la dénotation fermée de soi-même (il ne réfère plus qu'à ce qu'il est, il arrête d'être symbolique, au sens allégorique des représentations classiques: une feuille de laurier ne représentera plus la gloire ou le couronnement, mais sera une feuille de laurier, etc.), et d'autre part, et c'est peut-être là le plus important pour nous, avec l'évocation classique (encore conservée dans le musique de film hollywoodienne de nos jours), et bien connue, notamment dans *Pierre et le Loup*, de chaque personnage ou sentiment par un instrument ou une entrée musicale spécifiques.

2. John Cage et Marcel Duchamp

Le principe de hasard, ou de jeu, parallèlement à Cage, a été utilisé par Carl Bergstroem-Nielsen dans *Opportunities* et dans *Faites votre jeu I* et *II* de *Sonant* (1960)[178].

Confirmant notre interprétation de l'association objectual comme permanence de l'inscription dans une forme de classicisme, la planche V de *Stripsody* de Berberian[179] représentant les voix de chat et de chien rappelle les oeuvres comme *Fugue en G Mineur - Fugue du Chat* de Domenico Scarlatti et le célèbre *Duetto buffo di due gatti* d'auteur inconnu[180].

On est frappé de trouver une origine directe de beaucoup des points de l'oeuvre de Cage chez Duchamp:
1. Hasard;
2. Mathématisation;
3. Accent mis sur la temporisation;
4. Et sur le caractère aléatoire de la performance musicale;
5. Et de la création musicale, notamment de la partition, basée sur le jeu;

6. La musique conçue comme sculpture.
7. On est en outre surpris que Duchamp préfigure en sa technique autant Cage que les cadavres exquis surréalistes, l'*Étude aux chemins de fer* de Schaeffer, et probablement, par la boîte musicale, celle, scatologique, de Piero Manzoni.

"*Une grande majorité du public ignore encore qu'en 1913, Duchamp a composé deux partitions musicales: Erratum Musical, pour trois voix, et La Mariée mise à nu par ses célibataires même./Erratum Musical pour clavier ou autres instruments nouveaux. Il s'agit, pour Duchamp, de transformer l'appréhension de l'œuvre musicale de sorte qu'elle cesse d'être là pour ses qualités sensibles, flatteuses ou expressives, devenant ainsi le prétexte exemplaire à tout un monde d'idées sur le son qui seront énoncées sous la forme de partitions ou par de simples formules. Avec Duchamp, l'idée de la musique est transformée en profondeur par la fluctuation de ce qui lui semblait pourtant essentiel: son exécution sonore. Si, pour fonctionner en tant que musique, la musique peut, avec Duchamp, ne plus être sonore, quels seraient les éléments constitutifs et le terrain d'étude de ce qui apparaît dorénavant comme étant une «musique conceptuelle»? L'analyse montre que l'idée de cette autre forme de musique pourrait avoir été motivée par les études de Duchamp faites sur les sens et la mémoire auditive, toutes en rapport avec sa recherche d'une esthétique de l'indifférence, dont les premiers résultats apparaissent avec le ready-made. Les deux Erratum musical et les énoncés sur le sonore sont donc à la musique ce que le ready-made est aux arts plastiques: une virtualité musicale mentale, inclusive et machinique qui accueille des éléments disparates par lesquels s'organisent d'autres lignes de compréhension aux conséquences multiples pour l'art contemporain et la musique.*

*Artiste peintre confirmé et plutôt talentueux, Marcel Duchamp connaît également la musique. Plus jeune, il l'a apprise au sein de son environnement familial - intérêt prolongé en fréquentant des musiciens dont certains seront de fidèles amis. Je pense avant tout à Cage, avec qui il jouait aux échecs des heures durant, mais aussi à Varèse, Satie, Gabrielle Buffet-Picabia ou Stravinsky*1. *En 1913, l'année que marque l'invention du ready-made, Duchamp introduit pour la première fois dans la composition musicale le hasard: il cherche alors le moyen de se libérer de l'intentionnalité dans l'acte créateur, de la notion de goût par l'indifférence esthétique, ainsi que de l'idée de l'œuvre d'art unique qu'il soumet à la loi du «définitivement inachevé»*2*, et dont le Grand Verre (1915-1923) sera un témoignage éloquent.*
Le texte d'Erratum Musical (ci-après mentionné EM1), qui est la définition du verbe «imprimer», doit se «répéter 3 fois par 3 personnes, sur 3 partitions différentes composées de notes tirées au sort dans un chapeau». L'idée est, pour Duchamp, de découper des cartes et d'y inscrire, sur chacune d'entre elles, une note de musique; elles seront ensuite disposées dans un chapeau puis mélangées et sélectionnées au hasard. Une fois tirée au sort, chaque note est reportée sur du papier musique et réintroduite dans le chapeau. Duchamp reproduit ce processus vingt-cinq fois.
Le système de la seconde version, La Mariée mise à nu par ses célibataires même./Erratum Musical (ci-après mentionné EM2), est, quant à lui, autrement plus complexe et détaillé. Le texte accompagnant la partition - pouvant par ailleurs être considéré comme une partition à part entière - mentionne:
Appareil enregistrant automatiquement les périodes musicales fragmentées.
Vase contenant les 85 notes (ou plus ¼ de ton), figures parmi les numéros sur chaque boule.
Ouverture A laissant tomber les boules dans une suite de wagonnets B, C, D, E, F, etc.
Wagonnets B, C, D, E, F, allant à une vitesse variable recevant chacun 1 ou plusieurs boules.
Quand le vase est vide: la période 85 notes en (tant de) wagonnets est inscrite et peut être exécutée par un instrument précis
Un autre vase = une autre période = il résulte de l'équivalence des périodes et de leur comparaison une sorte d'alphabet musical nouveau, permettant des descriptions modèles. (à développer.)

Chaque numéro indique une note; un piano ordinaire contient environ 85 notes; chaque numéro est le numéro d'ordre en partant de la gauche.

Inachevable; pour instruments de musique précis (piano mécanique, orgues mécaniques, ou autres instruments nouveaux pour lesquels l'intermédiaire virtuose est supprimé); l'ordre de succession est [au gré] interchangeable; le temps qui sépare chaque chiffre romain sera probablement constant (?) mais il pourra varier d'une exécution à l'autre; exécution bien inutile d'ailleurs.

Autrement dit, le manuscrit se compose de deux feuilles de portées musicales et comporte deux parties: la première correspond à la description du système de composition. Duchamp présente une partition verbale, graphique et numérique et intitule ce système «dispositif qui enregistre automatiquement les périodes musicales fragmentées». Le compositeur indique avec quels instruments la partition doit être jouée (piano ou orgue électrique ou autres instruments nouveaux pour lesquels l'intermédiaire virtuose est supprimé). La seconde partie du manuscrit est la mise en application de la première: Duchamp rapporte sur des portées le parcours musical en numéros, en chiffres romains et en lettres. En nombres, de 1 à 85, et chaque numéro indique une note, chacune correspondant aux 85 touches d'un piano de l'époque qui sera accordé au quart de ton.

Le plus frappant de ces deux partitions sont les données acoustiques qui se voient reléguées au rang de simples témoignages de l'expérience musicale que Duchamp a faite. Ce qui compte ici est le cheminement plutôt que le résultat, au demeurant bien inutile; il en est de même concernant ses écrits sur le son, que j'envisage comme des énoncés, c'est-à-dire des propositions, des formules, des idées qui ne sont ni vraies ni fausses, ou vraies et fausses à la fois.

Un énoncé est un ensemble de données portant sur un sujet; celles-ci sont exprimées oralement ou par écrit sans plus d'explication ou de développement que ce soit. Par ailleurs, un énoncé n'a pas de valeur de vérité: il est considéré pour son contenu et se présente sous la forme d'injonctions, voire de slogans. Or la logique s'occupe des énoncés selon leur modalité (certitude, absurdité, plausibilité) et prend en compte leurs sens laissé délibérément ambivalent.

Les énoncés de Duchamp sur le sonore sont réunis dans plusieurs de ses ouvrages: Marcel Duchamp, Notes (1980; ci-après mentionné Notes) et Duchamp du signe (1994; ci-après mentionné DDS). En voici quelques extraits:

Exercices de musique en creux pour sourds

Étant donné un nombre convenu conventionnel de notes de musique n'«entendre» que le groupe de celles qui ne sont pas jouées Convenir d'un groupe déterminé de notes de musique et n'entendre que les notes du groupe qui ne sont pas jouées. (Notes, n° 253)

Musique en Creux: d'un (accord) ensemble de 32 notes pax au piano non plus émotion, mais énumération par la pensée froide des 53 autres notes qui manquent. Mettre qq. Explications. (Notes, n° 181)

L'accordeur - Faire accorder un piano sur la scène - EEEEEEEEEEEE ou Faire un cinéma de l'accordeur accordant et synchroniser les accords sur un piano. ou plutôt synchroniser l'accordage d'un piano caché - ou Faire accorder un piano sur la scène dans obscurité. le faire techniquement et éviter toute musicianité. (Notes, n° 199)

SCULPTURE MUSICALE

Sons durant et partant de différents points et formant une sculpture sonore qui dure. (DDS, p. 47)

Construire un et plusieurs instruments de musique de précision qui donnent mécaniquement le passage continu d'un ton à un autre pour pouvoir noter sans les entendre des formes sonores modelées (contre le virtuosisme, et la division physique du son rappelant l'inutilité des théories physiques de la couleur). (DDS, p. 47)

Perdre la possibilité de reconnaître 2 choses semblables - 2 couleurs, 2 dentelles, 2 chapeaux, 2 formes quelconques. Arriver à l'impossibilité de mémoire visuelle suffisante pour transporter d'un semblable à l'autre l'empreinte en mémoire.

Même possibilité avec des sons; des cervellités. (DDS, p. 47)

Tirelire (ou conserve): Faire un Ready-made avec une boîte enfermant quelque chose irreconnaissable au son et souder la boîte. (DDS, p. 49)

baser toute une série de choses à voir d'un seul œil (gauche ou droit) [pour] trouver une série de choses à entendre (ou écouter) d'une seule oreille. (DDS, p. 108)"[181]

72

Il semble, à l'inverse, reprendre l'idée d'Allais de la recherche antinomique d'une musique pour les sourds:

"Par la primauté qu'elle accorde à l'idée plus qu'à sa matérialisation, la musique conceptuelle répercute un mode d'écoute qui ne peut se faire qu'intérieurement, à partir d'opérations mentales. Ce serait une nouvelle forme d'exécution qui agirait sur la mémoire que l'auditeur a des sons pour les entendre dans la tête. La musique conceptuelle est donc réalisable en pensée: si on imagine l'idée à propos de la musique telle qu'énoncée par l'artiste, cela suffit à faire de la musique. La réalisation sonore relève donc du domaine privé; les sons seront intériorisés, entendus en pensée. La musique en creux pour sourds selon Duchamp peut donc être comprise à partir de trois thèmes différents: 1/ mémoire/oubli, 2/ mémoire visuelle/auditive, 3/ surdité.

En effet, l'énoncé de la Musique en creux pour sourds décrit une forme de musique dépourvue d'expressivité musicale où les sons doivent être entendus mentalement par simple réactivation de la mémoire. Il pourrait d'abord ici s'agir de l'«audition mentale», faisant référence au lecteur expérimenté qui lit la musique mentalement, qui se la représente dans la tête. La musique lue est également une méthode d'apprentissage de la partition complémentaire à la pratique: Glenn Gould ne se mettait au piano qu'au dernier moment pour formuler à l'instrument ce qu'il avait déjà lu, analysé et découvert mentalement des heures durant; a contrario, on sait aujourd'hui que Luciano Pavarotti ne savait pas lire la musique, ce qui ne l'a pas empêché d'accéder à une virtuosité peut-être encore inégalée. En ce qui concerne la référence possible de Duchamp à la mémoire, il pourrait encore s'agir d'inviter l'auditeur à explorer d'autres territoires de l'écoute en en cherchant un fondé sur une indifférence sensorielle totale, une émotivité neutre faisant appel à la mémoire auditive: «à haute voix ou à voix basse (surtout énoncé mentalement)» (Notes, n° 41).

Dans le cas de la «musique en creux» selon Duchamp, le sourd de naissance ne pourra bénéficier de cette mémoire auditive qui, comme l'indique son nom, est un rappel des sons déjà entendus au cours de l'existence, alors que le sujet devenu sourd possède déjà une représentation mentale de la musique. Duchamp a été confronté au phénomène de la surdité. On sait que sa mère a souffert d'une perte progressive de l'audition jusqu'à devenir complètement sourde à la naissance de Marcel. Ce dernier aurait donc pu, ainsi que nous le confirmeraient certains de ses énoncés, s'interroger sur le sens des comportements liés à des fonctions symptomatiques de l'écoute en souvenir de l'infirmité de sa mère: «on peut voir regarder. Peut-on entendre écouter, sentir humer, etc…?». «Avez-vous remarqué […] que je puis vous voir regarder, vous voir voir, mais que je ne puis pas vous entendre entendre, ni vous goûter goûtant, et ainsi de suite?». Il en déduit que si l'on «peut regarder voir; on ne peut pas entendre entendre» (DDS, p. 37). Mais par delà les faits biographiques, plutôt que de pointer une possible carence perceptive de l'activité même d'entendre, Duchamp donne peut-être ici une clé de lecture pour sa musique en creux. L'impossibilité d'avoir une écoute auto-réflexive, qui se perçoit objectivement comme l'exercice du sens de l'ouïe, dirige les recherches duchampiennes non pas vers la nature de la perception auditive, mais plutôt vers la mémoire auditive, autrement dit vers un fait non pas sensible mais idéel.

Or ce jeu que l'énoncé de la «musique en creux» propose à l'«auditeur» n'est pas totalement ouvert et obéit à des règles plus ou moins précises. Duchamp suggère des «Exercices de musique en creux pour sourds» qu'il n'est pas inutile de rappeler: «Étant donné un nombre convenu conventionnel de notes de musique n'"entendre" que le groupe de celles qui ne sont pas jouées Convenir d'un groupe déterminé de notes de musique et n'entendre que les notes du groupe qui ne sont pas jouées. (Notes, n° 253). L'imagination à laquelle Duchamp fait référence ne s'applique donc pas au sourd de naissance mais à celui qui a déjà entendu (il entend alors, d'une certaine manière, encore).

Que Duchamp fasse référence, dans son énoncé, à la surdité de naissance ou à celle survenue plus tard, le rapport au son sera, dans les deux cas, radicalement différent. Or les recherches «vibrotactiles» du Professeur Petar Guberina ont montré que le sourd de naissance peut encore percevoir les vibrations sonores par un canal autre que celui de l'oreille, à travers la résonance de la boîte crânienne ou d'une autre partie du corps. Ainsi, le corps est un récepteur pour la perception vibratoire au-delà des capacités innées du système auditif. D'un autre côté, la musique en creux pour sourds peut également renvoyer à une forme d'asonie (ou surdité musicale) correspondant à une affection permanente qui empêche certains individus de développer des aptitudes musicales de base. Des recherches en neuropsychologie ont été menées à l'Université de Montréal en septembre 2006 sur ce sujet: elles tentaient de comprendre le fonctionnement neuropsychologique des processus auditifs et de la mémoire auditive et comment la musique est structurée dans le cerveau. Il existe plusieurs formes de surdité musicale. L'une d'entre elles évoque une atrophie du goût: le sujet atteint ne supporte physiquement pas la musique, celle-ci déclenchant chez lui nausées et maux de tête. Peut-on supposer que Duchamp, en déclarant ironiquement mal supporter le côté boyau-de-chat de la musique qui lui fait horreur, serait atteint de cette forme de surdité musicale? Même si cela est peu probable (ses déclarations montrent, en effet, que l'artiste n'aimait tout simplement pas la musique romantique, car il lui arrivait d'écouter des œuvres de musique moderne à de multiples occasions), cela ne l'a pas empêché de s'interroger sur cette forme d'infirmité.

Je ne suis pas anti-musique mais je supporte mal son côté «boyau-de-chat». Vous comprenez, la musique, c'est tripes contre tripes: les intestins répondent au boyau-de-chat du violon. Il y a une espèce de lamentation, de tristesse, de joie, tellement sensorielle, qui correspond à cette peinture rétinienne qui me fait horreur. Pour moi, la musique n'est pas une expression supérieure de l'individu... J'aime mieux la poésie."[182]

Or Cage reconnaîtra explicitement Duchamp (auquel, en outre du morceau *Music for Marcel Duchamp*, il dédiera une oeuvre, au titre du moins, silencieux: *Not Wanting to Say Anthing about Marcel* de 1969, en référence visuelle et de matériau au *Grand Verre*) comme son antécesseur:

"John Cage first met Marcel Duchamp in the 1940s. Duchamp asked Cage to write music for his part in Hans Richter's film "Dreams that Money Can Buy" (1946). But it took twenty more years before the two actually became close. Cage didn't want to bother Duchamp with his friendship until he realized that Duchamp's health was failing. Then he decided to actively seek his company. He knew that Duchamp was taking chess very seriously, and it was easy for Cage to use this pretext, so he simply asked him to teach him the game. And for the last three years of Duchamp's life the two men and Teeny Duchamp, the bachelor's bride, met at least once a week and played chess.

It was widely believed at the time that Duchamp had stopped working. Visitors reported that his studio was empty. And it was. The studio was precisely made for that - for not making art. Duchamp had another space next door no one knew about, where he did his work. (He was putting together Étant Donnés, his last project).

Coming from Duchamp nothing was too unbelievable. Even Cage gave him credit for what he didn't understand - for making Étant Donnés this voyeuristic show, for instance, after having renounced retinal art. Maybe he meant to contradict himself. The truth is, no one could tell for sure. Even when Cage learned that Duchamp may have taken his subject matter from Alfred Jarry, he recovered quickly from the shock. His friend must have had his reasons.

Every year Duchamp would pay a visit for a week to Salvador Dalí in Cadaquès, Spain, with Teeny and Cage in tow. Cage was mystified by the reverence Duchamp kept showing Dalí whom he himself disliked intensely like so many others. Everybody loved Duchamp, of course. The self-proclaimed genius and the self-effacing sage. The bulimic and the anorexic. Ubu Roi and Gregor Samsa. But maybe they were just two sides of the same coin. Both were busy deflating the piety of Capital - Dalí with his bloated cynicism (Breton came up with the anagram Avida Dollars to describe him best) and Duchamp with his imperceptible humor (Rrose Sélavy). The visionary paranoiac and the conceptual schizophrenic. Their delirium was paradigmatic of the age.

At bottom, Duchamp was Duchamp, an enigma to himself as to everyone else. Only he was capable of scrambling codes and genders with a strange, impersonal elegance. "Mince," thin, slim, was Duchamp's favorite word as "petit" or "menu" was Deleuze's (as when he declared: "I am not sick, I simply have a petite health"). Duchamp found "infra-mince" even better as a concept. He was convinced that it took us to another space, from the second to the third dimension. Duchamp, the thin man, the hunger artist, el ombre invisible. His best performances were disappearing acts. And yet he always left traces of a sort - a signature on Fountain.

Duchamp didn't especially like listening to music, but its evanescence fascinated him. He kept dreaming of even more elusive sounds, sounds like the faint rustle of corduroy pants in a dance (he was always precise). Sounds for the birds. No wonder Cage got trapped.

"Duchamp placed chess above everything, and Cage was his partner." This is what flashed in my mind when one day, out of the blue, Cage called me for a game. "You're French," he said, "so you must play chess." Duchamp and me. That was in 1975, a few weeks after Cage and I first met. I cowered for a few more weeks, imagining Duchamp's ghost breathing down my neck as I leaned over a chessboard. But Cage nudged me again and I surrendered to my destiny. We met, and played. I could hear music coming from the empty space. He narrowly won our first game.

As it turned out, he wasn't such a formidable adversary. He was no adversary at all. It was then that he told me the Chess Master had found him a real disappointment. "Don't you ever play to win?" Duchamp had kept asking, exasperated. Cage was a Zen Buddhist to the core: why should anyone have to win? He had already won what he wanted: spending time with Duchamp.

Cage got somewhat better at playing chess after that, trying his hand, I guess, on vague Duchamp surrogates like myself. And then there was Teeny, of course.

Actually, Cage hadn't lost every single match with Duchamp. There was one that he definitely won, after a fashion. It happened in Toronto, in 1968. Cage had invited Duchamp and Teeny to be with him on the stage. All they had to do was play chess as usual, but the chessboard was wired and each move activated or cut off the sound coming live from several musicians (David Tudor was one of them). They played until the room emptied. Without a word said, Cage had managed to turn the chess game (Duchamp's ostensive refusal to work) into a working performance. And the performance was a musical piece. In pataphysical terms, Cage had provided an imaginary solution to a nonexistent problem: whether life was superior to art. Playing chess that night extended life into art - or vice versa. All it took was plugging in their brains to a set of instruments, converting nerve signals into sounds. Eyes became ears, moves music. Reunion was the name of the piece. It happened to be their endgame.

Well, not quite. Less than a year later Duchamp was gone, but for Cage the game wasn't over; it was rather like jumping into the middle of Duchamp's disappearance act. Duchamp's studio didn't remain empty for long. Cage, so to speak, quickly moved in. Discreet, but focused and industrious, he gave Duchamp a piece of his own mind. From then on, it would be work as usual. There were countless traces to be picked up in Duchamp's trail - slim cues, silent music. Cerebral circuits had to be delicately hooked on to other machines, imaginary solutions invented. Example of nonexistent problems: "What belongs to Duchamp and what belongs to me?" The problem wasn't just crossing over - what's identity anyway? - but making the two separate spaces work together.

In a sense Duchamp was as much alive in his death as he had been in his life. Didn't he always want to "go underground" anyway? The imaginary solution already was at hand, and it would affect the living as well as the dead. "The effect for me of Duchamp's work," Cage wrote, "was to so change my way of seeing that I became in my way a Duchamp unto myself."

Cage had to see things for himself in such a way that Duchamp's work would be kept alive through his own. The only way to celebrate Duchamp was to "recerebrate" him - a Duchampian pun Cage invented - which meant to plug Duchamp's mind into one's own, the way the chessboard had been plugged to the sound system. And the music would be both theirs.

This uncanny collage - this ménage à deux, moins Duchamp - remains exemplary of the kind of creative crossings that can be achieved between the various arts, but also between art and life, and art and death. Becoming someone else (Jarry-Duchamp-Cage) is a way of becoming oneself, which became the condition for Cage's own poetics of chance and politization of aesthetics. His creative anarchism.

Very early on, in 1913, the year Cage was born, Duchamp composed a music piece en famille, Erratum Musical, by using chance operations. The procedure was far too simple for Cage's taste - he favored more complex operations leaving no room for intention - but it was precisely that kind of simplicity that Duchamp liked, drawing jumbled notes at random from a hat. Duchamp composed Erratum Musical with his sisters Yvonne and Magdeleine, seventy-five notes picked by chance to accompany as many syllables of the randomly chosen dictionary entry for imprimer. "How is it that *you used chance operations when I was just being born?"* Cage asked Duchamp. This was a straight-faced question, but I don't doubt that Cage saw in this synchronicity the start of their collaboration. He always experienced the past in the future tense - as a *futur anterieur* - and reclaimed this experience as his own, like everything else that concerned Duchamp. He would occasionally use chance the way Duchamp did (pulling slips of paper out of a hat) whenever he happened to be some place without his own I Ching simulation program. He always kept his "IC" in a black suitcase reminiscent of the famous "valise" in which Duchamp, ever the salt salesman (*marchand du sel*), kept small replicas of his art. Becoming Duchamp in the most "detailed" way.

Cage always considered music far more "detailed" than painting or visual work. In 1978, though, he was invited to make etchings at Crown Point Press. Not being an artist himself, and quite incapable of drawing, he decided to treat etchings like music - his own music - and draw into the plate with his eyes closed. But after spending two weeks every year, for fourteen years, making etchings and watercolors, they became so complex, he said, that he considered them "probably the most musical...the most detailed work, with very subtle changes in the colors and shapes."

Duchamp didn't especially like listening to music, and yet he made forays of his own into the world of sounds. In his writings (The Bride Stripped Bare by Her Bachelors, Even: Erratum Musical, 1913), he conceived what Cage called after him "Duchamp's Train," in which each freight car would carry a different octave on the piano, so that each of the "cars" would have its own notes. Cage eventually used this idea for one of his own violin pieces. (Unlike the piano, the violin allowed him to chose sustained intervals.) For this, he had to disregard the fact that Duchamp's train was meant for a pianist to go through the eighty-five notes of the keyboard (the standard range for a piano of that time), which the violin doesn't have. Crossings don't just happen between the ear and the eye, they also occur within the same medium. Actually, they always happen between the two ears - in the empty studio of the brain. As far as he was concerned, Cage always kept an eye on the eye, starting with the intricate layouts for his Mesostic texts, these acrostic-like compositions with the key letters running down the middle of the text. But the poems would also lead him onto another track. The source material would become the starting point for other experiments involving source material he didn't even know, like German or Japanese - we could call this endo-crossing - or he would let the repetition of sounds bring him back to the world of music - exo-crossing. Innovations between the arts, therefore, are not just a matter of crossing a barrier, even the frontier between sound and form, or synthesizing the two. It is essentially rhizomatic and can proliferate in every direction. Once Cage showed me a scrap of paper that he got from Duchamp in the late 1960s. Duchamp's scribble read as follows: Sculpture Musical.

Sons durant et partant de différent points et formant une sculpture sonore qui dure. ("Musical Sculpture. Sounds lasting and leaving from different places and forming a sounding sculpture that lasts.") Until then Cage had been thinking of himself as a "percussion composer," someone who could strike anything - traffic sound, ambient noise, sounds that weren't musical - investigating each sound for itself. But these sounds didn't give him a feeling of space. You couldn't walk around them as you would if they were emitted from three sources, instead of one or two. They didn't provide a sculptural experience; they were two-dimensional. And Duchamp, just by pointing out the virtual volume of sounds, made it possible to take them to the third dimension.

As a visual piece, Étant Donnés remains a puzzle. But the extreme attention Duchamp paid to the details of its installation are even more intriguing. He specially wrote a "Manual of Instructions" spelling out the disassembling and reassembling of his work, from his 10th Street studio in Manhattan to the Philadelphia Museum of Art, Étant Donnés's final resting place. Why? Could it be that there was more there than could meet the eye? Duchamp left so little behind - his work was so slim - that any scrap or relic was worth treasuring and nurturing with the greatest care until it assumed its proper dimension. "Anything he did," Cage wrote, "was of the utmost importance." If Duchamp envisaged to take Étant Donnés down and putting it back, Cage went on, riffing around the idea and making it its own, it had to produce a sound. Therefore it was a musical work, the most musical of his works. Besides, Cage declared, closing the circle, "the whole structure of Étant Donnés is done with something that corresponds to a chessboard, in principle at least...It's the most fantastic artifact."

In 1988, four years before he died, Cage conceived of an opera that would be called "Nohopera," which he subtitled - this was only partly in jest - "the Complete Musical Works of Marcel Duchamp." It would be produced in Tokyo and

would encompass both the Orient and the Occident. All of Duchamp's "musical works" would be carefully staged, performed and choreographed in order to bring out what was lying latent in Duchamp: his "total work." It would be the Grande Oeuvre of this fin-de-siècle - actually the "petite" oeuvre - and the culmination of Cage's life efforts. Something like "Duchamp on the Beach.
Erratum Musical would be there, the songs Duchamp had fished in a hat and sang with his sisters (Music Hall). Also the toy train of The Bride Stripped Bare by Her Bachelors, Even: Erratum Musical, loaded with excerpts from Nohdrama and European Opera (Theater). Then the Sculpture Musicale, executed by David Tudor, Takehisa and Cage himself (Music). And last but not least: Infra-Mince, choreographed by Merce Cunningham (Ballet). A "Manual of Instructions" would begin "Nohopera" with a reconstruction/reassemblage of Étant Donnés, after the original art piece, across the entire stage, accompanied by other "musicals" by Marcel. (Rrose Sélavy). As for Cage, he would be "the composer of the entire work, but almost nothing, or very little would be by me." A slim project, by any account. A minor Gesamtkunstswerk. What is for certain is that by the time this Noh-opera (pointedly, Cage added a dash at the right place to register his hope that his project would eventually take shape) was about to leave the draftboard, the effect on Duchamp of Cage's way of seeing was such that Duchamp himself had become in his way a Cage unto himself."[183]

Ainsi, dès 1947, dans *Music for Marcel Duchamp*[184], partie des *Works for prepared piano*, Cage intègre déjà les silences:

"*This work was originally written for the Duchamp portion of Hans Richter's film entitled Dreams That Money Can Buy. The composition evokes timbres and harmonies of Asian music, as well as the music of Erik Satie, i.e. it is static, meditative, and timeless. The music uses few tones, muted by weather stripping (seven pieces), a piece of rubber, and one bolt. The soft materials avoid fluctuations in resonance. This was important for Cage because the music had to be recorded, and in the first recordings Cage commented on "how poor the piano [...] sounded". The rhythmic structure is 11 x 11 (extended): 2-1-1-3-1-2-1. One new idea in this work is evident in Cage's use of silence, heard especially in the last part, where 7 x 2 bars of music are followed by 2 bars of silence. These repetitions create tension and constitute a new dimension in Cage's music, stepping away as they do from his usual rhythmic propulsions. This work is available in the C.F. Peters compilation "Prepared Piano Music 1940 - 47, Volume 2" (catalog number noted).*"[185]

Il s'y inspire des rotoreliefs de Duchamp, mais aussi de son premier *ready-made*, la *Roue de bicyclette* (1913):

"*The film contains several segments designed by different artists, and Cage's music was composed for a segment designed by Marcel Duchamp. The segment - a dream one of the characters is having - is titled "Discs" and consists mostly of Duchamp's rotoreliefs. These are designs painted on flat cardboard circles, which are to be spun on a phonographic turntable. The work was later choreographed by Merce Cunningham. The global structure is 11x11 (eleven sections of eleven bars each), the rhythmic proportion is 2, 1, 1, 3, 1, 2, 1. Similarly to Tossed As It Is Untroubled and The Unavailable Memory of, the work mostly builds on a single melodic line, which uses notes muted by weather strippings. This piece is one of the first to explore the idea of silence systematically: empty bars are juxtaposed with melodic passages throughout the piece.*"[186]

On sera intéressé par la similitude entre les visées de la poésie concrète et celles de Cage:

77

"El impulso decisivo para el desarrollo del concepto de poesía concreta, empero, lo realizó Eugen Gomringer y el grupo brasileño Noigandres (el nombre lo tomaron del Canto XX, de Ezra Pound), quienes acordaron la denominación última de aquella poesía como "concreta", a mediados de los años cincuenta, hecho que fue ya la confirmación internacional de esta nueva tendencia en la literatura. El documento más importante del Grupo brasileño, fundado en 1952, por los poetas Augusto de Campos, Haroldo de Campos, y Décio Pignatari, fue el escrito firmado por los tres, y aparecido recién íntegramente en 1958, llamado Plano-Pilóto para Poesia Concreta (1958; cit. por Schmidt 1972: 77s.). El principio estructural de sus textos lo denominaron: isomorfismo. Con ello aludían a la construcción del texto, que se iba armando por igual en distintos planos: a nivel sonoro, de imagen y de significación del material del lenguaje; en la práctica, el texto no busca representar decursos complejos de contenido, como en un discurso regulado sintácticamente, sino mostrar mediante la presentación de unidades lingüísticas repartidas sobre la superficie, un oscilar constante entre sus valores semánticos, acústicos y ópticos.
Los principios fundamentales de este Plano-Pilóto para Poesia Concreta eran:
1) Establecer la superficie como un elemento constitutivo del poema; presentar en forma libre el texto sobre la superficie, en el espacio. Es el primer paso dado para entregar una sensación de los textos como objetos, desarrollar una sensación del lenguaje como algo material, tal como lo mostrase el concepto de texto que tenía Mallarmé.
2) Disolver la sintaxis tradicional: el ideograma hecho de palabras. Para hacer efectiva la superficie del texto como algo constituyente suyo, tiene y debe de existir un nuevo tipo de sintaxis, una sintaxis de superficie, que tense o ponga los elementos lingüísticos unos con otros, en un amplio ensamble de relaciones. Dice el Manifiesto -citado también por Weiss:
Poesía concreta = objetos de palabras tensados en el ensamble espacio-temporal. Estructura dinámica: múltiples movimientos concomitantes. Poesía concreta = mediante el uso del sistema fonético y de la sintaxis analógica crear una región lingüística específica, con una locación visual de la palabra, que reúna las ventajas de la mediatez no-verbal con los valores de las palabras (165).
Ello implica que las formaciones de palabras no se presentan más como un ensamble evidente y funcional entre palabras. De esto se extrae, a su vez, el tipo especial de semántica de la poesía concreta.
3) La exposición de una estructura en lugar de la transmisión de un mensaje: presentación en lugar de representación."[187]

La dissolution, chez Cage, est de la ligne mélodique, comme pour Duchamp; l'espace et le temps sont, dans l'entrevue déjà citée, les deux éléments à l'intérieur desquels Cage se plaît, comme les avant-gardes leur art (on pense en particulier à Moholy-Nagy), à décrire la musique; comme Duchamp, dans avant lui, il propose, comme il le dit encore dans son entrevue, de ne rien voir d'autre dans la musique que des sons, sans leur attribuer de contenu symbolique ou dénotatif, autre point en commun, indifféremment, avec Duchamp, Magritte, André Breton ou Nougé.

"In Eugen Gomringer's 1954 essay, From Line to Constellation, he discusses poetry that "can be perceived visually as a whole as well as in its parts" and for this reason it "is memorable and imprints itself upon the mind as a picture" and "becomes an object to be both seen and used." Considering the poem as picture, we are reminded that text is image as well; built from formal components, considered with aesthetics, comprised of shapes and symbols. The written languages that we know and use today are not only letters that form words that form sentences, but are also a series of content driven visual decisions manifested through mark making. With this logic, we have collected a group of works from the contexts of both poetry and visual art that utilize language as either a medium or a layer within the visual

landscape. We have combined these works as a suggestion that in both art forms there exists movement towards similar objectives, seeking to employ in one medium what is taken for granted in the other. We extend Gomringer's suggestion of a line of text further, to a line that is not only written but drawn, printed, painted, tufted, filmed. Perhaps, when joined together, these efforts establish a context of their own, where what might commonly be recognized as 'visual art' or 'poetry' becomes integrated into a singular practice. Existing notions of image and text as two distinct devices for communication become partially erased: what is drawn can be read, what is written can be seen and experienced. "In the constellation something is brought into the world. It is a reality in itself and not a poem about something or other. The constellation is an invitation.""[188]

Pour cela, il est également intéressant de noter que, dans cette recherche de la "*superficie*", que nous avons antérieurement dénommée topographique (mais on aurait aussi bien pu dire matérique, d'où la recherche systématique, de Cage à Gomringer, de matérisation de l'objet symbolique), Gomringer, comme Cage, dans les partitions d'*Atlas Eclipticalis*, *Music Walk* et *Song Books*, considère l'importance des "*constellations*":

"*De los comienzos del movimiento de la poesía concreta, en los primeros años de la decada de 1950, hay varias versiones. Los poetas con más frecuencia mencionados son el suizo Eugen Gomringer y los brasileños Augusto de Campos, Haroldo de Campos y Ddcio Pignatari. En Brasil y Alemania se dieron dos manifestaciones simultáneas, aunque independientes, del movimiento. Los primeros ejemplares de un nuevo tipo de poesía los escribe Eugen Gomringer en 1951, y lo hace en castellano, la lengua nativa que había aprendido durante su niñez en Bolivia. Aunque hasta 1950 Gomringer dedica sus energías creativas a la imitación de sonetos shakesperianos, más tarde, bajo la influencia del artista concreto Max Bill, se orienta hacia la producción de "constelaciones". De acuerdo con Gomringer, una "constelación" es*
... the simplest possible kind of configuration in poetry which has for its basic unit the word, it encloses a group of words as if it were drawing stars together to form a cluster.
El primer volumen de Constelaciones se publica en 1953, el mismo año que el brasileño Augusto de Campos finaliza la colección más temprana de poemas para "Poetamenos", un grupo de composiciones donde palabras y sílabas de diferentes colores yuxtaponen varios temas en una página."[189]

On voit ainsi que, non seulement chez Gomringer, mais aussi chez De Campos, l'on trouve des produits similaires à ceux de Cage (avec sa colorisation des et l'intégration de mots dans les partitions, par exemple).

Cet annulation des mots, comme signifiants (ou processus de signification):

"*El zen, pues, resiste cualquier intento de explicación racional, pues solo puede comprenderse desde la experiencia directa. Por ello, también implica una crítica directa al lenguaje: "las palabras son palabras y nada más. Si las palabras cesan de estar acordes con los hechos, ha llegado el momento de romper con las palabras y volver de nuevo a los hechos", explica D. T. Suzuki (79-80), uno de sus principales divulgadores en Occidente. Por este motivo, su uso está* basado en *"afirmacions simples que, per la seva simplicitat, semblen críptiques o que constaten obvietats"*, o bien en contradiccions y paradojas, mediante las cuales *"les paraules obren un espai a la vacuïtat" (Bouso 99).*"[190]

Que Cage reprend dans le cadre du silence musical, marque ainsi un autre point de liaison avec les autres arts, dans ce cas avec l'architecture, telle que la définit Robert Venturi dans *Learning from Las Vegas* (1972), comme un objet réduit, dont le sens n'est - et ne doit être - comme le dit Cage, non pas dénotatif (sentimental ou moral, ce que disait détester Duchamp dans la musique, et critique Cage dans l'entrevue citée), ou symbolique (thématique, comme dans *Pierre et le Loup*), mais simplement présent. Pour le dire en sens opposé à la critique que faisait Roland Barthes dans *Mythologies* (1957) de l'exclamation "*Racine est Racine*" d'une actrice interrogée par des journalistes, un mot est un mot. Ainsi l'expose Gomringer, dans son article théorique "*From Line to Constellation*" (1954), de fait, il est important de le noter, de la même année que "*Silencio*":

"*Our languages are on the road to formal simplification, abbreviated, restricted forms of language are emerging. The content of a sentence is often conveyed in a single word. Longer statements are often represented by small groups of letters. Moreover, there is a tendency among languages for the many to be replaced by a few which are generally valid. Does this restricted and simplified use of language and writing mean the end of poetry? Certainly not. Restriction in the best sense-concentration and simplification-is the very essence of poetry. From this we ought perhaps to conclude that the language of today must have certain things in common with poetry, and that they should sustain each other both in form and substance. In the course of daily life this relationship often passes unnoticed. Headlines, slogans, groups of sounds and letters give rise to forms which could be models for a new poetry just waiting to be taken up for meaningful use. The aim of the new poetry is to give poetry an organic function in society again, and in doing so to restate the position of poet in society. Bearing in mind, then, the simplification both of language and its written form, it is only possible to speak of an organic function for poetry in terms of the given linguistic situation. So the new poem is simple and can be perceived visually as a whole as well as in its parts. It becomes an object to be both seen and used: an object containing thought but made concrete through play-activity (denkgegenstanddenkspiel), its concern is with brevity and conciseness. It is memorable and imprints itself upon the mind as a picture. Its objective element of play is useful to modern man, whom the poet helps through his special gift for this kind of play-activity. Being an expert both in language and the rules of the game, the poet invents new formulations. By its exemplary use of the rules of the game the new poem can have an effect on ordinary language.*
The constellation is the simplest possible kind of configuration in poetry which has for its basic unit the word, it encloses a group of words as if it were drawing stars together to form a cluster.
The constellation is an arrangement, and at the same time a play-area of fixed dimensions.
The constellation is ordered by the poet. He determines the play-area, the field or force and suggests its possibilities, the reader, the new reader, grasps the idea of play, and joins in.
In the constellation something is brought into the world. It is a reality in itself and not a poem about something or other.
The constellation is an invitation."[191]

Définissant, au contraire de Cage, le silence comme l'absence de son, il a été suggéré par le critique Stephen Bann (1967) que l'oeuvre de Gomringer:

"... *embodies Jean (Hans) Harp's vision of an art of silence, representing "the transition from 'the visible world' to 'silence, the inner being, reality'"*."[192]

Ainsi, les 40 dernières oeuvres de Cage, intitulées *Number Pieces* (1987-1992), où disparaissent toutes indications autres que de durée (c'est - à-dire, comme pour *4'33"*, de temporisation), du nombre de mouvements (là encore, comme pour *4'33"*), et du nombre d'instruments (en relation directe avec le nombre auquel correspond le morceau), ainsi qu'on le voit, par exemple, dans *Four* (1991), justement pour Quatuor à cordes; et avec l'"*extender*" mélismatique dans *Five* (1988)[193].

"*Each piece is named after the number of performers involved: for instance, Seven is a piece for seven performers, One (read "One Nine") is the ninth work for one performer, and 101 is a piece for an orchestra of 101 musicians. The vast majority of these works were composed using Cage's time bracket technique: the score consists of short fragments (frequently just one note, with or without dynamics) and indications, in minutes and seconds, of when the fragment should start and when it should end. Time brackets can be fixed (e.g. from 1.15 to 2.00) or flexible (e.g. from anywhere between 1.15 and 1.45, and to anywhere from 2.00 to 2.30).*
All of the Number Pieces were composed during the last six years of Cage's life, 1987-1992. Most are for traditional instruments, with six exceptions that range from works for the Japanese aerophone shō and conch shells to an electronically amplified version of 4'33". This article lists all Number Pieces, organized by number of performers."[194]

Dit autrement, chez Cage, comme antérieurement chez Duchamp, avec le passage des années, le sens des éléments musicaux s'est perdu, pour se réduire à une série aléatoire de chiffres et de nombres, desquels devrait se déduire les éléments paratextuels de la partition, qui n'existe plus comme telle.

3. John Cage, Luigi Russolo et Adolf Loos
3.a. Et le discours civilisatoire des avant-gardes

À notre sens, l'affirmation de Cage dans son entrevue que, surprenant les spectateurs, lorsqu'il se réfère à la musique il ne s'intéresse qu'aux sons ("*sounds*"):

> "*When I talk about music, I gently, it finally comes to people minds I('m) talking about sounds; that doesn't mean anything. That is not inner, but is just outer. And they say, that people who understand that finally, you mean it's just sounds? Thinking that to for something to just be a sound is to be useless. Well, I love sounds, just as they are. And I have no need for them to be anything more. That what they are. I don't want them to be psychological, I don't want the sounds to pretend that is a bucket, or that is a president, or that is in love with another sounds. I just want it to be a sound.*"[195]

Est la preuve d'une défaite, puisqu'il sort dès lors du cadre musical.

En cela, on trouvera dans l'influence zen revendiquée du morceau, concomitante de celle que l'on trouve aussi chez Klein, un autre témoignage de cette défaite que nous mentionnons, pour peu qu'on la reporte à l'évocation de l'ambiance vaguement fumeuse de ces années *hippies*, le Nicaragua nous servant, comme souvent, de contrepoint modélisateur, ici car modélisé, telle que nous la rapporte l'historien Jorge Eduardo Arellano dans ses *Mémoires* intellectuelles de jeunesse, et dont donnent un parfait exemple aussi bien le contexte d'entrée dans une société de masse (déjà critiqué par Marc Fumaroli en France pour les années Mitterand dans son ouvrage de 1992 intitulé: *L'État culturel*, par exemple, ou plus généralement, dans les années 1970, par Herbert Marshall McLuhan ou Barthes)[196], la substitution (partielle, car on ne peut pas non plus prétendre que, de fait, la société dans son ensemble, et la nicaraguayenne en particulier, soient essentiellement lectrices *per se*) d'un modèle d'apprentissage et de passage par information et culture générales écrites à un autre visuel, et de diffumination de connaissances (ce dont rend parfaitement la prétension volontairement dilettantiste des structuralistes, tels Georges Bataille, Maurice Blanchot, ou le même Barthes) qui se figure, dans la société telle que nous le montre bien Arellano à travers le recueil du jeune Roberto Rappacciolli, par un théosophisme impertinent, diluant toute référence précise, et trop peu dédié pour pouvoir rien concevoir au-delà d'une imprécise influence, souvent contradictoire avec sa propre intention avouée

- ce dont nous rapprochons, donc, l'asiatisme de Klein ou de Cage, de la même manière que dans notre ouvrage sur "*le point gris*" de Paul Klee, nous rappelions que les cours de celui-ci ou de ses contemporains du Bauhaus, puisqu'ils n'étaient pas réellement dessinateurs, se centrent sur les formes géométriques, que tout le monde, inclus eux, peut reproduire, et non plus, comme les cahiers et autres documents des artistes modernes de la Renaissance jusqu'au XVIIIème siècle encore, sur l'enseignement de l'anatomie et de la perspective (on ne peut, en effet, transmettre une compétence que l'on n'a pas, cela tombe sous le sens) -:

"*Pasando a mi incursión psicodélica, fue escasa y superficial si se relaciona con la experiencia de la juventud nicaragüense en la segunda mitad de los años 60. La droga, sobretodo la marihuana, se había prodigado como eco cultural del movimiento "hippie": un fenómeno que, marcando en los Estados Unidos un nueva sensibilidad radical frente al "establishment", se tradujo en un nuevo "estilo de vida" a través de la ostentación pública del consumo de drogas, la predica pacifista (recién concluida la guerra de Vietnam), la práctica del amor libre - y entre el mismo sexo -, más el uso de cabellos largos en los varones y faldas cortas en las mujeres. Una armonía universal apaciguaba a la mayoría de los "hippies": la música de os Beatles; otros preferían los gruñidos progresivos de los Rolling Stones. Pero todos proclamaban el eslogan: MAKE LOVE NOT WAR.*

Representante de esa sensibilidad en Nicaragua fue el joven diriambino Roberto Rappaccíolli, a quien se le debió su difusión al fundar en 1968 "La Tortuga Morada", una discoteca capitalina que hizo época y a la cual asistían jóvenes de clase media, profesionales, comerciantes y los que pretenciosamente llamaban el "Jet Set" nacional: artistas, poetas, gente de publicidad y medios de comunicación, predominando el "hipismo", la psicodelia. Yo estuve en su recinto con otros jóvenes poetas, participando en unos de los recitales organizados por Carlos Alemán Ocampo. De hecho, Carlos fue mi introductor en ese centro psicodélico, pero no probé ahí mi primer yerba, sino en la azotea de su casa esquinera, en compañía de numerosas amistades suyas entusiasmadas con el mismo menester.

Repetí esa aventura cuatro o cinco veces, provocándome un riserio feliz, en la habitación que alquilaba el pintor Leonel Vanegas - un segundo piso en la avenida Bolívar -, en una acogedora casa vecina a la mía en Granada y en Las Nubes, de noche, conducidos por "La Rana Castillo", un amigo de Noel Rivas Bravos y Fermín Iglesias. Los cuatro disfrutamos de esa experiencia en la que percibimos la urdimbre de la música.

Un testimonio literario de los años de "La Tortuga Morada" plasmó Carlos Alemán Ocampo en su novela corta "En esos días" (1972). Ahí el narrador-personaje, como lo hacía cualquier joven, bailaba para sí mismo - terapéuticamente y acaso poseso de "la gravedad penetrante del requinto" -, leía "Life" y "Vanidades", comentaba el escándalo en Nicaragua del cantante español Rafael, se endrogaba para divertirse, empleaba una jerga propia y asistía a las películas "sin contenido filosófico". En otras palabras, se oponía al concepto, a lo discursivo, a los valores universitarios y humanísticos con un empeño: suplantar el conocimiento intelectual por el sensorial.

El joven forjado en ese modelo psicodélico no sabía lo que leía - porque la lectura seria no era su modo de conocimiento primario -, sino lo que veía y escuchaba. Y "La Tortuga Morada" - a la que concurrían los mejores conjuntos de toda Nicaragua - constituyó su espacio. "La Tortuga Morada" se ubicaba en la calle Momotombo (tercera calle noroeste): del Teatro González dos cuadras y 1/2 al Oeste. Funcionó entre 1968 y 1970. Abría sus puertas de martes a domingo, a partir de las 8 de la noche; no permitía la entrada de menores de 18 años y si alguien escandalizaba lo echaban; publicitaba sus "go go girls" y se autopromovía como "el ambiente más in de toda Centroamérica".

Pero quien desplegó el pensamiento hippie con autenticidad fue el mismo Rappacciolli en un poemario, cuyo título entrañaba una autoafirmación vital: "Habla Roberto Rappacciolli". Terminando de imprimirse el 23 de septiembre de 1972, no me enteré de su existencia (ya vivía en Madrid) sino mucho tiempo después. En ese librito de 72 páginas se condensa una visión de lo que su autor llamaba "creciente consciencia latinoamericana, parte de la gran consciencia postcultural, zen-planetaria". Su voz la calificaba de anárquica (para quienes creían en lo orgánico), de cómica (para gente cósmica), de budista (para quienes no creían en Buda), de revolucionaria (para gente no violenta que no creía en revoluciones), de comunista (para no creyentes en Mao ni en Castro) y de anti-todo para los creyentes en el Todo."[197]

Toutefois, on l'a dit, Cage s'inscrit ainsi dans la ligne de Duchamp, qu'il cite explicitement, sur les questions de la musique comme sculpture et comme relation d'espace et de temps, et, bien sûr, du bruitisme de Russolo (on le voit bien par l'exemple, qui lui vient naturellement, pour ainsi dire, du bruit du traffic), et des *Études* de Schaeffer (pour la même raison, et le même exemple).

Historiquement, il est, en cela, intéressant de constater que les compositeurs contemporains, réduits à l'ambiance citadine, ont penser la déconstruction, comme les autres artistes, et la stridence du bruit (ce qui peut nous reporter au film *Noise*, 2006, de Henry Bean), alors que les compositeurs des siècles antérieurs (même si cela se réduit, comme l'a rappelé Max Webber, sous forme de question jamais répondue, dans sa *Thèse*, au monde européen moderne), encore submergés dans le cadre essentiellement rural de l'Ancien Régime, ont créé, au contraire, la mélodie symphonique.

La critique à la narrativité du son, qui ne doit rien représenté, correspond, également, chez Cage, à un discours d'avant-garde, de réduction (comme chez Magritte, pourrait-on dire), du référent dénotatif à une superposition de l'image (ici le son ou bruit) à ce qu'il est (et non plus à ce qu'il représente, comme, on l'a dit, dans *Pierre et le Loup*, ou dans le cinéma hollywoodien, c'est-à-dire, en général, dans la musique dite "*thématique*") - on le voit parfaitement dans la mise en scène télévisée de *Water Walk*, et à son dessin scénographique vu d'en haut -. Elle reprend l'idée de pureté de la forme, que l'on retrouve de Malevitch à Rauschenberg, en passant par Adolf Loos, en architecture, ou la poésie de l'espace vide - ou silencieux -, par exemple d'un Gomringer. Mais ce sont aussi les recherches d'un Mallarmé, tout d'abord, puis d'un Nougé et, à sa suite, d'un Magritte, dans le rapport image-texte, qui travaille toujours le rapprochement entre l'objet évoqué et sa représentation, jusqu'à leur superposition ingénieuse et inattendue, ou du moins curieuse, jeu d'esprit essentiellement qui, chez Cage, est substitué par la réduction, comme chez Schaeffer ou Russolo, à l'émotion, supposément directe, du bruit nu, c'est-à-dire non modifié par la main du compositeur.

"*La vie antique ne fut que silence. C'est au dix-neuvième siècle seulement, avec l'invention des machines, que naquit le Bruit. Aujourd'hui le bruit domine en souverain sur la sensibilité des hommes. Durant plusieurs siècles la vie se déroula en silence, ou en sourdine. Les bruits les plus retentissants n'étaient ni intenses, ni prolongés, ni variés. En effet, la nature est normalement silencieuse, sauf les tempêtes, les ouragans, les avalanches, les cascades et quelques mouvements telluriques exceptionnels.*

C'est pourquoi les premiers sons que l'homme tira d'un roseau percé ou d'une corde tendue l'émerveillèrent profondément. Les peuples primitifs attribuèrent au son une origine divine. il fut entouré d'un respect religieux et réservé aux prêtres qui l'utilisèrent pour enrichir leurs rites d'un nouveau mystère. C'est ainsi que se forma la conception du son comme chose à part, différente et indépendante de la vie. La musique en fut le résultat, monde fantastique superposé au réel, monde inviolable et sacré. Cette atmosphère hiératique devait nécessairement ralentir le progrès de la musique, qui fut ainsi devancée par les autres arts. Les Grecs eux-mêmes, avec leur théorie musicale fixée mathématiquement par Pythagore et suivant laquelle on admettait seulement l'usage de quelques intervalles consonants, ont limité le domaine de la musique et ont rendu presque impossible l'harmonie qu'ils ignoraient absolument. La musique évolua au Moyen Age avec le développement et les modifications du système grec du tétracorde. Mais on continua à considérer le son dans son déroulement à travers le temps, conception étroite qui persista longtemps et que nous retrouvons encore dans les polyphonies les plus compliquées des musiciens flamands. L'accord n'existait pas encore; le développement des différentes parties n'était pas subordonné à l'accord que ces parties pouvaient produire ensemble; la conception de ces parties n'était pas verticale, mais simplement horizontale. Le désir et la recherche de l'union simultanée des sons différents (c'est-à-dire de l'accord, son complexe) se manifestèrent graduellement: on passa de l'accord parfait aux accords enrichis de quelques dissonances de passage, pour arriver aux dissonances persistantes et compliquées de la musique contemporaine.

L'art musical rechercha tout d'abord la pureté limpide et douce du son. Puis il amalgama des sons différents, en se préoccupant de caresser les oreilles par des harmonies suaves. Aujourd'hui, l'art musical recherche les amalgames de sons les plus dissonants, les plus étranges et les plus stridents. Nous nous approchons ainsi du son-bruit. Cette évolution de la musique est parallèle à la multiplication grandissante des machines qui participent au travail humain. Dans l'atmosphère retentissante des grandes villes aussi bien que dans les campagnes autrefois silencieuses, la machine crée aujourd'hui un si grand nombre de bruits variés que le son pur, par sa petitesse et sa monotonie, ne suscite plus aucune émotion. Pour exciter notre sensibilité, la musique s'est développée en recherchant une polyphonie plus complexe et une variété plus grande de timbres et coloris instrumentaux. Elle s'efforça d'obtenir les successions les plus compliquées d'accords dissonants et prépara ainsi le brait musical. Cette évolution vers le son-bruit n'est possible qu'aujourd'hui. L'oreille d'un homme du dix-huitième siècle n'aurait jamais supporté l'intensité discordante de certains accords produits par nos orchestres (triplés quant au nombre des exécutants); notre oreille au contraire s'en réjouit, habituée qu'elle est par la vie moderne, fiche en bruits de toute sorte. Notre oreille pourtant, bien loin de s'en contenter, réclame sans cesse de plus vastes sensations acoustiques. D'autre part, le son musical est trop restreint, quant à la variété et à la qualité de ses timbres. On peut réduire les orchestres les plus compliqués à quatre ou cinq catégories d'instruments différents quant au timbre du son: instruments à cordes frottées, à cordes pincées, à vent en métal, à vent en bois, instruments de percussion. La musique piétine dans ce petit cercle en s'efforçant vainement de créer une nouvelle variété de timbres. Il faut rompre à tout prix ce cercle restreint de sons purs et conquérir la variété infinie des sons-bruits.

Chaque son porte en soi un noyau de sensations déjà connues et usées qui prédispose l'auditeur à l'ennui, malgré les efforts des musiciens novateurs. Nous avons tous aimé et goûté les harmonies des grands maîtres. Beethoven et Wagner ont délicieusement secoué notre coeur durant bien des années. Nous en sommes rassasiés. C'est pourquoi nous prenons infiniment plus de plaisir à combiner idéalement des bruits de tramways, d'autos, de voitures et de foules criardes qu'à écouter encore, par exemple, l'«Héroïque» ou la «Pastorale».

Nous ne pouvons guère considérer l'énorme mobilisation de forces que représente un orchestre moderne sans constater ses piteux résultats acoustiques. Y a-t-il quelque chose de plus ridicule au monde que vingt hommes qui s'acharnent à redoubler le miaulement plaintif d'un violon? Ces franches déclarations feront bondir tous les maniaques de musique, ce qui réveillera un peu l'atmosphère somnolente des salles de concerts. Entrons-y ensemble, voulez-vous? Entrons dans l'un de ces hôpitaux de sons anémiés. Tenez: la première mesure vous coule dans l'oreille l'ennui du déjà entendu et vous donne un avant-goût de l'ennui qui coulera de la mesure suivante. Nous sirotons ainsi, de mesure en mesure, deux ou trois qualités d'ennui en attendant toujours la sensation extraordinaire qui ne viendra jamais. Nous voyons en attendant s'opérer autour de nous un mélange écœurant formé par la monotonie des sensations et par la pâmoison stupide et religieuse des auditeurs, ivres de savourer pour la millième fois, avec la patience d'un bouddhiste, une extase élégante et à la mode. Pouah! Sortons vite, car je ne puis guère réprimer trop longtemps mon désir fou de créer enfin une véritable réalité musicale en distribuant à droite et à gauche de belles gifles sonores, enjambant et culbutant violons et pianos, contrebasses et orgues gémissantes! Sortons!

D'aucuns objecteront que le bruit est nécessairement déplaisant à l'oreille. Objections futiles que je crois oiseux de réfuter en dénombrant tous les bruits délicats qui donnent d'agréables sensations. Pour vous convaincre de la variété surprenante des bruits, je vous citerai le tonnerre, le vent, les cascades, les fleuves, les ruisseaux, les feuilles, le trot d'un cheval qui s'éloigne, les sursauts d'un chariot sur le pavé, la respiration solennelle et blanche d'une ville nocturne, tous les bruits que font les félins et les animaux domestiques et tous ceux que la bouche de l'homme peut faire sans parler ni chanter.

Traversons ensemble une grande capitale moderne, les oreilles plus attentives que les yeux, et nous varierons les plaisirs de notre sensibilité en distinguant les glouglous d'eau, d'air et de gaz dans les tuyaux métalliques, les borborygmes et les râles des moteurs qui respirent avec une animalité indiscutable, la palpitation des soupapes, le va-et-vient des pistons, les cris stridents des scies mécaniques, les bonds sonores des tramways sur les rails, le claquement des fouets, le clapotement des drapeaux. Nous nous amuserons à orchestrer idéalement les portes à coulisses des magasins, le brouhaha des foules, les tintamarres différents des gares, des forges, des filatures, des imprimeries, des usines électriques et des chemins de fer souterrains. Il ne faut pas oublier les bruits absolument nouveaux de la guerre moderne.

.../...

Nous voulions entonner et régler harmoniquement et rythmiquement ces bruits très variés. Il ne s'agit pas de détruire les mouvements et les vibrations irrégulières (de temps et d'intensité) de ces bruits, mais simplement fixer le degré ou ton de la vibration prédominante. En effet le bruit se distingue du son par ses vibrations confuses et irrégulières (quant au temps et à l'intensité). Chaque bruit a un ton, parfois aussi un accord qui domine sur l'ensemble de ces vibrations irrégulières.

L'existence de ce ton prédominant nous donne la possibilité pratique d'entonner les bruits, c'est-à-dire de donner à un bruit une certaine variété de tons sans perdre sa caractéristique, je veux dire le timbre qui le distingue. Certains bruits obtenus par un mouvement rotatoire peuvent nous offrir une gamme entière, ascendante ou descendante, soit qu'on augmente, soit qu'on diminue la vitesse du mouvement.

Chaque manifestation de notre vie est accompagnée par le bruit. Le bruit nous est familier. Le bruit a le pouvoir de nous rappeler à la vie. Le son, au contraire, étranger à la vie, toujours musical, chose à part, élément occasionnel, est devenu pour notre oreille ce qu'un visage trop connu est pour notre œil. Le bruit, jaillissant confus et irrégulier hors de la confusion irrégulière de la vie, ne se révèle jamais entièrement à nous et nous réserve d'innombrables surprises. Nous sommes sûrs qu'en choisissant et coordonnant tous les bruits nous enrichirons les hommes d'une volupté insoupçonnée.

.../...

4. - Chaque bruit a parmi ses vibrations irrégulières un ton général prédominant. C'est pourquoi on obtiendra facilement dans la construction des instruments qui doivent imiter ce ton une variété suffisamment étendue de tons, demi-tons et quart de tons. Cette variété de tons n'enlèvera pas à chaque bruit la caractéristique de son timbre, mais en augmentera l'étendue.

5. - Les difficultés techniques que nous offre la construction de ces instruments ne sont pas graves. Dès que nous aurons trouvé le principe mécanique qui donne un certain bruit, nous pourrons graduer son ton en suivant les lois de

l'acoustique. Nous aurons recours, par exemple, à une diminution ou une augmentation de vitesse si l'instrument a un mouvement rotatoire. Nous augmenterons ou diminuerons la grandeur ou la tension des parties sonores si l'instrument n'est pas rotatoire.
6. - Le nouvel orchestre obtiendra les plus complexes et les plus neuves émotions sonores, non par une succession de bruits imitatifs reproduisant la vie, mais par une association fantastique de ces timbres variés. C'est pourquoi chaque instrument devra nous offrir la possibilité de changer de ton et devra posséder une plus ou moins grande extension de sonorité."[198]

On retrouve bien là, dans le manifeste futuriste "*L'Art des Bruits*" de 1913 de Russolo, l'introduction à partir du silence (ici comme métaphore de la douceur de la musique classique), l'idée, mise en pratique dans la scénographie télévisée de *Water Walk*, des instruments à chercher dans la multiplicité contemporaine, l'idée du bruit de la ville comme supérieur à toute musique antérieure, et surtout, encore une fois, l'affirmation de l'*ostinato*, compris ici comme "*ton général prédominant*".

Le recours à l'histoire des peuples pour justifier la religiosité, négativement, des ornements, ici musicaux, fait exactement écho à celle de Loos dans "*Ornement et Crime*" (1908):

"*On sait que l'embryon humain passe dans le sein de la mère par toutes les phases de l'évolution du règne animal.*
L'homme à sa naissance reçoit du monde extérieur les mêmes impressions qu'un petit chien. Son enfance résume les étapes de l'histoire humaine: à deux ans, il a les sens et l'intelligence d'un Papou; à quatre ans, d'un ancien Germain; à six ans, il voit le monde par les yeux de Socrate, à huit ans par ceux de Voltaire. C'est à huit ans qu'il prend conscience du violet, la couleur que le XVIIIe siècle a découverte. Car, avant cette date, les violettes étaient bleues et la pourpre rouge. Et nos physiciens montreront aujourd'hui dans le spectre solaire des couleurs qui déjà ont un nom mais dont la connaissance est réservée aux générations à venir.
Le petit enfant et le Papou vivent en deçà de toute morale. Le Papou tue ses ennemis et les mange: il n'est pas un criminel. Mais un homme moderne qui tue son voisin et le mange ne peut être qu'un criminel ou un dégénéré. Le Papou tatoue sa peau, sa pirogue, sa pagaie, tout ce qui lui tombe sous la main. Il n'est pas un criminel. Un homme moderne qui se tatoue est un criminel ou un dégénéré. Dans beaucoup de prisons, la proportion des tatoués s'élève à 80 p. 100. Les tatoués qui vivent en liberté sont des criminels latents ou des aristocrates dégénérés. Il arrive que leur vie semble irréprochable jusqu'au bout. C'est qu'ils sont morts avant leur crime.
Le besoin qu'éprouve l'homme primitif de couvrir d'ornements son visage et tous les objets dont il se sert est l'origine même de l'art, le premier balbutiement de la peinture. C'est un besoin d'origine érotique, le même besoin d'où jaillissaient les symphonies d'un Beethoven. Le premier homme qui barbouilla un ornement sur la paroi de sa caverne éprouva la même jouissance que Beethoven composant la Neuvième. Mais si le principe de l'art reste identique, l'expression varie au cours des siècles et l'homme de notre temps qui éprouve le besoin de barbouiller les murs est un criminel ou un dégénéré. Ce besoin est normal chez l'enfant qui commence à satisfaire son instinct artistique en crayonnant des symboles érotiques. Chez l'homme moderne et adulte, c'est un symptôme pathologique...
J'ai formulé et proclamé la loi suivante:
À mesure que la culture se développe, l'ornement disparait des objets usuels...
«Chaque siècle, disait-on, a eu son style: serons-nous seuls à n'avoir pas de style?» On parlait de style, et on entendait l'ornement...

Ce qui fait justement la grandeur de notre temps, c'est qu'il n'est plus capable d'inventer une ornementation nouvelle. Nous avons vaincu l'ornement: nous avons appris à nous en passer. Voici venir un siècle neuf où va se réaliser la plus belle des promesses. Bientôt les rues des villes resplendiront comme les grands murs tout blancs. La cité du XXe siècle sera éblouissante et nue, comme Sion, la ville sainte, la capitale du Ciel...
L'invention d'un ornement nouveau ne saurait procurer à l'homme cultivé aucune joie. Si je veux manger du pain d'épice, je choisis un rectangle bien propre et non un morceau qui représente un cœur, un enfant nouveau-né ou un cavalier. L'homme du XVe siècle ne pourrait me comprendre. Mais tous les hommes modernes me comprendront. L'avocat de l'ornement se moque de mon goût pour la simplicité, et prétend que je suis un ascète. Mais non, je vous assure que je ne porte pas de cilice, que je ne me prive de rien..."[199]

C'est donc un discours civilisatoire citadin qui sous-tend, idéologiquement, l'ensemble des avant-gardes dans l'expression de leurs manifestations, soient-elles visuelles ou auditives.

3.b. Un processus de destruction, "*et vice-versa, et inversement*"

À l'inverse, si l'objet se retourne sur lui-même pour, en faisant ce retour, en détruire le sens symbolique, dénotative, sentimentale comme le dit Cage dans son entrevue, "*poïétique*", on note que le processus, autant chez Schaeffer, comme chez Cage, notamment, chez ce dernier, avec l'eau sous ses différentes formes (ce qui, de manière très intéressante, crée une autre intertextualité avec le manifeste de Russolo), présente une thématisation formelle des sons, comme la propose d'ailleurs Russolo dans son manifeste:

"*Bien que la caractéristique du bruit soit de nous rappeler brutalement à la vie, l'art des bruits ne doit pas être limité à une simple reproduction imitative. L'art des bruits tirera sa principale faculté d'émotion du plaisir acoustique spécial que l'inspiration de l'artiste obtiendra par des combinaisons de bruits. Voici les six catégories de bruits de l'orchestre futuriste que nous nous proposons de réaliser bientôt mécaniquement.*
1. Grondements / Eclats / Bruits d'eau tombante / Bruits de plongeon / Mugissements
2. Sifflements / Ronflements / Renâclements
3. Murmures / Marmonnements / Bruissements / Grommellements / Grognements / Glouglous
4. Stridences / Craquements / Bourdonnements / Cliquetis / Piétinements
5. Bruits de percussion sur métal, bois, peau, pierre, terre-cuite, etc.
6. Voix d'hommes et d'animaux; cris, gémissements, hurlements, rires, râles, sanglots."[200],

Telle que l'a popularisé la reprise par la musique classique (Mendelssohn, Chopin, Tchaïkovski, Fauré, Rachmaninoff, etc.) de la barcarolle, composée sur un rythme ternaire 1, 2, 3 // 1, 2, 3[201], qui évoque l'eau et le balancement d'une gondole[202], ce qui apparaît, à notre goût, le plus évident au tout début de celle de *Les contes d'Hoffmann* d'Offenbach[203], même si souvent les spécialistes semblent considérer la structure de celle de Chopin la plus propre à cette imitation de la nature.

"Barcarolle, or boat song, gondoliers' song, had been composed by many composers in the 19th century such as Mendelssohn, Chopin, Tchaikovsky, Faure, Rachmaninoff... During this time, the salon characteristic pieces had been very popular. The title almost reveals the contents of love duets on Venetian rivers. Mendelssohn composed a few barcarolles and organized them in his books "Songs without words". Unlike Mendelssohn, Chopin composed only one, but invaluable, barcarolle toward the end of his life. He started it in 1845, finished in 1846, and dedicated it to Baroness Stockhausen. This barcarolle shares the same features of Venetian boats, water and paddles, and love songs but stands alone as an individual large-scale work and achieves the highest standard in harmony and structure. Many composers after Chopin tried to follow Chopin but just could not succeed. Chopin's barcarolle is favored by many pianists but only a few of them could interpret it successfully. The barcarolle, like a nocturne, is structured in A-B-A form. Its introduction begins with a bass in C# and falling modulation through each key of the main key signature F# major, provoking an air of uncertainty. After a silent moment, the main theme begins with the paddle pattern on the left hand that repeats throughout the first part. The singing melody on the right hand is so ethereal and as beautiful as those of his nocturnes. The main theme is repeated in thirds and sixths, leads to a successive rising chords and fades out from F# major through F# minor to conclude the first section. A solo section on the right hand connects the first section to the second section in A major. The rhythm is now clearer with rocking phrases and modulations from G# to F#. The arpeggios in G# and F# resemble the water drops singing and flying out from the paddles. The movement is getting faster and more agitated with octaves and reaches two climaxes also in G# and F#. The gradual fading and sudden switching of key to F# minor slow down all the agitations, somehow regretfully, yet lead to another more peaceful theme also in A major as an answer to the first part. Then the paddles almost stop rowing, the boat flows freely into the water, and the lovers fall into their dreams. This slow recitation in the bass leads to a sweet transition to F# major again before returning to the main theme. The recap also begins with double trills but it is much more agitated than the first section. Also a series of rising chords leads to the peaceful part from the middle section, but now more passionate, dramatic, struggling and in F# major, not A major, with one octave higher. The coda is a series of modulation and harmony that is far beyond the reality, like rowing over the cloud and flying in the air. The cloud brings the boat back to the river through the striking main key F# and the lovers awake from their dreams with two key octaves C# and F# as a conclusion to this wonderful love duet."[204]

On voit donc, là encore, comment l'oeuvre de Cage, dans ses origines implicites, reprend la tradition de l'héritage classique. Dont, par rapport à la barcarolle en tant que musique thématique la plus proche historiquement de lui, et la plus récurrente, il reprend le thème aquatique, également récurrent dans sa propre oeuvre.

Ainsi, ironiquement, ce qui distingue *4'33"* de la *Marche funèbre* d'Allais, à savoir qu'il ne s'agit pas d'une plaisanterie, est, en dernière analyse, ce qui renvoie, à l'inverse, paradoxalement, à *L'Album primo-avrilesque*, puisque, là où celui-ci, par l'explication narrative des monochromes qui le composent, comme de la musique citée (marche pour un sourd, "*Ronde de pochards* [c'est-à-dire d'hommes "*gris*"] *dans le brouillard*", "*Récolte de la tomate par des cardinaux* [qui sont vêtus de rouge] *apoplectiques* [donc, au teint rouge] *au bord de la Mer Rouge* [qui, notons-le quand-même, ne l'est que de nom]", l'aujourd'hui raciste "*Combat de nègres dans une cave, pendant la nuit*", etc.), renvoie bien à cette tendance thématique, sentimentale et dénotative (bien que les deux notions ne s'associent pas toujours, mais elles renvoient à l'idée d'épanchement émotif - le sentimentalisme pour son caractère romantique, au sens le plus large [mais aussi le plus précis de la musique selon les normes symphoniques du XIXème siècle, héritées du carcan des canons de la musique basse médiévale et moderne], et la dénotation par son association à un symbole auquel l'objet représenté renvoie: c'est le clapotis de la gondole et de la rame du gondolier dans l'eau de la barcarolle, les saisons de Vivaldi, etc. -), que critique Cage, c'est cette même thématisation, implicite, que ne reconnaissent pas Cage, ni non plus Russolo ou Schaeffer, qui détermine, précisément, cette réduction possible, particulièrement au niveau musicale (en cela l'insistance des reprises dans la musique cultivée du XIXème siècle de la populaire barcarolle vénitienne est paradigmatique), de l'objet au son qu'il produit (disons-le ainsi: le son devenant le référent de l'objet dont il indique - ou dénote - l'existence, ici l'eau, comme tous les artefacts de Cage dans sa scénographie, en cela intéressante et fondamentale pour l'analyse, de *Water Walk*).

4. John Cage, le jazz et les objets

Il est intéressant de constater que les compositeurs contemporains s'inscrivent, parallèlement, d'une part, dans les mouvements artistiques qui, suite à la colonisation européenne, trouvèrent dans les chinoiseries (au XVIIIème siècle) puis dans les estampes japonaises (pour les impressionnistes) et dans l'art nègre (pour les avant-gardes), un centre d'intérêt, comme postérieurement le trouvera la musique rock des années 1960-1970 dans l'Asie autour du Vietnam, et, d'autre part, dans le moment d'apparition de l'intérêt directement objectuel (bien que préfiguré dès les énumérations parnassiennes[205] d'un Nodier ou d'un Gautier et dans celles sociologiques des objets quotidiens chez Balzac ou Flaubert) de l'avant-garde (on a cité le cas des surréalistes). Mais aussi, et surtout, posé cette condition d'inscription contextuelle, il est primordial de noter qu'ils sont contemporains, et, dans le cas de Cage, postérieur, à l'émergence du jazz et du blues, en général de la musique afro-américaine, laquelle, abondamment accueillie, de Louis Armstrong à Duke Ellington[206], ou la chanteuse Joséphine Baker, dans le Paris des années folles, et ayant dans les années 1950-1960 de grands amants et promoteurs, tels Boris Vian ou Léo Ferré[207], se répand donc, non seulement dans tous les genres populaires de musique (du rock[208] au R&B[209]), mais encore géographiquement sur l'ensemble de la planète (on peut reconnaître dans le *son cubano* des échos de la structure musicale afro-américaine des États-Unis, ce qui n'est pas étonnant sachant que Cuba était à l'époque le lieu de diversion de bonne partie de la société états-unienne, et qu'inversement de nombreux musiciens cubains firent carrière à New York dans les années 1920-1930[210]).

Il sera aisé d'évoquer l'objectualité du jazz en citant le titre: "*Potato Head Blues*" (1927) d'Armstrong, s'agissant, à la fois, d'une référence au légume et à son utilisation, objectuelle, musicale dans les trompettes:

"*Sam Gill is the kind of guy who likes to tell a story. Consider this. We're sitting around City Market Cafe one early summer afternoon, and Sam is holding forth. "You ever heard the expression 'potato head'? You know, 'So-and-so is nothing but a potato head?' No one in our group can rightly say that we have, so Sam proceeds to set us straight. Well, the expression goes way back in time and has to do with the parades which frequently took place on West Broad Street. If you were an important figure in the black community, say, a businessman, it was expected of you to have your own band to march in the parades. The bigger the band, the better in terms of your image. So, every now and then you would beef up your band with one or two good-looking men. The problem was, a lot of the time these fellows looked good, but they couldn't play. So, you'd put a potato in the bell of their horns and let them march. Of course, no sound came out, but that was okay 'cause you only wanted the guys to look good. That's how they got to be known as potato heads.'*"[211]

L'usage d'objets quotidiens dans les jug-bands, dont le fameux "*washboard*" ou planche à laver (devenant percussion), mais aussi le "*washtub*" ou baquet (transformable en basse), ou le "*jug*" ou cruche (qui se change en cuivre, trompette ou tuba)[212], qui donne son nom à ces bandes musicales, préfigure celui de Cage dans la scénographie télévisuelle de *Water Walk*.

"*Si la musique de jug band est née à Louisville dans le Kentucky au début du xxe siècle, c'est à Memphis dans le Tennessee qu'elle s'est véritablement développée.*
Les premiers jug bands étaient typiquement composés de musiciens noirs américains issus de vaudeville ou de medicine show (des spectacles populaires nomades du xixe siècle). Ils ont commencé par jouer un mélange de Memphis blues (même avant qu'il n'ait été formellement appelé le blues), de ragtime et de jazz. L'histoire des jug bands est rapprochée du développement du blues. La musique informelle et énergique des jug bands visait à faire danser le public et a ainsi contribué au développement du rock 'n' roll. Les jug bands les plus connus de Memphis étaient des petits groupes se produisant exclusivement dans la rue. Ces derniers avaient leur propre style de blues, utilisant la guitare, l'harmonica, le banjo et un pichet pour accompagner leur blues et des chansons de danse."[213]

91

D'autre part, le jazz, le blues, et la musique afro-américaine en général[214], font abondamment usage des mélismes, qui provient du gospel[215], et du *glissando*[216]. En un mot, elle se base sur l'*ostinato*[217].

"*Particularly influential on the development of melisma in Anglo-American popular song are various florid, highly ornamented, often pentatonic vocal traditions originating in the British Isles (for example, Hebridean 'home worship/ as heard on Musique Celtique (Îles Hébrides)) - that is, the sort of vocal delivery found in Gaelic keening (caoine) and slow, solo ballad singing in the sewn-nós style (for example, as in Mick Moloney's 'Sean A Duff A' Ghleanna'; see also Ex. 2). These 'old' ways of singing appear to have been the antecedents of the florid vocal lines produced by the Old Baptist and similar 'dissenting' congregations of the United States' mid-South (for example, Doc Watson's 'Amazing Grace'; see also Ex. 3 and Wicks 1989).*
Such vocal techniques have strongly influenced the popular music of both white and black US Americans, the former through white gospel music into songs by country artists like Dolly Parton, Emmylou Harris, Bonnie Raitt and George Jones (see Wicks 1989), the latter through black gospel singers into the mainstream of the international pop music market. The protracted, proclamatory 'We------- ll!' at the start of 'Shout' (in versions by both the Isley Brothers and Lulu) provides an early example of the black gospel melisma in Anglo-American hit recordings. Similar melismas were not uncommon in Motown vocal lines (for example, the Marvelettes''Mr. Po-o-o-o-stman' in 'Please Mr. Postman'), nor in Merseybeat influenced by gospel styles (for example, the Beatles' 'Please Mr. Postman'; see also Ex. 4 and Ex. 5).
Since the types of melisma mentioned here have, since World War II, been most widely disseminated through recordings made or influenced by African-American artists, it is often assumed that such melismatic techniques are of West African origin. However, since, for example, none of the 40 musical examples given in Nketia (1974, 147-74) in the chapters dealing with vocal lines in African music contain syllables set to more than two separate notes, the popular assumption that melismatic ornamentation is inherently 'black' must be challenged in the same way that the identification of the banjo (an instrument of African origin) with 'white' music must be regarded as historically inaccurate (Tagg 1989).

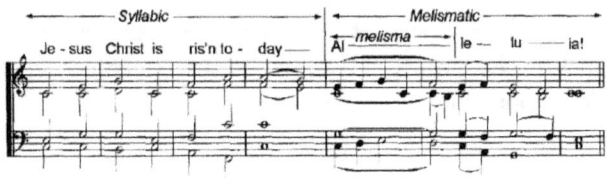

Example 1 *Jesus Christ is Ris'n Today* (Methodist Hymn Book, 1933, No. 204).

Example 2 Extract from *Cuil Duibh-Re*, as performed by Diarmuid O'Súillebháin (transcr. Tomás O'Canainn, reprinted in Ling 1997, 92).

"218

"*An early "I" in Whitney Houston's I Will Always Love You takes nearly six seconds to sing.
In those seconds the former gospel singer-turned-pop star packs a series of different notes into the single syllable. The technique is repeated throughout the song, most pronouncedly on every "I" and "you".
The vocal technique is called melisma, and it has inspired a host of imitators. Other artists may have used it before Houston, but it was her rendition of Dolly Parton's love song that pushed the technique into the mainstream in the 90s.
It can be heard in the songs of Beyonce, Christina Aguilera, Jennifer Hudson and others.
You can't do it without proper breath control, and that's the one thing that Whitney Houston had bags of
Sarah-Jane Dale, Opera singer
And anyone who has watched a talent show like X Factor or American Idol in recent years will have picked up on the trend among amateur singers.
The style became so prominent that former Pop Idol judges Pete Waterman and Simon Cowell had to ban aspiring stars from attempting to tackle Houston's hits on the show, Waterman says.
"It got so bad in Pop Idol 1 that we literally did say to everybody that walked in, 'Look there's no point in you singing Whitney Houston, so if you're going to sing Whitney Houston, don't bother singing, because we've heard it so many times now we're actually averse to it'," he says.
But the melisma craze isn't limited to contestants. Fame Academy vocal coach and judge Carrie Grant says her eight- and nine-year-old students come to lessons attempting to belt out their own takes on Houston's famous melisma.
"She started a whole generation of singers who wanted to riff on their records, and that includes all the Beyonces and the Rihannas and probably every American idol contestant," Grant says.*"[219]

La meilleure expression de l'usage objectualisé, par l'imbriquement de bruits:

("*gestures include calls, cries, hollers, call-and-response devices, additive rhythms, polyrhythms, heterophony, pendular thirds, blue notes, bent notes, elisions, hums, moans, grunts, vocables, oral declamations, interjections, off-beat phrases, parallel intervals, constant repetition, metro-nomic pulse, timbral distortions, musical individuality within collectivity, game rivalry, melisma, and musical forms such as 12-bar blues*"),

Dans le blues est, sans aucun doute, "*I put a spell on you*" (1956)[220] de Screamin' Jay Hawkins[221], spécialiste, jusque dans ses dernières productions, d'un blues de borborygmes[222].

"*Samuel A. Floyd's The Power of Black Music is situated in many ways on the other end of the scholarly continuum. Floyd's theory of black musical production is modeled largely on Henry Louis Gates's densely textured the-ory of black literary criticism as outlined in The Signifying Monkey (1988), Sterling Stuckey's book Slave Culture, and other works that focus on the presence and past of the African legacy in African American culture. Signifyin(g), according to Gates's theory, pertains to the way in which black literary works exhibit an intertextual relationship through the acts of refer-ence and revision in both form and content. While these black literary state-ments may signify (and they often do) on white literature and culture, the critical signityin(g) relationships among black texts themselves are impor-tant and frequent.
Musical signityin(g), according to Floyd, reflects Gates's literary usage but expands it to include the use of key "figures" and gestures within a musical work. These gestures include calls, cries, hollers, call-and-response devices, additive rhythms, polyrhythms, heterophony, pendular thirds, blue notes, bent notes, elisions, hums, moans, grunts, vocables, oral declamations, interjections, off-beat phrases, parallel intervals, constant repetition, metro-nomic pulse, timbral*

distortions, musical individuality within collectivity, game rivalry, melisma, and musical forms such as 12-bar blues. Floyd sub-sumes the rhetorical use of these tropes under the rubric "Call and Response." As Gates wrote of literary and oral Signifyin(g), Call and Response "epitomizes all of the rhetorical play in the black vernacular. Its self-consciously open rhetorical status, then, functions as a kind of writing, wherein rhetoric is the writing of speech, of oral discourse." Floyd's study aims directly at deciphering that function in music, and he gives readers a sense of the capacity of black music to circulate social energy, to embody cul-tural work, and to express the struggles and fulfillments of existence."[223]

Comme "*Potatoe Head Blues*"[224], notable dans l'histoire du jazz, jusqu'à nos jours, pour le "*rhymical stop-start motion of this solo*"[225], la forme de mouvement rythmique *stop-start* ou arrêt-reprise de "*I put a spell on you*" (qui provient d'ailleurs de l'art musical romantique, avec ses deux principales valeurs: le décalage entre la mélodie altérée et au *tempo* accéléré et l'accompagnement, et l'utilisation abondante du *portamenti* et *glissandi*[226]) montre combien celle-ci est propre du jazz et du blues. Elle l'est en tant qu'accentuation du décalage entre la ligne mélodique du fond et la ligne harmonique du morceau du blues (on pense à "*I've been loving too long*" de 1965 d'Otis Redding[227], notamment dans la version de 1971 d'Ike et Tina Turner[228], et, des mêmes, "*3 o'clock in the morning*" de 1969[229], ou encore en 2016 "*I wanna fight no more*" du groupe Alabama Shakes[230]), de la soul ("*It's A Man's Man's Man's World*" de 1966 de James Brown[231]), comme processus de syncope, ce qui, sorte de contretemps, est perçu par l'auditeur comme un déplacement de l'accent attendu, élément rythmique en conflit avec la mesure, à la fois par l'alternance entre un temps fort et un faible et la prolongation de la note attaquée sur le temps faible[232].

C'est le principe du "*stop-time*" que nous avons montré dans les *Two Pastorales*:

"*In tap dancing, jazz, and blues, stop-time is an accompaniment pattern interrupting, or stopping, the normal time and featuring regular accented attacks on the first beat of each or every other measure alternating with silence or solos. Stop-time appears, "occasionally," in ragtime music. The characteristics of stop-time are heavy accents, frequent rests, and a stereotyped cadential pattern. Stop-timing may create the impression that the tempo has changed, though it has not, as the soloist continues without accompaniment. Stop-time is common in African-American popular music including R&B, soul music, and led to the break of hip hop.*"[233]

C'est le polyrythme du *cross-beat*[234] du *son clave*[235] qui marque l'union, déjà notée, avec la musique latine. Basé sur ce principe de brisure[236] du *tresillo* de "*Three-side/two-side*":

"*Going only slightly into the rhythmic structure of our music we find that all its melodic design is constructed on a rhythmic pattern of two measures, as though both were only one, the first is antecedent, strong, and the second is consequent, weak - Grenet (1939).*

[With] clave... the two measures are not at odds, but rather, they are balanced opposites like positive and negative, expansive and contractive or the poles of a magnet. As the pattern is repeated, an alternation from one polarity to the other takes place creating pulse and rhythmic drive. Were the pattern to be suddenly reversed, the rhythm would be destroyed as in a reversing of one magnet within a series... the patterns are held in place according to both the internal relationships between the drums and their relationship with clave... Should the drums fall out of clave (and in contemporary practice they sometimes do) the internal momentum of the rhythm will be dissipated and perhaps even broken—Amira and Cornelius (1992).

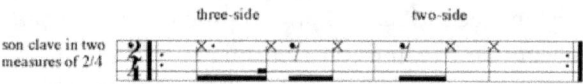

In Cuban popular music, the first three strokes of son clave are also known collectively as tresillo, a Spanish word meaning triplet i.e. three equal beats in the same time as two main beats.

Tresillo."[237]

L'usage du silence comme ponctuation (ce sont les "*rests*"[238] ou repos, dont l'ouverture du *Prélude* de *Tristan et Iseult* de Wagner[239], le *Scherzo* de la *Symphonie No 9* de Beethoven[240] et le 4ème mouvement de la *Symphonie No 1* de Brahms[241] nous semblent être les exemples les plus nets, également en tant qu'exemples d'usage préalables de la mentionnée syncope), on l'a dit, a ses antécédents dans la musique classique, et dérive, non seulement dans les *Two Pastorales*, mais encore dans les *Stoptime Rag* de Scott Joplin[242], le *Stop Time* de J. Aebersold[243], et, en général, le Stop-Time blues[244]:

"*Music inherently depends on silence in some form or another to distinguish other periods of sound and allow dynamics, melodies and rhythms to have greater impact. For example, most music scores feature rests denoting periods of silence. In addition, silence in music can be seen as a time for contemplation to reflect on the piece. The audience feels the effects of the notes previous and can reflect on that moment intentionally. Silence does not hinder musical excellence but can enhance the sounds of instruments and vocals within the piece.*

In his book Sound and Silence (1970, p61) the composer John Paynter says that "the dramatic effect of silence has long been appreciated by composers." He gives as an example "the general pause in the middle of the chorus 'Have lightnings and thunders...' in Bach's St. Matthew Passion":

'Sind Blitze, sind Donner' chorus from J.S.Bach's St Matthew Passion.
After the pause, the music continues to the words: "Open up the fiery bottomless pit, O hell!" The silence is intended to communicate a momentary sensation of terror, of staring into unfathomable darkness. Another example of a dramatic silence comes in the "rest full of tension" at the climactic ending of the Hallelujah Chorus in Handel's Messiah:

Handel, closing bars of Hallelujah Chorus.
Musical silences may also convey humour. Haydn's Quartet in E flat, Op. 33 was nicknamed "The Joke" because of the comic timing of the pauses at the end of the last movement:

Haydn, closing bars of String Quartet in E flat, Op. 33.

Taruskin (2010, p. 552) says "whenever this ending is performed, it takes the audience an extra second or so to recover its wits and realize that the piece is indeed over. The result is an inevitable giggle—the same giggle that overtakes a prestidigitator's audience when it realizes that it has been 'had'."[4] Barry Cooper (2011, p.38) writes extensively of Beethoven's many uses of silence for contemplation, for dramatic effect and especially for driving the rhythmic impetus of the music. He cites the start of the second movement of the Ninth Symphony, where the silences contribute to a powerful sense of propulsion:

Beethoven Symphony No. 9 scherzo, opening bars. L

"The rhythm of bar 1 is incomplete and demands a note at the beginning of bar 2. The substitution of such a note by a whole-bar rest therefore gives the effect of a suppressed sound, as if one were about to speak but then refrains at the last moment. The 'suppressed sound' is then repeated in bar 4, and 'developed' (by being doubled) in bars 7 and 8." Grove (1898, p. 355) writes of the "strange irregularity of rhythm in the sixth bar" of this movement.

Much has been said about the harmony of the opening to Richard Wagner's opera Tristan und Isolde, which Taruskin (2010, p.540) calls "perhaps the most famous, surely the most commented-on, single phrase of music ever written." However, Wagner's strategic use of silences between phrases intensifies the troubled ambiguity of the music: "The chord that fills the ensuing silence in the listener's inner ear… is the unstated - indeed never to be stated, and ultimately needless to be stated - tonic of that key."

Wagner, Prelude to Tristan and Isolde, opening bars. Listen

Some of the most effective musical silences are very short, lasting barely a fraction of a second. In the finale of his Symphony No. 1 , Brahms inserts a rest at a point where listeners might expect a strong beat: on the first beat of the fourth bar of the following extract. (Bar 257.) The momentary hiatus powerfully disrupts the rhythmic flow. (See also syncopation.)

Brahms Symphony No. 1, finale, bars 254-258.

During the 20th century, composers explored further the expressive potential of silence in their music. The contemplative concluding bars of Anton Webern's Symphony (1928) and Stravinsky's Les Noces (The Wedding, 1923) make telling and atmospheric use of pauses. Eric Walter White (1947, p.74) describes the ending of Les Noces as follows: "As the voices cease singing, pools of silence come flooding in between the measured strokes of the bell chord, and the music dies away in a miraculously fresh and radiant close." John Paynter (1970, p.24) vividly conveys how silence contributes to the titanic impact of the third section of Messiaen's orchestral work Et exspecto resurrectionem mortuorum (1964): "Woodwinds jump, growl and shriek. Silence. Eight solemn bell strokes echo and die. Again silence. Suddenly the brasses blare, and out of the trombones' awesome processional grows a steady roar... the big gongs the tam-tam beaten in a long and powerful resonance, shattering and echoing across mountains and along valleys. This is music of the high hills, music for vast spaces: 'The hour is coming when the dead will hear the voice of the Son of God'. We can feel the awe and the majesty of the High Alps and the great churches. The instrumental sounds are vast the silences are deep. The words of St John are alive in the music, and through these sounds Messiaen reveals himself and his vision."

An extreme example from 1952 is 4'33", an experimental musical work by avant-garde composer John Cage, incorporating ambient sounds not foreseeable by the composer. Though first performed on the piano, the piece was composed for any instrument or instruments and is structured in three movements. The length of each movement is not fixed by the composer, but the total length of the combination of three movements is. The score instructs the performer(s) to remain silent throughout the piece.

There are telling examples of the use of silence in jazz. A frequently used effect, known as Stop-time places silences at moments where listeners or dancers might expect a strong beat, contributing to the syncopation. Scott Joplin's Rag-Time Dance(1902) features stop-time silences.

Scott Joplin, Rag-Time Dance, 1902

Early recordings of the Rag Time Dance follow Joplin's instructions as follows: "To get the desired effect of 'Stop Time', the pianist will please stamp the heel of one foot heavily upon the floor." However, later recordings disregard this direction - the regular beat is implied rather than stated and the silences are more palpable. Keith Swanwick (1979, p.70) is enchanted by the "playfulness and humour" engendered by the stop-time effects in Jelly Roll Morton's solo piano recording of The Crave (1939): "If we listen to this, tapping or clicking along with the beat, we shalt find ourselves surprised by two patches of silence near the end. The beat goes on but the sound stops. The effect is something like being thrown forward when a car stops suddenly. It is the biggest surprise in an engaging piece of music full of little deviations (syncopations) from the repeated beat." Other examples include the closing bars of Louis Armstrong's recording of Struttin' with Some Barbecue (1928) and the hair's-breadth pause at the end of pianist Bill Evans' solo on Miles Davis' recording of On Green Dolphin Street (1959). Duke Ellington's "Madness in Great Ones", from his Shakespearean Suite Such Sweet Thunder (1957) conveys the feigned madness of Prince Hamlet through abrupt and unpredictable pauses that interrupt the flow of the music. The reggae band Black Slate had a hit in 1980 with the song Amigo. The instrumental introduction features sudden silences before the voice enters."[245]

On notera encore, en ce sens, que le *cross-beat* et la syncope sont des hémioles[246] (structure rythmique ternaire dans une structure rythmique binaire) 3:2[247], c'est-à-dire une quinte juste[248], sur laquelle semble jouer 4'33", selon son chiffre (4:3), en la renversant[249] en diatessaron ("*La quarte est le renversement de la quinte./ Jusqu'à la fin du XIXe siècle, la quarte parfaite était le plus souvent appelée par son nom grec issu du pythagorisme: le diatessaron*"[250]), sur, à notre sens, la base d'une relation complexe entre tonique et octave (1:4 puis 2:2 [soit, pour les minutes: 1/2; en progression inverse, pour les secondes: 4/2], de fait simplifié et clarifié dans les versions "*Tacet*" de 1960 et 1986:

2:4 puis 1:2, ou 2'40" pour le IIème mouvement, et 1'20" pour le IIIème, dans une relation d'octave descendant pour tendre à l'accord tonique vers le 1, ou unisson: $1/1^{251}$ fondamental, remplissant ainsi les règles les plus élémentaires de la musique:

"... *une octave est l'intervalle séparant deux sons dont la fréquence fondamentale du plus aigu est le double de celle du plus grave. Divisée en plusieurs sous-intervalles, elle permet de définir les gammes.*
D'un point de vue harmonique, l'octave est l'intervalle le plus consonant. Son renversement est un unisson."[252]),

Et de l'accord pythagoricien[253]:

"*Le démiurge va tirer de sa composition finale une structure harmonique suggestive dont les calculs témoignent d'une influence pythagoricienne. Elle est constituée par une double progression géométrique de raison 2 (1, 2, 4, 8) et de raison 3 (1, 3, 9, 27), qu'il est commode de disposer sur un diagramme en forme de lambda majuscule (Λ), selon un schéma que l'on trouve chez Proclus. Cette figure porte, sur chaque côté de l'angle, les nombres respectifs de la série paire et de la série impaire. Le dernier de ces nombres (27) est égal à la somme des six précédents (1 + 2 + 3 + 4 + 8 + 9 = 27)... La progression selon le facteur 2 donne les octaves par doublement successifs des intervalles (1, 2, 4, 8 = Do1, Do2, Do3, Do4...), alors que la progression selon le facteur 3 forme les douzièmes justes (1 = Do, 3 = Sol, 9 = Ré, 27 = La, 81 = Mi, 243 = SI...). On peut alors combler les intervalles musicaux doubles ou triples pour former la gamme complète en s'aidant de deux proportions continues ou 'médiétés', l'une arithmétique (de type 1, 2, 3), l'autre harmonique (de type 3, 4, 6), bien connues des pythagoriciens, en particulier Archytas. L'intervalle des nombres de 1 à 2 sera composé des nombres 1 (Tonique), 4/3 (Quarte), 3/2 (Quinte) et 2 (Octave); le ton, dont la valeur est 9/8, se situe entre la quarte et la quinte, puisque 3/2: 4/3 = 9/8. L'Âme du monde est ainsi composée de cinq tons majeurs égaux entre lesquels est intercalé comme 'reste', leimma, l'intervalle de 256/243 (= 1,053), mesure du demi-ton diatonique de la gamme naturelle de Pythagore, qui est un peu plus faible que notre demi-ton tempéré (16/15 = 1,066)*"[254]

Similairement, il semble que la partition de *Song Books*, connue pour être basée sur les expériences des tirages du *I Ching*, le soit aussi, de notre point de vue, d'une superposition à cela d'un autre niveau: une série de compas, inclus le 7/7 (comme dans les solos de jazz[255]), propres à moduler la vocalisation.

On trouve ainsi la séquence suivante pour "*Winter music with vocalise*":

"6/8   2/3   1/1   2/5   1/10
1/6   1/2   8/10 2/4   3/5
1/8   2/2   1/4   8/10 1/6
4/6   2/3   2/2
7/7   2/4   4/5   2/4   1/3
2/3   1/3   4/4   1/2
3/5   1/1   4/8   1/4   1/1"

Dans ce qui pourrait être considéré comme trois mouvements consécutifs (pour les "à la ligne"), la page est ensuite divisée par une barre de séparation, nous nous concentrons donc ici sur la première partie du haut.

On y reconnaîtra la répétition des mesures: 1/1 (unisson), 1/2 (octave), 2/3, 2/4 et 8/10 (que l'on trouve dans la musique instrumentale de cathédrale de l'Illustration espagnole[256] - on note ainsi que la relation 8-10 se conserve dans l'accentuation de ces deux temps, de douze, dans le rythme du compas du flamenco traditionnel[257] -), la répétition de ces éléments créant séquence.

De même, la correspondance 2/5-1/10 (soit 2/1-1/2) à la première ligne, et, plus évidente, à la fin 2/4-1/3 (antépénultième ligne), suivie (à l'avant-dernière) directement par 2/3-1/3 puis 4/4-1/2, puis, à la dernière, dans une métrique approximative A-B-B-A de 1/1-4/8-1/4-1/1 (ici: unisson[258]-4/8 réduit de 3/4-unisson; ou encore unisson-octave-noire[259]-unisson ou encore, ce qui rend encore plus logique et intéressante la relation d'octave, ronde[260]-octave-noire-ronde), crée, à son tour, un mouvement, cette fois de rythme par l'alternance de durée ou temporisation, et d'alternance de tonalité (faible-fort) pour la hauteur (fréquence de vibration) et d'intensité (force, ici encore en termes de fréquence plus que d'énergie vibratoire).

On voit, dès lors, que, dans la genèse de *4'33"*, notamment dans la relation, déjà abordée, entre *Music of Changes* et *Two Pastorales*, Cage utilise des ressources de l'époque, non seulement de l'art cultivé et abstrait (Duchamp), et de la musique classique contemporaine (Schaeffer), mais, d'une part, nous y avons insisté, de l'histoire musicale de la musique afro-américaine (le silence comme ponctuation syntaxique de la ligne mélodique), et, d'autre part, de la musique populaire (*basso ostinato*; d'où mélismes - notamment des repos ou "*rests*" dans *Two Pastorales* - de la ligne mélodique soutenue par l'harmonique sous-jacente; et détournement de la ligne mélodique par le contretemps; principe de stop-time et de *stop-start*; utilisation d'objets pour produire les sons, intérêt pour les sons et les bruits incommodes).

5. Et le zen, dans tout ça?

Le recours mystique a été

Or, précisément, le jazz et le zen ont souvent été associés[261] (on pense à l'album *Zen* de 1957 de Fred Katz, avec la ligne de clarinette à manière de shakuhachi de l'introduction et du coda du morceau "*Suite for Horn*"[262]), dans l'usage du silence et "*le temps* (qui) *devient une idée*"[263], comme l'expose Cage dans son entrevue, en référence à Duchamp. L'idée peut en être résumée ainsi:

"*The overlapping concepts and practices of jazz and Zen have a common starting point. To put it simply, or reduce it to an initiating idea: All action springs from inaction and all sound springs from silence.*

The idea that music is not in the notes but in the silence between notes is not a new idea. The idea has been attributed to everyone from Mozart to John Cage. Perhaps because it is a paradoxical, ironic idea, it may appear glib and shallow. However, the idea of silence deserves consideration.

The silence of sitting meditation is one of the most essential parts of Zen practice. The ability to bring the mind into silent stillness is hard, but essential. To "hear" the silence becomes a way to attend to and focus on everything else that is not silent. Silence is one way to set the listening dial back to zero, so the other noise of life can be heard, felt and experienced more fully.

Jazz, too, incorporates silence as an essential part of its practice. Jazz musicians learn how to listen to the others in a group. They are cued to interact by what the other musicians are playing but also by what they are not playing. Accomplished jazz musicians use silence to create tension and energy. A developing pianist will comp too much or put in too many fills instead of letting silence build tension.

An experienced jazz musician rides silence like a surfer rides a wave. The complex rhythms of jazz are created through the interplay of sound and silence. A jazz drummer keeps time, as the phrase has it, but also lets time go, to break up the silence with drumbeats, and to break up the drumbeats with silence.

Zen, too, teaches one to accept and appreciate silence, and to use the power of silence to break up the constant noise of life. Silence is always the backdrop to life, though in daily life we usually ignore it or cover it up. Zen meditation helps one to hear the silence behind existence. The famous koan, "What is the sound of one hand clapping?" raises the question of silence, along with many other questions, and asks us to ponder, metaphorically, sound and non-sound, silence and non-silence.

Another way to think of silence is as a blank canvas on which music, or life, is painted. A visual artist must know the qualities of the paint they are using, but also how the paint soaks into the canvas, how it brushes across the fibers of the canvas, how it dries, drips or moves.

Musicians must have this same knowledge about the silent canvas on which they create music. Knowing how a note, chord, or melody line covers over and interacts with silence is essential to creating jazz. This knowledge does not need to be conscious or articulated. It is perhaps better as a felt, practiced, interior knowledge that is never, or rarely, spoken about.

To start a song, there is always a leap over the void into the song. In jazz, the count "a one, two, a one, two, three, four," always has a moment of silence after the "four" and before the first beat. Musicians and listeners both need a passing moment of quiet before the music flows.

Zen meditation reveals there is never really any complete silence. There is always some noise, the call of birds, the creaking of wooden pillars, the shuffling of clothing, to expose silence as more of an idea than an actuality. Awareness of the idea of silence, or what is close to silence, though, is essential for both jazz and Zen.

Jazz music is a complex interaction between sound and silence. The skill of any musician is finding the right silent spaces to fill and being able to work with silence to create the right effects and the right feel. "Right" is of course the wrong word, since there can be no right or wrong in jazz, only sound or silence, and the back and forth between the two could always be different.
In both jazz and Zen, silence accompanies and precedes action, and the awareness of the silence is what produces the quality and sensitivity of the action, that is, of the quality and sensitivity of music, and of life."[264]

À la fin des années 1950, le pianiste Bill Evans compara l'improvisation du jazz au zen:

"*His liner notes for the album Kind of Blue performed by the Miles Davis sextet (including Evans as well as John Coltrane on sax) capture the relation between improvisation (or anti-structure) and the continuity of form (or structure) needed to make the momentary experience endure...*"[265]

On citera encore le Jazz Zen Ensemble de la batteuse Roberta Washington[266].

Si il est apparu que l'appel à la philosophie et à la religion zen était, à la fin des années 1950, notamment dans la culture hip, un moyen commode pour les artistes de n'avoir pas à se justifier:

"*... suspicion that Zen became a fad in the late 1950s mostly because it allowed intellectuals to assert their authority without having to make any sense.*"[267]

Cage, on l'a dit, partage avec Rauschenberg l'intérêt pour le vide, ou du moins pour le non écrit de la pensée dans chaque genre (le silence dans la partition, le blanc de la toile).

Reconnaissant les *Monochromes* de Rauschenberg, comme l'indique son titre, en tant qu'expression de la relation duelle entre *The Fullness and the Void* ("*La Plénitude et le Vide*"), terminologie proprement zen, l'exposition homonyme de 2014:

"*... works and places them in dialogue with works by six seminal artists - Josef Albers, Agnes Martin, Ad Reinhardt, Robert Ryman, Yves Klein, Brice Marden - who, along with Rauschenberg, significantly shaped both the practice of and discourse surrounding abstract and monochromatic painting. The exhibition's title acknowledges formal polarity between Rauschenberg's collages and monochromes and comes directly from an observation made by curator and critic Barbara Rose, in which she said,*
"Monochrome is fullness and void simultaneously, a moment of silence in a world of noise. It is specific and universal, tangible and immaterial. It is the ultimate paradox."

Ever since abstraction liberated artists from the bounds of representational painting, artists have investigated the pictorial results of monochromatic work, albeit with differing philosophies. Upon exhibition of his Suprematist Composition: White on White in 1919, Malevich said, "I have overcome the lining of the colored sky....Swim in the white free abyss, infinity is before you." When Rodchenko exhibited his three monochrome canvases in 1921, he said he had "reduced painting to its logical conclusion" and affirmed, "it's all over."

Rauschenberg created only a small number of monochromatic works compared to his prolific output, wherein he combined sculptural elements, found objects, printed images, newsprint and splashes of color into three-dimensional collages. His monochromatic work is significant both in terms of its contrast to much of his oeuvre and due to its impact on the dialogue about monochromatic painting. About the White Paintings of 1951, created while at Black Mountain College, Rauschenberg said he wanted "to see how much you could pull away from an image and still have an image." He stated they are "either too full or too empty to be thought - thereby they remain visual experiences."

The artists in this exhibition are connected in many ways: Albers was Rauschenberg's instructor at Black Mountain; Marden was his assistant (and even re-produced the White Paintings according to instructions); Martin lived in the same neighborhood in the late 1950s; Reinhardt, Klein and Rauschenberg all exhibited at Galerie Iris Klert early in their careers. They are more firmly connected by their determined, but varied investigations of the monochrome. Albers rejected any meaning or associations behind his work, declaring the square to be solely a means of addressing his obsession with color. Ryman considered the monochrome a tribute to the practice of painting. Reinhardt described his black paintings "a catalogue of negations." Martin wanted the viewer to come to an "absolute stop" when viewing her paintings to "allow tranquility to take over."

The philosopher Florensky observed that the monochrome has the ability to take the viewer beyond the limits of sensory perception and to elevate awareness to the sphere of the spirit. It both absorbs and reflects energy. But the monochrome also takes time to perceive and requires a different kind of looking. After viewing this online exhibition, it is recommended to spend uninterrupted time viewing a monochrome in person."[268]

Or l'oeuvre de Rauschenberg, comme le montre Katherine Hardiman dans un excellent article, est, en ce sens, à rapprocher des mandalas de Bruce Conner; de fait, Rauschenberg lui-même aborde explicitement, aussi bien dans les titres de ses premières oeuvres que dans ses lettres, ses *Monochromes* comme une expérience divine, ou comme des représentations de "*Dieu*", ce qui est d'ailleurs intéressant car cela nous renvoie à la question de la relation entre l'iconoclasme et les images.

"Robert Rauschenberg began attending Black Mountain College in North Carolina in the fall of 1948 with the artist Susan Weil, whom he met earlier that year while studying at the Académie Julian in Paris on the GI Bill. Black Mountain had been founded in 1933 by John Andrew Rice, a Rhodes Scholar and a liberal educator, who focused the college on the arts, eventually attracting an impressive array of distinguished faculty and students in photography, poetry, literature, dance, music, architecture, and art. Rice fostered an atmosphere of experimentation that included a curriculum encouraging students to move through the program and graduate at their own pace. This liberal attitude brought Black Mountain to the attention of some of the most progressive intellectuals in the United States, as well as European artists like Josef and Anni Albers of the Bauhaus, who immigrated to the U.S. soon after the Nazis closed the Berlin Bauhaus in 1933. That November, Albers was appointed head of the painting program at Black Mountain, and Rauschenberg would become his student fifteen years later.

Rauschenberg first read about the college in Time magazine upon his return from Paris. The article referred to Albers as a teacher noted for being "the world's greatest disciplinarian," who taught Bauhaus experimental principles, including preliminary training in form, material, and color, as well as relationships among rectangles of various monochrome hues. Eager to hone his craft, Rauschenberg arrived at Black Mountain ready for discipline and instruction from Albers, who took an immediate dislike of him. "I was Albers's dunce, the outstanding example of what he was not talking about," Rauschenberg explained, adding:

He'd pick up something of mine and say, "This is the most stupid thing I have ever seen, I don't even vant to know who did it." If I hadn't had such great respect for him I could never have put up with the treatment.

In fairness to Albers, as Martin Duberman writes, it was Weil who "had been considered more of a serious painter... though everyone had been amused at [Rauschenberg's] childlike charm, his whimsical designs, his imaginative costumes, his vats of dye that cooked on the kitchen stove - and the violet underwear that emerged from them. But Albers, for one, had found Rauschenberg frivolous and told him he 'had nothing to teach him.'"

Despite Albers's exasperation, Rauschenberg spoke of the artist favorably, calling him a "beautiful teacher and an impossible person," and explaining that he continued to learn from Albers "years later." Rauschenberg even partially credited Albers with inspiring the idea for what would become his White Paintings, begun in 1951, and his interest in monochromes may be derived, in part, from Albers's schooling. Rauschenberg said that Albers instilled in him "such respect for all colors that it took years before [he] could use more than two colors at once." Albers, however, did not return Rauschenberg's appreciation, and years later he claimed that he could not remember Rauschenberg, who left Black Mountain in the summer of 1949. In January 1950, he began attending classes at the Art Students League in New York where he met Cy Twombly. That year, Rauschenberg also met the art dealer Betty Parsons, who offered him his first solo exhibition. It opened in May of 1951, and soon after Rauschenberg resumed his studies at Black Mountain. When he returned that June, Albers had departed to become the chair of Yale University's Art Department.

That summer, Rauschenberg also began his Night Blooming series, which included eighteen primarily black paintings, and his White Paintings series. For the latter, he carefully covered a number of canvases with Benjamin Moore white paint. Each panel of the mostly multi-paneled paintings was exactly the same size, covered with exactly the same paint, applied with a roller in exactly the same consistency. After finishing the White Paintings, Rauschenberg wrote to Betty Parsons:

I have since putting on shoes sobered up from summer puberty and moonlit smells. Have felt that my head and heart have moved through something quite different than the hot dust the earth throws at me. The results are a group of paintings that I consider almost an emergency. They bear the contriditions [sic] that deserve them a place with other outstanding paintings and yet they are not art because they take you to a place in painting art has not been. (Therefore it is) that is the the [sic] pulse and movement the truth lies in our pecular [sic] preoccupation. They are large white (1 white as 1 GOD) canvases organized and selected with the experience of time and presented with the innocence of a virgin. Dealing with the suspense, excitement and body of an organic silence, the restriction and freedom of absence, the plastic fullness of nothing, the point a circle begins and ends. They are a natural response to the current pressures of the faithless and a promoter of intuitional optimism. It is completely irrelevant that I am making them-Today is their creator.

I will be in N.Y. Nov. 1st and will forfeit all right to ever show again for their being given a chance to be considered for this year's calendar.

Love Bob

I think of you often Brave

woman.

Hello to Monica.

This letter conveys Rauschenberg's powerful, emotional, and intellectual conceptualization of his White Paintings, which embodied for him a oneness and godliness comprised of "the plastic fullness of nothing" and "the point a circle begins and ends." A number of his earlier works, particularly Mother of God (ca. 1950), anticipated the religious references in Rauschenberg's letter. A collage/painting, Mother of God contains a fragment of text from the Catholic Review in its bottom corner that reads: "An invaluable spiritual road map... As simple and fundamental as life itself." This *fragment reinforces an understanding of the many maps of U.S. cities with which Rauschenberg papered the surface and which could be interpreted as metaphorical representations of the multiple paths to God. It is possible that the cream-colored monochrome circle in the center of the painting also foretold the "1 white as 1 GOD" of the White Paintings. Moving toward a secular reading of the work, Branden W. Joseph points out that when Rauschenberg was in New York during the summer of 1950, the art critic Clement Greenberg had lectured at Black Mountain on "Kantian aesthetics and the history of modernism." Joseph's assumption is that Greenberg's teaching left a legacy at Black Mountain, for he instructed that the "one way to take painting where it had not yet been would be to pursue it further towards its 'essential' two-dimensionality." While discussions of Greenberg's theories may have found their way into Rauschenberg's impulse to create the White Paintings and the subsequent matte-black paintings, the spiritual content of the White Paintings, as Rauschenberg laid them out for Parsons, distinguished the works significantly from Greenberg's formalist concepts of the autonomy of art, even if Rauschenberg would soon cease talking about them in a spiritual way. Moreover, Greenberg did not embrace the White Paintings, though he would accept that they were "art... albeit certainly not good art." For many, the works were devoid of artistry, and after Rauschenberg exhibited them at the Stable Gallery in 1953, the critic Hubert Crehan wrote: "Their exhibition is a chef-d'oeuvre [masterpiece] of duck pressed to the point of no return... White canvas... conceived as a work of art, is beyond the artistic pale." For wholly different reasons, the White Paintings equally upset but also impressed the painter Ellsworth Kelly, who, upon seeing them for the first time in Rauschenberg's studio in 1954, showed Rauschenberg sketches he himself had made in Paris between 1951 and 1952 of plain white monochromes, also in a series and also multi-paneled.*

While the White Paintings even shocked some members of the progressive Black Mountain community, they deeply moved the composer John Cage, who met Rauschenberg in 1951 and became friends with the artist in 1952. Cage invited Rauschenberg to exhibit the White Paintings in what many consider to be the first "happening," Cage's Theater Piece No. 1 (1952), staged at Black Mountain. Cage organized the raucous production, arranging the audience seats "in the center of the performing area, facing each other, and broken by diagonals into four sections." He invited Charles Olson and Mary Caroline Richards to read their poetry, Merce Cunningham to dance, David Tudor to play the piano, and Rauschenberg "to show his paintings and also to play recordings of his choice." Cage stood on top of a ladder and read a text before descending to read it again from a lectern. Rauschenberg hung his White Paintings on the ceiling. Galvanized and inspired by how the White Paintings absorbed shadow and light, Cage composed 4'33" (1952), the celebrated composition in which a pianist sits at the piano for four minutes and thirty-three seconds while the sounds of the concert hall provide the music. Cage remarked that he "must" compose 4'33" after being confronted with Rauschenberg's radical monochromes, or else "I'm lagging, otherwise music is lagging." A decade later, Cage devoted a chapter of his first book, Silence (1961), to Rauschenberg, whose White Paintings Cage described as "airports for the lights, shadows and particles," which caught "whatever fell on them." "Why did I not look at them with my magnifying glass?" Cage asked himself. According to Rauschenberg, Cage also considered the White Paintings to function like a "clock of the room" for how one could tell the time of day by reflections on their surfaces. In this regard, Joseph points out that the Hungarian Bauhaus master László Moholy-Nagy, an artist particularly admired by Cage, had written about Kazimir Malevich's Suprematist Composition: White on White (1918) in his book The New Vision (1938). Describing how "the plain white surface... constituted an ideal plane for kinetic light and shadow effects which, originating in the surroundings, would fall upon it," Moholy-Nagy even referred to the white square as "the final simplification of the picture."

Malevich had begun to move towards White on White already in 1913 when he introduced a drawing of a black quadrilateral on a white field (known as the "Black Square") in his stage designs for Aleksei Kruchenykh's Futurist opera Victory Over the Sun. In 1915 in Petrograd (now St. Petersburg) in the exhibition 0.10, the first showcase of his Suprematist paintings, Malevich presented Black Square (1915) and Red Square (1915), both quadrilaterals on a white field. Such works paved the way for White on White with its tilted white square on a white field. Three years later, the Russian artist Aleksandr Rodchenko arrived at the first monochrome paintings in his triptych Pure Red Color, Pure Yellow Color, Pure Blue Color (1921). "I reduced painting to its logical conclusion and exhibited three canvases: red, blue and yellow," Rodchenko wrote in 1939. "I affirmed: It's all over. Basic colors. Every plane is a plane, and there is to be no more representation."

Rodchenko's conclusion that the monochrome signaled the end of representation could not have been more different than the supremacy of "pure feeling" that Malevich described of his Suprematist works in 1919 immediately following the Russian Revolution. Malevich wrote: "I have overcome the lining of the colored sky... Swim in the white free abyss, infinity is before you." Malevich pictured his interest in the Russian philosopher Peter D. Ouspensky's metaphysical theories of time and motion, themselves inspired by the spiritual teachings of the Greek-Armenian George Ivanovich Gurdjieff, who philosophized about achieving higher states of consciousness. Given this history, many have interpreted Malevich's square as a "spiritual icon."

Malevich's point of departure was not dissimilar to Rauschenberg's original understanding of his White Paintings as metaphysical and spiritual. Rauschenberg also grasped that his own monochrome paintings "deserve... a place with other outstanding paintings." Moreover, Rauschenberg wrote that his White Paintings expressed his "natural response to the current pressures of the faithless and a promoter of intuitional optimism." In this last statement, Rauschenberg threw down the gauntlet: he would pursue optimism in his work, no matter how discouraged he might feel in private.34 Rauschenberg would come to adopt Cage's secular discourse about the White Paintings, but it is highly possible that he maintained his faith nonetheless.

Monochrome black paintings

Rauschenberg began his black paintings slightly earlier than the White Paintings, according to the curator and museum director Walter Hopps. The black paintings went through five phases. One of three surviving works from the first phase, Untitled (Night Blooming) (ca. 1951) is a work enlivened with broad brushstrokes atop a black background, evoking the night-blooming cereus plant under a sliver of moon. Like this work, other paintings in the Night Blooming series included gravel that adhered to the surface when Rauschenberg pressed the still wet, "pretty tacky" works onto the ground. The black monochromes of the second phase, exemplified by Untitled [matte black triptych] (ca. 1951), were painted in flat black akin to the flat white of the White Paintings, and this example may even have once been a White Painting as, lacking funds, Rauschenberg often resorted to repainting his canvases during this period.

Groups three and five of the black series were primarily painted in black applied over highly textured newspaper bases that had been dipped in glue to adhere to the canvas. Rauschenberg would then cover the newspaper with multiple layers of more thick black paint, and although identified usually as Untitled, these works are often subtitled "glossy black painting." Though Rauschenberg understood black to be a color, it was also, as Nicholas Calas has written, "a condition in which paper, paint, ink, canvas are to be found." "Careful not to confuse repainting with action," Calas also observed that Rauschenberg "assemble[d] different blacks, placing a glossy one alongside a rough one, a thick one, or a torn one, and fit them over the surface of the canvas." In group four, Rauschenberg often displayed the newsprint while still covering much of the canvas with black paint, as in Untitled (Asheville Citizen) (1952), whose surface reveals the newspaper in its lower center register. His combination of the "physical qualities of paint [and] the textural qualities of newsprint [produce] an opaque depth which extends his 'palette,'" according to Lana Davis. Working thus in collage would soon lead Rauschenberg to his combine works two years later in 1954.

After first exhibiting the black paintings (along with the White Paintings) at the Stable Gallery in 1953, many viewers experienced their color as "nihilistic, destructive, and outright terrible."44 Disappointed by these negative interpretations, Rauschenberg insisted that neither series was narrative: "My black paintings and my White Paintings are either too full or too empty to be thought - thereby they remain visual experiences. These pictures are not Art." With slight variation, Rauschenberg restated points that he made in his letter to Parsons in 1951: the works were "not Art" quite simply "because they take you to a place in painting art has not been." Without antecedent, such objects had no reference within art to be considered as Art in Rauschenberg's view. It is important to remember that Rodchenko's revolutionary monochrome triptych was not known in the U.S. in 1951, and would only be discussed by scholars in the late 1960s or early 1970s.

Rauschenberg understood black and white to be colors. This view differentiated his monochromes from the black paintings of Ad Reinhardt, who titled them Abstract Paintings (1960-66) and would famously describe black as a "non-color." Reinhardt had begun to move toward the use of a single color applied in a brick pattern of varying tones as exemplified by Number 107 (1950), a work comprised of several different values of white paint with brushstrokes in varying lengths and widths atop the underlying linen canvas. Reinhardt continued the brick forms with greater modularity into the black Abstract Paintings. Typically 60 by 60 inches, Reinhardt divided his black works into three horizontal and three vertical rows with nine subdivisions, and he painted each square in a variation of black mixed with blue, yellow, red, or green pigment. When first encountering the works, they appear black. But the subdivisions became more obvious after long viewing and, in this respect, are quite different from Rauschenberg's earlier stark monochromes of 1951.

Rauschenberg's vision was also different from that of Yves Klein, who in May of 1954 first presented monochromes in two books of prints, Peintures and Haguenault Peintures, which featured color plates of "single-colored rectangles," each related to "a different place of creation: Madrid, Nice, Tokyo, Paris." The following spring, Klein entered an orange painting, entitled Expression of the Universe of the Color Orange Lead, in the Salon des Réalités Nouvelles in Paris. The painting, known as Klein's first monochrome, is signed in the lower right hand corner of the front of the work: "K. mai. 55." Klein's signature dramatically affects a view of the work as a monochrome, and Klein would immediately abandon this conceit, leaving the surfaces of his subsequent monochromes blank except for color. Regardless of the signature and the committee for the Salon des Réalités Nouvelles's request that he add only "a small line," the painting was rejected for being "not enough" and "impossible!"

Five months later, Klein had his first public exhibition of monochromes, Yves Peintures, in the private salons of the Lacoste publishing house. There he also distributed a text describing his concepts for "single color" paintings, based on "research" that had led him, to believe that there is a living world of each color [which] in some way [is] an individual, a being who is not only from the same race as the base color, but who definitely possesses a distinct character and personal soul... [and] definitely a "presence," a living being, an active force which is born and dies after having lived a sort of drama of the life of colors.

The following February of 1956, after Colette Allendy exhibited Yves, Propositions Monochromes, Klein began to be widely associated with monochrome painting.

In 1957, Klein developed and patented International Klein Blue (IKB), leading to his Blue Monochrome paintings, eleven identically formatted works, uniformly painted in IKB that he exhibited in Proposte monocrome, epoca blu at the Apollinaire gallery in Milan. In an essay on the works, titled "THE MINUTE OF TRUTH," the French critic Pierre Restany described the monochromes as "phenomena of pure contemplation" and a "highly enriching cure of asthenic silence." Klein also claimed in 1957 that "around 47-48, I created a 'monotone' symphony whose 'theme' is what I wished my life to be." The striking similarity between Klein's Monotone Symphony and Cage's 4'33" (1952) is worth remarking, especially as Klein presented the first performance of the symphony in 1961, in the context of a live performance of his Anthropométries, consisting of nude models covered with IKB paint who imprinted their bodies on canvas. The combination of the symphony and the monochromes bear a striking resemblance to the pairing of Cage's inspiration for 4'33" and its inspiration: Rauschenberg's 1951 White Paintings.

Unlike Klein, Rauschenberg insisted on the materiality of his monochromes: "I wanted to show that a painting could have the dignity of not calling attention to itself, [and] that it could only be seen if you really looked at it." In his black paintings, as Andrew Forge points out, "There was much to see but not much showing... In [them] there was none of the familiar aggressiveness of art that says: 'Well here it is, whether you like it or not.'" Rauschenberg also unveiled black as a deep and glorious, reflective color, demonstrating his "growing conviction that a work of art need not remain fixed and unchanging." Rauschenberg further explained: "I did them as an experiment to see how much you could pull away from an image and still have an image... How far can you push something that doesn't have a center?"

What few realize is that the White Paintings prompted Rauschenberg to want to make monochrome drawings. But, the challenge of blankness proved difficult to render. He reasoned that only through an erasure would this be possible and that erasing his own drawing "wasn't art yet." He felt that he must erase a drawing that was already "art," and settled on asking Willem de Kooning since he was "the best known acceptable American artist" and his work would be "indisputably considered art." "I bought a bottle of Jack Daniels," Rauschenberg remembered, "and knocked on de Kooning's door." After explaining his concept, the abstract expressionist replied: "Okay, I don't like it, but I'm going along with it because I understand the idea." Determined to make Rauschenberg's task as difficult as possible, de Kooning selected a drawing that he would "miss," full of charcoal, pencil, and crayon. It took Rauschenberg about a month to erase the work with an unknown quantity of erasers. Some viewers argue that Erased de Kooning Drawing (1953) is the defilement of an artist's work. But for Rauschenberg the work was "a celebration," one that he christened "monochrome no-image," a term that, while rarely cited, offers an opportunity to think about the monochrome in an expanded field.

Monochrome no-image / Monochrome with-image
That same year, Rauschenberg began making red monochromes full of visual detail that, following his "monochrome no-image" erasures, Kristine Stiles has suggested might be labeled "monochrome with-image." Such a monochrome might contain any number of types of images, from figurative and abstract forms to textures and words, while still maintaining an overall monochrome appearance. But the "monochromes with-image" would move away from a stress on the visual to include topical subject matter. Rauschenberg's Litercy (1991), from Rauschenberg's Phantom series, might best be described as a monochrome with-image for its silvery-violet shimmering surface that reflects viewers as they interact with "Bob's Hand," the text Rauschenberg transferred from photographs onto the work.
So, too, might the Russian artist Leonid Lerman's Improvisation in Red and Blue (1993) be considered a monochrome with-image, as one of the many works in his The Phantom Malevich series. In this work, Lerman painted a representation of Malevich's red quadrilateral from Suprematist Composition: Red Square (1915) over an appropriated section of Vincent van Gogh's Blossoming Almond Tree (1890). Meditating on the heritage of the Russian avant-garde, Lerman wanted "to test" Malevich's "cosmic" concept against "the very heart and vibrancy of landscape painting." He selected a van Gogh for its "energy, warmth and humanity" and juxtaposed it with Malevich's Suprematist red square. Lerman also turned to the Russian landscape painter Isaac Levitan, who he compared to "Chekhov and Dostoyevsky" for Levitan's ability to convey the mood of a deeply felt landscape. Blending Levitan and Malevich, Lerman sought a greater "unity" of abstraction and representation, thereby producing the "monochrome with-image" in dialogue with Rauschenberg's concept of the "monochrome no-image."
The monochrome with-image plays a critical role in Vitaly Komar and Alexander Melamid's Stalin with Hitler's Remains (1985-86), a painting that belongs to their Anarchistic Synthesism series, in which the artists focused on appropriating various stylistic trends from the pluralism of the 1980s. Having immigrated to the U.S. in 1978, Komar and Melamid quickly began to focus on the art world around them in New York. In Stalin with Hitler's Remains, they hinged a monochrome white panel to the bottom of the socialist realist painting above, adding the work's title in small lettering in the center of the monochrome. Juxtaposing figuration and abstraction and nodding to the conflict between the governments of the Soviet Union and the United States, Komar and Melamid's anarchistic synthesis "satirized the New York style wars," as much as it simultaneously acknowledged painters who painted white monochromes from Malevich and Rauschenberg to Robert Ryman.
The Russian artist Yuri Albert's About Beauty (1988-89), from his Alphabet for the Blind series, is a stark black monochrome that contains a Braille inscription reading "About Beauty." While in principle related to Rauschenberg's White Paintings and matte-black paintings, Albert's monochrome may also be understood as a monochrome with-image for its textual and visual embellishment. One of nine works in the series Alphabet for the Blind, Albert initiates a string of paradoxical negations in this work. Although intended for the blind living in semi-blackness, the work's elite status in a museum collection prevents it from ever being touched and therefore read. Thus, the work - for the blind - remains completely inaccessible, available only to conceptual discourse in the narration of its visual and textual properties. For those with eyes, but who do not know Braille, the artist's meaning remains equally elusive.

Braille on a monochrome serves as a multiple signifier for the highly conceptual status of the monochrome in the history of art. Moreover, by virtue of appearing on a monochrome, the Braille text may index the frequent incomprehensibility of monochrome painting even among elite audiences. Associated with Moscow Conceptualists, Albert's work is also involved with researching "relationships between an artwork and its interpretation, art production and art consumption, labor costs and instant effects, between the visible and the invisible in art."68 In this regard, Ekaterina Degot suggests that Albert's work poses the following questions:
What does it mean to be a viewer? What do we see, when we visit a museum? And what remains outside our field of vision? How do we interpret the artist's message? What does it mean to understand it correctly or incorrectly?
Similar to Albert, the British photographer Paul Graham takes up the trope of blindness as a form of social commentary in his series American Night (1998-2003). Working exclusively in large-scale photographs, Graham chronicled American life, attending to American poverty, as seen during his travels throughout the United States. Many of the images appear as if in a thick fog such that their figuration becomes so faint that it disappears into a work that is nearly monochromatic. Man walking with blue bags, Augusta (2002) displays such an effect; through the dense whiteness of the image, one can just see a man that appears to be walking along a road lined with trees. The social implications of Graham's bleached-out images suggest that the urban poor, often brown and black, are "invisible to majority-white America." The bright photographs have also been interpreted as "rejecting the photographic tradition of using darkness and shadow to reflect poverty or deprivation."
It is impossible to confirm if the content of the newspaper articles that Rauschenberg transferred onto the gossamer fabrics of his Hoarfrost series address social issues, but a work like Untitled (1975) has an illusory, haunting quality not unlike Graham's photograph and may index similar content impossible to access both because the transfer images are so faint and because many are under layers of fabric. Nonetheless, the distinct melancholy of Untitled (Hoarfrost) speaks to similar qualities in Graham's Man walking with blue bags, Augusta.

Mandalas
While Rauschenberg accepted the place of light in shadows on his black and white monochrome paintings, Bruce Conner rejected the effect of light on his black and white mandala drawings. With one exception: Conner used the action of light on UNTITLED D-1 (INK DRAWING MADE TO BE HUNG IN THE SUN TO DISAPPEAR OVER TIME) (1965-71), a drawing belonging to his mandala series, as a visual corollary to events and emotions in time. In May of 1980, Conner gave the work as a wedding present with the precise verbal instructions: "Hang the drawing in the sun, because the image will last only as long as your marriage." When the marriage ended after fifteen years and Conner subsequently saw the still intact drawing, he remarked: "You did not hang it in the sun, but I was right." The owner had deliberately placed the drawing in the darkest place in her home, which is why a faint image remains today.
Conner's mandala drawings originated in Mexico, where he moved in 1962 with his wife, the artist Jean Sandstedt Conner, and their baby son Robert, fearing what appeared to be impending nuclear war. Conner spent most of his time in Mexico drawing, as paper was inexpensive and portable. He also began using peyote during this period, although he strongly maintained that he never made art while using drugs, as it would be impossible to draw with the precision demanded by his technique. Though he created his first mandala drawing in 1963, one work that suggests the influence of his Mexican experience is the hybrid SAN FRANCISCO DANCERS' WORKSHOP POSTER (1974). The unique drawing has pyramid-like triangles that interpenetrate circles and is decorated with forms reminiscent of Pre-Columbian art and architecture. Such ornate markings make up the middle ground, morphing into a triangular shape at the top, circular at the base, and punctured by a blank line that creates yet another triangle, one leg of which is surrounded by a ring. Conner created this work as a poster design for the San Francisco Dancers' Workshop founded by pioneer of modern dance Anna Halprin. He appropriated parts of the drawing for the cover of Halprin's Collected Writings (1974).
Conner devoted eight months to his first mandala drawing, 23 KENWOOD AVENUE (1963), on which he worked for up to ten hours a day. Other examples are the extremely complex drawing #100 MANDALA (1970)

and the smaller scale circular drawing #115 (ca. 1970-74). For such works he would sit at his drawing table for hours, using pens to create small, exact ink marks on paper and never allowing the marker to cross over an existing line. Both works are intricate and delicate, exemplifying Conner's meticulously detailed method of drawing and his effort to find a technique through a "sort of automatic consciousness... to work on a drawing to the point that awareness is happening with the hand, and the eye, and the entire body in relation to the paper [as] it would progress as a thought form across the page." No two lines are the same in any drawing, and "every stroke changes the work existentially even though the a priori structure is perforce predetermined." Conner also considered that such "drawings existed as total and complete every time I'd put a mark on the paper and the marks would continue to change."

Also in 1963, Conner began to use the newly introduced Pentel felt-tip watercolor pens for his drawings in the hopes of halting their tendencies to fade. The Pentel pens were ideal for the execution of the mandala drawings, Conner maintained, because he never had to lift his hand from the paper and could work for hours at a time without taking a break. He would draw until the pen ran out of ink, an effect that can be seen in some of the drawings where black ink marks gradually give way to gray. Once the line becomes very light, it suddenly changes to black again, signaling that he had replaced the pen with a new one. Despite the initial hope that the marks from the felt-tip pens would endure, the drawings continued to dim over time. Exasperated, Conner commented: "Well, let me tell you about felt-tip pens. Felt-tip marker pens, which are labeled permanent, are not. They fade and disappear in sunlight." Even though Conner drew undulating black forms, leaving a white ground in the mandalas, he also used the felt-tip to create abstract patterns in other works such as the zebra-like forms of #125 (1971).

Conner's drawings occupied him for his entire career. By the end of his life, suffering from liver disease and declining a transplant, Conner was severely weakened and too debilitated to work on almost anything other than his drawings, so he spent his days creating intricate works at home. He would sit at a tiny desk that was his studio and he "would do what [he could there]." Later in his career, Conner spent much time working on his INKBLOT drawings, each of which, like the mandalas, follows a specific formula while still retaining unique qualities. The works would include precise lines and groups of inkblot shapes and would vary in density and size. Conner said that in his weak state he could make four or five inkblots before draining himself and needing to return to bed.

Monochromes and Mandalas
Conner would eventually retitle 23 KENWOOD AVENUE, his first mandala drawing, THE NEW ROSETTA STONE, a reference to the ancient artifact containing the same text written in three different languages: Egyptian hieroglyphs, Demotic script, and ancient Greek. Able to read Demotic and Greek, scholars then deciphered the hieroglyphs, which had remained an enigma for centuries. By renaming his work THE NEW ROSETTA STONE, Conner gave it the importance of a groundbreaking archaeological discovery, implying that the work was a key to the languages of his own oeuvre, much in the manner that Rauschenberg's letter to Betty Parsons served as an interpretive key for understanding the initiating languages of his art.

In addition, both Rauschenberg and Conner paid tribute to black and white as colors for visual meditation. Almost all of Conner's works are rendered in black and white, because, as he put it, "[with color] the abstractness of the drawings becomes less so and it becomes... too decorative for me." Also akin to Rauschenberg's monochromes, Conner's drawings are as much about his method as they are about the finished works. But Conner and Rauschenberg differed in how their work addressed the viewer. While for Conner the mandalas were "for the private eye, not the public eye," for Rauschenberg, the monochromes were for the public. Regardless of this difference, both Rauschenberg's monochromes and Conner's mandalas require close examination. The more one contemplates, the more they reveal. With Conner's mandalas, a new line or ink mark will suddenly pop into focus for a viewer, in a way similar to how one might notice a new shadow play on the surface of a White Painting, or how a subtle reflection in the glossy paint of a black painting might change how one regarded the work.

While it is a truism that no two people see art in the same way, this adage is even truer in the case of monochromes and mandalas, with their mysterious and simultaneous emptiness and fullness. Conner's mandalas are filled with complicated, looping, winding, and circling lines and exact marks that, from afar, meld black and white into seas of monochrome gray, causing one to strain to see the variations in tone and the subtle circular forms throughout the works. As one draws closer, the extreme intricacy of the drawings becomes clearer, absorbing the viewer. Similarly, the monochromes are at first deceptively simple, but concentration reveals their surfaces to produce complex visual effects. In addition, neither monochromes nor mandalas have political associations, even as they both have a role in spiritual and meditative contemplation, freeing the mind and opening the imagination. A critic analyzing Conner's drawings might equally have been musing on Rauschenberg's monochromes when he or she wrote:

[The] drawings require the spectator to become a vicarious participant, moving close to the surface, becoming involved and consumed in their ambiguities of reference and scale, matte and glossy surface and subtlety of gesture and composition, qualities which command recognition at close range but which attenuate to gray blurs and reflections at a distance of more than a few feet.

Conner concentrated on being present through the act of drawing, especially in rendering a mandala, which helped him to still his mind and permit "awareness [to be] happening with the hand, and the eye, and the entire body." The mandala is a symbol of the cosmos, historically used as a meditation device, and it was linked to the Beat Generation's interest in Eastern philosophy. This association led some to correlate Conner's work with Buddhism, a comparison that Conner disdained for how it "limited" the mandala, which could "imply a universal concept" as the circle is "a common, universal, ordering structure, one of the most fundamental in the world."

Similarly, Rauschenberg's monochromes have been connected to Zen, as they can be found in religions like Sufism where the monochrome is associated with "the realm of God" and given "special priority and meaning." Like the mandala, the monochrome also evokes "Indian and tantric... objects of meditation." But as Conner rejected such associations, so did Rauschenberg. Moreover, it was not Rauschenberg, but John Cage, who believed that a "white environment could evoke Zen-inspired contemplation." Although Rauschenberg had already met Cage, he painted his monochromes before their friendship developed, and Rauschenberg never identified his monochromes with Eastern philosophy. "Yes," Rauschenberg said, "John [Cage] used to tease me that he'd spent years studying Zen and that I was just naturally Zen." But, Rauschenberg continued, adding the following critical point:

I'd never been particularly curious about what Zen is because I think to understand it is to not understand it. It's beyond reason. But what it does is it gives you acres of intellectual airtime to wander around in.

No concept better or more eloquently captures the essence shared by the monochrome and the mandala than that to think about them is not to understand them, for together they provide space and time in which the mind may wander.

Just as drawing persisted throughout Conner's career, the monochromes maintained a role in Rauschenberg's life. For example, in 1968 when Leo Castelli wanted to exhibit the White Paintings in an exhibition titled White Paintings, 1951, Rauschenberg had none to give him quite simply because he had painted over all of them. Undaunted, Rauschenberg had his studio assistant, the artist Brice Marden, remake all of the works. As David White, senior curator of the Robert Rauschenberg Foundation, commented, Rauschenberg "did not feel that an artwork was necessarily sacrosanct the way it was." This point is especially pertinent to the White Paintings.

As the originator of the idea, Rauschenberg reasoned that anyone could produce the works with his permission and instructions, but that he would remain their creator and that he could, and would, date them 1951, for the obvious reason that 1951 was the date of their first inception. As such, Rauschenberg had his White Paintings repainted if their surfaces yellowed or became polluted with dust, which he felt compromised the works. The process of remaking the White Paintings reached an apogee in 1965 when the Swedish curator and museum director Pontus Hultén wanted to exhibit them at the Moderna Museet in Stockholm. Rauschenberg agreed to their display, but not to their shipment, explaining that it would cost too much. Instead, he authorized Hultén to recreate the works and gave him written instructions for how to do so. Hultén reproduced only the two-panel painting, but failed to destroy it after the show, as Rauschenberg had stipulated. Once this oversight was discovered, the painting was destroyed to prevent the existence of two extant versions.

Some criticized Rauschenberg for remaking his objects or for having others refabricate them. But right from the beginning Rauschenberg had proclaimed an aspect of the works to Betty Parsons that should never be forgotten. "It is completely irrelevant that I am making them," he wrote, "Today is their creator." In his emphasis on "today" as the *"creator" of his art, Rauschenberg stressed the significance of being present and embracing the now. Few works make the now more present than Robert Rauschenberg's monochromes, especially his White Paintings."*[269]

D'une certaine façon, similairement, à ne pas intégrer de sons créés dans *4'33"*, Cage, qui laisse à cette *natura naturans*, en quelque sorte spinozienne sans peut-être le vouloir (en tant que Dieu-Nature ou Dieu dans la Nature), exprimer ses propres bruits sans l'interruption humaine, dont notamment le son de l'eau, qui renvoie musicalement à sa représentation thématique récurrente dans les barcarolles de la musique classique du XIXème siècle, et idéologiquement à l'eau comme système discursif, de Héraclite (*"On ne peut pas entrer une seconde fois dans le même fleuve, car c'est une autre eau qui vient à vous; elle se dissipe et s'amasse de nouveau; elle recherche et abandonne, elle s'approche et s'éloigne. Nous descendons et nous ne descendons pas dans ce fleuve, nous y sommes et nous n'y sommes pas.*"[270]) aux Dogons (*Dieu d'eau: Entretiens avec Ogotommêli* de Marcel Griaule fut publié pour la première fois en 1948 à Paris par les Éditions du Chêne - autre intéressante coïncidence temporelle, parfaitement diachronique, on le voit -), similairement, disons-nous, à ne pas intégrer de sons créés dans *4'33"*, Cage représente cette impossibilité de représenter, iconoclaste, dans le sens originel (théologique, des VIIIème-IXème siècles byzantins), et populaire (précisément attribué aux avant-gardes pour désigner, inversement, mais logiquement, leur mépris pour la forme traditionnelle, mais aussi leur intérêt, de Malevitch à Cage, en passant par Rauschenberg, on le voit, pour la pureté de ladite forme).

Identiquement *natura naturans*:

"Yves Klein est originaire d'une famille de peintre. Son père - Fred Klein - était paysagiste, et sa mère - Marie Raymond - fut une artiste reconnue dans le domaine de la peinture informelle, puisqu'elle était une des premières représentantes de ce courant (L'art du XXème Siècle, Museum Ludwig Cologne, éditions Taschen).
Ces parents étant en conflits dans leurs positionnements artistiques, Yves Klein put ainsi être confronté très tôt à la vision figurative et abstraite de l'art, et, ce faisant, au grand problème de l'avant-garde.
Klein, mis à part son passage d'un an à l'Ecole du Génie Civil de Paris en 1945 (où il sera recalé), n'entrera jamais dans une quelconque institution académique par la suite. Un an plus tard, il suivra des cours de judo, ce qui lui permettra de s'ouvrir à d'autres horizons dans le domaine artistique, par le biais du Japon et de la philosophie zen. De plus, il deviendra un ami du poète Claude Pascal et de l'artiste futur Arman (à l'époque Armand Fernandez).
Justement, le Vide, aspect capital de l'œuvre de Klein, apparaît déjà lors des rencontres entre les trois amis: en effet, surnommé le «temple», la cave d'Arman leur sert de lieu de rencontre mais en ayant la caractéristique principale d'être

un univers intime, onirique et artistique, mythique: ils s'affirment à leur tour dans ce nouvel espace en se partageant le monde de la manière suivante: «Arman est le maître de la terre, Pascal l'empereur des mots et Klein le maître de l'espace au-dessus de la terre, ce vide immense, libre de toutes choses matérielles».

Yves Klein précurseur du Technoromantisme; un art écologique et utopique dans un eden technique
Paragraphe extrait du livre de Stéphan Barron (BARRON Stéphan, Toucher l'espace, poétique de l'Art planétaire, Ed. L'Harmattan, Paris, 2006.)
«Le ciel bleu est ma première oeuvre d'art» déclare Yves Klein. Il élargit ainsi le concept du ready-made pour en faire un acte de présence au monde, à la planète tout entière. Pour Yves Klein, le monde est le ready-made essentiel.
Cette perception mystique de l'univers est celle qui peu à peu devient pour nous familière, par l'influence de la culture bouddhiste qui est apparue en Occident. Rappelons qu'Yves Klein était un maître de judo, discipline qu'il avait étudiée au Japon. L'art et la vie de Klein sont imprégnés de mysticisme. Cette perception du monde comme un ready-made est un thème écologique devenu tangible par les découvertes scientifiques et par la perception de la planète dans sa globalité, due aux conquêtes spatiales: conquête de la lune, satellites de télécommunication et de télédiffusion. «Vue de l'espace, la Terre est bleue» dit Yves Klein en citant Youri Gagarine avec émotion. L'intuition d'Yves Klein d'un infini bleu est finalement celui d'un infini relatif, celui de la planète bleue.
Yves Klein veut enregistrer les traces du vent, de la pluie et du mouvement. Il fixe sur le toit de sa voiture une toile vierge qui fixera les traces de son voyage entre Nice et Paris. «Les empreintes atmosphériques que j'enregistrais il y a quelques mois ont été précédées d'empreintes végétales. Après tout, mon but est d'extraire et d'obtenir la trace de l'immédiat dans les objets naturels, quelle qu'en soit l'incidence, que les circonstances en soient humaines, animales, végétales ou atmosphériques». Yves Klein inclut ainsi l'homme dans la perception de la nature, qui devient actrice, interactrice de la création artistique.
Le monde, la nature est alors le ready-made primordial, essentiel. L'art n'est qu'un prétexte de communion avec la nature, les formes de l'art n'étant qu'un renouvellement, un déplacement nécessaire du point de vue, pour régénérer une expérience toujours essentielle. Un art total, global. Yves Klein pousse la dématérialisation de ses oeuvres jusqu'à en faire des oeuvres planétaires. L'expérience du vide est la première expérience de l'universalité. Conscience cosmique, conscience englobant le monde, conscience englobant l'univers. Quelques heures avant sa mort Yves Klein déclare: «Dorénavant le monde entier sera mon atelier... À partir de maintenant je ne ferais plus que des oeuvres immatérielles». Le ciel, première oeuvre d'Yves Klein était une oeuvre planétaire, immatérielle. Fermant ainsi magnifiquement le cercle de sa vie et de son oeuvre, il pose les bases de nouvelles directions de recherche que poursuivront les artistes planétaires.
La révolution bleue d'Yves Klein s'insère dans le Technoromantisme qui marque la transition vers le troisième millénaire.
«L'architecture de l'air qui débouche sur l'idée d'une société nouvelle (la révolution bleue) rétablit une relation harmonieuse entre l'homme et son environnement, celle même qui régissait le Paradis».
«La vision cosmique d'Yves Klein allie l'humanisme à la technologie et s'épanouit dans un vaste programme de retour à la Nature dans un Eden technique» , dit Pierre Restany , soulignant l'association chez Yves Klein de la spiritualité, de la nature et des technologies naissantes. Yves Klein utilise les techniques de son époque, celle du pigment bleu IKB, celle du feu, au service de ses intuitions perceptives. C'est la perception de l'artiste qui soumet la technologie et lui donne un sens. La démarche de Klein part de l'être et non de la technique, en cela elle est technoromantique.

La symphonie Monoton
Avant de pénétrer dans le monde plastique du monochrome outremer, le «peintre de l'espace» commença à s'assoir dans l'univers artistique par la musique, et ce, en tant que chef d'orchestre, en 1947. La Symphonie monoton de Klein («une seule note puis rien») s'achèvera par un long silence, «irrésistible» et «illimité», qui signe le premier pas vers la recherche d'une vacuité synonyme d'impossible."[271]

L'oeuvre chez Cage devient, dès lors, ironiquement, car inversement à ce qui se produit dans les arts plastiques, chez Malevitch ou Rauschenberg, visuelle, marquée seulement la partition par une série de pictogrammes qui semblent n'indiquer rien d'autre que des pics harmoniques, d'accumulation de sons, sans plus de ligne mélodique continue, phénomène déjà sensible dans les essais, préalables au plus radical *4'33"* de *Two Pastorales*, et iconographiquement reconnaissable aussi bien dans le *Solo for Piano* du *Concert for Piano and Orchestra* (1960)[272] que dans les figures qui ponctuent (ce qu'y confirment les point de prolongations de ce qui y sont les majeurs - par rapport à la musique ou aux images - silences), comme un dessin basé sur la recherche du trait unique[273] (ce "*Vide et plein*"[274] du langage pictural chinois), la portée de *Score Without Parts (40 Drawings By Thoreau)/Twelve Haiku* (1978)[275], laquelle, en cela, rappelle celles de *Stripsody* (antérieures de douze ans) de Berberian.

Il est ainsi intéressant de noter que l'absence de performance musicale dans *4'33"* renvoie, similairement, aux techniques du jujitsu (judo) et des arts martiaux, d'utiliser la force de son adversaire[276], judo auquel Klein se dédia au Japon même, en même temps qu'elle s'intègre au discours général autour du Japon comme *L'Empire des signes*, c'est-à-dire du vide et des possibles[277], ainsi que le déclara Roland Barthes dans son ouvrage de 1970 portant ce titre.

Yves Klein, également connaisseur chevronné du zen et du bouddhisme, a, en outre, nous venons de nouveau de le rappeler, étudié le judo au Japon, y obtenant le quatrième dan en 1952 à l'Institut Kodokan de Tokyo[278]:

"*There's seemingly nothing to be seen in or on them except for one color (or white or black) and some texture, maybe. French artist Yves Klein's 1950s series of vivid blue paintings could be the most memorable. Painted in a powdery ultramarine—which Klein patented as "International Klein Blue"—these canvases seem to hover against the wall. Part of this is the intensity of the blue but it's also due to Klein's subtle manipulations of his canvases. He extended them with wood, which he filed down, creating a gradual recession of the canvas towards the wall. He also rounded his paintings' corners, which helped blur the edges of the canvas and the division between wall and canvas.*
How did Klein come to make this series of paintings and what do they mean? No one is altogether certain but there are various possible influences, some of them much more straightforward than others. First off, when Klein started painting seriously in the late 1940s, he became increasingly interested in only the color of pictures he was making and was viewing. He explained: "In front of any painting, figurative or non-figurative I felt more and more that the lines and all

their consequences, the contours, the forms, the perspectives, the compositions, became exactly the like the bars on the window of a prison. Far away, amidst color, dwelt life and liberty."
Secondly, Klein was deeply engaged with various philosophies and religious traditions, including Eastern philosophies, Zen Buddhism, Catholicism and Rosicrucianism, an international brotherhood which combines religious practices and beliefs from Hermeticism, Christian Gnosticism and Jewish mysticism and claims that it has secret wisdom that has been handed down to them since ancient times. Klein was particularly obsessed from a young age with The Rosicrucian Cosmo-Conception (1909) by Max Heindel. Heindel's book has been described by the writer Thomas McEvilley as a "a psychological alchemy which aspires to set spirit free from solid bodies and restore it to the Eden of unity." It's argued that Klein, influenced by the text, believed, as an enlightened soul, he could inject something called "pure pictorial sensibility" into an artwork and then share it with others whose sensibility had also been enlightened.
Then there was Klein's interest in making a provocative gesture against the influential painting styles of France in the postwar period, since during this period, composition-less monochromes were definitely not an acceptable way to make art. In Paris, there were two major styles present: Surrealism and French interpretations of Abstract Expressionism, then ascendant in the United States.
Finally, there were the writings of Gaston Bachelard, which Klein discovered in 1958, far into the process of making the blue paintings, but which he considered one of the best ways to understand them. When asked why he made the series, Klein spoke of Bachelard's Air and Dreams. He explained in a 1959 lecture at the Sorbonne:
This is primarily a Mallarmean document in which the poet, living in 'contented world-weariness amidst oblivious tarns', suffers from the irony of blueness. He perceives an excessively hostile blueness which strives with an indefatigable hand to 'fill the gaping blue holes wickedly made by birds'. In the realm of the blue air more than anywhere else one feels that the world is accessible to the most unlimited reverie. It is then that a reverie assumes true depth. The blue sky yawns beneath the dreams, the dream escapes from the two-dimensional image; soon in a paradoxical way the airborne dream exists only in depth, while the two other dimensions, in which picturesque and painted reverie are entertained, lose all visionary interest. The world is thus on the far side of an unsilvered mirror, there is an imaginary beyond, a beyond pure and insubstantial and that is the dwelling place of Bachelard's beautiful phrase: 'First there is nothing, next there is a depth of nothingness, then a profundity of blue'...Blue has no dimension, it is beyond dimensions, whereas the other colors are not. There are pre-psychological expanses, red, for example, presupposing a site radiating heat. All colors arouse specific associative ideas, psychologically material or tangible, while blue suggests at most the sea and sky, and they, after all, are in actual, visible nature what is most abstract."[279]

Nous propose une structure, non plus matérique, comme Rauschenberg, ainsi que le note bien Hardiman, inspirée (on le voit parfaitement dans le titre: *Untitled (Night Blooming)*, c.1951[280]) de l'expressionisme abstrait et de sa narrativité (on pense notamment à celle des titres de Jackson Pollock: *Summertime: Number 9A*, 1948; *Autumn Rythm*, 1950; *Blue Poles*, 1952; *The Deep*, 1953; *Ocean Greyness*, 1953; *Greyed Rainbow*, 1953 - qui rappellent en cela ceux de Turner[281] -), mais inverse, de gommage de la touche et de l'expression, recherche parallèle, donc, à celle de Cage:

"Attiré par le bouddhisme zen et l'ésotérisme rosicrucien, Yves Klein réfléchit à un objet d'art réinvesti d'énergie spirituelle à l'époque de la "société de consommation".
Il opte, dès ses premiers essais picturaux, pour le monochrome dont la pureté des couleurs répond à cette quête d'absolu. Avant même d'en exposer, il publie en 1953, à Madrid, un recueil de dix planches monochromes de couleurs différentes intitulé "Yves Peintures" doublé d'un autre recueil identique intitulé "Haguenault Peinture".

En 1957, date du "Monochrome I.K.B.", il conçoit le bleu outremer (Brevet international Klein's Blue), dont l'intensité et la profondeur étaient censées abolir la distance entre l'œuvre, l'espace et le spectateur. La peinture est passée au rouleau pour éliminer toute marque, sur une toile aux bords arrondis et légèrement détachée du mur. Ainsi, "la présence du tableau envahit cet espace et le public lui-même" (Klein).
A partir de 1957, Klein multiplie des expérimentations artistiques visant à la dématérialisation de l'art dans lesquelles la "performance" acquiert autant d'importance que l'objet fini: ainsi les "Feux de bengale" (peintures de feu), les "Anthropométries" (pinceaux vivants), les "Monogold" (monochromes or), les "Cosmogonies" (peintures réalisées à l'aide d'éléments atmosphériques), ou encore les "Zones de sensibilité picturale immatérielle" qu'il cède contre un certain poids d'or fin et dont la valeur immatérielle est conservée si l'acquéreur brûle solennellement son reçu."[282]

"Klein, artista posmoderno que se adelantó a su tiempo, proyectó el arte en lo invisible, compuso la Sinfonía Monótona Silencio (Symphonie Monoton Silence), imaginó una "arquitectura del aire", presentó sus actividades en público, se pasó a la fotografía, y encargó "una documentación" destinada a registrar sus obras más efímeras. Su programa dejaba en un segundo plano la técnica particular del artista y se centraba más en la capacidad de este para fomentar un mito generador de obras de todo tipo: "Un pintor ha de pintar una sola obra maestra: su propia persona, constantemente, y convertirse en una especie de pila atómica, una especie de generador de radiación constante que impregna la atmósfera con toda su presencia pictórica, que se fija en el espacio tras su paso".
Preocupado por romper con toda forma de expresionismo, Klein "rechazó el pincel" prácticamente desde los inicios de su carrera porque era un instrumento que él consideraba "excesivamente psicológico" y empleaba rodillos, que eran "más anónimos" y le permitían "generar una 'distancia' entre [él mismo] y [sus] lienzos". Entre 1958 y 1960 perfeccionó una técnica que le permitió ahondar en esta idea: utilizaba modelos desnudos a modo de "pinceles vivos" (pinceaux vivants) que creaban marcas y huellas bajo su dirección. Las Antropometrías (Anthropométries), como las bautizó el crítico Pierre Restany, amigo de Klein, mantenían la separación insistente de Klein entre la obra y su propio cuerpo y también le permitían revivir el desnudo sin recurrir a los medios tradicionales de representación. Klein presentó una demostración de la técnica en la Galerie Internationale d'Art Contemporain de París el 9 de marzo de 1960, a la que asistieron unos cien invitados. Mientras los músicos interpretaban la Sinfonía Monótona Silencio, el artista vestido de esmoquin dirigía las acciones de tres modelos desnudas que esparcían la pintura sobre sus torsos y muslos y presionaban o arrastraban sus cuerpos sobre hojas de papel blanco. Además de un "monocromo corpóreo", las pinturas resultantes incluían huellas estáticas simples y rastros dinámicos de los cuerpos en movimiento."[283]

Toutefois, il n'est pas sans incidence que les séquences visuelles de mouvement de *Eyes in the Heat* (1946) et *Mural* (1943), dont la structure est reprise dans *There Were Seven in Eight* (c.1945), présentent un mouvement volumétrique circulaire de répétition qui peut bien, musicalement, préfigurer *Circles* de Berio et les nombreux cercles harmoniques-mélodiques des partitions de Cage et ses contemporains, tout comme les alternances de points, de barre ou de cercles peuvent être lus, dans la séquence des travaux de Kandinsky avec Schoenberg, comme des manières visuelles d'exprimer, non seulement le temps, mais la temporisation, chez Kupka ou Mondrian, notamment dans *Plans verticaux I* (1912-1913) et *Autour d'un point* (1911-1930)[284] du premier (*Autour d'un point* nous renvoyant à *Circles* et similaires), et dans la série *New York City* du second, dont son *Broadway Boogie-Woogie* (1943), en séquence, son *Victory Boogie-Woogie* (1944).

"*La thématique de la verticalité est omniprésente dans l'œuvre de Kupka et a sans doute contribué à son passage à l'abstraction.*
Elle apparaît dans son travail vers 1909, alors qu'il cherche à représenter le mouvement et à introduire la quatrième dimension, le temps, dans la peinture. S'inspirant de la technique de la chronophotographie d'Etienne-Jules Marey et des expériences futuristes (1), le peintre découpe l'espace de sa toile en une série de bandes colorées qui évoquent la succession des instants, comme dans Femme cueillant des fleurs I de 1909-1910 (également au Musée national d'art moderne).
Si cette thématique domine ensuite les toiles où il exprime sa spiritualité par des motifs tels que l'homme debout ou l'église gothique, à partir de Plans verticaux, elle est affirmée pour elle-même, les bandes verticales devenant autonomes, détachées de toute référence imitative.
Dans cette toile (Plans verticaux I), des plans violets, mauves, noir et blanc semblent se succéder dans un mouvement descendant, pour remonter ensuite, comme si ces rectangles prenaient leur élan pour se déployer dans un espace infini. Comme il le note dans son essai La création dans les arts plastiques, "coupées à angle droit ou par des diagonales, les verticales donnent une impression d'ascension ou de descente, renforcées encore là où les surfaces délimitées sont de couleur ou de valeur différente. Solennelle, la verticale est l'échine de la vie dans l'espace, l'axe de toute construction".
Par le biais de la verticalité, Kupka s'intéresse désormais à la fonction des formes dans la construction d'un espace proprement pictural, ce qui oriente son travail vers une abstraction géométrique.

Parallèlement au thème de la verticalité, Kupka travaille sur les mouvements circulaires.
En 1908, avec la Petite fille au ballon (Musée national d'art moderne), toile où la représentation du ballon en mouvement se transforme en une série de courbes entrelacées, il commence à explorer le motif du tournoiement. Cette recherche culmine avec Autour d'un point dont la composition tire son origine d'une forme végétale, une fleur de lotus et ses reflets dans l'eau. De nombreuses études et croquis amènent Kupka à traiter ce thème de manière abstraite, en insistant sur l'enchevêtrement de deux mouvements centrifuge et centripète qui expriment la gravitation à l'échelle planétaire et la croissance organique microscopique.
Elaborée à partir de 1911 mais retouchée jusqu'en 1930, et même vraisemblablement au-delà, cette toile (Autour d'un point) offre une synthèse des intérêts de Kupka pendant trois décennies: elle traite du mouvement des planètes qu'il étudie autour de 1910, des formes organiques qu'il aborde plus précisément à partir de la Première Guerre, mais aussi du dynamisme des machines qui marque son œuvre à la fin des années 20, et enfin d'un certain automatisme du tracé emprunté aux surréalistes.
Elle illustre la spécificité de l'abstraction de Kupka, à la fois fondée sur des lois scientifiques et des motivations métaphysiques."[285]

De fait, *Succession* (1935) de Kandinsky est très similaire visuellement à *Concert for Piano and Orchestra: Solo for Piano* de Cage. Tout comme ses *Compositions*, basées sur une correspondance entre les formes géométriques, les couleurs, et l'échelle des notes (visualité de pulsations harmoniques qu'isolera Cage dans la partition de son *Aria*), comme le montre le croquis d'un étudiant du Bauhaus de 1930[286] (avec l'antécédent[287] de clavier à lumières, ou "*Luce*", tel qu'il apparaît dans la partition, de 1915 d'Alexandre

Scriabine pour son *Prométhée ou le Poème du feu*[288]), se rapprochent très fortement des partitions de Cage (*Chance, Variations VI, Dereau #11*, voire *Ryoanji*) ou du *Treatise* de Cardew.

Le discours et le substrat mystique, bouddhiste, est aussi présent chez Klein, comme chez les autres artistes cités, notamment dans l'usage de la couleur bleue (symbole divin dès le XIXème siècle, de Victor Hugo à Rubén Darío), et dans son *Ex-voto* (1961):

"Les «reliefs-éponges bleus»
Dès 1956, Klein utilisa des éponges "naturelles" pour faire plonger la couleur sur la surface noyée de ses tableaux monochromes. Plus tard, il emploiera le rouleau. Mais à un moment donné, il découvrira la beauté plastique d'une éponge imbibée de son bleu outremer, et l'"unira" alors, directement, sur ses tableaux, métamorphosant de la sorte son outil originel et naturel - l'éponge -, qui l'aidait jusque là à appliquer sa peinture sur le support, - en un support de plus, amalgamé, indissociable, en "interdépendance" avec le fond et la couleur, interdépendance de chaque élément du cosmos comme l'enseigne la philosophe pan-indienne (ici, bouddhisme zen): «la seule réalité de l'univers est celle de la conscience; il n'y a donc rien d'autre à découvrir que la vraie nature de sa propre conscience unifiée." Klein nous invite à réfléchir sur l'origine et la fin d'une œuvre, - de toute Œuvre -, comme s'il voulait donner aux yeux de tous le sens de l'absurde, cette réalité dépassant le "logos", la logique et le langage, afin d'accepter l'expérience injustifiée de sa propre identification à un univers egocentrique mais "partageable", qui pour lui le sacre - ou l'initie - en tant qu'artiste.
L'éponge est comme prédestinée à être le support d'un élément qui la pénètre puisqu'elle en absorbe la couleur et participe au processus de création. Il crée ses premiers reliefs muraux composés d'éponges imprégnés de bleu, les "Reliefs-éponges bleus", pour la décoration du nouvel Opéra de Gelsenkirchen (1957-1959), de l'architecte Wermer Ruhnau.
Klein participe à un mélange des éléments du monde, qu'ils soient picturaux, naturels, il essaye, tel un poète, de faire valoir des «Correspondances» et leur matière fondamentale: l'outil qu'est l'éponge, donc, devient support, et le support qu'est le tableau deviendra outil, lui aussi, quand le corps sera peint «aussi». Car les œuvres de Klein qui vont suivre poseront une question unique, mais extrêmement complexe: le corps-créateur est-il l'outil de la Nature, ou son résultat ultime, ou son semblable, ou n'est-ce-pas tout ce qui fait la Nature qui est au fond une fête cosmique des sens, où chacun est convié pour s'élever «sans attendre»? L'art est le fait de vivre dans le temps, les champs de l'expérience multiple. C'est ce que l'artiste nommera les «Anthropométries».

Les «Anthropométries», ou l'esthétique du corps d'Yves Klein
Les «Anthropométries» sont des empreintes sur le papier, ou la toile, de modèles féminins, nus, enduits au préalable de couleur. On doit ce titre («Anthropométrie»), au critique d'art Pierre Restany; il inventa ce mot le 23 février 1960, jour où Klein demanda pour la première fois au modèle qu'il venait de peindre en bleu, de presser son corps sur une feuille de papier; nous pouvons comprendre qu' «avec ses expériences du «pinceau vivant», l'artiste veut intégrer directement dans l'image la vitalité du corps et le caractère spontané de l'idée créatrice».
Klein déclara que comparé aux arts figuratifs, il libérait les modèles nus féminins car il les laissait agir sur son œuvre alors que les peintres figuratifs créaient leurs œuvres à partir de leur corps exposé et immobile.
Il y a comme un «retour au(x) source(s)», car ce type de travail plastique peut être compris comme reflet des «pochoirs de mains» que l'homme de la préhistoire concevaient "avec ses" mains (rapport interchangeable entre l'outil et le support), avec sa bouche et la peinture crachée, pour révéler l'empreinte "présente" de ses mains "absentes" de créateur: l'artiste est fait pour se retrouver, non pas, en lui-même, mais hors de lui, hors de la Nature, bien qu'en y posant son corps, sa pensée, qui ne sont rien sans la matière et l'énergie de la Nature, - Créatrice de créateurs, eux qui La "transforment",

mais en La "déshabillant", en La "révélant" tels qu'ils sont, avec "désir" d'amour, d'Union. Car si le «retour au(x) source(s)» à plusieurs sources justement, c'est aussi parce que l'art de Klein veut embrasser l'idée que le corps vivant et la Nature doivent aboutir à faire l'Un (pour que «cette âme universelle colore» «Projet de ballet sur aspect de fugue et chorale», Yves Klein, «Dimanche, le journal d'un seul jour», paru le 27 novembre 1960, et que l'esprit n'est qu'un «corps subtil», ainsi défini dans la philosophie pan-indienne (zen donc, aussi): la psyché se comprend quand elle «voit» le corps spirituel, intellectuel, conceptuel, de l'œuvre d'art (mythe, poème, peinture, etc.), fruit d'une autre personnalité "s'exprimant"; c'est pourquoi Klein dira - citation que l'on peut prendre comme un écho de ses "Anthropométries" - qu' «'il a sucé le goût de la peinture avec le lait maternel». Il ne peut échapper à sa condition d'artiste, et il n'est pas libre de voir "autrement": même un corps féminin "peut être" un «pinceau» révélant son monde bleu.

Toutefois, puisqu'il y a un parallèle esthétique et plastique entre les «mains-pochoirs» de l'artiste préhistorique et les "Anthropométries" de Klein, il est à noter que Klein ne représente pas les mains: «'Bien sûr, tout le corps est constitué de chair, mais la masse se trouve essentielle, c'est le tronc et les cuisses. C'est là où se trouve l'univers réel caché par l'univers de la perception.» (cette vision se rapproche de notions japonaises que sont le "Katas" et le "Hara"). De plus, dans l'art préhistorique le bleu est peu utilisé, comme dans l'art des peuples qui ne connaissent pas l'écriture, car peu de matériaux permettent d'en obtenir la couleur "Encyclopédie des symboles", (éditions Le livre de poche).

Exposition du «Vide pur et simple»
"Invisible et intangible, cette immatérialisation du tableau doit agir, "
"si l'opération de création réussit, sur les véhicules ou corps sensibles des visiteurs de l'exposition,"
"avec beaucoup plus d'efficacité et de force que les tableaux physiques, ordinaires et représentatifs habituels" (Yves Klein)

La démarche de Klein allait toujours vers l'immatériel, vers l'illimité. C'est ce qui ressort de l'exposition qu'il organisa à la galerie Iris Clert à Paris en avril 1958. Cette exposition était intitulée «le Vide pur et simple» et, lors de l'avant-première, les invités découvrirent effectivement la réalisation "à la lettre" de cette annonce de Klein. Les murs de la galerie étaient parfaitement vides et l'espace n'était rendu «sensible» que par la "présence" de l'artiste.

De même qu'un poète est poète - non pas parce qu'il écrit en rime ou en vers - mais parce qu'il travaille sur le monde des mots "et" des sensations, "ne pouvant faire autrement", de même un peintre est peintre parce qu'il "est" peintre, et non parce qu'il "peint". Klein veut que la sensibilité du spectateur soit sans «'recoins, (...) comme l'humidité dans l'air», dissolution dans l'omniprésence de la sensibilité, qui connaîtra son pic avec son "saut dans le vide", et le souhait d'une lévitation universelle inspirée à Klein en grande partie par la philosophie cosmogonique de Heindel, proche parente des Rose-Croix.

En 1960, c'est en tant que «'fête de l'espace - ouvert, illimité, cosmique - que Klein propose son théâtre du vide». Il donne à voir le lancement de son spectacle en publiant, et en distribuant par le biais des kiosques, un journal d'un jour, semblable à première vue à n'importe quel quotidien; une photographie (truquée) se trouve en première page, elle illustre l' "action" de Klein chutant dans un vol plané sur le fond d'un pavillon de banlieue, accompagnée de cette légende: «'Le peintre de l'espace se jette dans le Vide»; on y trouve aussi une toile monochrome (d'une trame grise, puisque issue du processus de reproduction de l'époque), soulignée du message: «'ESPACE, LUI-MÊME». L'artiste s'approprie, même dans les "Interstices" de la banalité d'un journal voulu "a priori", le monde, puisqu'il veut irradier "en tant que lien" la magie, la Beauté, que sont toutes les expériences sensibles conçues par "et" pour la Nature, cette Nature traduisible par: «Ensemble de tout ce qui existe», ou «tout ce qui existe dans l'univers sans l'intervention de l'homme», que l'on peut peut-être tenter de caresser par cette phrase de Musset: «'l'art est constamment en-dessous de la nature». Car le message de Klein, comme il le dira, est «'la présentation au public de cette sensibilité picturale, de cette "énergie poétique", de cette matière libertée impalpable à l'état non concentré, non contracté».

L'art de Klein est un "peu" plus qu'une exposition: c'est «une prière à se rendre», c'est-à-dire - une invitation, "déjà" présente dans le «vide», - l'Impossible-à-tenir, le «Vide» ou l' "Énergie" pure. Pour un élargissement des notions et des correspondances avec la conception de l'«Art» et du «Monde» de Klein (qui sont pour lui "similaires"), précisons qu'«énergie» se traduit en sanskrit par "Shakti", qui est un des noms de la Déesse-Mère en Inde, - Identité de la

Nature primordiale ("Prakriti"). C'est pour cette raison que Bouddha est représenté portant un "tilak" (marque sacrée que l'on porte sur le front à l'endroit du «troisième œil») "circulaire et de couleur rouge" - symbole des dévots indous de la "Shakti/Prakriti" («Energie/Nature») - le Bouddha axant justement sa sagesse sur la compréhension de l'«Ephémère-permanent», - c'est-à-dire: La Nature/"Prakriti", l'Energie/"Shakti", bref, en un mot: la Déesse, souvent représentée par la Déesse "Durgâ" («l'Inaccessible»), nommée aussi "Mahâ-Mâyâ", la «Grande Illusion» ou le «Grand Art», cela est explicite par ce jeu avec le vide, comme on vient de le voir, mais osons affirmer qu'il a bien pris racine dans la foi en la couleur que Klein entretenait, cette couleur qui n'est rien d'autre qu'un "caractère" de la «Lumière» - "Deus" en latin, Dictionnaire illustré latin-français Félix Gaffiot, article «deus». -, de Dieu, finalement, de l' «âme universelle». Klein travaille la forme de sa divinité qui est de race infinie: «'mes tableaux sont les cendres de mon art» (Yves Klein). Comme des fenêtres sur le paysage d'un espace unique et voulu seuil de la conscience à découvrir. On peut rajouter que Klein transformait souvent ses séances de pratiques plastiques ("Anthropométries", etc.) en manifestations publiques, et l'on peut considérer ces événements comme étant les premiers «happenings».

Les «Cosmogonies»
Klein devait dire par la suite: «'En résumé, mon intention est double: tout d'abord enregistrer l'empreinte de l'affectivité de l'homme sur la civilisation actuelle, puis consigner les traces de ce qui a précisément engendré la même civilisation, c'est-à-dire celles du feu, et tout cela parce que ma préoccupation essentielle a toujours été le vide, et je tiens pour certain qu'au cœur du vide il y a comme dans le cœur de l'homme des feux qui brûlent." Ecrit à New-York en 1961. Tiré du catalogue de l'exposition «Yves Klein», galerie Iolas, Paris 1965.
Cette déclaration fut écrite lors de l'exposition d'un groupe de peintures dans lesquelles Klein avait puisé dans les forces vues culturellement comme étant «naturelles», pour réaliser ses effets de passage et de matière - ses «'cosmogonies»: un lance-flammes, de la pluie tombant sur une toile qu'il avait fixé au-dessus d'une voiture lancée à travers les routes par mauvais temps, bref, tout ce qui dévoilait ses choix dans le contexte d'une rencontre, avec la puissance technique maximale d'une Culture donnée, "et" le minimum de moyens, - «minimum» puisque issus des énergies propres à la Nature. L'artiste est "juste" là pour nous rendre audible l'osmose des éléments "qu'il souhaite".

«Ex-Voto», une œuvre pour offrande
Retrouvée en 1980 dans le dépôt des offrandes du monastère, son œuvre "Ex-voto" a été la conclusion de son travail, réunissant toutes ses idées en une seule et même œuvre (rappelant en cela la "Boîte-en-valise" de Marcel Duchamp et la haute mission qu'il assigna à l'art: une «'mission para-religieuse à remplir: maintenir la flamme d'une vision intérieure»). Il l'a réalisée pour l'offrir au sanctuaire de Sainte-Rita à Cascia, en 1961. Cette œuvre est composée de ses trois couleurs, rose, bleu et or, avec une liste des noms de toutes ses œuvres ainsi que d'un vœu, d'une prière personnelle, d'un Remerciement pour la Grâce, confirmant la pleine et sincère religiosité de son expression artistique, toute de grandeur vêtue par son humilité - sans espoir et dévouée - de créateur:
"1961, fév. Y.K.»
Lors de son voyage en Italie, Klein reçut un choc: le bleu ultramarin de la Méditerranée l'enchanta. Puis, dans l'église de l'Arena, à Padoue, le bleu outremer des fresques de Giotto lui inspira l'idée de la monochromie.
"- Le bleu, l'or, le rose, l'immatériel. Le vide, l'architecture de l'air, l'urbanisme de l'air, la climatisation de grands espaces géographiques pour un retour à une vie humaine dans la nature à l'état édénique de la légende. Les trois lingots d'or fin sont le produit de la vente des 4 premières zones de sensibilité picturale immatérielle."
"- A Dieu le père tout-puissant au nom du Fils, Jésus-Christ, au nom du Saint Esprit et de la sainte Vierge Marie."
"- Par sainte Rita de Cascia sous sa garde et protection, avec toute ma reconnaissance infinie. Merci. Y.K."
"- Sainte Rita de Cascia je te demande d'intercéder auprès de Dieu, le père tout-puissant afin qu'il m'accorde toujours au nom du Fils le Christ Jésus et au nom du Saint Esprit et de la sainte Vierge Marie la gr-âce d'habiter mes œuvres et qu'elles deviennent toujours plus belles et puis aussi la gr-âce que je découvre toujours continuellement et régulièrement toujours de nouvelles choses dans l'art chaque fois plus belles même si hélas je ne suis pas toujours digne d'être un outil à construire et créer de la Grande Beauté. Que tout ce qui sort de moi soit beau."

"Ainsi soit-il. Y.K."

"- Sous la garde terrestre de sainte Rita de Cascia: la sensibilité picturale, les monochromes, les IKB, les sculptures éponges, l'immatériel, les empreintes anthropométriques statiques, positives, négatives et en mouvement, les suaires. Les fontaines de feu, d'eau et de feu - l'architecture de l'air, l'urbanisme de l'air, la climatisation des espaces géographiques transformés ainsi en constants édens retrouvés à la surface de notre globe - le Vide."

"- Le Théâtre du vide - toutes les variations particulières en marge de mon œuvre - Les Cosmogonies - mon ciel bleu - toutes mes théories en général - Que mes ennemis deviennent mes amis, et si c'est impossible que tout ce qu'ils pourraient tenter contre moi ne donne jamais rien ni ne m'atteigne jamais - rends-moi, moi et toutes mes œuvres, totalement invulnérable. Ainsi soit-il."

"- Que toutes mes œuvres de Gelsenkirchen soient toujours belles, de plus en plus belles et qu'elles soient reconnues comme telles de plus en plus et le plus vite possible. Que les fontaines de feu et murs de feu soient exécutés par moi sur la place de l'Opéra à Gelsenkirchen sans tarder - Que mon exposition de Krefeld soit le plus grand succès du siècle et soit reconnue par tous."

"- Sainte Rita de Cascia, sainte des cas impossibles et désespérés merci pour toute l'aide puissante, décisive et merveilleuse que tu m'as accordée jusqu'à présent - Merci infiniment. Même si je n'en suis personnellement pas digne; accorde-moi ton aide encore et toujours dans mon art et protège toujours tout ce que j'ai créé pour que même malgré moi ce soit toujours de grande beauté."

"Y.K."

Klein et la pensée du Sud-Est et de l'Est asiatique
Le rapport esthétique d'Yves Klein avec la philosophie zen (forme du bouddhisme mahâyâna au Japon)
Le rapport esthétique d'Yves Klein avec la philosophie japonaise et le mysticisme chrétien est "visible", du moins si l'on considère que l'artiste s'en est inspiré, et non pas qu'il s'y soit immergé pour y mourir et renaître, - ce qui aurait probablement valu à Klein de ne jamais connaître la moindre "reconnaissance" de son vivant; mais, dans tous les cas, il nous donne bien à voir la réalisation d'une inspiration "personnelle et artistique". Car, malgré sa mort prématurée, les exemples qu'il a donnés - relatifs aux théories spirituelles d'Orient et d'Occident - sont nombreux, et crient toujours la présence muette de la couleur toute-puissante, des corps absents mais dont les empreintes demeurent comme les traces «célestes» de ses désirs, que l'on pourrait tout autant qualifiés de «terrestres». Ainsi, il existe une étrange similitude entre les "Monogolds" de Klein et les simples écrans dorés produits parfois par les Japonais. Cela révèle évidemment «'le lien qui unit le transcendantalisme cosmique de Klein et la philosophie du zen", qui n'est pas le fruit du hasard: outre son travail d'artiste, Klein était un expert en judo (il écrivit d'ailleurs un livre à ce sujet). L'élément fort de la provocation dada, était ainsi équilibré par un certain abandon "actif" au quiétisme, doctrine mystique désirant la présence de Dieu, de manière confiante et passive, - contemplative.

Le «Vide»
Comme il a été évoqué plus haut, le «Vide» chez Klein est un concept fondamental. Or, la trame principale de la philosophie du Mahâyâna (le «Grand Véhicule» du bouddhisme) demeure l'idée de Vacuité (en sanskrit "sunyata", «zéro»), selon laquelle les réalités composées sont non seulement «vides de soi» "Encyclopédie des religions", Gerhard J. Bellinger, éditions Le livre de poche, mais aussi tout Ordre ("Dharma", «Kosmos» grec); il n'existe aucune contradiction, toute dualité se révèle illusoire, illusoire, c'est-à-dire, dans la dialectique pan-indienne: magique, liée à l'expérience, à l'Histoire, au temporel - et dont les valeurs et les choses, qui sont issues de cette Illusion (au sens noble du terme), sont parfaitement "relatives", selon le lieu, l'époque, les êtres. La réalité "telle qu'elle est" dépasse tous ces binômes, (ainsi que le "logos", source de ces contraires), bien qu'étant la base fondamentale de toute chose, du «blanc» et du «noir» autant que du «gris».
L'esthétique de l'«imprégnation» de Klein, par cette couleur bleue qui "veut tout imprégner" sous le regard - et la volonté - de l'artiste nous exposant l'Œuvre de "son" choix, relève bien de cette pensée à la fois religieuse (voulant "relier") et profondément intime. Mais la confidence est celle du monde proposé.

Enfin, il n'est pas inutile d'indiquer que, dans le bouddhisme «tibétain» (bouddhisme «tantrique», ou, selon le terme adéquat: "Vajrayâna", c'est-à-dire «Véhicule du Diamant»), le bleu est la couleur qui indique la sagesse transcendantale, "vairocana", qui s'est délivrée de toutes les illusions et qui atteint la "vacuité" que symbolise alors cette couleur. Renvoyant du même coup à ce qu'exprima Gerd Heinz-Mohr: le bleu est «'la couleur la plus profonde et la moins matérielle, le médium de la vérité, la transparence du vide futur: elle est dans l'air, dans l'eau, dans le cristal et le diamant. C'est pourquoi le bleu est la couleur du firmament. Zeus et Yahwé" YHWH, de la racine היה "hyh", équivalente au verbe "être", d'après Shmuel Bolozky, "501 hebrew verbs fully conjugated", p. 149. De même, "Satyâm" en sanskrit signifie «Vérité», - "Sat-" voulant dire «Être»: "Satyâ-vaci" («Voix de la Vérité») est un des noms du dieu Krishna ainsi que la définition du nom du dieu Râma ("Râm nâm satyâ hai", «le nom de Râma est vérité», vers du poète hindi Tulsidâs), dieux-immanents ou avatârs de Vishnu qui - faut-il le rappeler - ont une peau noire "si" sombre qu'elle "paraît" bleue, couleur de l'amour divin en Inde. Dans le Rajasthan, les maisons peintes en bleues représentent traditionnellement la demeure d'une famille de brâhmanes, - les brâhmanes («deux-fois-nés» par excellence) étant la Parole et la Pensée "sacrées" du Corps de la société (hindoue), communauté liée à l'enseignement du "Brahman", - «l'âme universelle», «l'Absolu»: Exemple de la ville de Jodhpur, Rajasthan."[289]

Comme *Autour d'un point* de Kupka, reprenant implicitement le thème japonisant des *Nymphéas* de Monet, renvoie, comme *Water Walk*, à la question de l'eau, ainsi en est-il également, donc, de Klein qui "*veut enregistrer les traces du vent, de la pluie et du mouvement*" avec une toile tendue sur le toit de sa voiture, mais encore dans les annotations pour ses *Cosmogonies*[290], qui reprennent la même idée en la développant:

"*Dans les Cosmogonies, Klein capture sur la toile les traces du vent et de la pluie, et poursuit ses expérimentations avec les éléments naturels, dont fait partie son dernier groupe d'œuvres baptisé Peintures de feu. Ces œuvres, qui s'intéressent aux phénomènes passagers et universels, sont nées d'actions spectaculaires et, comme les Anthropométries, révèlent l'importance que Klein accordait à l'action. Les œuvres ici exposées sont aussi des reliques, car, comme le disait Klein lui-même: «Mes tableaux sont les 'cendres' de mon art».*"[291]

On comprend, bien sûr, que cette mise en scène silencieuse des traces de l'action de la nature (*natura naturans*) sur le support (*natura naturata*) assume, matériquement et visuellement, le projet que *4'33"* essaie de mettre en place, conceptuellement et musicalement.

Ce processus d'imprégnation[292], central dans l'oeuvre de Klein dès les *Monochromes*, bien que moins perceptible dans ceux-ci[293], marque un lien direct avec la qualité que nous avons essayé de montrer, à propos de l'oeuvre de Cage, entre l'*ostinato* et la ligne mélodique. On peut dire que ladite *natura naturans*, chez Klein, y tient le rôle d'*ostinato*, le support celui de portée où s'exposent les pulsations harmoniques superposées d'intensité (plus ou moins marquées), ponctuation (plus ou moins espacées) et durée (plus ou moins longues ou courtes).

On retrouve ainsi, parallèlement, aussi chez Klein, dans les *Reliefs planétaires*[294] un projet similaire à ceux de Cage dans *Atlas Eclipticalis* et *Music Walk*.

Dialectisant, à présent, la théorie de Solomon sur la structure de *4'33"* inspirée des *Monochromes* de Rauschenberg, il faut noter, non seulement que celui-ci divise différemment ceux-ci, parfois en poliptyque (de sept panneaux), parfois en triptyque, parfois en diptyque, parfois en quatre carrés égaux, et parfois il ne les divise pas[295].

D'autre part, divisant également ses oeuvres[296], il faut rappeler que, dans les mêmes années, Barnett Newman réalisait identiquement des oeuvres monochromes, dont *The Voice* (1950)[297]; ce qui confirme, en général, l'antérieure approche génétique en sa forme plurielle, révélant non plus seulement une inspiration unique (de Cage) ou partagée (Cage-Rauschenberg), mais un intérêt systématique des artistes d'une époque autour de ce qui en devient, donc, par le fait, un thème.

On notera le choix, intéressant, du titre par Newman; si on le compare à celui de *Voice of Fire* (1967) du Pavillon États-Unien à l'Exposition Universelle de Montréal[298], qui conserve les couleurs du drapeau national bleue et rouge, mais sans le blanc, et en le rapprochant thématiquement de l'oeuvre de Klein, on comprend que le blanc y symbolise la voix neutre, avant la couleur, un peu comme le point gris chez Paul Klee[299], confirmant ainsi notre analyse de *4'33"*, comme un objet également d'affirmation du substrat musical de la nature, l'*ostinato*, encore une fois, sous la trame mélodique imposée par le compositeur, c'est le flot de l'eau du langage primordial pour les Dogons, le bruit et l'élément le plus recherché par Kupka, Klein ou Cage.

Les autres couleurs, ici le rouge et le bleu, renvoyant aux valeurs d'élément actif, qu'elle qu'en soit l'interprétation (le plus proable, et positif: feu du pouvoir national et de la passion patriotique; ou, plus négatif: feu de la guerre et des Nations).

On note qu'ironiquement la narrativité burlesque d'Allais dans son *Album*, notamment en ce qui concerne le blanc ("*Première communion de jeunes filles chlorotiques par un temps de neige*"), réapparaît, disons en forme voulue sérieuse chez Conner, notamment dans l'oeuvre, également en camaïeu de crèmes: *Untitled D-1 (Ink drawing made to be hung in the sun to disappear over time)* de 1965-1971, lié aux concepts implicitement matériques de l'oeuvre, à rapprocher des *Cosmogonies* de Klein, et à la matérialité, de même (et paradoxalement, par l'opposition bien notée par Hardiman entre les intentions inverses des deux artistes par rapport à leurs respectifs monochromes), des *Monochromes* de Rauschenberg.

Mais, plus encore, la référence aux éléments naturels, ici le soleil, renvoie doublement aux préoccupations planétaires (en tant, également, que mystiques) de Klein ou Cage, et à celles, chez ces deux mêmes auteurs, autour de la représentation, sans *touche* ou, pour le dire dans le cadre des débats classiques sur l'art, *maniera*, par l'effet direct de l'espace-temps de Duchamp et Cage, ou du temps, que ce soit de Moholy-Nagy avec son *Modulateur*[300], ou de Kupka, c'est-à-dire, encore, dit formellement de la *natura naturans*, et musicalement du *basso ostinato*.

On comparera à *La maison qui tue* (*The House That Dripped Blood*, 1971, Peter Duffell), la première des cinq parties préfigurant (et a peut-être directement inspiré) la récurrence du motif de l'écrivain enfermé dans une demeure chez Stephen King et y acquérant une seconde et obscure personnalité (*The Shining*, 1977; *The Dark Half*, 1989; "*Secret Window, Secret Garden*" de *Four Past Midnight*, 1990).

On y trouve, comme *The Big-Bang Theory* dans un de ses épisodes, au travers de l'effet qu'elle produit sur le personnage de Sheldon, se moque de la récurrente harpe pour représenter les *flash-backs* dans les séries télévisées des années 1960-1970, l'orgue, instrument propre des films d'horreur de ces mêmes années. Or, à cet instrument, dont le son évoque l'universalité religieuse de la ligne mélodique, s'associe au trait harmonique, au premier plan, du son ponctué de l'horloge, marque du temporel, de l'effroi immédiat (les battements rythmiques qui rendent fou le protagoniste dans "*Le Cœur révélateur*", 1843, de Poe; "*L'Horloge*" de Baudelaire, dernier poème de la première section: "*Spleen et idéal*" des *Fleurs du Mal*, 1857, et sa mise en musique sur l'album *Ainsi soit je...* de 1988 de Mylène Farmer), créant ainsi, d'un point de vue formel (auditif), dissonance, et, par conséquent, surenchérissant sur le malaise émotionnel situationniste propre du genre.

Cet universel (l'orgue dans le film de Duffell) de la "*natura naturans*" se retrouve encore, cette fois comme ligne mélodique inaudible (c'est-à-dire impossible à écouter, car antimusicale) intégrée par des accords harmoniques au second plan de cuivres, notamment, qui interviennent de manière polyphonique, dans les musiques d'Alain Bashung, notamment dans les chansons de son album *Play Blessures* (1982).

Les scuptures lisses de Henry Moore et les *Colonnes* ou *Deux Plateaux* de 1986 du Jardin du Palais-Royal par Daniel Buren, qui, s'intégrant à l'espace urbain ou des parcs, les ponctuent dans une forme sérielle liée aux séquences mathématiques de l'art conceptuel, marquent bien le lien entre la musique et les arts visuels, tout comme les essais de Kandinsky et de Mondrian. Tout comme les *Trois morceaux en forme de poire* (1903) de Satie[301] ou les *Estampes* (1903-1904)[302] et les *Images* (1905-1907) [303] de Debussy le font par leurs titres.

On peut parler d'une certaine visualité des mouvements de la notation sur la portée dans les *Images*, comme aussi dans la *Suite Bergamasque* (1890-1905) [304] avec son *Clair de Lune*[305] et également dans la *Rêverie* (1905)[306] ou les *Douze Études*[307] du même Debussy, les *Études d'exécution transcendante, S.139* (1826-1850)[308], la *Rhapsodie hongroise No 2 S. 244/2* (1847)[309], le *Rondo Fantastique sur un thème espagnol "El Contrabandista" S. 252*[310], les *Réminiscences de Norma*[311] et les *Réminiscences de Don Juan, S.418*[312] de Liszt, l'*Ouverture de Guillaume Tell* de Rossini transcrite par Liszt[313], la *Sonate No.21 en Do Majeur, "Waldstein"* de Beethoven[314], les *Études Op.10* et *Op.25*, les *19 Valses* dont notamment l'*Op. 64 No 2*, le *Nocturne Op.9 No.2*, la *Polonaise-Fantaisie Op.61*, les *24 Préludes Op.28*, l'*Op.25 No 12 (Océan)*, les *Quatre Ballades* et les *Quatre Scherzi* de Chopin[315], les *Variations sur un Thème de Chopin Op.22*, les *10 Préludes Op.23*, les *Moments Musicaux Op.16 No. 4* et l'*Élégie Op.3 No 1* de Rachmaninoff[316], les *Miroirs,* les *Valses Nobles et Sentimentales* et *Gaspard de la Nuit* de Ravel[317], les *Quatre Impromptus Op.90* de Schubert[318], *Kreisleriana Op. 16* de Schumann[319], la *Sonate No 3 en Fa Mineur* (qui semble reprendre, en l'avivant et la ponctuant, celle en *Fa Mineur K.466* de Scarlatti, il suffit, pour s'en convaincre, de superposer l'écoute des deux[320] pour voir combien elles se mêlent harmoniquement) et les *Variations sur un Thème de Paganini Op.35* de Brahms[321], les *24 Préludes Op.11*, les *8 Études Op.42*, le *Concert pour Piano en*

Fa dièse mineure Op. 20 et *Le Poème de l'Extase* de Scriabine[322], les *Préludes pour Piano* de Messiaen[323], le *Trio pour Piano No 1 en Ré Mineur* et *No 2 en Do Mineur* de Mendelssohn[324], les *Six Pièces pour Piano Solo* de Respighi[325], les *Trois Études Op.18*, les *Trois Burlesques Op.8* et la *Sonatine* de Bartók[326], le *Concert pour Piano en Mi Majeur Op.59* de Moszkowski[327], la *Java Suite* de Godowsky[328], les *Décorations* de John Ireland[329], les *6 Skazki, Op.51*, les *Mélodies Oubliées III Op.40*, les *Skazki* et la *Sonata Minacciosa Op.53 No 2* et la *Sonate-Ballade in Fa dièse Majeur No.8* de Nikolai Medtner[330], *L'Alouette* de Kissine[331], les *4 Études Op.4*, la *Sonata pour Piano No 2, Op.21*, le *Quatuor à cordes No 1 Op.37* et les *Métopes, Op.29* de Karol Szymanowski[332], *Le Carnaval des animaux*, l'*Allegro appassionato Op.70* et *6 Études, Op. 52 et Op.111* de Saint-Saëns[333], et, antérieurement, la *Chaconne en Ré Mineur* de Bach[334]. Provoquant, dans tous ces morceaux, un même renforcement de la répétition notale, que l'on pourrait rapprocher d'un "*fibré tangent*" en mathématiques, propre à l'organisation de formes visuelles, comme, par exemple, pour le cercle, en boucles[335], c'est-à-dire dans une description fractale, que l'on retrouve, en arts, chez Vasarely (chez qui, précisément, le travail de fractalisation provoque des mouvements d'onde des images[336], notamment dans la gouache sur carton *Le Zébre* de 1950 ou la peinture sur verre intitulée *Sorata-T* de 1953[337]), et, en musique, dans les partitions dessinées des auteurs cités, dont Cage, Berberian ou Cardew.

On note ainsi que le final des *Estampes* de Debussy et de *Le Poème de l'Extase* de Scriabine jouent fondamentalement de cette ligne de répétition comme forme supérieure d'expression. Ce qu'accentuent, visuellement, au contraire, dès le début, les *6 Études* de Saint-Saëns.

En général, les oeuvres pour cordes, notamment les *Quatuor à cordes No 1* et le *No 2 "Kabardinien"* de Prokofiev[338], le *Quatuor à cordes No 6* de Bartók[339], le *No 14 Op.131* de Beethoven[340], le *No 8* de Dmitri Shostakovich[341], le *No 2* d'Alexandre Borodine[342], le *No 8* de Shostakovich[343], le *No 1 en Sol Mineur* d'Edvard Grieg[344], celui *en Fa Majeur* de Ravel[345], celui en *Sol Majeur* de Debussy[346], l'*Octuor à cordes en Mi Bémol Majeur* de Mendelssohn[347] ou le *Quatuor pour cordes La Mort et la Jeune fille* de Schubert[348], présentent cette même structure de répétition et d'insistance de l'*ostinato*.

III. CONCLUSION GÉNÉRALE AU VOLUME

> "*Silence is the perfectest herald of joy. I were but little happy if I could say how much.*"
> (Shakespeare, *Much Ado About Nothing*, Acte 2, Scène 1)

Nous avouons n'avoir jamais très bien saisi, au-delà d'une sorte de "*distinction*" puérile et fomentée par les maisons de disques pour vendre leurs derniers exemplaires avant la disparition complète des vinyles, pourquoi, à partir des année 1980 le public a semblé considérer que le bruit du diamant sur le vinyle, qu'auparavant absolument personne n'appréciait, et cela était logique (parce qu'il empêchait d'entendre correctement la musique, et en outre était le signe apparent que le disque commençait à être rayé, c'est-à-dire perdu pour l'écoute), ajoutait une sorte de charme rétro.

Sans doute pourrait-on supposer que la mode du *scratching* des premiers D.J.s y fut pour quelque chose. Nous ne le croyons que modérément.

Toutefois, dans le récent film *#Stuck* (2014, Stuart Acher), lorsque l'héroïne découvre dans l'appartement de celui qui va devenir son amant d'une nuit un tourne-disque s'émerveille sur le bruit, selon elle très romantique, du diamant sur le disque.

Il ne fait pas de doute que c'est le même principe que nous propose Cage dans *4'33"*: ne pas écouter la musique, mais les bruits qui se génèrent dans l'avant et l'après (qui, en réalité, ici devient un pendant) l'oeuvre.

Ce n'est, au fond, rien de plus que les silences d'articulation de la musique baroque, abondamment théorisés par les propres compositeurs de l'époque.

En cela, comme souvent dans son oeuvre, notamment dans *Water Walk* (bien que pour d'autres raisons), Cage conserve une structure très classique. Ceci pour l'histoire des formes.

On trouve dans la *Symphonie pour un homme seul* (1949-1950) de Schaeffer, notamment dans le neuvième mouvement[349], intitulé *Apostrophe*[350] (1'46"-2'04"), un usage similaire, mais plus direct, puisque mise en place par la scénographie même du morceau musical (systématicité de rythme recherchée par Schaeffer et présente dans l'*Étude au chemin de fer* de 1948[351], par le bruit répétitif du train), et non par le hasard plus pur des bruits, non prévisibles, pourtant considérés par les *4'33"*, des voix, féminines et masculines, se répondant (s'apostrophant), en-deçà et au-delà de la ligne mélodique formée, à son tour, par l'entrecoupage instrumental et des bruits d'objets.

En outre, dans le sens général de notre démonstration, la présentation de *Water Walk* par Cage dans le programme de télévision *I've Got A Secret* (Janvier 1960)[352] montre clairement le lien entre les origines du jazz, qui utilise des instruments quotidiens, et la musique concrète, notamment chez Cage, donc, ici, donnant ainsi un point d'appui à notre raisonnement sur la conception du silence dans *4'33"* comme recours à la ligne harmonique implicite du monde environnant.

Les films d'Abel Ferrara (*Ms-45*, 1981; *The Addiction*, 1995) inversent cette structure de Cage dans *4'33"*, puisqu'au lieu de donner la "*voix*" à la structure immanente, souterraine, de la musicalité non écrite harmonique, ils illustrent, dans leurs premières images, par une musicalisation mélodique (de chansons) les images de la rue (cette harmonie du silence chez Cage) où, en général, les hommes essaient d'attirer sexuellement les héroïnes. Notre idée est, à notre sens, confirmée, par le commentaire, de l'héroïne de *The Addiction* à son professeur alors qu'ils écoutent un violoncelliste (symbole même de l'harmonie - de contrebasse - au sens où nous l'entendons ici) dans un bar où il l'a invitée. Alors qu'il lui reproche son silence, elle lui dit d'essayer de l'analyser, car (24'24"-24'29"):

"*Silence hast wo aspects one according to Sartre, the other to Max Picard.*"

Or, non seulement cette doubleté nous renvoie bien à la relation harmonie-mélodie que nous décrivons, mais elle fait référence, d'une part, à la phrase de Sartre:

"*... chaque parole a des retentissements. Chaque silence aussi.*"[353]

Et, de l'autre, à la position de Picard dans *The World of Silence* (1952):

"*Silence provides a natural source of re-creation for language, a source of refreshment and purification from the wickedness to which language itself has given rise. In silence language holds itsbreath and fillsits lungs with pure and original air.*"[354]

Les deux positions nous remontent à notre démonstration: le silence est, d'une part, une respiration, et de l'autre une déclaration ([bien que] muette). Le non-dit, plus que silence absolu, est donc une démonstration de repos et de respiration face et pour la postulation postérieure (ou antérieure). C'est donc bien cet accompagnement (signifiant, contenant/ligne harmonique) logique du message (signifié fort/ligne mélodique).

Mais c'est aussi le travail ouvert par les avant-gardes sur l'utilisation des bruits extérieurs, et celui, parallèle, de Klein sur le vide, à son tour provenant d'une tradition de fin de siècle beaucoup plus ample, qui touche tous les arts[355] (rappelons, ainsi, de nouveau, que la *Symphonie* de Klein fut présentée conjointement avec ses *Monochromes*). On pourrait ainsi, comme a été rapproché le morceau de Cage de la chanson "*The Sound of Silence*" (1964) de Simon and Garfunkel[356], rapprocher, similairement, les *4'33"* de silence de Cage de l'intérêt, notamment à partir de Mallarmé, des poètes autour de la question de la page blanche[357]; on pense aussi, dans le cadre précis de notre étude, aux essais parallèles à ceux de Cage de la poésie concrète du bolivien Eugen Gomringer, notamment son poème "*Silencio*" (1954)[358] et les oeuvres qu'il a inspiré[359]. Ceci pour l'histoire des styles.

Le plus bel exemple, d'un point de vue d'expression concrète du bruit changé en musique, des théories de Cage est sans doute l'harmonica dont le son, basé, comme le révèle la fin du film, sur la respiration haletante de la souffrance de la mort imposée, est à l'origine de la composition d'Ennio Morricone dans *Il était une fois dans l'Ouest* (1968, Sergio Leone), qui forme un *ostinato* de trois notes[360].

Finalement, c'est, d'un point de vue de l'évolution de la pensée, le morceau de Cage se rapproche, dans son intentionnalité, de l'idée qu'énoncera exactement dix ans plus tard Eco, et qui sera au centre de la conception postérieure de l'ensemble des arts jusqu'à aujourd'hui.

NOTES

[1] Pour une interprétation de l'évocation récurrente du silence chez Shakespeare, cf. "*On Talking and Talkers*", *The New Monthly Magazine*, 1820, Part II. *July to December*, Londres, Henry Colburn and Co, 1er Octobre 1820, pp. 395-400.

[2] David W. Bernstein et Christopher Hatch, *Writings through John Cage's Music, Poetry, and Art*, University of Chicago Press, 2010, pp. 3, 14, 54-74, 103, 125-135.

[3] Nous reprenons ici la même différence que celle faite par Louis Philbert, *De l'esprit du comique du rire*, Paris, Imprimerie Jules Claye, 1876, pp. 14-24, à propos de l'esprit :

"*La difficulté et le péril de notre étude, c'est qu'elle est toute sur des nuances, et quelles nuances! Si seulement on était bien servi par la langue! Mais la langue ne sait répondre à une variété si délicate qu'en donnant aux mots des sens multiples et changeants; et cette mobilité d'acceptions, qui prouve d'ailleurs moins la pauvreté que la justesse (car les choses nommées de même se ressemblent encore plus qu'elles ne diffèrent), peut être une cause perpétuelle de confusions à éviter, ou de querelles à nous faire.*

Ce serait une puérilité dans laquelle nous ne tomberons ni ici ni ailleurs que de discuter sur les mots; quand nous examinerons minutieusement ces signes de pure convention, ce ne sera jamais que pour déterminer la chose ou les choses qu'ils représentent.

Or le mot esprit a deux significations générales très-distinctes: il s'entend de la faculté, il s'entend du produit de cette faculté. Rien de plus fréquent d'ailleurs que cette sorte d'extension et d'échange, qui a son nom bien connu en rhétorique. Sans cette remarque si simple, on ne saurait guère, croyons-nous, se tirer d'affaire.

Etymologiquement et dans son sens le plus large, l'esprit veut dire tout ce qui en nous n'est pas notre corps; l'esprit, c'est ce qu'il y a de plus immatériel et de plus actif; c'est le souffle, c'est-à-dire l'air à l'état de mouvement, spiritus, anima, animus, anemos; alors il ne comprend pas seulement l'intelligence, il comprend encore la sensibilité et la volonté; mais il se restreint aussi à l'intelligence seule; et même, dans l'ordre d'idées où nous sommes placés, il ne désigne qu'une partie de l'intelligence, ce qu'il y a en elle de plus vif, de plus léger, de plus aiguisé, de plus brillant peut-être, certainement de plus superficiel; c'est lorsqu'il a cette dernière acception qu'il faut dire de nouveau avec le même Voltaire:

«Le mot esprit, quand il signifie une qualité de Xâme, est un de ces mots vagues, auxquels tous ceux qui le prononcent attachent presque toujours des sens différents; il exprime autre chose que jugement, génie, goût, talent, pénétration, grâce, finesse, et il doit tenir de tous ces mérites: on pourrait le définir raison ingénieuse. »

L'esprit, même dans ce sens limité d'une qualité de l'intelligence, doit avoir un sens encore plus étendu que lorsqu'il spécifie un produit de cette qualité.

Cela se comprend de soi.

En effet, des dons heureux et agréables de l'intelligence, on peut presque tout faire:

Sera-t-il dieu, table ou cuvette?

Et même l'esprit n'est pas seulement la matière première, susceptible déjà d'inépuisables transformations; c'est l'outil affilé qui peut attaquer ce bloc ou tout autre, le métal et le bois comme le marbre, et exécuter toute espèce d'ouvrages.

L'esprit crée mille choses, des choses charmantes qui ne seront pas dites spirituelles, et d'autres qui le sont.

Dans les hommes d'esprit, on mettra Bossuet quelquefois, toujours Montaigne, Fénelon, SaintSimon; et cependant le premier n'a jamais montré de F esprit, dans le sens résultant de nos exemples; et les autres n'en ont montré que rarement.

Ainsi le mot esprit jouit d'une très-grande élasticité: il ne se ressemble guère à lui-même pris dans ses deux extrêmes, à savoir: lorsqu'il a toute son ampleur, et lorsqu'il est réduit au sens tout spécial que nous considérons. Particulièrement il n'a pas la même valeur dans ces deux locutions: un homme d'esprit, un mot d'esprit.

Il faut donc séparer avec grand soin, si l'on veut tenir compte des usages de la langue et, ce qui est beaucoup plus important, de la différence es choses, l'esprit qui est faculté, cause, source, force, et l'esprit qui est produit, résultat, effet.

De plus, dans chacun de ces deux sens génériques, le mot est susceptible, suivant les circonstances, de s'entendre encore assez diversement.

C'est dans le dernier sens que nous avons employé et que, à moins d'avis exprès ou d'évidence contraire, nous continuerons d'employer le mot esprit; c'est à ce sens que se rapporte notre première citation du Dictionnaire philosophique (et non la seconde); c'est dans ce sens que, sans forcer la synonymie, nous avons presque identifié l'esprit avec le plaisant.

Tout au moins l'esprit est toujours plaisant, mais il n'est qu'un cas particulier du plaisant; nous verrons quelles conditions sont nécessaires au plaisant pour être spirituel, pour être de l'esprit." (pp. 13-16)

[4] David Nicholls, *The Cambridge Companion to John Cage*, Cambridge University Press, 2002, pp. 79-80.

[5] Bernstein et Hatch, p. 127.

[6] Paul Allain, Jen Harvie, *The Routledge Companion to Theatre and Performance*, art. "*4'33" (Black Mountains College, North Carolina, 'composed" by John Cage, 1952)*", New York et Londres, Routledge, 2014, p. 99.

[7] Larry J Solomon, " *The Sounds of Silence - John Cage and 4'33'''*", http://solomonsmusic.net/4min33se.htm
[8] https://en.wikipedia.org/wiki/List_of_silent_musical_compositions et
https://fr.wikipedia.org/wiki/Liste_des_%C5%93uvres_musicales_silencieuses
[9] https://en.m.wikipedia.org/wiki/4%E2%80%B233%E2%80%B3
[10] Solomon.
[11] *Ibid*.
[12] On note qu'au contraire, Hannah Weitemeier, *Klein*, Cologne, Londres, Los Angeles, Madrid, Paris et Tokyo, Taschen, 2001, p. 12, affirme que la *Symphonie* aurait été jouée de manière répétée entre 1947 et 1961; toutefois, comme, à la même page, elle reproduit le manuscrit de la *Symphonie*, il est fort possible qu'elle se soit laissée guidée par les informations que no sabemos dibujar era una obra incoherente, se podía utilizar cualquier tipo de material, cualquier tema. La informations de l'artiste (portées, nous l'avons dit, sur la partition), en assumant la bonne foi, plus que par des preuves irréfutables.
[13] Edward Strickland, *Minimalism: origins*, Indiana University Press, 1993, p. 124.
[14] David Toop, *Sinister Resonance: The Mediumship of the Listener*, New York et Londres, Continuum International Publishing Group, 2010, p. 225.
[15] "*The Monotone Symphony*   March 9, 1960
On a clear night in March at ten pm sharp a crowd of one hundred people, all dressed in black tie attire, came to the Galerie International d'Art Contemporain in Paris. The event was the first conceptual piece to be shown at this gallery by their new artist Mr. Yves Klein. The gallery was one of the finest in Paris.
Mr. Klein in a black dinner jacket proceeded to conduct a ten piece orchestra in his personal composition of The Monotone Symphony, which he had written in 1949. This symphony consisted of one note.
Three models appeared, all with very beautiful naked bodies. They were then conducted as was the full orchestra by Mr. Klein. The music began. The models then rolled themselves in the blue paint that had been placed on giant pieces of artist paper - the paper had been carefully placed on one side of the galleries' wall and floor area - opposite the full orchestra. Everything was composed so breathtakingly beautifully. The spectacle was surely a metaphysical and spiritual event for all. This went on for twenty minutes. When the symphony stopped it was followed by a strict twenty minutes of silence, in which everyone in the room willingly froze themselves in their own private meditation space.
At the end of Yves' piece everyone in the audience was fully aware they had been in the presence of a genius at work, the piece was a huge success! Mr. Klein triumphed. It would be his greatest moment in art history, a total success.
The spectacle had unquestionable poetic beauty, and Mr. Kleins' last words that night were, "THE MYTH IS IN ART"." (http://www.artep.net/kam/symphony.html)
[16] Strickland, pp. 34-35.
[17] https://musicuratum.com/2015/08/31/an-exhibit-of-zero-in-amsterdam/
[18] "*Alphonse Allais est l'auteur de certaines des premières peintures monochromes: inspiré par le tableau entièrement noir de son ami Paul Bilhaud, intitulé Combat de nègres dans un tunnel, présenté en 1882 au salon des Arts incohérents (qu'il reproduira sous un titre légèrement différent), il présente aux éditions suivantes de ce Salon ses monochromes, dont Récolte de la tomate par des cardinaux apoplectiques au bord de la mer Rouge (1884), ou encore Première communion de jeunes filles chlorotiques par temps de neige (1883), qui précèdent d'une génération le Carré blanc sur fond blanc de Kasimir Malevitch.*" (https://fr.wikipedia.org/wiki/Alphonse_Allais#Autres_formes_d'art)
[19] "*Alphonse Allais creó varias obras que presentó en Salon des Arts Incoherents de 1883. Les Arts Incoherents es un movimiento artístico liderado por André Levy, asociado a un movimiento humorístico anterior, Les Hydrópates (1878), del que formaba parte la pandilla que frecuentaba Le Chat Noir. El principio de este movimiento era la risa, no tomarse nada en serio. Su originalidad consistía en ser una caja abierta para lo que se llamaba obra de arte: el dibujo de una persona que no sabemos dibujar era una obra incoherente, se podía utilizar cualquier tipo de material, cualquier tema. La única finalidad era la risa, por cualquier medio. Allí pues, no podía faltar Alphonse Allais con un novedoso cuadro que llevaba por título: Recolte de la tomate par des cardinaux apoplectiques au bord de la mer rouge (Effect d'aurore boréale) (Recolección del tomate por cardenales apoplégicos a orillas de un mar rojo (Efecto de aurora boreal)
Estas obras de Allais fueron compiladas y publicadas en un folleto publicado el 1 de abril de 1897 en la editorial Ollendorf y que llevaba por título "L' Album primo-avrilesque". El folleto consta de 18 páginas con un formato de 19×13. En el mismo van impresas siete monocromías (siete planchas grabadas en talla dulce) encuadradas en viñetas con los colores siguientes: negro, azul, verde, amarillo, rojo, gris y blanco. El Albun posee un prefacio del autor:
Era 18 ... (No nos rejuvenece, todo eso.)
Traído a París por un tío mío, como recompensa por un tercer accessit en formación religiosa brillantemente conseguido ante competidores formidables, tuve la oportunidad de verlo antes de partir hacia Estados Unidos, conseguido a base de dólares, el famoso cuadro de estilo negro titulado:*

COMBAT DE NEGRES DANS UNE CAVE, PENDANT LA NUIT (1) (Combate de negros en una cueva durante la noche)
(1) La reproduccion de esta admirada tela estará muy alejada de la realidad. La hemos publicado con permiso especial de los herederos del autor.
La impresión que he sentido ante esta apasionante obra maestra me deja sin palabras. Mi destino se apareció en forma de letras con llamas. – Y yo también seré pintor, escribía – en francés *(Yo no cococía por entonces la lengua italiana, la cual además no sé, aunque haya progresado algo.)* (1)
(1) Alusión, sin duda, a la famosa palabra: Anch 'io son pittore
Y cuando decía pintor, yo entendía: no quiero hablar de pintores del tipo que que oído hablar normalmente, de ridículos artesanos que necesitan mil colores diferentes para expresar sus penosas concepciones. ¡no!
El pintor al cual idealizo, era aquel genial que le bastaba un solo color para cada tela: el artista, osaría decir, monocroidal.
Tras veinte años de trabajo tenaz, de tremendos sinsabores y luchas encarnizadas, puedo por fin exponer una primera obra:
PREMIERE COMMUNION DE JEUNES FILLES CHLOROTIQUES PAR UN TEMPS DE NEIGE (Primera comunión de niñas cloróticas nevando)
Sólo una Exposición me había ofrecido su hospitalidad, la de las Artes Incoherentes, organizada por un tal Jules Lévy, a quien por este acto de bella independencia artística y perfecto desapego a la pertenencia de un clan, he consagrado un reconocimiento eterno.
Sobran las palabras. Mi OBRA hablará por mí
Alphonse Allais" (http://www.aryse.org/alphonse-allais-el-precedente-olvidado-de-la-pintura-abstracta-y-la-musica-minimalista/)
"*Début du mouvement*
Dès juillet 1882 Jules Lévy associe ce nouveau mouvement artistique au mouvement humoristique des Hydropathes, créé en 1878. Le principe, faire rire les Français de cette fin de siècle. L'originalité du mouvement est de qualifier tout œuvre incohérente: un dessin d'une personne ne sachant pas dessiner est une œuvre incohérente. Tous les matériaux peuvent être utilisés, toutes les inspirations, tous les thèmes. Le but est de faire rire, par tous les moyens. Le 2 octobre 1882, Jules Lévy organise à son domicile une exposition d'un soir. C'est un grand succès. Les arts incohérents apparaissent alors comme un véritable mouvement artistique.
Un an plus tard, en octobre 1883, la première exposition officielle des arts incohérents est organisée, dans une pièce de la galerie Vivienne. Tout est fait pour surprendre le visiteur, le catalogue, les notices, les affiches, les œuvres, même le règlement, qui dit «Toutes les œuvres sont admises, les œuvres sérieuses et obscènes exceptées». L'exposition est un mélange de parodies, de calembours, de jeux de mots et d'absurde. En un mois vingt-mille visiteurs viennent voir l'exposition. Jusqu'en 1886, les expositions s'enchaînent que ce soit à la Galerie Vivienne ou au Théâtre de l'Eden.
Les bals
Une des originalités des incohérents, était d'organiser des bals. Le premier eut lieu le 11 mars 1885. Ces bals étaient souvent costumés. Un soin était apporté dans l'originalité de la décoration des lieux: par exemple lors du premier bal, il y avait, accroché aux murs, des panneaux où il était inscrit des phrases comme «La mélancolie n'entre pas ici», ou encore «Prière de ne pas cracher au plafond». Après la danse et le souper, les bals se clôturaient par une proclamation de l'ordre des Incohérents.
Fin du mouvement
Après 1886, le mouvement s'essouffle, les gens se lassent et critiquent la sur-présence de l'art incohérent, des cafés, des journaux et diverses autres choses incohérentes, mais non officielles, voient le jour. Jules Lévy reçoit un grand nombre de critiques, à cause de l'ouverture, en 1886, de sa maison d'édition où il édite principalement ses amis. Peu à peu, Le Courrier français qui était leur soutien principal deux ans plus tôt, se retire. Jules Lévy en 1887, proclame la fin de l'incohérence. Il organise, à cette occasion, un bal costumé.
Jules Lévy tente, en mars 1889, de faire revivre le mouvement, mais sans grand succès: la presse n'en parle plus, les gens ne s'y intéressent pas, Jules Lévy, assez obstiné, tient bon jusqu'en 1896. En janvier 1898, il revend le journal Fin de Siècle. En 1928, il publie un recueil de morceaux choisis des Hydropathes. En 1909, le réalisateur espagnol Segundo de Chomón avait fait référence au mouvement de Jules Lévy dans le titre d'un de ses films parisiens, Une excursion incohérente.
Membres du mouvement
Les membres du mouvement étaient des peintres, tel qu'Henri Pille, Antonio de La Gandara, Toulouse-Lautrec, Caran d'Ache, des écrivains et journalistes, comme Alphonse Allais, Paul Bilhaud, Guillaume Livet, Clairville, Bertol Graivil,

Henry Buguet, Charles Cros, des dessinateurs comme Émile Cohl, André Hellé."
(https://fr.wikipedia.org/wiki/Arts_Incoh%C3%A9rents)
[20]Emmanuelle Laborit, *The Cry of the Gull*, Washington, Gallaudet University Press, 1999, pp. 17-18.
[21]https://dtforum.hypotheses.org/265
[22]Jesse Matz, *Lasting Impressions: The Legacies of Impressionism in Contemporary Culture*, Columbia University Press, 2017, p. 171.
[23]On le sent parfaitement bien dans la version de 2013, https://www.youtube.com/watch?v=aFUr6Kw-8Ng
[24]https://www.youtube.com/watch?v=aLZ7yVszwgk
[25]Laquelle symétrie (de fait, aussi bien entre la musique et les arts plastiques - nous y reviendrons -, qu'entre les deux temps de la *Symphonie*, illustrés pour nous ici par le premier moment de vingt années où le joueur de flûte maintient la note, puis la seconde époque, symétrique de vingt autres années) nous paraît, au contraire, clairement exprimée dans le conte persan métaphorique de Klein pour expliquer sa *Symphonie*, cf. Toop, p. 225: "*As a silence, white is suspect. 'Insane, enraged white'*, wrote Henri Michaux, *'screaming with whiteness. Fanatical, furious, riddling the victim. Horrible electric white, implacable, murderous. White in bursts of white. God of "white." No, not a god, a howler monkey.' White returns us again to the scream. Yves Klein's Monotone Symphony — Silence, originally composed in 1949, acknowledged the possibility that a monochrome could be both reductionism (as little as nothing) and expansionism (the filling of all avail-able space). Once Klein had become known as Yves - Le Monochrome, he used a musical analogy to explain his work. 'The artist used to recount an ancient Persian tale'*, writes Hannah Weitemeier in *"Klein"*. *'There was once a flute player who, one day, began to play nothing but a single, sustained, uninterrupted note. After he had continued to do so for about twenty years, his wife suggested that other flute players were capable of producing not only a range of harmonious notes, but even entire melodies, and that this might make for more variety. But the monotonous flute player replied that it was no fault of his if he had already found the note which everybody else was still searching for.' The Monotone Symphony was performed on a number of occasions: in 1957 a tape version was played by electronic composer Pierre Henry for the Blue Epoch exhibition at Gallery Iris Clert in Paris, then a few years later by a small string ensemble during a performance of Klein's celebrated Anthropomitries, held in 1960 at the Galerie d'Art Contemporain in Paris. Directed closely by Klein, naked female models smeared in blue pigment pressed themselves against paper lining the walls, or were dragged across the floor. Seated at one side of the stage (though dressed formally for a concert, rather than naked) the musicians played first a single note drone for twenty minutes, then twenty minutes of silence. This basic formula-tion of a single noise followed by a single silence mirrored the paintings, in which the white paper was impressed, like those cave painting in which pigment was blown onto an outstretched hand, inscribing both the presence and absence of the human body.*"
[26]Solomon.
[27]https://www.youtube.com/watch?v=AZVezITW3AY
[28]http://www.classicfm.com/discover-music/latest/best-silences-in-music/
[29]https://www.youtube.com/watch?v=nkzrSZKA4cM
[30]https://www.youtube.com/watch?v=2AdycLfgRy0
[31]https://www.youtube.com/watch?v=44sabKxEhsI
[32]https://www.youtube.com/watch?v=izQsgE0L450
[33]Arnold Dometsch, *The interpretation of the music of the XVIIth and XVIIIth centuries revealed by contemporary evidence*, Londres, Novello and Company Limited, et New York, The H.W. Gray Co, 1915, pp. 277-284.
[34]http://www.cmuse.org/john-cage-433-music-or-silence/
[35]Cité *in* Solomon.
[36]https://www.youtube.com/watch?v=WTCVnKROlos
[37]Sur l'importance de l'improvisation en musique, cf. Antoine Pétard, *L'improvisation musicale: Enjeux et contrainte sociale*, Paris, L'Harmattan, 2010.
[38]Mary Cyr, *Performing Baroque Music*, Aldershot, Brookfield U.S.A., Singapour, Sydney, Ashgate Publishing, 1992, p. 110.
[39]Joseph P. Swain, *Historical Dictionary of Baroque Music*, Lanham, Maryland, Toronto, Plymouth U.K., Scarecrow Press, 2013, p. 148.
[40] Andrew Shepard-Smith et Vivian Montgomery, *Music of Girolamo Frescobaldi for Classic Guitar*, Pacific U.S.A., Mel Bay Publications, 2009, p. IV.
[41]Cf. Massimiliano Guido, *Studies in Historical Improvisation: From Cantare super Librum to Partimenti*, New York et Londres, Routledge, 2017.

[42]Christine Ammer, *The Facts on File Dictionary of Music*, New York, Facts On File Books, 2004, art. "*Fantasia*", p. 137; et Carl Dahlhaus, *Nineteenth-century Music*, University of California Press, 1989, p. 398.
[43]Gordon Munro, "*"Sang Schwylls" and "Music Schools"*", *Music Education in the Middle Ages and the Renaissance*, Indiana University Press, 2010, p. 81.
[44]Cf. Daniel Fischlin et Ajay Heble, *The Other Side of Nowhere - Jazz, Improvisation, and Communities in Dialogue*, Middletown, Connecticut, Wesleyan University Press, 2004.
[45]Gérard Pernon, *Dictionnaire de la musique*, Paris, Jean-Paul Gisserot, 2007, art. "*Improvisation*", p. 136.
[46]Tels que les signale Frederick Neumann, *Ornamentation in Baroque and Post-baroque Music: With Special Emphasis on J.S. Bach*, Princeton University Press, 1978, p. 21.
[47]Daniel Paquette, *Aspects de la musique baroque et classique à Lyon et en France: Lyon et la musique du XVIe au XXe siècle*, Presses universitaires de Lyon, 1989, p. 151.
[48]Ewald Demeyere, "*La fugue "partimento": exercice ou composition?*", *Les écritures musicales - Recherche et enseignement basés sur les pratiques compositionnelles*, Wavre, Belgique, Mardaga, 2007, p. 126.
[49]Citons l'extrait d'Étienne de Jouy, *L'Hermite de la Chaussée-d'Antin ou Observations sur les moeurs et les usages parisiens au commencement du XIXe siècle*, Paris, Chez Pillet, 1815, T. IV, pp. 215-217: "*Après la dispersion des confrères du Caveau, le fermier-général Pelletier fonda chez lui un dîner, dont il existe encore plusieurs anciens convives qui peuvent se rappeler y avoir vu Sterne et Garrick, pendant leur séjour à Paris. Dans ces derniers tems, les Sociétés du Vaudeville et du Caveau Moderne, en donnant trop d'importance au matériel du repas et trop de publicité à l'expression de leur joie, paraissent avoir moins songé à leurs plaisirs qu'à la réputation de leur cuisinier et à celle de quelques-uns de leurs membres. La gêne qu'impose à chacun des convives l'obligation du tribut poétique auquel il est régulièrement assujéti, la rivalité et bientôt après la jalousie qui manquent rarement de s'établir entre les hommes qui cultivent la même branche de littérature et luttent constamment sur le même terrain, doivent mettre trop souvent l'amour-propre aux prises, pour que la franchise et la gaîté n'aient pas quelquefois à s'en plaindre. Peut-être est-il indispensable, pour qu'une société de cette espèce conserve tous ses avantages, qu'elle se compose d'hommes de talens, d'esprit et de conditions diverses, dont la supériorité, dans des genres différens, ne puisse être l'objet d'aucune comparaison directe, ni le prétexte d'aucune usurpation. Il existe à Paris un modèle de réunions de ce genre; la troupe aimable des artistes qui l'ont fondée se rassemble, tous les quinze jours, à un dîner sans faste, dans un petit local calculé tout juste pour une table de vingt-cinq personnes, parmi lesquelles on compte des poètes, des musiciens, des peintres, des comédiens, des sculpteurs, et même un médecin, qui n'est pas fâché de se trouver, de tems à autre, avec de bons vivans. Soigneux d'éviter les regards du public, qui peuvent être aiguillon de gloire, mais qui ne sont jamais aiguillon de plaisir, ces aimables confrères ont d'autant plus d'esprit, qu'ils cherchent moins à en montrer, et s'abandonnent d'autant plus franchement à leur gaîté naturelle, que personne ne tient registre de leurs folies. Les impromptus du poète sont mis au même instant en musique par le compositeur, exécutés par le chanteur, et fournissent quelquefois au peintre l'idée d'une caricature; mais ces productions, enfans d'un joyeux délire, s'évaporent avec lui, et n'ont d'autre objet que de remplir agréablement l'heure qui les a vues naître.*"
[50]Ammer, art. "*Impromptu*", p. 190; et Pernon, art. "*Impromptu*", pp. 135-136. Sur les impromptus et les fantaisies au XIXème siècle, cf. aussi John Michael Cooper, *Historical Dictionary of Romantic Music*, Lanham, Maryland, Toronto, Plymouth U.K., Scarecrow Press, 2013, p. 291.
[51]Daniel Harrison, "*Nonconformist Notions of Nineteenth Century Enharmonicism*", *Music Analysis*, 21-2, Juillet 2002, pp. 140-142. Sur ce processus d'allongement de la phraséologie musicale par le processus enharmonique chez Schubert, cf. David Beach et Ryan C. McClelland, *Analysis of 18th and 19th-century Musical Works in the Classical Tradition*, New York et Londres, Routledge, 2012, pp. 289-290.
[52]Edward Gollin et Alexander Rehding, *The Oxford Handbook of Neo-Riemannian Music Theories*, Oxford University Press, 2011, p. 507.
[53]https://www.youtube.com/watch?v=F5zg_af9b8c
[54]Michelle Biget-Mainfroy, "*Le romantisme musical et la promotion des folklores*", *L'identité culturelle, laboratoire de la conscience européenne: actes du colloque international organisé à l'Université de Franche-Comté les 3, 4, et 5 novembre 1994*, Presses Universitaires Franche-Comté, 1995, p. 145.
[55]Solomon.
[56]"*As with language, hence the literary arts and genres, the very existence of a work of music depends both in its general form and in its content on the exist-ence of pauses. Indeed, music as we know it could not exist, would be impossi-ble without pauses/silences. In the absence of any pauses, or silences between notes, phrases, themes, and so on, every "work" would be nothing but one short or long cascade of uninterrupted tones with no meaning or significance. At most we would have something like Yves Klein's "Monotone-Silent Symphony in two movements," which is a single 20-minute*

sustained chord followed by a 20-minute silence," or, at best, a long or a very long violin pizzicato, or a trill sounded, for example, on the piano or some other instrument. But see later." (Haig Khatchadourian, *How to Do Things with Silence*, Boston et Berlin, Walter de Gruyter Inc., 2015, p. 70)

[57] https://www.youtube.com/watch?v=7P28XLs0mTc

[58]"*Music of Changes* is a transitional work. Upon a rigidly determined, large-scale rhythmic structure, Cage used chance to settle on density, small-scale tempos, durations, sounds, silences and dynamics. Tossing coins and navigating through charts, Cage tried to excise his experience from decision-making, an "exploration of non-intention." Chance played a role only during the composition's creation. The music's fastidious notation requires a precise interpretation. Subsequent pieces would completely embrace indeterminacy, and Cage would eventually yield to chance in every aspect of composition and performance. The difficult 45-minute solo-piano work would not have come into being without David Tudor. A willing collaborator, Tudor's technical prowess and penchant for extensive preparation enabled the work's complexity.

Further, without Tudor's encouragement, many subsequent works including *4'33"* (1952), *Williams Mix* (1953), *Indeterminacy* (1959), and *Cartridge Music* (1960) might never have come about. Seeking an accompanist for Cunningham's dance troupe, Cage had once worked with the younger pianist. In 1950, Cage's new friend Morton Feldman reintroduced them to each other. The composers' first encounter is legendary: They met while fleeing a New York Philharmonic concert because neither could stomach Rachmaninoff after Webern. Fresh from a European trip, Cage had returned with copies of another friend's piano sonata he wanted premiered. Feldman lent his copy to Tudor, and so on Dec. 17, 1950, Tudor gave the first American performance of Boulez's Second Sonata.

A Boulez-Cage friendship seems improbable, but between 1949 and 1954, the two postwar musical giants freely exchanged ideas and music. Much of their correspondence has been collected. Cage explained the methods behind *Imaginary Landscape No. 4* and *Music of Changes* in a 1951 letter to Boulez which he reworked for *Silence*, a 1961 collection of writings and essays. The voluble Boulez reciprocated with ideas he later hones into polemics. By 1952 their aesthetics had diverged to the point where a schism emerged. The single-minded Boulez disdained Feldman's graphic pieces and had openly split with Schaeffer over *musique concrète*'s destiny. As Cage zeroed in on indeterminacy and his all-embracing view of music (*4'33"* which Tudor premiered in 1952 was probably conceived during *Music of Changes*' composition), Boulez refused to recognize any non-serial system: "All non-serial composers are useless," he eventually declared, tossing down the gauntlet in the essay "Schoenberg est mort."

Boulez probably wouldn't admit that he learned anything from Cage as he pursued total serialism, despite *Structures Ia*'s slight visual resemblance to *Music of Changes* and echoes in the 1958 *Poésie pour pouvoir*'s of *Williams Mix*'s raucousness, to name just two works Cage sent across the Atlantic. Once Boulez discovered that Mallarmé had used chance, he admitted it into his own Artaud-infused universe, viz. the still unfinished *Third Sonata* (1955-?) and 1974-75's tautly controlled *Rituel in memoriam Bruno Maderna*. Ironically, Boulez told Cage about a project titled *Un coup de dés* (ca. 1950, incompl.). It seems clear that the older American attempted to emulate the characteristic density of the European avant-garde in *Music of Changes*. However, where Boulez's *Second* bristles with fierce impulsiveness, Cage's interest in complexity exhausted itself in *Music of Changes*' laborious compositional process.

"… for once anything happens it authentically is."

— Cage, *Silence*

C.F. Peters published *Music of Changes* in four parts (Peters 6256, 6257, 6258 and 6259). A thin *I* ends on page 9, its last bar dated 5-16-51; *II* spans 10 to 44, its end-date 8-2-51; *III* passes from 45 to 64 and its final bar bears 10-18-51; and *IV* concludes on page 86 with 12-13-51. Each book reprints the performance notes. *I* features the dedication "For David Tudor," and a graphic representation of the time scale. "The notation of durations is in space," one quarter-note per every 2 1/2 centimeters (less active measures halve the scale, one quarter-note per 1 1/4 cm). However, the available Peters edition unwisely reduces Cage's original to 85% (presumably the original sheets were 12 1/2 x 9 1/2 in.). Instead of 10cm 4/4 measures, the two-measure systems actually span 17cm. Peters recently collected early Cage keyboard works into thick volumes. Perhaps they'll reissue the four books in the correct size.

Prior to *Music of Changes*, Cage employed highly structured rhythms (e.g.: 1950's *String Quartet in Four Parts*, the *Concerto for Prepared Piano*, etc.). The instructions to this four-volume opus begin: "The rhythmic structure, 3 – 5 – 6 3/4 – 6 3/4 – 5 – 3 1/8, is expressed in changing tempi (indicated by large numbers) (beats per minute)." In 4/4 this adds up to 29 5/8 measures, forming three-page sections. Cage shortens the last measure's width, clearly marking it 5/8. The rhythmic structure determines the volumes' durations: 3, 5 + 6 3/4, 6 3/4, and 5 + 3 1/8. Therefore, *I* contains three sections. *II* occupies 12 sections whose last breaks the steady 4/4 flow with 17/16 measures and a final measure with an added 3/32. There are seven sections in *III*, the concluding also ending with some 17/16 measures and the extra

3/32. IV is nine sections, 8 are the predominant 29 5/8, but the last is a four-measure lagniappe of 4/4, 27/32, 27/32 and 65/64.

Each 29 5/8-measure section contains as many as eight layers. Working from meticulously prepared 8×8 charts, Cage tossed coins to determine the number of layers ("superpositions"), along with tempos, durations, sounds and dynamics. On the sound and dynamic charts, some elements were replaced after a single use. Silence accounts for half the 64 elements on each sound chart. The 32 sounding elements (single notes, chords or gestures) themselves were arrayed into two 4×4 groups so that reading any four elements across or down reveals all 12 tones (with repetitions and octave displacements).

Music of Changes' tempo changes appear at the 3 – 5 – 6 3/4 – 6 3/4 – 5 – 3 1/8 points. This causes mid-measure fluctuations after the first 6 3/4 unit. While the predominant two-measure span specifies eight proportionally notated beats, the conventionally notated tempo changes are counterintuitive. Cage also says, "[a]ccelerandos and ritards are to be associated with the rhythmic structure, rather than with the sounds that happen in it." Does this mean that events occur closer together at fast tempos and that no single gesture should slow down or speed up? Except for III's first section, the tempo varies continuously. Cage would eventually abandon the cumbersome tempo notation, positioning all events relative to absolute time.

Contrary to standard practice, Cage insisted that pitches sound at the location of stems and not noteheads. Sustained notes' durations are clearly specified, a plus sign (+) indicating releasing keys. Additionally, confusing fractions (1/7, 2/3, 1/5, etc.) appear over many notes and rests. In I's measure 6, a 3/7 appears over a dotted eighth-note rest. The measure continues with a sixteenth rest, a half-note tied to a dotted-eighth with a 3/5 over it, followed by a dotted half-note dyad (which presumably carries into the next measure). Page 32 ends with three noteless measures: The first has a sixteenth rest with a 1/7 followed by a dotted-half rest, the next a 1/6 over a centered sixteenth rest, and the third a double-dotted-half, another half, and a sixteenth with a superimposed 1/7.

Dynamics and articulations vary for nearly every note or note group. Doubtless with a grand piano in mind, Cage specifies four pedaling styles, frequently combining una corda and sostenuto. The composer infrequently requests plucked strings, finger dampening, and other interior actions but nothing is prepared. (Sonatas and Interludes was completed just a few years earlier.) Such sounds' frequency increases as IV approaches. On page 70, "Drop cymbal beater vertically through hole in metal construction (middle range) to strike sound board."

II, III and IV appear marginally neater than I. Tudor played I in July and August 1951, and premiered all four books on Jan. 1, 1952, just 19 days after Cage inked IV's final date (Imaginary Landscape No. 4 was composed concurrently). Cage confided to Boulez that he hurried completion of the score and that his working method was to compose and copy two pages at a time.

Music of Changes' tethered chaos requires a determined pianist. Precisely specified pages leave no room for chance in performance. Navigating the congested score, pianists must reason out the fluctuating tempos, impose a time scale over the notes and play with a digital clock. Chords do not lie well. Unevenly sized note heads cluster clumsily. Notated sustained pitches add events which aren't actually played. Clef changes and ledger lines are counterintuitive: The left hand may momentarily switch to treble-clef ledger lines prescribing rapid hand-crossings. The fractions can mislead. Every inch has to be deciphered, possibly rewritten for clarity.

"Thank you for the Music of Changes. Which I liked a lot... I was absolutely charmed by this development in your style... It is certainly my favorite amongst everything you have done."
- Boulez, in a 1952 letter to Cage

Babbitt's Three Compositions for Piano (1947-48) was probably the first total serial work. "Combinatoriality," Babbitt's methodical extensions to Schoenberg and Webern's theories, had no immediate transatlantic impact. Exceptionally well-qualified, in 1950 he reviewed a French-language periodical devoted to "le système dodécaphonique" and René Leibowitz's books on Schoenberg and dodecaphony. In a 1950 letter, Cage alerts Boulez to this "most Webernian" composer who "... looks like a musicologist." (To their merit, Darmstadt administrators tried bringing Babbitt to Germany as early as 1958 but managerial snafus, heel-dragging and an auto accident postponed the American's arrival until 1964 by which time serialism was no longer the hottest game in town.)

Trying to put WWII behind them, many European composers hungered for a break with the past. Schoenberg and Webern became the new idols: Both were casualties of Nazism or of the war itself. Further, dodecaphony's requirement that every pitch be treated as an equal appealed to those wishing to counterbalance ethnocentrism and, by inference, fascism.

Boulez was chief among those who heeded serialism's siren song. The young firebrand, who would become a fanatic standard bearer, created some of mid-century's most vibrant and difficult scores. Leibowitz had taught Boulez dodecaphony's essentials, but Messiaen provided the spark. The organist and prisoner of war apparently never discussed serialism in his classes prior to 1950, although he had been open to non-Western influences and experimented with assigning every pitch a unique duration and dynamic, as revealed in the influential piano etude Mode de valeurs et d'intensités and the Soixante-quatre durées, which concludes the 1951 seven-part Livre d'orgue, an intriguing mixture of religious observance, birdsong, Indian ragas and rhythmic puzzles.

In imitation of Artaud, Boulez's music was violently flamboyant, and the keyboard works were no exception. The 1945 solo-piano Douze Notations — an early composition still recognized possibly because the dozen provide fodder for an incomplete set of extroverted orchestrations (I–IV 1977-80, VII 1998) — marries Debussy with Schoenberg, notwithstanding the repeated chords and brazen acrobatics (each piece has 12 measures too). Serialism reigns supreme in Boulez's Second Sonata (1948), its rhythmic twists alluding to Beethoven's Hammerklavier. Only Nono would absorb serialism as quickly, though he gravitated towards cabalistic canonic and variation processes applied to pitch, rhythm and text. However, like other composers circulating through Darmstadt, he would soon become absorbed with other concerns.

It is doubtful anyone would confuse the 1951 Music of Changes with anything by Boulez, though Cage definitely had the Second Sonata's sonorities in his ear. Just as Boulez's sonata bounds along a single kinetic line without secondary voices, Cage eschews any distinction between foreground and background. Choked with activity, dense areas sound like random collisions; the silent measures are bare deserts. An attentive ear notes an absence of development. Repetitions are inconspicuous; immediately repeated notes sound rather like mistakes or involuntary reflexes. The infrequent pizzicato, muted note or piano-case slap sets this apart from Cage's contemporaries who limited themselves to keyboard-initiated sounds.

Leapfrogging past Music of Changes, Boulez's Structures I (1951-52) breaks conclusively with the past. Perhaps realizing the performance impracticalities of Cage's four-part monolith, Boulez specifies two pianos, though doubling resources necessarily meant more to control. Goeyvaerts and Michel Fano's contemporaneous two-piano sonatas perhaps influenced the instrumentation. Akin to Cage's 8×8 grids, Boulez organized Structures' pitch, dynamic, attack, duration and rhythm with 12×12 charts. In Structures Ia, the row's 12 pitches and attendant durations are immediately apparent, their disposition across the page bearing a visual similarity to the American's work.

Soon after, Boulez adjusted his worldview to permit controlled chance. In his next two-piano effort, Structures II (1956-61), the pianists choose between pre-composed passages. Some passages briefly revisit Notations' quasi-juvenile whimsy. Among its two "Chapitres" and their "Textes," "Encarts" and "Pièces," Structures II advances with an unCagean ferocity. For a fact, violence is significantly absent from Cage's output after 1951. Boulez's Third Piano Sonata, begun in 1955, remains incomplete. Pianists who tackle its extant parts determine their components' order.

Stockhausen dedicated Klavierstücke V-VIII (1954-55) to Tudor. When they worked together on the pieces, the American pianist reacquainted the German composer with Music of Changes. Here and there the Klavierstücke briefly resemble Cage, but then again, the varied piano pieces alternately declare allegiance to Bartók, Webern and Boulez, reflecting Stockhausen's quicksilver abilities at assimilation. Perhaps following Boulez's lead, Stockhausen folded indeterminacy into Klavierstucke XI (1956), though in a manner that Cage famously dismissed.

Goeyvaerts' evolution was perhaps the most deliberate. Megadisc MDC 7845 sequences his first serial compositions. An airily recorded Sonata for Two Pianos comes across dryly, lacking Webern's elegance. The subsequent Opus 2 for 13 Instruments is more inventive, though the premiering ensemble found it too challenging. Consequently Goeyvaerts continued his serial exploration in tape pieces: Compositie No. 4 (1952) and No. 5 (1953) focus on single pitches and their durations, impracticable for live musicians.

Barraqué's unsung Sonata (1950-52) is notoriously tricky to navigate, primarily due to inconsistent notation shrouding complex rhythms and voicing. In perhaps the period's most traditionally minded sonata, Barraqué delineates the two-movement structure through different tempo groups, often changing from measure to measure. Unlike many of his peers, he resisted rejecting the past, though, as with Boulez, the direction he applied to his music's progress was of the greatest significance. A rigidly organized serial composition, single pitches may repeat for emphasis or to articulate a melodic line.

Feldman's fully notated, terse and apparently non-complex solo-piano works of the period (several of 1951's Nature Pieces and Variations, 1952's Extensions 3, Intermission 5, etc.) reflect a Webern-influenced ear for compelling sonorities played at the relaxed pace we occasionally glimpse in those moments in Music of Changes when the composition dwindles to fewer layers. Compared to Cage's formidable opus, the Feldman of the 1950s was a miniaturist. While the long, large-scale pieces were decades away, a taste for widely spaced ninths and sevenths is already clear. Extensions 3, Intermission 5 include literal phrase repetition which no one - not even Cage - dared employ.

Pierre-Laurent Aimard plays Boulez's Notations and joins with Florent Boffard for Structures Book II on DG 002894775385 (reissued from DG 445 833-2). There's also col legno 31800, col legno 20509, or col legno WWE 12CD 31899 with Boulez and Yvonne Loriod's 1961 Donaueschinger world premiere. Structures I is hard to find but

Wergo WER 6011 offers the Kontarsky brothers at both books. Of Boulez Seconds, I'm partial to Pollini's forceful reading on DG 447431, reissued as DG 471359. Complete sets by Claude Helffer (Astrée E 7716, reissued on Naïve 782120), Idil Biret (Naxos 8.553353) and newcomer Paavali Jumppanen (DG 000396402) are less vivacious. Biret seems utterly at sea. Regrettably, Tudor never recorded this sonata.

Megadisc MDC 7845, with Goeyvaerts' early serial compositions, is an essential collection. For the Barraqué sonata, Herbert Henck's ECM 1621 is the best yet, though the awaited critical edition's publication may stimulate fresh interest. Aloys Kontarsky serves up classic Stockhausen on Sony S2K 53346. In 1986, Robert Taub delivered the ultimate word on Babbitt's piano oeuvre (Harmonia Mundi HMC 905160), exploring four decades worth of wit and expressiveness. For early-1950s Feldman, try mode 66 with pianist Philip Vandré, though, for the fanatic, Feldman and Tudor's contrasting readings of Intermission 5 on Edition RZ 1010 are essential.

"Jo ChAnGEs"
— Boulez's pun in a 1952 letter to Cage

Five-and-One-Fourth Recordings
Despite the recording's limitations, Music of Changes' dedicatee performs with an aggressive vitality. Tudor had to have been reminded of Boulez's Second and Artaud's "Theatre of Violence." Understandably, less resonance and aftereffects survive from WDR's analogue tapes. (hatART CD 6181 offers Tudor at Cage's Music for Piano No 52–56 taped the same day.) Some notes are inaudible, e.g., the first A-B grace notes and the third measure's descending triplets. I wonder whether Tudor's score differs from what Peters published in 1961. In 1978, New World Records released an LP, NW 214, with Tudor's 1953 taping of III and IV.

Undoubtedly the best available recording (Tudor and Henck are O/P, Kubera and Schleiermacher fatally flawed), the aptly impetuous Joste follows Cage's tempos, offering a front-row seat from which to share the risks. Chords punch, silences are pure. The pianist radiates the necessary heat. Mode's recording ably captures the entirety, including the music's interior sounds. Wisely programmed, balancing the studious and silly Cage, Joste permits other works at Music of Changes' periphery. With their silences and nimble gestures, the Seven Haiku, none longer than 19 seconds, are like any Webernian splatter, though Cage will permit a Debussian flourish or a droplet of tonality. (Seven Haiku reused Music of Changes' charts.) The closely recorded Suite for Toy Piano sparkles, a fitting chaser to Music of Changes' density.

A surprising but appropriate sequencing, Labor precedes Music of Changes with Schoenberg's Op. 33a. As I progresses — the only book offered — Sultan pays less and less heed to Cage's tempos, isolating every gesture and chord with unnecessary air. It's bizarre that someone so well acquainted with Cage (the 1974 Études Australes were written for her) would take such profoundly wrong liberties. Schoenberg's Op. 23, Cage's 1944 The Perilous Night, several Debussy Book II Études, and The Goldberg Variations complete this double-CD set.

Pronounced attacks characterize Henck's calisthenic I, yet II – IV disappoint. The unexpectedly pinched environment indicates a different recording session. Wergo caught delicate after-effects, pizzicato and knocking, but Henck's high voltage in I doesn't persist. Still working today, Henck understands this music's context better than anyone else. ECM ought to rerecord him.

Schleiermacher hews to a tempo almost 23% slower than Tudor and 25% slower than Joste, his intent being to shed light on denser passages. It's a poor strategy. Though more frolicsome than others, his gambit yields no revelations. The remotely placed piano's acoustic shines artificially. Overtones and sustained pitches are muddled.

Kubera applies a strong dose of traditional musicality to newfound melodic traces, exposing some unintended dominant-tonic motion. A meek resonance matches the incorrect postmodern aesthetic. The four books slur together without pause." (http://www.lafolia.com/1951-and-cages-music-of-changes/)

[59] https://www.youtube.com/watch?v=B_8-B2rNw7s
[60] William Fetterman, *John Cage's Theatre Pieces*, New York et Londres, Routledge, 2012, p. 69.
[61] James Pritchett, *The Music of John Cage*, Cambridge University Press, 1996, p. 59.
[62] https://www.youtube.com/watch?v=26K9f8n6ymU
[63] https://www.youtube.com/watch?v=JEY9lmCZbIc
[64] https://www.youtube.com/watch?v=DVlrJG4xri8
[65] https://www.youtube.com/watch?v=mk2SNcpTNbs
[66] https://www.youtube.com/watch?v=I0Ptsm-7Q5A
[67] https://www.youtube.com/watch?v=rEGOihjqO9w
[68] https://www.youtube.com/watch?v=wXQCPAR0EHo
[69] https://www.youtube.com/watch?v=dbbtmskCRUY

[70] https://www.youtube.com/watch?v=I_WmavzeFh4
[71] https://www.youtube.com/watch?v=9hVFCmK6GgM
[72] https://www.youtube.com/watch?v=wFPoRmsiFzc
[73] https://www.youtube.com/watch?v=AnfRTh26RIE
[74] Particulièrement notable dans la version: https://www.youtube.com/watch?v=h_ik4VMcLkA
[75] Martin Iddon, *John Cage and David Tudor: Correspondence on Interpretation and Performance*, Cambridge University Press, 2013, pp. 43-44.
[76] *Ibid.*, p. 19.
[77] Ken Friedman, Lauren Sawchyn, et Owen Smith, *The Fluxus Performance WorkBook - A Performance Research e-publication*, 2002, https://monoskop.org/File:Friedman_Smith_Sawchyn_eds_The_Fluxus_Performance_Workbook.pdf, Section: "*George Maciunas*", pp. 78-81.
[78] Cf. http://www.ranker.com/list/quincy-jones-movie-soundtracks-and-film-scores/reference#pVid_1233167 et https://www.youtube.com/results?search_query=quincy+jones+movie+soundtracks
[79] https://www.youtube.com/watch?v=Tys3BFPmxIg et https://www.youtube.com/watch?v=SPRzm8ibDQ8
[80] Cf. notre article: "*Tipologías XVIII: De la utilización y la comprensión de la forma geométrica simple en la enseñanza de la composición arquitectónica*", http://tipologias-xviii.blogspot.com/ de Departamento de Postgrados - Facultad de Arquitectura UNI-Managua - Sitio de Debates: http://postgrados-farq-uni.blogspot.com/
[81] https://www.youtube.com/watch?v=eLwlsNK2CGg
[82] https://www.youtube.com/watch?v=Sc-ovHWzKxw
[83] https://en.wikipedia.org/wiki/Danger_Man
[84] Edward Macan, "*British progressive rock as social criticism*", *The Routledge History of Social Protest in Popular Music*, New York et Londres, Routledge, 2013, pp. 126-128.
[85] Macan, *Rocking the Classics: English Progressive Rock and the Counterculture*, Oxford University Press, 1997, pp. 138-143.
[86] http://www.deezer.com/playlist/53292227; "*Mike did say that the source of his music was like getting an email from god.*" (http://tubular.net/forums/inspiration-for-tubular-bells--?s=e9e89ecce6631dd52c7c4315554e0c45&act=ST;f=19;t=3153); comparer: *Tubular Bells* (https://www.youtube.com/watch?v=sSRJvq4Wd48) avec "*Tubular Bells and Gentle Sound of Rain*" des moines zen tibétains (https://www.youtube.com/watch?v=Yh0-ixdpEhQ)
[87] Logan, p. 193.
[88] https://www.youtube.com/watch?v=aLZ7yVszwgk
[89] Également travaillé de près par René Magritte et Paul Nougé, cf. notre étude sur *Jeune fille mangeant un oiseau* dans la même Collection.
[90] http://sound-art-text.com/post/29753771316/john-cage-water-music
[91] https://fr.wikipedia.org/wiki/Liste_de_genres_de_musique_%C3%A9lectronique
[92] Solomon.
[93] *Ibid.*
[94] *Ibid.*
[95] Sur le site: http://yi-king-gratuit.com/yi-king-interpretation-64-hexagrammes.html
[96] Solomon.
[97] https://plato.stanford.edu/entries/japanese-zen/#TimSpa
[98] Sokei-an Sasaki, *Original Nature: Zen comments on the Sixth Patriarch's Platform Sutra*, Bloomington, iUniverse Inc., 2012, p. 148.
[99] Hellmut Wilhelm et Richard Wilhelm, *Understanding the I Ching: The Wilhelm Lectures on the Book of Changes*, Princeton University Press, 1960, p. 272.
[100] Edward A. Hacker, Steve Moore, et Lorraine Patsco, *I Ching: An Annotated Bibliography*, New York et Londres, Routledge, 2002, p. 287.
[101] Swami Anand Nisarg, *The Magician's I Ching*, Londres, Aeon Books, 2015, p. 8.
[102] *Opera omnia, nunc primum collecta, in classes distributa, praefationibus et indicibus exornata, studio Ludovici Dutens*, Genève, Fratres de Tournes, 1768, T. IV, pp. 172-173.
[103] Hay Lin Helen Ku, *The hidden/flying dragon: an exploration of the Book of Changes (I Ching) in terms of Nietzsche's philosophy*, Doctorat en Philosophie, sous la dir. de D.P. Goosen et M.J. Schoeman, Faculté d'Humanités, Université de Pretoria, 2009, inédit, pp. 47-49.

[104] Richard Kostelanetz, *Conversing with John Cage*, New York et Londres, Routledge, 2003, p. 70.
[105] https://en.m.wikipedia.org/wiki/4%E2%80%B233%E2%80%B3
[106] Solomon.
[107] Filippo Tommaso Marinetti, *Poupées Électriques - Drame en trois actes avec une Préface sur le Futurisme*, Paris, E. Sansot & Cie, 1909, pp. 7-11.
[108] https://www.uni-due.de/lyriktheorie/texte/1912_marinetti1.html
[109] https://www.uni-due.de/lyriktheorie/texte/1912_marinetti2.html
[110] Solomon.
[111] *Arnold Schoenberg, Wassily Kandinsky: Letters, Pictures, and Documents*, Londres, Faber & Faber, 1984.
[112] Konrad Boehmer, *Schonberg and Kandinsky: An Historic Encounter*, Londres et NewYork, Routledge, 2013, p. 69.
[113] http://www.chinabuddhismencyclopedia.com/en/index.php/Bhuta-tathata
[114] https://en.m.wikipedia.org/wiki/Tath%C4%81t%C4%81
[115] "*4'33"* (In Proportional Notation) is the earliest surviving score for Cage's "silent piece," first performed by the pianist David Tudor in Woodstock, New York, on August 29, 1952. Whereas the lost original score used conventional musical notation to signify three periods of silence, this score is composed of a series of vertical lines. The duration of the three movements corresponds to the distance between the lines, equating spatial and temporal measurements.
During the premiere, Tudor sat quietly at his piano, opening and closing the keyboard lid to mark the progression of the three movements. The audience waited in anticipation of the performance: their expectations of a conventional concert were shattered, but music was made. Cage recounted, "You could hear the wind stirring outside during the first movement. During the second, raindrops began pattering the roof, and during the third people themselves made all kinds of interesting sounds as they talked or walked out." Cage saw silence as a way to plug the audience into the sound track of everyday life, to open them up to the infinite possibilities of ambient sound.
Cage dedicated 4'33" (In Proportional Notation), the second iteration of his "silent" piece, to his friend Irwin Kremen and gave it to him on his 28th birthday, in 1953. Ink on paper. The Museum of Modern Art, New York. Acquired through the generosity of Henry Kravis in honor of MarieJosée Kravis, 2012." (https://www.moma.org/slideshows/24?locale=en)
[116] https://en.m.wikipedia.org/wiki/%C5%9A%C5%ABnyat%C4%81
[117] "*In Suzuki's world - the world of Hua-yen Buddhism and the Heart Sutra - zero is a metaphor for shunyata. As Suzuki said in Third Series, shunya = zero. Shunyata, then, is zero magnified to a universal principle, a statement about the Absolute.
Suzuki doesn't say much about zero in Third Series, and he probably didn't devote much time to it in the first classes at Columbia, since he was rushing to present the complex teachings of the Flower Garland Sutra and the Heart Sutra. But at other times, according to people who attended his Columbia course, he would devote whole class sessions to zero.
And he did write about zero elsewhere, in an article he prepared for Zen and the Birds of Appetite, a little book by the American Catholic monk Thomas Merton:
Metaphysically speaking, it is the mind that realizes the truth of Emptiness, and when this is done it knows that there is no self, no ego, no Atman [an eternal ego soul] that will pollute the mind, which is a state of zero. It is out of this zero that all good is performed and all evil is avoided. The zero I speak of is not a mathematical symbol. It is the infinite—a storehouse or womb (Garbha) of all possible good or values.
zero = infinity, and infinity = zero.
The double equation is to be understood not only statically but dynamically. It takes place between being and becoming.
A few pages later, Suzuki gently warns against the illusion that we are achieving something or going somewhere by "emptying out." What would you get rid of? Where is the trash bin? He continues:
Zen emptiness is not the emptiness of nothingness, but the emptiness of fullness in which there is "no gain, no loss, no increase, no decrease," in which this equation takes place: zero = infinity. The Godhead is no other than this equation.
And when the Godhead (emptiness) is not dualistically separated from the world (form)—when form is emptiness and emptiness is form - then it's all right here. Where else would it be? The non-dual Tao is the Way, Suzuki continued, in words that recall the koan about eating the piece of cake:
The strange thing, however, is: when we experience it we cease to ask questions about it, we accept it, we just live it. Theologians, dialecticians and existentialists may go on discussing the matter, but the ordinary people…live "the mystery." A Zen master was once asked:
Q. What is Tao? (We may take Tao as meaning the ultimate truth or reality.)
A. It is one's everyday mind.
Q. What is one's everyday mind?

A. When tired, you sleep; when hungry, you eat.
Inevitably, Cage ran into interviewers who insisted on turning shunyata, the Godhead, into an intellectual experience. He kept urging them to "eat the cake" (so to speak), but—not surprisingly—they didn't get it. Just live the mystery, he said. But they struggled through their fog and confusion.
[Q:] It would then be false to think that Zen sets an end, a stop, a goal for itself— which would, for example, be the state of illumination in which all things reveal themselves as nothingness.
[Cage:] This nothingness is still just a word.
[Q:] Like silence, it must cancel itself out.
[Cage:] And consequently we come back to what exists; to sounds, that is.
[Q:] But don't you lose something?
[Cage:] What?
[Q:] Silence, nothingness. . . .
[Cage:] You see quite well that I'm losing nothing! In all of this, it's not a question of losing, but of gaining!

Into the Music
Cage has just given 4'33" its public airing. He has finally been able to find a form for the silence he's been nurturing for decades. In that null zone, that place of quiet and surcease, that zero of transformation, there is a pivot.
Cage has reached the peak of the mountain. Up here the view is glorious and inhospitable. His hair is tumbled and frosted by a stiff wind. He balances precariously on the rocky summit. He is a human projectile in the domain of blue. Below him lies the ordinary world's woven carpet of trees, roads, kitchens, beds. All around him, up here, an element bubbles through his bloodstream yet alienates his body. Where he stands, sky is everywhere; there is nowhere that isn't touched by it. The view is vast and empty.
He can't grasp it. And he can't live here. Now what? A Zen teacher will tell you: The next step always leads back down, into the music.
[Q:] The basic message of Silence seems to be that everything is permitted.
[Cage:] Everything is permitted if zero is taken as the basis. That's the part that isn't often understood. If you're nonintentional, then everything is permitted. If you're intentional, for instance if you want to murder someone, then it's not permitted. The same thing can be true musically.

Not Enough of Nothing
It's 1954, two years after the debut of 4'33". Cage and Tudor are scheduled to perform at the Donaueschingen music festival in Germany that September. In October, Cage will go on to speak at the Composers' Concourse in London. He expects to have time to prepare the London talk while he and Tudor sail to Europe. But the ship collides with another vessel and returns to port, and Cage and Tudor are forced to fly to Amsterdam. Cage loses his anticipated free time to write.
As he relates in his book *Silence*, he feverishly pieced together the speech in trains and hotel lobbies and restaurants during his European tour. The London talk, "45' for a Speaker," uses chance operations to wedge together fragments of earlier texts and new realizations. Huang Po's instructions to let go of thoughts interpenetrate with comments on chance and the I Ching, and occasional phrases from "Lecture on Nothing" and "Lecture on Something."
This talk is something of a chopped salad, so it's intriguing that Suzuki's teachings on zero are flavoring Cage's thinking. In "45' for a Speaker," Cage has noticed the emptiness of the categories and rules advocated by Schoenberg and the proponents of twelve-tone music.
However there is a story I have found very helpful. What's so interesting about technique anyway? What if there are twelve tones in a row? What row? This seeing of cause and effect is not emphasized but instead one makes an identification with what is here and now. He then spoke of two qualities. Unimpededness and Interpenetration.
"What if there are twelve tones in a row? What row?"—Could Cage have written that observation without Suzuki's lectures on the Heart Sutra?
Cage adds instructions to the talk—"Bang fist on table"—"Yawn"—"Lean on elbow"—that must have turned the piece into performance art. These nonsensical actions are scattered among phrases from his great turning moments, such as the one in the anechoic chamber:
Form
is what interests everyone and fortunately
it is wherever you are and there i
no place where it isn't. Highest truth,

that is." (Kay Larson, *Where the Heart Beats: John Cage, Zen Buddhism, and the Inner Life of Artists*, New York, The Penguin Press, 2012, pp. 281-282)
Pour une lecture mystique médiévale de Cage, à partir de Maître Eckhart (que, passant par Suzuki, reliera postérieurement aussi Larson) et jusqu'à Satie, ce qui confirme notre thèse autour de la reprise de la structure musicale médiévale chez Cage, cf. Kyle Gann, *No Such Thing as Silence: John Cage's 4'33"*, Yale University Press, 2010.

[118] http://cosmicorderoftarot.com/I-i-ching/
[119] Steven Heine et Dale S. Wright, *The Koan: Texts and Contexts in Zen Buddhism*, Oxford University Press, 2000, pp. 22-23.
[120] http://yi-king-gratuit.com/yi-king-interpretation-64-hexagrammes.html
[121] https://www.youtube.com/watch?v=PdTsrABY3AE
[122] https://robinengelman.com/2013/12/
[123] http://exhibitions.nypl.org/johncage/node/44
[124] https://www.youtube.com/watch?v=Oh-o3udImy8
[125] Sur les jeux numériques de division du temps musical et le rôle associé du hasard performatif dans l'oeuvre de Cage, cf. https://en.wikipedia.org/wiki/John_Cage: "*Cage's first completed pieces are currently lost. According to the composer, the earliest works were very short pieces for piano, composed using complex mathematical procedures and lacking in "sensual appeal and expressive power." Cage then started producing pieces by improvising and writing down the results, until Richard Buhlig stressed to him the importance of structure. Most works from the early 1930s, such as Sonata for Clarinet (1933) and Composition for 3 Voices (1934), are highly chromatic and betray Cage's interest in counterpoint. Around the same time, the composer also developed a type of a tone row technique with 25-note rows. After studies with Schoenberg, who never taught dodecaphony to his students, Cage developed another tone row technique, in which the row was split into short motives, which would then be repeated and transposed according to a set of rules. This approach was first used in Two Pieces for Piano (c. 1935), and then, with modifications, in larger works such as Metamorphosis and Five Songs (both 1938).*
Soon after Cage started writing percussion music and music for modern dance, he started using a technique that placed the rhythmic structure of the piece into the foreground. In Imaginary Landscape No. 1 (1939) there are four large sections of 16, 17, 18, and 19 bars, and each section is divided into four subsections, the first three of which were all 5 bars long. First Construction (in Metal) (1939) expands on the concept: there are five sections of 4, 3, 2, 3, and 4 units respectively. Each unit contains 16 bars, and is divided the same way: 4 bars, 3 bars, 2 bars, etc. Finally, the musical content of the piece is based on sixteen motives. Such "nested proportions", as Cage called them, became a regular feature of his music throughout the 1940s. The technique was elevated to great complexity in later pieces such as Sonatas and Interludes for prepared piano (1946–48), in which many proportions used non-integer numbers (1¼, ¾, 1¼, ¾, 1½, and 1½ for Sonata I, for example), or A Flower, a song for voice and closed piano, in which two sets of proportions are used simultaneously.
In late 1940s, Cage started developing further methods of breaking away with traditional harmony. For instance, in String Quartet in Four Parts (1950) Cage first composed a number of gamuts: chords with fixed instrumentation. The piece progresses from one gamut to another. In each instance the gamut was selected only based on whether it contains the note necessary for the melody, and so the rest of the notes do not form any directional harmony. Concerto for prepared piano (1950–51) used a system of charts of durations, dynamics, melodies, etc., from which Cage would choose using simple geometric patterns. The last movement of the concerto was a step towards using chance procedures, which Cage adopted soon afterwards.

Chance
I Ching divination involves obtaining a hexagram by random generation (such as tossing coins), then reading the chapter associated with that hexagram.
A chart system was also used (along with nested proportions) for the large piano work Music of Changes (1951), only here material would be selected from the charts by using the I Ching. All of Cage's music since 1951 was composed using chance procedures, most commonly using the I Ching. For example, works from Music for Piano were based on paper imperfections: the imperfections themselves provided pitches, coin tosses and I Ching hexagram numbers were used to determine the accidentals, clefs, and playing techniques. A whole series of works was created by applying chance operations, i.e. the I Ching, to star charts: Atlas Eclipticalis (1961–62), and a series of etudes: Etudes Australes (1974–75), Freeman Etudes (1977–90), and Etudes Boreales (1978). Cage's etudes are all extremely difficult to perform, a characteristic dictated by Cage's social and political views: the difficulty would ensure that "a performance would show

that the impossible is not impossible" - this being Cage's answer to the notion that solving the world's political and social problems is impossible.[86] Cage described himself as an anarchist, and was influenced by Henry David Thoreau.
Another series of works applied chance procedures to pre-existing music by other composers: Cheap Imitation (1969; based on Erik Satie), Some of "The Harmony of Maine" (1978; based on Belcher), and Hymns and Variations (1979). In these works, Cage would borrow the rhythmic structure of the originals and fill it with pitches determined through chance procedures, or just replace some of the originals' pitches. Yet another series of works, the so-called Number Pieces, all completed during the last five years of the composer's life, make use of time brackets: the score consists of short fragments with indications of when to start and to end them (e.g. from anywhere between 1'15" and 1'45", and to anywhere from 2'00" to 2'30").

Cage's method of using the I Ching was far from simple randomization. The procedures varied from composition to composition, and were usually complex. For example, in the case of Cheap Imitation, the exact questions asked to the I Ching were these:
Which of the seven modes, if we take as modes the seven scales beginning on white notes and remaining on white notes, which of those am I using?
Which of the twelve possible chromatic transpositions am I using?
For this phrase for which this transposition of this mode will apply, which note am I using of the seven to imitate the note that Satie wrote?
In another example of late music by Cage, Etudes Australes, the compositional procedure involved placing a transparent strip on the star chart, identifying the pitches from the chart, transferring them to paper, then asking the I Ching which of these pitches were to remain single, and which should become parts of aggregates (chords), and the aggregates were selected from a table of some 550 possible aggregates, compiled beforehand.

Finally, some of Cage's works, particularly those completed during the 1960s, feature instructions to the performer, rather than fully notated music. The score of Variations I (1958) presents the performer with six transparent squares, one with points of various sizes, five with five intersecting lines. The performer combines the squares and uses lines and points as a coordinate system, in which the lines are axes of various characteristics of the sounds, such as lowest frequency, simplest overtone structure, etc. Some of Cage's graphic scores (e.g. Concert for Piano and Orchestra, Fontana Mix (both 1958)) present the performer with similar difficulties. Still other works from the same period consist just of text instructions. The score of 0'00" (1962; also known as 4'33" No. 2) consists of a single sentence: "In a situation provided with maximum amplification, perform a disciplined action." The first performance had Cage write that sentence.

Musicircus (1967) simply invites the performers to assemble and play together. The first Musicircus featured multiple performers and groups in a large space who were all to commence and stop playing at two particular time periods, with instructions on when to play individually or in groups within these two periods. The result was a mass superimposition of many different musics on top of one another as determined by chance distribution, producing an event with a specifically theatric feel. Many Musicircuses have subsequently been held, and continue to occur even after Cage's death. The English National Opera became the first opera company to hold a Cage Musicircus on 3 March 2012 at the London Coliseum. The ENO's Musicircus featured artists including Led Zeppelin bassist John Paul Jones and composer Michael Finnissy alongside ENO Music Director Edward Gardner, the ENO Community Choir, ENO Opera Works singers, and a collective of professional and amateur talents performing in the bars and front of house at London's Coliseum Opera House.

This concept of circus was to remain important to Cage throughout his life and featured strongly in such pieces as Roaratorio, an Irish circus on Finnegans Wake (1979), a many-tiered rendering in sound of both his text Writing for the Second Time Through Finnegans Wake, and traditional musical and field recordings made around Ireland. The piece was based on James Joyce's famous novel, Finnegans Wake, which was one of Cage's favorite books, and one from which he derived texts for several more of his works.

Improvisation

Since chance procedures were used by Cage to eliminate the composer's and the performer's likes and dislikes from music, Cage disliked the concept of improvisation, which is inevitably linked to the performer's preferences. In a number of works beginning in the 1970s, he found ways to incorporate improvisation. In Child of Tree (1975) and Branches (1976) the performers are asked to use certain species of plants as instruments, for example the cactus. The structure of the pieces is determined through the chance of their choices, as is the musical output; the performers had no knowledge of the instruments. In Inlets (1977) the performers play large water-filled conch shells – by carefully tipping the shell several times, it is possible to achieve a bubble forming inside, which produced sound. Yet, as it is impossible to predict when this would happen, the performers had to continue tipping the shells – as a result the performance was dictated by pure chance.

Visual art, writings, and other activities
Variations III, No. 14, a 1992 print by Cage from a series of 57.
Although Cage started painting in his youth, he gave it up in order to concentrate on music instead. His first mature visual project, Not Wanting to Say Anything About Marcel, dates from 1969. The work comprises two lithographs and a group of what Cage called plexigrams: silk screen printing on plexiglas panels. The panels and the lithographs all consist of bits and pieces of words in different typefaces, all governed by chance operations.
From 1978 to his death Cage worked at Crown Point Press, producing series of prints every year. The earliest project completed there was the etching Score Without Parts (1978), created from fully notated instructions, and based on various combinations of drawings by Henry David Thoreau. This was followed, the same year, by Seven Day Diary, which Cage drew with his eyes closed, but which conformed to a strict structure developed using chance operations. Finally, Thoreau's drawings informed the last works produced in 1978, Signals.
Between 1979 and 1982 Cage produced a number of large series of prints: Changes and Disappearances (1979–80), On the Surface (1980–82), and Déreau (1982). These were the last works in which he used engraving. In 1983 he started using various unconventional materials such as cotton batting, foam, etc., and then used stones and fire (Eninka, Variations, Ryoanji, etc.) to create his visual works. In 1988–1990 he produced watercolors at the Mountain Lake Workshop.
The only film Cage produced was one of the Number Pieces, OneII, commissioned by composer and film director Henning Lohner who worked with Cage to produce and direct the 90-minute monochrome film. It was completed only weeks before his death in 1992. OneII consists entirely of images of chance-determined play of electric light. It premiered in Cologne, Germany, on September 19, 1992, accompanied by the live performance of the orchestra piece 103.
Throughout his adult life, Cage was also active as lecturer and writer. Some of his lectures were included in several books he published, the first of which was Silence: Lectures and Writings (1961). Silence included not only simple lectures, but also texts executed in experimental layouts, and works such as Lecture on Nothing (1949), which were composed in rhythmic structures. Subsequent books also featured different types of content, from lectures on music to poetry—Cage's mesostics.
Cage was also an avid amateur mycologist. He co-founded the New York Mycological Society with four friends, and his mycology collection is presently housed by the Special Collections department of the McHenry Library at the University of California, Santa Cruz."
[126]Nous reproduisons ici le tableau du site: http://www.lafolia.com/1951-and-cages-music-of-changes/
[127]https://www.youtube.com/watch?v=pcHnL7aS64Y
[128]http://www.philamuseum.org/collections/permanent/51448.html
[129]http://www.philamuseum.org/collections/permanent/51449.html
[130]https://classconnection.s3.amazonaws.com/64/flashcards/5119064/png/screen_shot_2014-04-05_at_55947_pm-145329F1C1E528404B8.png
[131]"*Non ha l'ottimo artista alcun concetto,
Ch'un marmo solo in se non circoscriva
Col suo soverchio, e solo a quello arriva
La man che obbedisce ail' intelletto.*" (*Poésies de Michel-Ange Buonarroti: peintre, sculpteur et architecte florentin*, éd. de M.A. Varcollier, Paris, Hesse et Cie, 1826, p. 2)
"*Molto diletta al gusto intero e sano
L'opra délia prim' arte, che n' assembra
I volti e gli atti, e con sue vive membra
Di cera, o terra, o pietra un corpo umano.*" (*Ibid.*, p. 8)
[132]Selon la terminologie musicale de ces accords étendus, cf. Dan Fox, *Write it Right!*, Van Nuys, Canada, Alfred Music Publishing, 1995, p. 144.
[133]http://www.medienkunstnetz.de/works/imaginary-landscape-1/
[134]http://exhibitions.nypl.org/johncage/node/53
[135]http://mysite.du.edu/~treddell/courses-3750.htm, http://collections.vam.ac.uk/item/O76770/r3-where-rryoanji-print-cage-john/, http://www.artbouillon.com/2012_08_01_archive.html
[136]http://exhibitions.nypl.org/johncage/node/55

[137] http://davehall.io/visualising-music-graphic-scores/
[138] https://www.youtube.com/watch?v=VQ_r3zaITgg et https://www.youtube.com/watch?v=Hlg0EGqXWls
[139] http://exhibitions.nypl.org/johncage/node/24
[140] http://www.robertworby.com/2012/11/11/john-cage-song-books-cd/
[141] http://thefanzine.com/new-poethic-folk-cultures-of-john-cage-go-large/
[142] https://www.visualnews.com/2013/09/30/creatives-work-john-cage/
[143] "*A playable concert piece with elements of aleatoric sections, while staying tonally melodic. Easy for young bands to handle and still learn this contemporary technique.*" (http://www.kylemacmusic.com/concertfestival.html et https://soundcloud.com/kyle-mckinzey/chance)
[144] "A szeriális zene vizsgálatakor meg kell említenünk John Cage nevét is, aki ugyan a szó szoros értelmében nem tekinthető szerialista zeneszerzőnek, komponálási gyakorlata és zeneesztétikai írásai – amelyekből Bódy is előszeretettel idéz – mégis sok mindent elárulnak a szeriális gondolkodásról és formaalkotásról. Cage az intenciómentes művészet jegyében alkot, műveinek struktúráját a véletlen határozza meg: a hangsor elemeinek egymáshoz való viszonyát gyakran pénzfeldobással dönti el, Variations II. című darabjának partitúrája pedig 11 vonalakat és pontokat tartalmazó átlátszó papírlapból áll, amelyeknek véletlenszerű egymásra helyezése alkotja meg a zeneművet. Az esetlegesség felszíne mögött ugyanakkor nagyon is rendszerszerű gondolkodás rejlik: „A nem-folytonos egyszerűen annyit tesz, hogy az éppen történő folytonosságot elfogadjuk."
Folytonosság és megszakítottság, rendszerszerűség és alacsony várhatósági fok egyszerre jellemzik a szeriális formaalkotást. Ez egyrészt visszavezethető arra a már említett elképzelésre, amely szerint a műalkotás felszíni formája a paradigmatikus tengely mentén szigorú szisztéma szerint szerveződő lehetséges variációk és permutációk sorából esetlegesen kiválasztott elemek szintagmatikus sorokká rendezése, másrészt viszont az ismétlődés – nemcsak egy adott műalkotásban, hanem a jelrendszer egészének működésében érvényesülő – két alapvető funkciójával, a várhatóság megteremtésével és a változatok lehetővé tételével van összefüggésben.
Cage szerint a változások rendszerére építő szeriális technika a zenemű folytonosságát, folyamat-jellegét eredményezi: „Ez a zene statikus. Nem halad valamerre. Nem foglalkozik a múlt és a jövő egy-egy pontját összekötő mérceként felfogott idővel, hanem kizárólag a lineáris folyamatossággal. Nem akar eljutni valahová, előre haladni, vagy megérkezni valahonnan. [...] A zenemű gyakran körkörös: részeinek sorrendje változhat."
A formán belül fenntartott teljes folyamatosságot tartja követendő példának Boulez is, nála azonban ez nem annyira a statikusság, sokkal inkább a folytonos fejlődés, dinamizmus érzetével párosul. Boulez egyetért Webernnel abban, hogy egy zenei gondolatnak egy adott ritmikai vagy dallamsor a foglalata, és a maradandó műveknek minimális gondolatból kiindulva sikerül nagy léptékű formát kialakítaniuk, ezért tartja nagyra például Bach műveit is. [36] Szerinte tehát a nagy művek legfőbb ismérve, hogy az átfogó struktúrát a apró, elemi stilisztikai döntések, választások, akár véletlenműveletekkel meghatározott viszonyok szabják meg. Saját alkotási folyamatát is úgy jellemzi, mint ami egy egyszerű zenei gondolatra, illetve ennek az egyszerű gondolatnak a „variálására, transzformálására, augmentálásra, megsokszorozására."
(Czifra Réka, "A Nárcisz és Psyché (poszt)modern szerialitása. A szeriális forma jelentősége Bódy Gábor elméletírói és filmkészítői munkásságában", Apertúra, 2013, http://uj.apertura.hu/2013/tel/czifra-a-narcisz-es-psyche-posztmodernszerialitasa-body-gabor/)
[145] http://www.sonoloco.com/rev/mdg/0701/cagechamber.html; "*Date: Composed in 1958. Premiered in Rome, January 5, 1959, with Fontana Mix.*
Ensemble Type: Solo
Instrumentation: For voice, any range. To be performed alone or with Fontana Mix (EP 6712), or any part(s) of Concert for Piano and Orchestra (EP 6705, EP 6705a, and EP 6705n).
Comments: The score for this virtuosic work consists of 20 pages of graphically-notated music, each equating to 30 seconds in performance. That said, pages may be performed over longer or shorter time spans to create a program of a determined time-length. Aria may be performed as a solo, or with Fontana Mix and/or with any of the parts comprising Concert for Piano and Orchestra. The text consists of isolated vowels and consonants, as well as words, from Armenian, Russian, Italian, French, and English. The notation is colorful and graphic, consisting, essentially, of wavy lines in different colors and 16 black squares denoting "non musical" vocal noises. The colors denote different singing styles, which are determined by the singer prior to performance. Cage used Fontana Mix as his composing means to create Aria, a work with which it is frequently performed.
Dedicatee(s): Cathy Berberian
Publication: Peters Edition EP 6701 " (http://johncage.org/pp/John-Cage-Work-Detail.cfm?work_ID=29)

[146]"*The structure is simple. Vocalist A sings the recitation "W-H-A-L-E". Vocalist B responds with "H-A-W-E", then sings the recitation. Vocalist A responds with "E-A-H-A-E", then sings the recitation. Etc etc for the next twenty-five minutes. Presumably, the order of the letters in the responses was partially determined by chance, though note that each response ends with the letter 'E'. Further, Cage fixes the notes of each letter, like so:*
W-D H-C A-B L-G E-A
Hence, this consists of straightforward monophonic melodies with a simple tonality (from my limited knowledge of music theory, I assume it's in A-minor), to be sung slowly and softly without vibrato. It is extremely peaceful, even religious - indeed, it strongly evokes Gregorian chant, especially with its reverb-heavy production that makes it sound as if it was sung in a church. The monastic overtones are, of course, made explicit by the "litany" of the title.
It would be interesting to know more about Cage's intentions and what compositional methods he used here. It sounds like one of Cage's "transformative" works - as in Apartment House 1776, Cheap Imitation, Hymns and Variations, Quartets I-VIII, etc - in that it sounds like he took some previously existing work, in this case a Gregorian chant, and then altered it somewhat. I think this was composed from scratch, though. What is particularly odd in the context of the rest of his work is how he gives it a tonal centre, on the note A (the letter E). Even in his compositions that used more traditional pitch-sets, this is something that as far as I understand he always worked to avoid. Per Cage's aesthetic, the problem with a tonal centre is that it means that notes are arranged in hierarchy, and according to a theory. In all his work from the early 50s onwards, Cage had endeavoured to create compositions where, essentially, all sounds are equal - where there are no hierarchies, where each sound is its own centre, where "each sound vibrates from itself, not from a theory" (that quote is from Conversing With Cage, pg 490). By all means play an A, but don't play an A as the tonal centre. (The anti-theoretical inclination comes from Zen; the anti-hierarchical inclination from anarchism.)
Of course, none of this has anything to do with the quality of the music, which is extremely high. Just as "litany" suggests religion, so "whale" suggests the ocean, and the music seems evocative of the ocean to me. Notes are sung deliberately, one by one, surrounded by silence; they have an undulating quality, like waves coming into shore. The alternation from the first vocalist to the second and back again conjures the rise and fall of the tides, with the steady repetition of the recitation underlining its cyclical character. To paraphrase one of the favourite slogans of deep ecology, Litany for the Whale may be simple in means, but it is very rich in ends.
I came across a performance of this on carillon, which can be found here (there is a 48 second youtube video; the whole performance is given on a link below). I don't like it so much, and for me it drives home just how important the choice of instrument can be for a composition. Litany for the Whale is beautiful, but a lot of that depends on the qualities of the human voice. Without the voice, without the monastic mood, it becomes a bit boring. It ends up sounding like a child's first attempt at writing music. (The carillon version reminds me quite a lot of Cheap Imitation, another one that I don't find so interesting.)" (http://433cage.blogspot.com/2014_08_01_archive.html)

[147]https://www.youtube.com/watch?v=yNi0bukYRnA

[148]Qui, en outre, recourt encore au style mélismatique en brisant celui, syllabique, de sa composition dans *Salut Drapeau*, cf. Robert Orledge, *Satie the Composer*, Cambridge University Press, 1990, p. 157.

[149]http://www.smithsonianmag.com/arts-culture/5-12-examples-of-experimental-music-notation-92223646/

[150]http://www.politico.com/states/new-york/city-hall/story/2012/09/the-stunning-chance-made-visual-art-of-john-cage-gets-its-centennial-due-067223

[151]http://rainingacorns.blogspot.com/2010/12/slouching-toward-lachenmann-john-cage.html

[152]https://www.pinterest.com/pin/281123201712716362/

[153]https://www.pinterest.com/pin/448319337878156767/

[154]https://commons.wikimedia.org/wiki/File:Aum_calligraphy.svg?uselang=fr

[155]https://fr.wikipedia.org/wiki/Oṃ%CC%90#.C3.89tymologie

[156]Reproduites dans Jennifer Lindsay, *Javanese Gamelan*, Oxford University Press, 1992, pp. 43-45.

[157]https://waterprojectsound.com/2012/04/01/water-scores/

[158]https://www.youtube.com/watch?v=2ovzPRCGu4Q

[159]https://en.wikipedia.org/wiki/Circles_(Berio)

[160]http://exhibitions.nypl.org/johncage/node/22

[161]http://researchblog.andremount.net/wp-content/uploads/2009/11/water-walk-1.jpg

[162]http://cyfroteka.pl/catalog/ebooki/85965/119976/ff/101/OEBPS/Text/section006.xhtml

[163]http://www.jkitppit.com/2015/09/09/cage/

[164]http://www.anothertimbre.com/cartridgemusic.html et http://www.petergena.com/frexpmus.html

[165]http://ericleonardson.com/whatsnew/2012/11/30/december-5-variations-vi-performance-at-neiman-center-saic/

[166] Nous comparons dans les deux paragraphes suivants à partir des partitions reproduites sur le site: http://davehall.io/visualising-music-graphic-scores/
[167] Ce dernier reproduit sur le site: http://sfsound.org/series/freeman.jpg
[168] https://prufrocksdilemma.wordpress.com/2012/11/05/guest-post-musical-stargazing-with-nadia-ghent-and-john-cage/
[169] https://duadp.hypotheses.org/
[170] Reproduits sur le site: http://uj.apertura.hu/2013/tel/czifra-a-narcisz-es-psyche-posztmodern-szerialitasa-body-gabor/
[171] http://arttattl.ipower.com/archivejohncage.html
[172] https://en.wikipedia.org/wiki/Cathy_Berberian#Discography et https://www.youtube.com/watch?v=2ovzPRCGu4Q
[173] http://www.see-this-sound.at/print/work/124
[174] *In ibid.*
[175] https://www.pinterest.com/hail1125/notation-reference/
[176] "*John Cage's Graphic Score The innovative and influential American composer John Cage created a graphic score called "49 Waltzes for the Five Boroughs" as a tribute to the ever- changing city of New York. He superimposed 49 triangles on a map of New York City, using chance means to determine the locations of each angle. The listener or recorder was invited go to the apex of each angle and listen to or record the sounds of the city in that place. *Rolling Stone Magazine, 1977.*" (https://www.pinterest.com/pin/525865693965622026/)
[177] https://www.pinterest.com/pin/525865693965622010/
[178] Reproduits sur le site: http://www.tango.uni-bremen.de/cursolare.htm
[179] Reproduit sur le site: https://musicomix.wordpress.com/stripsody/
[180] Tous deux sur le site: http://mentalfloss.com/article/54441/10-really-weird-pieces-classical-music
[181] Sophie Stévance, "*Les opérations musicales mentales de Duchamp. De la "musique en creux"*", Images Re-vues, 7 | 2009, https://imagesrevues.revues.org/375, pp. 2-5
[182] *Ibid.,* pp. 5-7.
[183] Sylvère Lotringer, "*Duchamp Werden*", Crossings: Kunst zum Hören und Sehen, Vienna, Kunsthalle, 1998, pp 55-61, rééd. augmenté: "*Becoming Duchamp*", Tout-Fait - The Marcel Duchamp Online Studies Journal, Vol. 1 / Issue 2, Mai 2000, http://www.toutfait.com/issues/issue_2/Articles/lotringer.html
[184] http://www.marcelduchamp.net/news-views/john-cages-music-for-marcel-duchamp/ et http://www.annaschwartzgallery.com/works/exhibitions?artist=116&year=2011&work=12888&exhibition=368&page=2&future=&projects=1&current=&c=m
[185] http://johncage.org/pp/John-Cage-Work-Detail.cfm?work_ID=123
[186] https://en.wikipedia.org/wiki/Works_for_prepared_piano_by_John_Cage
[187] Breno Onetto Muñoz, "*Una mirada escéptica a la poesía concreta. Eugen Gomringer: ¿publicista o poeta?*", Estudios Filológicos, No 39, Septembre 2004, pp. 194-195.
[188] http://www.wendyssubway.com/reading-room/from-line-to-constellation/
[189] Enrique Sacerio-Garí, "*El despertar de la forma en la poesia concreta*", Revista Iberoamericana, Vol. I, No 126, Janvier-Mars 1984, p. 166.
[190] http://sibila.com.br/critica/cheio-de-tudo-paulo-leminski-y-el-budismo-zen/9541
[191] http://www.ubu.com/papers/gomringer01.html, trad. de Mike Weaver.
[192] Willard Bohn, *Modern Visual Poetry*, University of Delaware Press, 2001, pp. 245-246.
[193] https://en.wikipedia.org/wiki/File:John-Cage-time-brackets.png
[194] https://en.wikipedia.org/wiki/Number_Pieces
[195]195 https://www.youtube.com/watch?v=pcHnL7aS64Y
[196] Cf. notre thèse *Roland Barthes et la théorie esthétique*, 1997, 2001.
[197] Jorge Eduardo Arellano, *Memorial de los 60*, Managua, à compte d'auteur, 2015, pp. 351-353.
[198] http://luigi.russolo.free.fr/bruits.html
[199] http://signes.org/page.php?id=55
[200] http://luigi.russolo.free.fr/bruits.html
[201] https://www.francemusique.fr/emissions/le-matin-des-musiciens/petite-histoire-de-la-barcarolle-28793
[202] Ethan Mordden, *A Guide to Orchestral Music: The Handbook for Non-musicians*, Oxford University Press, 1986, art. "*Barcarolle*", p. 551.
[203] https://www.youtube.com/watch?v=g7czptgEvvU

[204] http://www.ourchopin.com/analysis/barcarolle.html
[205] Donald Haase, *The Greenwood Encyclopedia of Folktales and Fairy Tales*, Westport, Connecticut, et Londres, Greenwood Publishing Group, 2007, Vol. I *A-F*, p. 384.
[206] Frank Tirro, *Historia del jazz clásico*, Teía, Barcelona, Robinbook, 2007, p. 220; Jeffrey H. Jackson, *Making Jazz French: Music and Modern Life in Interwar Paris*, Duke University Press, 2003, notamment cap. 8, pp. 154ss.; Matthew F. Jordan, *Le Jazz: Jazz and French Cultural Identity*, University of Illinois Press, 2010, pp. 157ss.
[207] Jordan, pp. 178, 229-242; Alex Hughes et Keith Reader, *Encyclopedia of Contemporary French Culture*, New York et Londres, Routledge, 2002, p. 132; Rosemary Wakeman, *The Heroic City: Paris, 1945-1958*, University of Chicago Press, 2009, p. 248; Jonathyne Briggs, *Sounds French: Globalization, Cultural Communities and Pop Music, 1958-1980*, Oxford University Press, 2015, p. 57; Adeline Cordier, *Post-War French Popular Music: Cultural Identity and the Brel-Brassens-Ferré Myth*, New York et Londres, Routledge, 2016, p. 156; Franco Fabbri, "*'The Songs I'd Write Would Be Like That': Transnational Influences between Poets, Composers, Singers-Songwriters*", *The Singer-Songwriter in Europe: Paradigms, Politics and Place*, New York et Londres, Routledge, 2016, Part 1, cap. 1, pp. 23ss.
[208] Larry Birnbaum, *Before Elvis: The Prehistory of Rock 'n' Roll*, Lanham, Toronto, et Plymouth, U.K., Scarecrow Press, 2013, passim; Ian Carr, Digby Fairweather et Brian Priestley, *The Rough Guide to Jazz*, New York, Londres ert Delhi, Rough Guides, 2004, art. "*Rock*", pp. 919-920.
[209] Rick Koster, *Louisiana Music: A Journey From R&b To Zydeco, Jazz To Country, Blues To Gospel, Cajun Music To Swamp Pop To Carnival*, CAmbridge, Massasuchetts, Da Capo Press, 2002; Stephen Koch, *Louis Jordan: Son of Arkansas, Father of R&B*, Charleston, The History Press, 2014; Carr-Fairweather-Priestley, art. "*Rythm and Blues*", p. 919.
[210] María Herrera-Sobek, *Celebrating Latino Folklore: An Encyclopedia of Cultural Traditions*, Santa Barbara, California, Denver, Colorado, et Oxford, U.K., ABC-CLIO, 2012, Vol. I *A-D*, "*Cuban Americans and their folklore*", p. 390, évoque ce double mouvement d'influences européenne et dixieland, notamment dans le choix des instruments et des voix, dans la musique de *banda* d'un côté, et de l'autre l'intégration de musiciens cubains dans les groupes de jazz newyorkais. Même constat, notamment de l'intégration de musiciens latinos aux bandes de jazz états-uniennes, chez Henry Martin et Keith Waters, *Jazz: The First 100 Years, Enhanced Media Edition*, Boston, Cengage Learning, 2015, p. 364; même phénomène qui perdure à la fin du XXème siècle et au début du XXIème siècle, Christopher Washburne, "*Latin Jazz*", *Jazz/Not Jazz: The Music and Its Boundaries*, University of California Press, 2012, p. 96. De là le jazz afro-cubain, mélange de polyrythmes africains et cubains et d'improvisation jazz, qui prend son essor dans les années 1940, cf. Shelly Berg, *Alfred's Essentials of Jazz Theory*, Van Nuys, Canada, Alfred Music Publishing, 2005, "*Unit 13 Lesson 52*", p. 84; et Scott Yanow, *Jazz: A Regional Exploration*, Westport, Connecticut, et Londres, Greenwood Publishing Group, 2005, p. 137. Si a bien été noté l'influence caraïbienne dans le jazz, Scott Joplin et Jelly Roll Morton incluant des rythmes de *tresillos, cinquillos* ou *habanera* dans leurs compositions, cf. Helio Orovio, *Cuban Music from A to Z*, Duke University Press, 2004, art. "*Afro-Cuban jazz*", p. 5, comme également l'origine commune dans les rythmes africains des deux groupes de musique: cubain caraïbien et jazz, il est peu indiqué, à l'inverse, que les compositions cubaines du *son cubano* ont de fort accents jazz, alors même que l'entrée de celui-ci dans les compositions de l'île se comprend, doublement, par l'importance des acteurs cubains dans le jazz, et par la localisation particulière de l'île et son lieu économique historique aux États-Unis au début du XXème siècle, comme le prouve l'émergence du Buena Vista Social Club dans les années 1940, parallèle, précisément, à l'émergence de l'âge d'or de la musique cubaine, dans les années 1930-1950, https://en.wikipedia.org/wiki/Buena_Vista_Social_Club De fait, c'est, selon le même modèle d'influence qu'au Chili par la visite de musiciens états-uniens, Álvaro Menanteau, *Historia del jazz en Chile*, Santiago de Chile, Ocho Libros Editores, 2006, pp. 23-26ss., que le jazz s'introduit à Cuba, notamment avec la visite qu'y fit le "*père du blues*" W.-C. Handy en 1896, https://en.wikipedia.org/wiki/W._C._Handy, à l'instar, également, du neworléanais Louis Moreau Gottschalk, https://en.wikipedia.org/wiki/Early_Cuban_bands, connu pour ses compositions de jeunesse, souvenirs entendus en Louisiane, *Bamboula, La Savane, Le Bananier* et *Le Mancenillier, Bamboula* qu'il utilisa comme thème mélodique de sa *Symphony No. 1: A Night in the Tropics*, https://en.wikipedia.org/wiki/Louis_Moreau_Gottschalk#Works, dont la première fut donnée à La Havanne en 1858, https://en.wikipedia.org/wiki/Symphony_No._1_(Gottschalk) Ainsi: "*Afro-Cuban jazz is the earliest form of Latin jazz. It mixes Afro-Cuban clave-based rhythms with jazz harmonies and techniques of improvisation. Afro-Cuban jazz first emerged in the early 1940s with the Cuban musicians Mario Bauza and Frank Grillo "Machito" in the band Machito and his Afro-Cubans, based in New York City. In 1947 the collaborations of bebop innovator Dizzy Gillespie with Cuban percussionist Chano Pozo brought Afro-Cuban rhythms and instruments, most notably the tumbadora and the bongo, into the East Coast jazz scene. Early combinations of jazz with Cuban music, such as Dizzy's and Pozo's "Manteca" and Charlie Parker's and Machito's "Mangó Mangüé", were commonly referred to as "Cubop", short for*

Cuban bebop. During its first decades, the Afro-Cuban jazz movement was stronger in the United States than in Cuba itself. In the early 1970s, the Orquesta Cubana de Música Moderna and later Irakere brought Afro-Cuban jazz into the Cuban music scene, influencing new styles such as songo.
"Spanish tinge"—the Cuban influence in early jazz
Although true clave-based Afro-Cuban jazz did not appear until the mid-twentieth century, the Cuban influence was present at the birth of jazz. African American music began incorporating Afro-Cuban musical motifs in the nineteenth century, when the habanera gained international popularity. The habanera was the first written music to be rhythmically based on an African motif. The habanera rhythm (also known as congo, tango-congo, or tango.) can be thought of as a combination of tresillo and the backbeat.

Habanera rhythm written as a combination of tresillo (bottom notes) with the backbeat (top note).
Musicians from Havana and New Orleans would take the twice-daily ferry between both cities to perform, and the habanera quickly took root in the musically fertile Crescent City. John Storm Roberts states that the musical genre habanera, "reached the U.S. 20 years before the first rag was published" (1999: 12). Scott Joplin's "Solace" (1909) is considered a habanera.

Excerpt from "Solace" by Scott Joplin (1909). Variations on the habanera rhythm.
For the more than quarter-century in which the cakewalk, ragtime, and proto-jazz were forming and developing, the habanera was a consistent part of African American popular music. Early New Orleans jazz bands had habaneras in their repertoire and the tresillo/habanera figure was a rhythmic staple of jazz at the turn of the 20th century. Comparing the music of New Orleans with the music of Cuba, Wynton Marsalis observes that tresillo is the New Orleans "clave". Although technically, the pattern is only half a clave, Marsalis makes the important point that the single-celled figure is the guide-pattern of New Orleans music.
"St. Louis Blues" (1914) by W.C. Handy has a habanera/tresillo bass line. Handy noted a reaction to the habanera rhythm included in Will H. Tyler's "Maori": "I observed that there was a sudden, proud and graceful reaction to the rhythm...White dancers, as I had observed them, took the number in stride. I began to suspect that there was something Negroid in that beat." After noting a similar reaction to the same rhythm in "La Paloma", Handy included this rhythm in his "St. Louis Blues," the instrumental copy of "Memphis Blues," the chorus of "Beale Street Blues," and other compositions."

Excerpt from "St. Louis Blues" by W.C. Handy (1914). The left hand plays the habanera rhythm.
Jelly Roll Morton considered the tresillo/habanera (which he called the Spanish tinge) to be an essential ingredient of jazz. The habanera rhythm and tresillo can be heard in his left hand on songs like "The Crave" (1910, recorded 1938). Now in one of my earliest tunes, "New Orleans Blues," you can notice the Spanish tinge. In fact, if you can't manage to put tinges of Spanish in your tunes, you will never be able to get the right seasoning, I call it, for jazz - Morton (1938: Library of Congress Recording).

Excerpt from Jelly Roll Morton's "New Orleans Blues" (c. 1902). The left hand plays the tresillo rhythm. The right hand plays variations on cinquillo.

Although the exact origins of jazz syncopation may never be known, there's evidence that the habanera/tresillo was there at its conception. Buddy Bolden, the first known jazz musician, is credited with creating the big four, a habanera-based pattern. The big four (below) was the first syncopated bass drum pattern to deviate from the standard on-the-beat march. As the example below shows, the second half of the big four pattern is the habanera rhythm.

Buddy Bolden's "big four" pattern.

It is probably safe to say that by and large the simpler African rhythmic patterns survived in jazz... because they could be adapted more readily to European rhythmic conceptions. Some survived, others were discarded as the Europeanization progressed. It may also account for the fact that patterns such as [tresillo have]... remained one of the most useful and common syncopated patterns in jazz—Schuller (1968; 19).

The Cuban influence is evident in many pre-1940s jazz tunes, but rhythmically, they are all based on single-celled motifs such as tresillo, and do not contain an overt two-celled, clave-based structure. Caravan, written by Juan Tizol and first performed in 1936, is an example of an early pre-Latin jazz composition. It is not clave-based. On the other hand, jazzy renditions of Don Azpiazú's "The Peanut Vendor" ("El manicero") by Louis Armstrong (1930), Duke Ellington (1931), and Stan Kenton (1948), are all firmly in-clave since the 2-3 guajeo provides the primary counterpoint to the melody throughout the entire song." (https://en.wikipedia.org/wiki/Afro-Cuban_jazz#.22Spanish_tinge.22.E2.80.94the_Cuban_influence_in_early_jazz)

Il nous semble que l'utilisation cacophonique d'instruments en forme d'improvisation polyphonique est le plus sensible élément du hot jazz qui se retrouve dans la musique cubaine.

"Dixieland, sometimes referred to as hot jazz or traditional jazz, is a style of jazz based on the music that developed in New Orleans at the start of the 20th century.

The first use of the term "Dixieland" with reference to music was in the name of the Original Dixieland Jazz Band, whose 1917 recordings fostered popular awareness of the new style of music. At that time, there was no issue of subgenres of jazz, so "Dixieland" referred to the band and not the music. A revival movement for traditional jazz, formed in reaction to the orchestrated sounds of the swing era and the perceived chaos of the new bebop sounds of the 1940s (referred to as "Chinese music" by Louis Armstrong), pulled "Dixieland" out from the somewhat forgotten band's name for the music they championed. The revival movement included elements of the Chicago style that developed during the 1920s, such as the use of a string bass instead of a tuba, and chordal instruments, in addition to the original format of the New Orleans style. That reflected the fact that virtually all of the recorded repertoire of New Orleans musicians was from the period when the format was already evolving beyond the traditional New Orleans format. "Dixieland" may in that sense be regarded as denoting the jazz revival movement of the 1940s and 1950s as much as any particular subgenre of jazz. The essential elements that were accepted as within the style were the traditional front lines consisting of trumpets, trombones, and clarinets, and ensemble improvisation over a 2-beat rhythm.

The Dixieland revival renewed the audience for musicians who had continued to play in traditional jazz styles and revived the careers of New Orleans musicians who had become lost in the shuffle of musical styles that had occurred over the preceding 20 to 25 years. Younger coloured musicians largely shunned the revival, largely because of a distaste for tailoring their music to what they saw as nostalgia entertainment for white audiences with whom they did not share such nostalgia. The Jim Crow associations of the name "Dixieland" also did little to attract younger coloured musicians to the revival.

The Dixieland revival music during the 1940s and 1950s gained a broad audience that established traditional jazz as an enduring part of the American cultural landscape, and spawned revival movements in Europe. Well-known jazz standard tunes such as "Basin Street Blues" and "When the Saints Go Marching In" are known even to non-jazz fans thanks to the enduring popularity of traditional jazz. The Vietnam-era protest song "Feel Like I'm Fixin' to Die Rag" is based on tonal centers and the "B" refrain from the New Orleans standard "Muskrat Ramble". Traditional jazz is a major tourist attraction for New Orleans to the present day. It has been an influence on the styles of more modern players such as Charles Mingus and Steve Coleman.

New Orleans music combined earlier brass band marches, French quadrilles, biguine, ragtime, and blues with collective, polyphonic improvisation. The "standard" band consists of a "front line" of trumpet (or cornet), trombone, and clarinet, with a "rhythm section" of at least two of the following instruments: guitar or banjo, string bass or tuba, piano, and drums. The Dixieland sound is created when one instrument (usually the trumpet) plays the melody or a variation on it, and the other instruments improvise around that melody. This creates a more polyphonic sound than the heavily arranged big band sound of the 1930s or the straight melodies (with or without harmonizing) of bebop in the 1940s.

The "West Coast revival" began in the late 1930s in San Francisco which used banjo and tuba. The Dutch "old-style jazz" was played with trumpets, trombones and saxophones accompanied by a single clarinet, sousaphone and a section of Marching percussion usually including a washboard." (https://en.wikipedia.org/wiki/Dixieland)

Il faut noter que "*El Manicero*" de Don Azpiazu et l'Orchestre Havana Casino, enregistré en 1921, obtint un grand succès aux États.Unis, cf. Herrera-Sobek, p. 390, en 1922 Louis Armstrong alla à Chicago pour jouer avec le King Oliver's Creole Jazz Band, cf. Kathleen Morgan Drowne et Patrick Huber, *The 1920's*, Westport, Connecticut, et Londres, Greenwood Publishing Group, 2004, p. 203. Mais, à l'inverse, Mario Bauzá, né en 1911, se décide à devenir un musicien de jazz à la fin des années 1920 à New York, où il s'installera de façon permanente dans les années 1930, et les enregistrements de jazz à Cuba sont casi inexistants pour les années 1940-1950 encore, cf. E. Taylor Atkins, *Jazz Planet*, Jackson, University Press of Mississippi, 2003, pp. 8-12.

"Afro-Cuban jazz is a mixture of Cuban and African polyrhythms with jazz improvising. Although it includes many complex rhythms, all Cuban music is based on an offbeat rhythmic pattern called the slave. The slave, also the name for two wooden sticks that originally made the rhythm, is stated or at least implied over every two bars. The infectious slave rhythm is achieved by clapping on beats 1, 21/2, and 4 in the first bar and on beats 2 and 3 in the second. Sometimes during solos the pattern is reversed, with beats 2 and 3 accented in the first bar, and 1, 21/2, and 4 emphasized in the second.

Prior to the 1940s Cuban music and jazz were separate. American musicians of the swing era did not have much interest in playing Latin rhythms - no swing band used a percussionist - and Cuban groups emphasized ensembles, singing, and rhythms without much soloing. The first band to combine Cuban rhythms with American jazz was Machito's Afro-Cubans. Formed in 1940 the New York–based orchestra was originally a Cuban dance band. The next year Mario Bauza, Machito's brother-in-law who had previously played trumpet with Chick Webb and Cab Calloway's bands, became Machito's musical director and key arranger. He encouraged Machito to hire jazz musicians for the horn sections and in 1943 wrote "Tanga," the first Afro-Cuban jazz song. The rise of bebop in 1945 was a giant step forward for Afro-Cuban jazz because bop's rhythms were much more flexible than the strictly 4/4 swing of the big bands. All that the formative music needed was a catalyst, and that soon came in the short-lived but potent musical partnership of an American trumpeter and a Cuban conga player." (Yanow, p. 137)

Manque d'intérêt pour les sons cubains, et la difficulté de ceux-ci pour s'intégrer au système états-unien d'enregistrement, que confirme Leonardo Acosta, *Cubano Be, Cubano Bop: One Hundred Years of Jazz in Cuba*, Washington, Smithsonian Institution, 2016, cap. 2-3, en y ajoutant l'absence de médias de radiodiffusion, l'autarcie politique de l'île, et, de nouveau, l'entrée lente des sons cubains dans le monde du jazz, à partir des années 1930, avec son apogée dans les années 1940. Mais, évidemment, lu tout ceci ici, comme un recouvrement de l'héritage cubain par l'Empire. Désintérêt des maisons de disques pour signer avec des musiciens cubains, pensant qu'ils "*devraient continuer à jouer leur propre musique*", et création d'un jazz latin par les émigrés cubains, dont Bauzá et Frank "Machito" Grillo notamment, dans les années 1930 (donc processus génétique du jazz vers la musique latine), également cité, à partiellement à partir d'Acosta par Alex Stewart, *Making the Scene: Contemporary New York City Big Band Jazz*, University of California Press, 2007, p. 230. Toutefois, la base la plus féconde d'affirmation de l'origine cubaine du blues est sa séquence dans les années 1920 avec le goût des années 1910 pour le tango, indistinctement appelé habanera, et qui aurait été transporté de La Havanne à Buenos Aires, puis à Paris, le premier blues, ou fox-trot, enregistré, "*Memphis Blues*" de Handy, https://www.youtube.com/watch?v=ZGqBmlZR3dc, ayant certaines similitudes de rythme avec le tango, cf. Ned Sublette, *Cuba and Its Music: From the First Drums to the Mambo*, Chicago, Chicago Review Press, 2007, pp. 327-328. De´sintérêt peut-être explicable, aussi, par la rapide intégration au blues de musiciens blancs, comme "Bix" Beiderbecke, notamment dans les années 1920, avec l'apparition de groupes de musiciens blancs, cf. Drowne-Huber, p. 203, et Paul Douglas Lopes, *The Rise of a Jazz Art World*, Cambridge University Press, 2002, pp. 135 et 174; sur ce thème, cf. aussi, en général, Richard M. Sudhalter, *Lost Chords: White Musicians and Their Contribution to Jazz, 1915-1945*, Oxford University Press, 2001, et Burton W. Peretti, *The Creation of Jazz: Music, Race, and Culture in Urban America*, University of Illinois Press, 1994, notamment cap. 5 " *"The Great Travellers": White Jazz Musicians of the 1920s*". Laissons-là le débat sur l'attribution des antécédents de quel genre l'on peut attribuer à l'autre. En tous cas, l'affirmation panaméricaine de la diffusion du *son* cubain comme intégratif du jazz est du ressort idéologique des intellectuels de l'île, cf. Robin Moore, *Nationalizing Blackness: Afrocubanismo and Artistic Revolution in Havana, 1920-1940*, University of Pittsburgh Press, 2015, pp. 125-126, qui, similairement, là encore, aux européens et la mode pour les arts populaires et noirs, ont développé, comme l'ensemble de l'Amérique Latine (on pense au cas de l'avant-garde nicaraguayenne), un discours indigéniste dans la tentative tardive (début du XXème siècle, *versus* fin du XIXème siècle pour le Vieux Continent) d'affirmation patriotique, selon un principe similaire, et parallèle, à la fascination fasciste du continent, de José Vasconcelos (cf. Héctor Orestes Aguilar, "*Ese olvidado nazi mexicano de nombre José Vasconcelos*", *Istor: revista de historia internacional*, Año 8, No 30: "*Alemania: una memoria actual*", 2007, pp. 148-157) à Pablo Antonio Cuadra (cf. N.-B. Barbe, "*Alcances y límites de la Filosofía latinoamericana - Ante el riesgo de estancamiento*", *La Caverna de Platón*, http://www.lacavernadeplaton.com/articulosbis/latinoamerica1314.htm). De similaires revendications que celles cubaines pour savoir qui est à l'origine de genres musicaux spécifiques se retrouvent dans l'espace caraïbien entre la Martinique et la Guadeloupe, en ce qui concerne la biguine au XIXème siècle, revendication qui va aussi, par la combinaison dans ce genre musical de polka et de bélè, jusqu'à intégrer la question de l'influence que la biguine aurait eu sur le Dixieland, cf. *Yachting Escapes: The Caribbean*, Pembroke Pines, Floride, The Escapes Group Ltd, 2008, p. 154.

[211]Julius Hornstein, *Sites and Sounds of Savannah Jazz*, Savannah, Georgia, Gaston Street Press, 1994, p. 80.
[212]https://afinecollection.wordpress.com/tag/kitchen/
[213]https://fr.wikipedia.org/wiki/Jug_band
[214]Floyd Windom Hayes, *A Turbulent Voyage: Readings in African American Studies*, Lanham, Boulder, New York, Toronto, Oxford, Rowman & Littlefield, 2000, p. 164; et James Brody et Michael Campbell, *Rock and Roll: An Introduction*, Boston, Cengage Learning, 2007, p. 418.
[215]Cf. par ex. Richard J. Ripani, *The New Blue Music: Changes in Rhythm & Blues, 1950-1999*, Jackson, University Press of Mississippi, 2006, p. 186.

"*Jennifer Hudson's Golden Globe-winning turn in Dreamgirls has critics raving about her stunning vocals. But fans of the singer have known about her talent since her humble beginnings on American Idol. And even if you're not one of the 30 million addicted viewers of the Fox TV show, you've probably heard one of Hudson's musical tricks: melisma.*
Melisma is the musical art of creating a run of many notes from one syllable. In the United States, singers in the African-American church popularized the vocal practice, which dates to Gregorian chants and Indian ragas. When Sam Cooke, Ray Charles and Aretha Franklin began singing popular music, they brought melisma to more mainstream audiences. Whether you love it or hate it, Whitney Houston's hit "I Will Always Love You," with its elongated "iiieeee-eyes" and "ooooeeeooos," is a prime example.
American Idol contestants (and pop singers) sometimes abuse and overuse the technique in songs. At worst, they can fracture a word into a soulless slur of syllables that feels both alienating and groan-inducing. Plus you have no idea what word they're singing.
To get ready for the new AI season, spend a few minutes this weekend with our guide to melisma, courtesy of Anthony Heilbut, music producer and author of The Gospel Sound: Good News and Bad Times.
How was melisma used in the early days of the African-American church?
Usually one person would recite a lyric or line of a song. Then congregants would repeat the line with their own variations. The ultimate choral effect was immense.
Can you describe that sort of melisma?
The melisma of a traditional gospel singer is rooted in folkloric moans and blue tonality. The most transcendent moments occur when a melismatic line is saturated with blue notes.
What can melisma accomplish in a song?
As some crucial moment in the lyric, the singer will worry a word to the point of abstraction. Ideally, the vocal distortions, the intricate and convoluted division of one syllable into as many as breath will allow, convey an eruption of feeling. But melisma can become so predictable that the singer's passion can be questioned, even though the singer is usually making "ugly faces" to convey the soul's torments.
How has melisma changed over the years?

As gospel singers became more professional, they would try to outdo [each other], much like a jazz musician in a cutting contest. The fancier the runs, the more amused or delighted the audience might be.
About 20 years ago, I dubbed these elaborations the "Gospel Gargle" and the "Detroit Disease."
Why blame Detroit?
Some of [melisma's] earliest and most audacious practitioners hailed from the Motor City. [Their variations] are much more self-conscious. In more recent years, soul singers, and ultimately pop singers, adopted these very busy and self-advertising forms of phrasing.
So while a great gospel singer such as Aretha Franklin can employ melisma for dramatic purposes in a manner that seems true to the song's message, singers today seem to indulge themselves in a manner that is both virtuosic and anonymous. And the more it is done, the worse it is done. Something that might have seemed fresh and charming in the beginning began to seem self-indulgent and, to many of us, exhibitionist.
What are they doing wrong?
Often, there isn't any musical justification of what they are doing. [Their runs] interfere with the flow of the melody, of the lyric, of the harmonies, sometimes of the rhythm itself. It's frequently a very vulgar and ugly display. [That's] the style of American Idol singers, most of whom are amateurs. [They] are simply mimicking the devices of the style's most famous practitioners — singers like Mariah Carey, who indulge in runs.
How can melisma serve singer and song?
It can carry both the singer and the congregation to a higher sense of the song's meaning; until it really becomes really a form of musical catharsis.
For example...?
When [the late gospel singer] Marion Williams sings "The Day Is Past and Gone," her subtle use of melisma helps turn a lullaby into a cosmic blues. The note-bending begins with the third word, "is," which is echoed in the next measure by a moaned hum, which is also melismatic. The listener understands at once that she is singing about something deadly serious. By the time she has reached the penultimate line of the second verse, "but death may soon disrobe us," each melismatic turn has led us to the song's crux.
With all the attention and backlash this style receives, how subjective is any of this?
In and of itself, melisma can be a great thing, it's just been terribly abused by some untalented and insensitive singers. But I think the practitioners like to think that this is a sign of their engagement in the song.
The irony is that melisma is one of the glories of gospel music; I feel a real loyalty to it. I don't think you can get very much better than gospel singers at their best." (http://www.npr.org/templates/story/story.php?storyId=6791133) Sur les mélismes dans *American Idol*, cf. aussi Katherine Meizel, *Idolized: Music, Media, and Identity in American Idol*, Indiana University Press, 2011, p. 70.

[216]Steven Carl Tracy, *Hot Music, Ragmentation, and the Bluing of American Literature*, University of Alabama Press, 2015, p. 135.
[217]Cf. Wendell Logan, "*The Ostinato Idea in Black Improvised Music: A Preliminary Investigation*", *The Black Perspective in Music*, Vol. 12, No. 2, Automne 1984, pp. 193-215.
[218]*Continuum Encyclopedia of Popular Music of the World - Volume II: Performance and Production*, éd. David Horn, Dave Laing, Paul Oliver, John Shepherd et Peter Wicke, New York et Londres, Continuum, 2003, art. "*Melisma*", p. 565.
[219]http://www.bbc.com/news/magazine-17039208
[220]"Hawkins had originally intended to record "I Put a Spell on You" as "a refined love song, a blues ballad". However, the producer "brought in ribs and chicken and got everybody drunk, and we came out with this weird version... I don't even remember making the record. Before, I was just a normal blues singer. I was just Jay Hawkins. It all sort of just fell in place. I found out I could do more destroying a song and screaming it to death."
Hawkins first recorded "I Put a Spell on You" during his stint with Grand Records in late 1955. However, that first version was not released at the time (it has since been reissued on Hawkins' UK Rev-Ola CD The Whamee 1953–55). The following year, in 1956, Hawkins re-recorded the song for Okeh Records, and this is the version best associated with Hawkins." (https://en.wikipedia.org/wiki/I_Put_a_Spell_on_You)
[221]https://www.youtube.com/watch?v=7kGPhpvqtOc et https://www.youtube.com/watch?v=orNpH6iyokI
[222]http://next.liberation.fr/cinema/1998/07/06/borborygmes-n-blues_243130
[223]Guthrie P. Ramsey, *Race Music: Black Cultures from Bebop to Hip-Hop*, University of California Press, 2003 pp. 20-21.
[224]https://www.youtube.com/watch?v=udWB3OKV9_k

[225]http://www.allmusic.com/song/potato-head-blues-mt0026759519 "... *also contains a clarinet solo by Boyd Atkins that rivals Louis' trumpet introduction, although it's no match for that solo...*"
[226]Cf. https://www.youtube.com/watch?v=qFPW9ENtNKA
[227]https://www.youtube.com/watch?v=YIIWjhci01U
[228]https://www.youtube.com/watch?v=Q3q2QHPfTmw
[229]https://www.youtube.com/watch?v=URsk2tUr-fE
[230]https://www.youtube.com/watch?v=nin-fiNz50M
[231]https://www.youtube.com/watch?v=juTeHsKPWhY
[232]https://fr.wikipedia.org/wiki/Syncope_(musique)
[233]https://en.wikipedia.org/wiki/Stop-time
[234]https://en.wikipedia.org/wiki/Cross-beat
[235]https://en.wikipedia.org/wiki/Clave_(rhythm)#Son_clave
[236]https://www.youtube.com/watch?v=eeI1mqQrJIQ
[237]https://en.wikipedia.org/wiki/Clave_(rhythm)#Three-side_.2F_two-side
[238]https://en.wikipedia.org/wiki/Rest_(music)
[239]https://www.youtube.com/watch?v=J-qoaioG2UA
[240]https://www.youtube.com/watch?v=O22ZRhsprQY
[241]https://www.youtube.com/watch?v=JWuVEFwT5fw
[242]https://www.youtube.com/watch?v=rpPrsiFpCms
[243]https://www.youtube.com/watch?v=3QqNBV9vEA0
[244]Cf. par ex. https://www.youtube.com/watch?v=IVtnMeVpNIw, https://www.youtube.com/watch?v=jxgqFYz3IYY&app=desktop, https://www.youtube.com/watch?v=KtHom3X0XTI ou https://www.youtube.com/watch?v=SZ2dNm0uI8Y
[245]https://en.wikipedia.org/wiki/Silence#In_music
[246]https://fr.wikipedia.org/wiki/H%C3%A9miole
[247]"... *ratio of the lengths of two strings as three-to-two (3:2)*" (https://en.wikipedia.org/wiki/Hemiola)
[248]https://en.wikipedia.org/wiki/Perfect_fifth, https://it.wikipedia.org/wiki/Quinta_giusta et https://fr.wikipedia.org/wiki/Quinte
[249]https://fr.wikipedia.org/wiki/Renversement_(musique)#Intervalle
[250]https://fr.wikipedia.org/wiki/Quarte_(musique)#Quarte_juste
[251]https://fr.wikipedia.org/wiki/Intervalle_(musique)
[252]https://fr.wikipedia.org/wiki/Octave_(musique)
[253]https://fr.wikipedia.org/wiki/Accord_pythagoricien
[254]Jean-François Mattéi, *Platon*, Coll. "*Que sais-je?*", Paris, PUF, 2005, pp. 73-74.
[255]Gary Chaffee, *Patrones para mantener el tiempo / Time Functioning Patterns*, Van Nuys, Canada, Alfred Music Publishing, 2007, p. 50.
[256]Premiers mouvements d'"*E: Zac, D-411/5357. Verso de oboe obligado [con violines y bajo], Anónimo*" et d'"*E: Zac, D-411/5358. Verso de oboe obligado [con violines y bajo], Anónimo*", cf. Antonio Ezquerro Esteban, *Música instrumental en las catedrales españolas en la época ilustrada: (conciertos, versos y sonatas, para chirimía, oboe, flauta, y bajón - con violines y/u órgano -, de La Seo y El Pilar de Zaragoza)*, Barcelona, Consejo Superior de Investigaciones Científicas CSIC, Institución "Milà I Fontanals", Departamento de Musicología, 2004, pp. 103-105.
[257]Cf. par ex. http://canteytoque.es/compexpc.htm et http://www.compas-flamenco.com/es/palos.html
[258]https://fr.wikipedia.org/wiki/Intervalle_(musique)#Intervalles_purs
[259]https://es.wikipedia.org/wiki/Comp%C3%A1s_(m%C3%BAsica)#Indicaci.C3.B3n_de_comp.C3.A1s et https://es.answers.yahoo.com/question/index?qid=20090525021953AAfvrKU
[260]"*El compás de 1/1, 2/1, 3/1, 4/1, etc.... indica que se encuentran X redondas en cada compás (y ésta es la figura de parte).*" (https://blogmusicaclasica.com/ensenanza-musical/lenguaje-musical-temario/tema-5-tipos-de-compases-compas-de-subdivision-binaria-y-compas-de-subdivision-ternaria/)
[261]Cf. par ex. Charles I. Glicksberg, *The Sexual Revolution in Modern American Literature*, La Haye, Martinus Nijhoff, 1971, pp. 156-171; Mark Miller, *Jazz in Canada: fourteen lives*, University of Toronto Press, 1982, pp. 90-103; Raymond Smullyan, *This Book Needs No Title: A Budget of Living Paradoxes*, New York, Simon and Schuster, Inc., Oct 15, 1986, pp. 93-95; *Jazz Forum, Issues 98-103*, New York, International Jazz Federation, 1986, pp. 14, 34, 52; *Jazz Player*, Medfield, Massachusetts, Dorn Publications, 1996, Vol. 3, pp. 183-185; Karen Gallinger, *The Zen of Singing: Freeing Your True Voice*, Santa Ana, Californie, ExecuProv Press, 2006, pp. 109 et 131-136; Thomas Hast

Greenland, *Pilgrims in the Big Apple: Improvisation, Interaction & Inspiration in the Jazz Village*, Ann Arbor, Michigan, ProQuest, 2007, p. 278; *Jazz Times*, Vol. 38, No 1-5, 2008, pp. 106-116; Gregory Charles Stallings, *Jazz y literatura*, Valencia, Tirant lo Blanch, 2009, p. 217; Chungliang Al Huang, *Quantum Soup: Fortune Cookies in Crisis*, Londres et Philadelphia, Singing Dragon, 2011, p. 132; Phil Ford, *Dig: Sound and Music in Hip Culture*, Oxford University Press, 2013, pp. 10-15, 27-43, 66, 90, 114, 156, 177, 188, 211; James H. Austin, *Zen-Brain Horizons: Toward a Living Zen*, MIT Press, 2014, pp. 87-88; Bradford et Hillary Keeney, *Seiki Jutsu: The Practice of Non-Subtle Energy Medicine*, Rochester, Vermont, Inner Traditions / Bear & Co, 2014, "*Afterword. A conversation on juggling zen, jazz, and seiki*".
[262]Ford, pp. 32-33.
[263]*Jazz Player*, p. 185.
[264]http://www.jazzinjapan.com/other-views/559-jazz-and-zen-silence.html
[265]Steven Heine, *White Collar Zen: Using Zen Principles to Overcome Obstacles and Achieve Your Career Goals*, Oxford University Press, 2005, p. 85.
[266]W. Royal Stokes, *The Jazz Scene: An Informal History from New Orleans to 1990*, Oxford University Press, 1993, p. 216.
[267]Ford, p. 32.
[268]https://www.artsy.net/article/megan-govin-the-fullness-and-the-void-rauschenberg-and
[269]Katherine Hardiman, "*Monochromes & Mandalas*", http://shuffle.rauschenbergfoundation.org/exhibitions/nasher/essays/Hardiman_monochromes-and-mandalas/
[270]Alfred Fouillée, *Extraits des grands Philosophes*, Paris, Librairie Delagrave, 1938, p. 25.
[271]http://www.artwiki.fr/wakka.php?wiki=YvesKlein
[272]http://s3.amazonaws.com/burningsettlerscabin/2012/04/Scan-2.jpg
[273] Pierre Ryckmans, "*Les propos sur la peinture de Shi Tao - Traduction et commentaire*", Arts asiatiques, T. 14, 1966, pp. 79-150.
[274]Cf. François Cheng, *Vide et plein - Le langage pictural chinois*, Paris, Seuil, 1979.
[275]https://www.wikiart.org/en/john-cage/score-without-parts-40-drawings-by-thoreau-twelve-haiku-1978
[276]"*Le Judo et l'idéal de Jigoro Kano son fondateur, ont popularisé dans le monde des arts martiaux et au-delà, la notion "d'utilisation de la force de l'adversaire"*" (http://pasmalpasnormal.over-blog.com/article-30826729.html)
"*JIGORO KANO élabora le judo jujitsu autour de plusieurs principes fondamentaux , parmi lesquels, figure celui de NON-RESISTANCE.
Il en fit une règle de conduite mais aussi le pilier de sa méthode de combat. Il s'agit, pour projeter efficacement son adversaire, de ne pas s'opposer à sa force mais de l'utiliser à son encontre. Ainsi, plus l'assaillant sera robuste physiquement, plus son attaque sera violente, plus il sera facile de le mettre à terre.../... En effet, un judoka ne s'oppose jamais à la force d'un adversaire, il l'utilise contre ce dernier.*" (Judoclic et Le Guide du Judo Jujitsu, http://www.judoclic.com/muscu.htm)
"*L'aïkido se compose de techniques avec armes et à mains nues utilisant la force de l'adversaire, ou plutôt son agressivité et sa volonté de nuire. Ces techniques visent non pas à vaincre l'adversaire, mais à réduire sa tentative d'agression à néant. L'aïkido peut être considéré comme la concrétisation du concept de légitime défense: une réaction proportionnée et immédiate à une agression. En fait, dans l'esprit de l'aïkido, il n'y a pas de combat, puisque celui-ci se termine au moment même où il commence. Conformément à cette logique, il n'existe pas de compétition d'aïkido excepté dans le style Shodokan fondé par Kenji Tomiki (et de ce fait appelé aussi Tomiki ryu, École Tomiki)*." (https://fr.wikipedia.org/wiki/A%C3%AFkido)
"*Kiai (japonais), Chi-yi ou Qi-i ou Fa-sheng (en Chine), Het (vietnamien) ou Kihap (coréen), désigne dans les arts martiaux, le cri de combat qui précède ou accompagne l'application d'une technique. Ce cri est utilisé notamment pour marquer une volonté d'action, ou bien pour perturber la concentration de l'adversaire.*" (https://fr.wikipedia.org/wiki/Kiai)
[277]Cf. sur ce sujet notre thèse doctorale *Roland Barthes et la théorie esthétique*, 1996, Villeneuve d'Ascq, Presses Universitaires du Septentrion, 1997, rééd. dans sa version originale intégrale: Bès Éditions, 2001.
[278]http://www.yveskleinarchives.org/documents/bio_fr.html
[279]http://www.huffingtonpost.com/matthew-israel/what-do-blank-paintings-m_b_5830618.html
[280]http://www.rauschenbergfoundation.org/art/artwork/untitled-night-blooming-0
[281]Cf. N.-B. Barbe, "*Turner*", *La representación: Problema iconográfico central del Arte Contemporáneo*, textes publiés dans la *Revista Katharsis*, Universidad de Málaga, No 11, Janvier-Avril 2012, pp. 114-224, http://www.revistakatharsis.org/Revista_katharsis_n_11_2012_ensayos.pdf
[282]http://www.mam-st-etienne.fr/index.php?rubrique=260&rsrc=824&rec=%7C%7C%7C

[283] https://www.guggenheim-bilbao.eus/obras/la-gran-antropometria-azul-ant-105-2/
[284] http://mediation.centrepompidou.fr/education/ressources/ENS-abstrait/ENS-abstrait.html
[285] *Ibid.*
[286] http://cmuems.com/2016/60210b/visual-music-synesthesia/
[287] "*Couleurs, nombres et notes. Newton (1704) était convaincu qu'il devait y avoir une correspondance entre les diverses couleurs et les notes de la gamme. Le père Castel, qui s'oppose à lui en tout quant aux couleurs, cherche cependant la même correspondance. Voltaire, dans les Éléments de philosophie de Newton (1738), p. 182, résume: "La plus grande réfrangibilité du violet répond à ré; la plus grande réfrangibilité du pourpre répond à mi." Violet/ré, pourpre/mi, bleu/fa, vert/sol, jaune/la, orange/si, rouge/do (ut). Voltaire ajoute: "Cette analogie secrète entre la lumière et le son donne lieu de soupçonner que toutes les choses de la nature ont des rapports cachés que peut-être on découvrira quelque jour." Un occultiste du xixe siècle, maître Philippe de Lyon, soutenait ceci: "Les sons, comme la lumière, sont formés de couleurs qui exercent une grande influence sur l'organisme. Do (rouge): il excite le cerveau et agit sur l'estomac et les intestins. Ré (orangé): il agit sur l'estomac, l'abdomen, les intestins... Mi (jaune): action sur le cœur, la rate. Fa (vert): il contracte le diaphragme. Sol (bleu): il agit principalement sur la partie supérieure des organes et sur les bras. La (indigo): donne des tremblements (cœur et région cardiaque). Si (violet): elle agit directement sur le cœur lui-même."19 Dans son livre, Du spirituel dans l'art (1911), Kandinsky justifie les couleurs par leur musique, il assimile les couleurs à des sons. Klee compare les couleurs à des voix.*"
(https://fr.wikipedia.org/wiki/Symbolisme_des_couleurs#Analogies_et_correspondances_.3B_synesth.C3.A9sies)
[288] http://cmuems.com/2016/60210b/visual-music-synesthesia/
[289] http://www.artwiki.fr/wakka.php?wiki=YvesKlein
[290] http://www.yvesklearchives.org/works/works2_us.html et http://chaudron.blogspot.com/2010/07/yves-kleins-cosmogonies.html
[291] https://www.guggenheim-bilbao.eus/fr/expositions/yves-klein-3/
[292] "*Progressing through the three themes, "Impregnation", "Illumination of matter" and "Incarnation" that are associated with the three colours, the exhibition retraces the artist's itinerary and culminates in the union of the three colours in the triptych works, evocative of the Kleinian trinity: grouped together in one work, blue, gold and pink constitute the link uniting the body and the spirit and ensuring the transition from one to the other.*
Through this trilogy of colours, the artist adapted the religious dogma of incarnation to the artistic problematic, putting it at the disposal of all to enable their access to the invisible. "What Yves Klein has set up is destined to fade away in the face of the dialogue that the viewer establishes with the Beyond, which we each must define for ourselves, and for which the artist merely provides the principle, the motor." (Camille Morineau, curator of the exhibition, in "Le Bleu, l'or et le rose: comment appropriation rime avec sublimation" [Blue, gold and pink: how appropriation rhymes with sublimation], exhibition catalogue). Revisited in this way, Yves Klein's work can be interpreted as a generous opening to the Beyond of which we all dream." (http://mediation.centrepompidou.fr/education/ressources/ENS-klein-EN/ENS-klein-EN.htm)
[293] "*Impregnation, an operation that confers an artistic quality to matter, is a central concept in Klein's work. Appearing with the Monochromes in the blue period, the concept of impregnation is linked to the colour blue, even though Klein later used the notion when he theorised on his work on space. Just as the Blue Monochromes are impregnated with "something" other than tangible matter that transforms them into works of art, the spaces in which the artist works become impregnated with invisible properties that he then proceeds to reveal.*
Painting, space and the artist are interpreted according to the model of the sponge, a paradigmatic material that is quite naturally found in Yves Klein's work." (*Ibid.*)
[294] "*Barnett Newman is best known for painting vast fields of solid color interrupted by "zips," or thin, vertical stripes. In this work, a white expanse is punctuated by an off-center, darker white zip. The work's title, The Voice, seems to contradict the purity and silence of this work's palette.*" (http://www.yvesklearchives.org/works/works10_us.html)
[295] Cf. la recherche: https://www.google.com.ni/search?q=rauschenberg+white+monochrome&espv=2&biw=1366&bih=613&source=lnms&tbm=isch&sa=X&ved=0ahUKEwjo3biExLHSAhUDz2MKHaxBAUMQ_AUIBigB
[296] https://www.moma.org/learn/moma_learning/barnett-newman-the-voice-1950
[297] https://www.moma.org/wp/moma_learning/wp-content/uploads/2013/03/1_1968_CCCR-03-437x395.jpg
[298] https://www.gallery.ca/en/see/collections/artwork.php?mkey=35828
[299] Cf. notre analyse de ce concept dans la présente Collection aux mêmes Éditions.
[300] Cf. notre analyse dans notre ouvrage *Iconologia*, 2001.
[301] https://www.youtube.com/watch?v=zcrslAZ-q0U
[302] https://www.youtube.com/watch?v=R-YcnPXY2yE

[303] https://www.youtube.com/watch?v=L47SRue0gt8
[304] https://www.youtube.com/watch?v=EwtHt9Qe8tU
[305] https://www.youtube.com/watch?v=CvFH_6DNRCY
[306] https://www.youtube.com/watch?v=vqXwzUW_fhM
[307] https://www.youtube.com/watch?v=FymZsN_NiB4
[308] https://www.youtube.com/watch?v=K9BQIyIApto; https://www.youtube.com/watch?v=JpfbDLFSZb4; https://en.wikipedia.org/wiki/Transcendental_%C3%89tudes
[309] https://www.youtube.com/watch?v=Hupc0J6260E
[310] https://www.youtube.com/watch?v=lTpUJxXPhnI
[311] https://www.youtube.com/watch?v=XEkDsUrmFC4
[312] https://www.youtube.com/watch?v=b6PNNctWmgo
[313] https://www.youtube.com/watch?v=eisDlPuvCQo
[314] https://www.youtube.com/watch?v=lbblMw6k1cU
[315] https://www.youtube.com/watch?v=g0hoN6_HDVU; https://www.youtube.com/watch?v=KzJYbaAp7eQ; https://www.youtube.com/watch?v=3QH8MstNkKg; https://www.youtube.com/watch?v=qs9lRO9WT8g; https://www.youtube.com/watch?v=hOcryGEwINY; https://www.youtube.com/watch?v=YGRO05WcNDk; https://www.youtube.com/watch?v=MQqJExexs18; https://www.youtube.com/watch?v=SqXYIteAfNs; https://www.youtube.com/watch?v=9IbCEF1XF9Q; https://www.youtube.com/watch?v=Wk8g7nvuA0U
[316] https://www.youtube.com/watch?v=XiDtLscGnn8; https://www.youtube.com/watch?v=Hj84l05xWg0; https://www.youtube.com/watch?v=yQw3DvqEbxI; https://www.youtube.com/watch?v=EIYS7lyJ3O4
[317] https://www.youtube.com/watch?v=0A4Lxm3IpvY; https://www.youtube.com/watch?v=jXhHjfHRDnk; https://www.youtube.com/watch?v=8kjX4YNy39M
[318] https://www.youtube.com/watch?v=bRjKo0QEIuI
[319] https://www.youtube.com/watch?v=nZHcerNk7qg
[320] https://www.youtube.com/watch?v=5neQMIDHbgs et https://www.youtube.com/watch?v=Abby2S5OSXM
[321] https://www.youtube.com/watch?v=Abby2S5OSXM; https://www.youtube.com/watch?v=IEIE78D0m1g
[322] https://www.youtube.com/watch?v=ry5L3_0XVuk; https://www.youtube.com/watch?v=Hf4EIJB4DGc; https://www.youtube.com/watch?v=F734PyD3NAw; https://www.youtube.com/watch?v=tOjQ4j9bLvg
[323] https://www.youtube.com/watch?v=z2pwTP7g7xE
[324] https://www.youtube.com/watch?v=KioVcstEF9E; https://www.youtube.com/watch?v=tIh-GMXIIsw
[325] https://www.youtube.com/watch?v=DmMyAOohQIk
[326] https://www.youtube.com/watch?v=G2E058Ep99Y; https://www.youtube.com/watch?v=QWkXuN5_sik; https://www.youtube.com/watch?v=raIdacyJtf4
[327] https://www.youtube.com/watch?v=eh3l8I-JT4Q
[328] https://www.youtube.com/watch?v=43QwWJdH4o4
[329] https://www.youtube.com/watch?v=0A4aUIPTlPI
[330] https://www.youtube.com/watch?v=XvujHAguX9k; https://www.youtube.com/watch?v=eWnZGNwikho; https://www.youtube.com/watch?v=HnrWG_i7peY; https://www.youtube.com/watch?v=p7eAEjxpAQ0; https://www.youtube.com/watch?v=9E3reaOoLA0
[331] https://www.youtube.com/watch?v=cxlf-ZmE8JI
[332] https://www.youtube.com/watch?v=hsEdX5onsDg; https://www.youtube.com/watch?v=II6KQXv8nns; https://www.youtube.com/watch?v=RBKQIw-VqSw; https://www.youtube.com/watch?v=2S8iXfxaK48
[333] https://www.youtube.com/watch?v=5LOFhsksAYw; https://www.youtube.com/watch?v=goY8Q_nfZWU; https://www.youtube.com/watch?v=vDH5CYeFLZk; https://www.youtube.com/watch?v=rjagKCfhME0
[334] https://www.youtube.com/watch?v=Fu-9frVpssg
[335] https://fr.wikipedia.org/wiki/Fibr%C3%A9_tangent et https://commons.wikimedia.org/wiki/File:Tangent_bundle.svg?uselang=fr
[336] Cf. notamment, par ex., http://www.christies.com/lotfinderimages/d54986/victor_vasarely_nora-dell_d5498608h.jpg
[337] Les deux reproduits sur le site: https://www.portraitpeinture.fr/2014/08/26/victor-vasarely/
[338] https://www.youtube.com/watch?v=3TRIQP7WNkc; https://www.youtube.com/watch?v=s4mNb5XkW70
[339] https://www.youtube.com/watch?v=slMC_rOa77A
[340] https://www.youtube.com/watch?v=WlFYCIU5viw
[341] https://www.youtube.com/watch?v=-0nKJoZY64A

[342] https://www.youtube.com/watch?v=2YAzUC6LzNk
[343] https://www.youtube.com/watch?v=-0nKJoZY64A
[344] https://www.youtube.com/watch?v=OM9hdCpdcqc
[345] https://www.youtube.com/watch?v=ieRQyyPowH0
[346] https://www.youtube.com/watch?v=eJJiUeBx-IM
[347] https://www.youtube.com/watch?v=KrITNrgQHuE
[348] https://www.youtube.com/watch?v=9i5D4ZW8O9o
[349] https://en.wikipedia.org/wiki/Symphonie_pour_un_homme_seul
[350] https://www.youtube.com/watch?v=q2o9VyuJSD4
[351] https://www.youtube.com/watch?v=N9pOq8u6-bA
[352] https://www.youtube.com/watch?v=gXOIkTI-QWY
[353] "*On regrette l'indifférence de Balzac devant les journées de 48, l'incompréhension apeurée de Flaubert en face de la Commune ; on les regrette pour eux [...] Serions-nous muets et cois comme des cailloux, notre passivité même serait une action. Celui qui consacrerait sa vie à faire des romans sur les Hittites, son abstention serait par elle-même une prise de position. L'écrivain est en situation dans son époque: chaque parole a des retentissements. Chaque silence aussi. Je tiens Flaubert et Goncourt pour responsables de la répression qui suivit la Commune parce qu'ils n'ont pas écrit une ligne pour l'empêcher. Ce n'était pas leur affaire, dira-t-on. Mais le procès de Calas, était-ce l'affaire de Voltaire? La condamnation de Dreyfus, était-ce l'affaire de Zola? L'administration du Congo, était-ce l'affaire de Gide? Chacun de ces auteurs, en une circonstance particulière de sa vie, a mesuré sa responsabilité d'écrivain. L'occupation nous a appris la nôtre.*" (Jean-Paul Sartre, "*Présentation*", Les Temps Modernes, No 1, Octobre 1945, cité dans Sylvie Triaire, "*«Pas une ligne pour l'empêcher ». La Commune et l'impossible communauté des écrivains*", Fabula / Les colloques, De l'absolu littéraire à la relégation: le poète hors les murs, http://www.fabula.org/colloques/document2440.php)
[354] Max Picard, *The World of Silence*, Henry Regnery Company, 1952, p. 38.
[355] Cf. *Le néant dans la pensée contemporaine*, sous la dir. de N.-B. Barbe, Mouzeuil-Saint-Martin, Bès Éditions, 2010.
[356] http://www.cmuse.org/john-cage-433-music-or-silence/
[357] Ildikó Szilágyi, "*Le rôle du blanc typographique dans la poésie moderne*", Revue d'Études Françaises, No 14, 2009, pp. 181-188; C.A. Hackett, "*Grandes tendances de la poésie française depuis 1950*", Cahiers de l'Association internationale des études françaises, 1978, Vol. 30, No 1, pp. 195-208; Daichi Hirota, *Espace et poésie chez Baudelaire: typographie, thématique et énonciation*, Doctorat en Littérature Française, sous la dir. de Michel Collot, Université de la Sorbonne nouvelle - Paris III, 2011, inédit; Larissa Drigo Agostinho, "*De la page blanche à la musique: Mallarmé et l'écriture du silence*", Écritures du silence, 5, 2009, 1-12.
[358] Eduardo Acuna-Zumbado, *Hacia la construcción del sujeto y sus procesos de lectura en la hipertextualidad latinoamericana*, Doctorat en Philosophie, Department of Spanish and Portuguese et Faculty of the Graduate School, University of Kansas, sous la dir. de Jill S. Kuhnheim, 2008, inédit, p. 68.
[359] http://www.poesias.cl/silencio_poesia_visual.htm
[360] Royal S. Brown, *Overtones and Undertones: Reading Film Music*, niversity of California Press, 1994, p. 230.

Composition of Harmonic Curves. 51

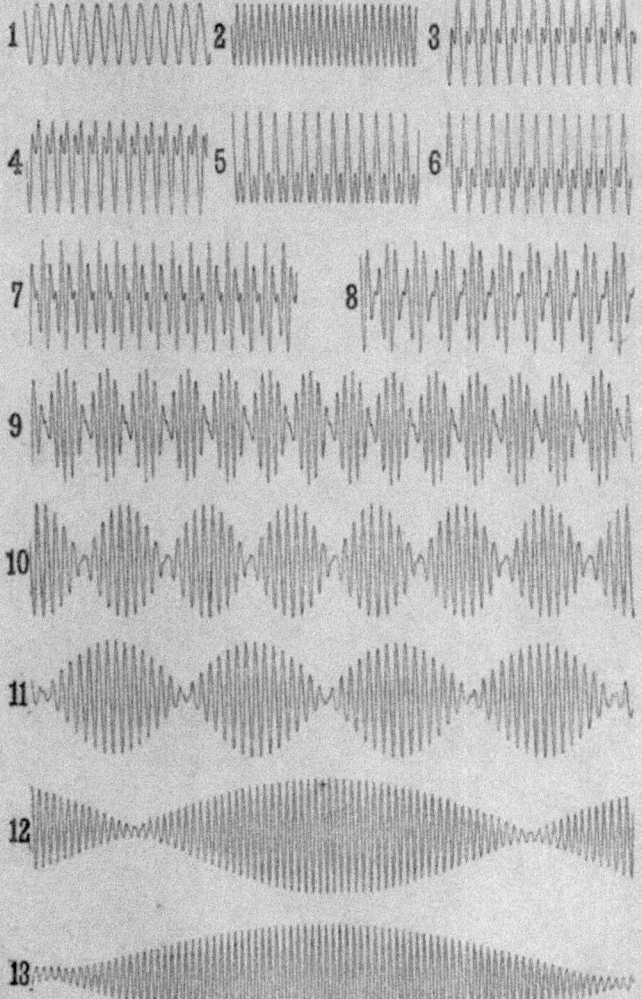

Composition of Harmonic Curves.

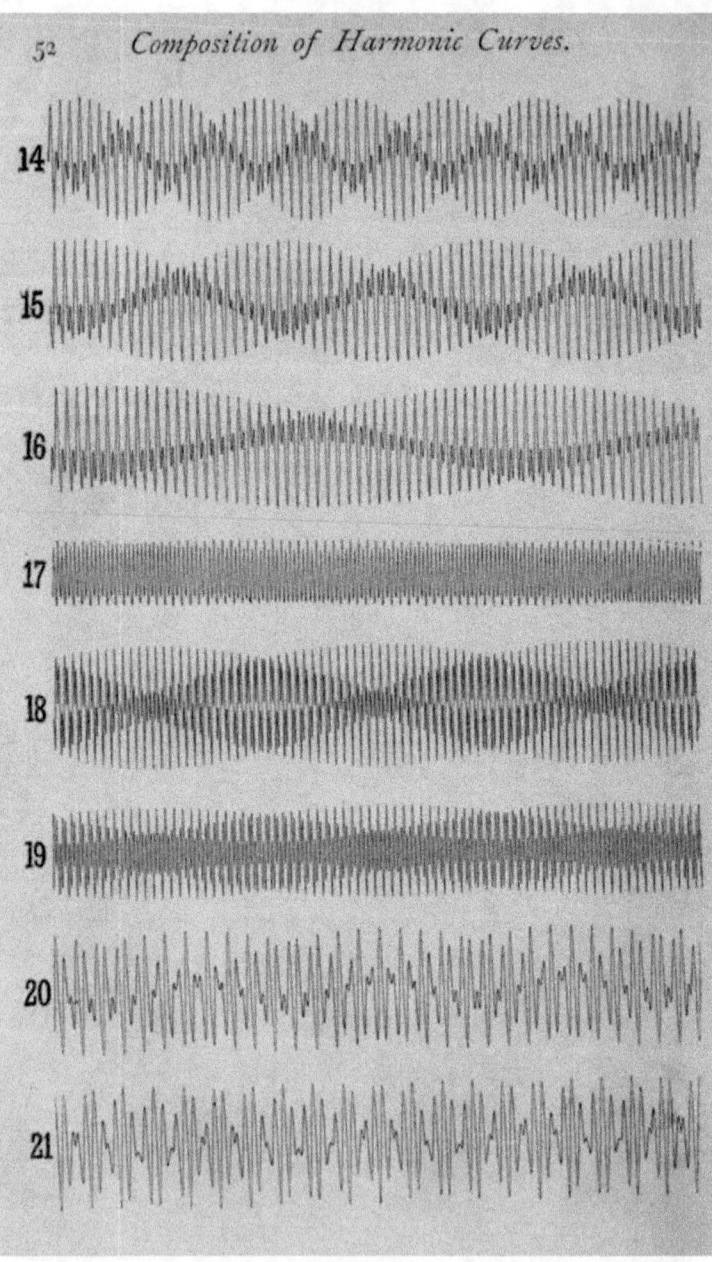

Petite musique d'ameublement n°10

Musique de Cyrille HAMBLI

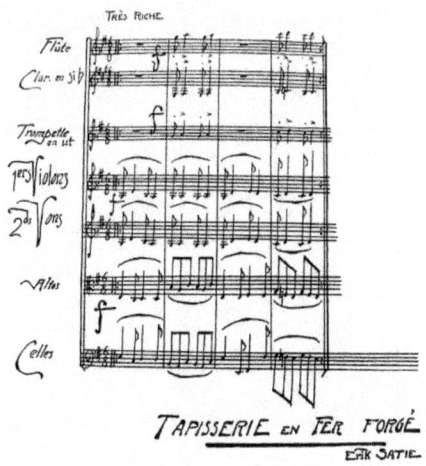

Marche Funèbre

Composée pour les

Funérailles d'un grand homme sourd

Précédée d'une Préface de l'Auteur

PRÉFACE

L'Auteur de cette Marche funèbre s'est inspiré, dans sa composition, de ce principe, accepté par tout le monde, que les grandes douleurs sont muettes.

Les grandes douleurs étant muettes, les exécutants devront uniquement s'occuper à compter des mesures, au lieu de se livrer à ce tapage indécent qui retire tout caractère auguste aux meilleures obsèques.

A. A.

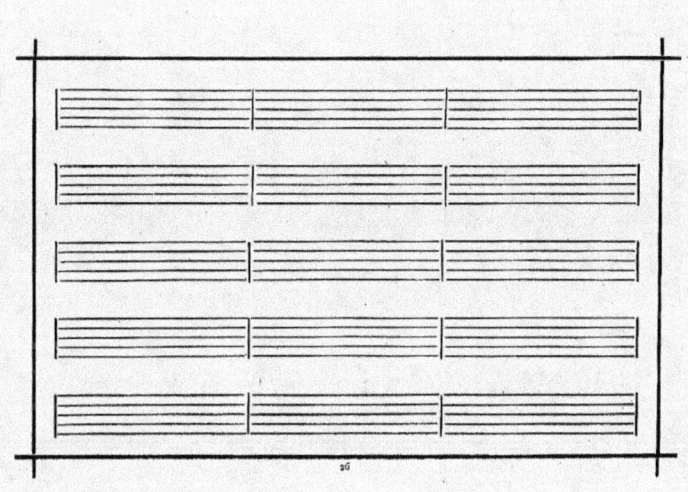

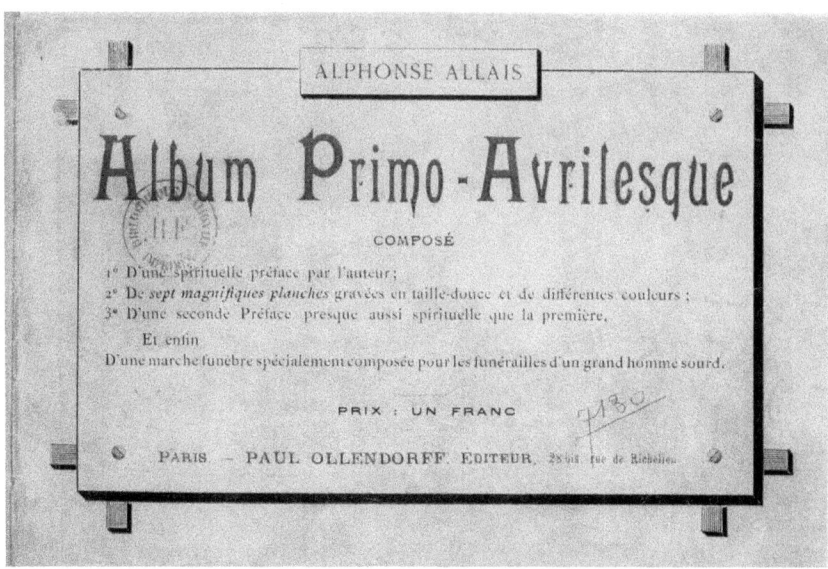

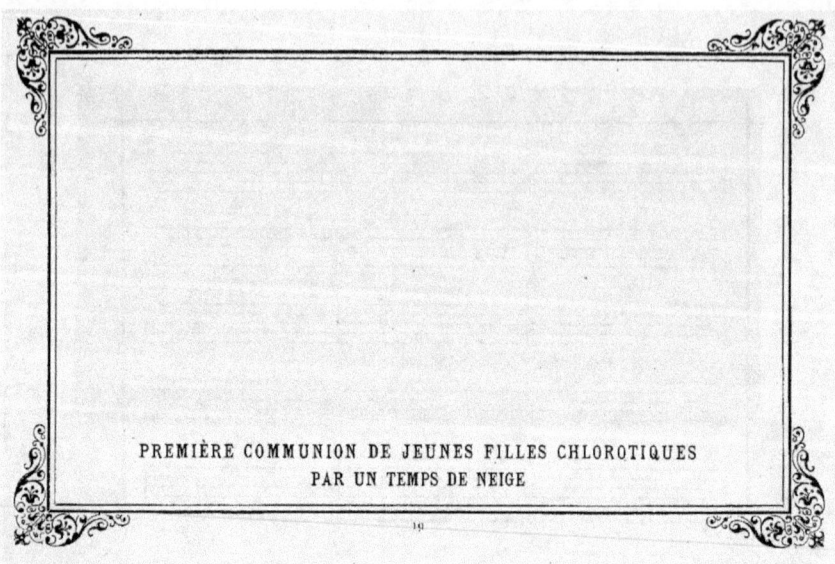

PREMIÈRE COMMUNION DE JEUNES FILLES CHLOROTIQUES
PAR UN TEMPS DE NEIGE

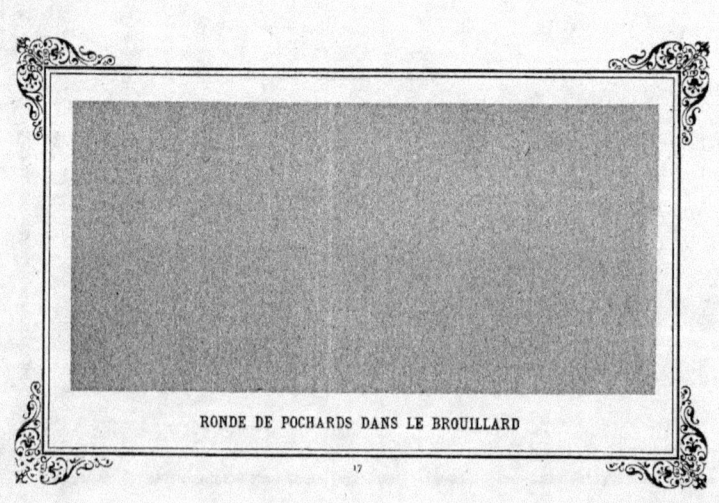

RONDE DE POCHARDS DANS LE BROUILLARD

MANIPULATION DE L'OCRE PAR DES COCUS ICTÉRIQUES

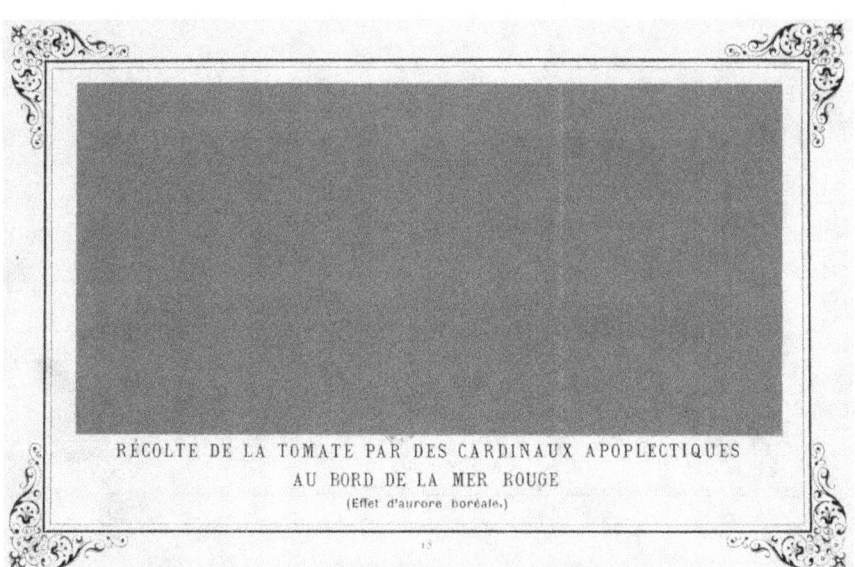

RÉCOLTE DE LA TOMATE PAR DES CARDINAUX APOPLECTIQUES
AU BORD DE LA MER ROUGE
(Effet d'aurore boréale.)

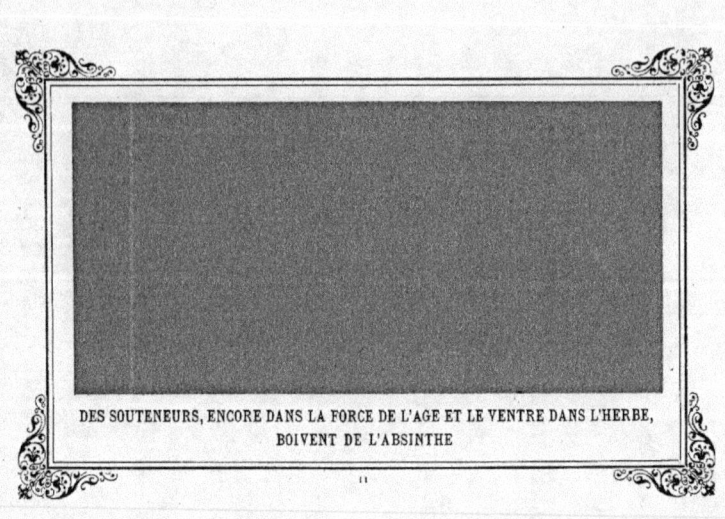

DES SOUTENEURS, ENCORE DANS LA FORCE DE L'AGE ET LE VENTRE DANS L'HERBE,
BOIVENT DE L'ABSINTHE

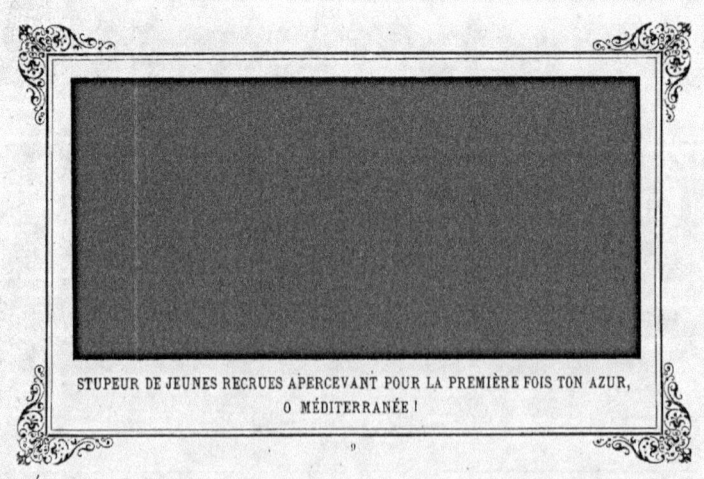

STUPEUR DE JEUNES RECRUES APERCEVANT POUR LA PREMIÈRE FOIS TON AZUR,
O MÉDITERRANÉE !

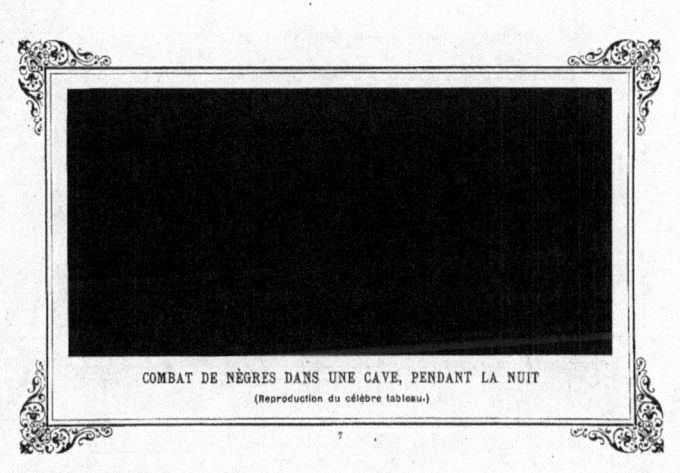

Variation No. 1
on "The Monotone-Silence Symphony"
in D by Yves Klein

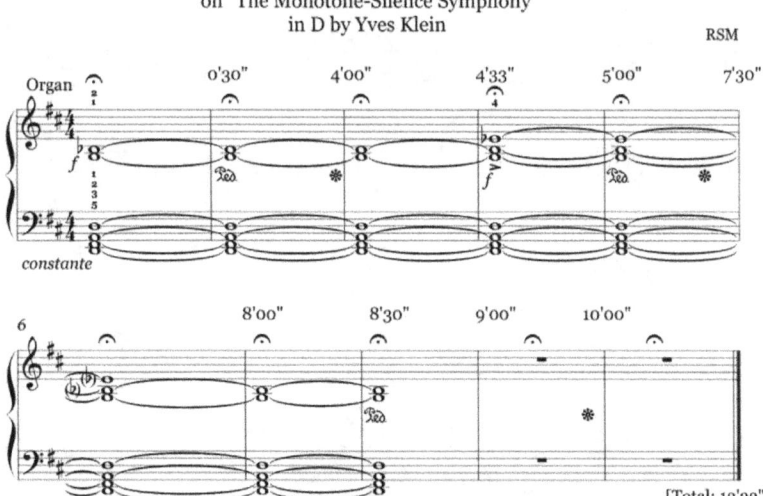

[Total: 13'33"]

Symphonie Monoton Silence comme partie de la performance Anthropométrie de l'Époque bleu, 1960; *IKB 191*

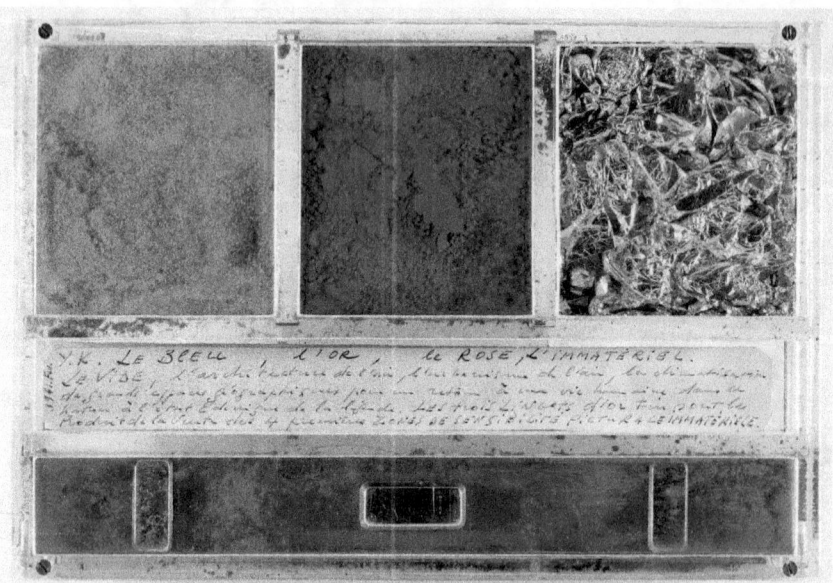

Yves Klein, *Ex-voto*

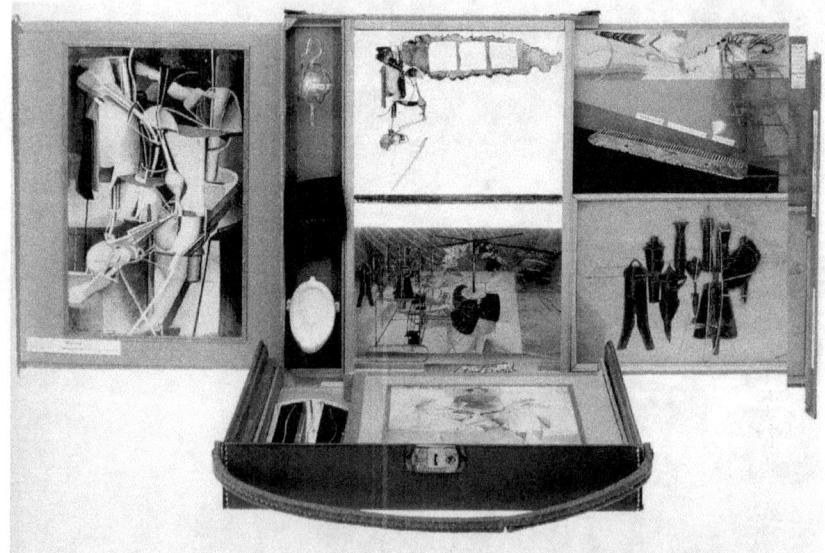

Marcel Duchamp, *Boîte en valise*, 1935-1941

Marcel Duchamp, *Boîte en valise*, 1935-1941

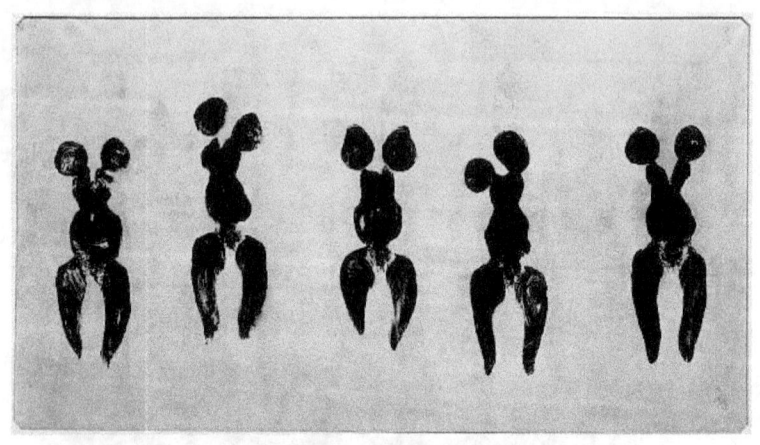

Yves Klein, *Anthropométries*

Jodhpur, la Cité Bleue, Rajasthan

Yves Klein, *Reliefs-éponges bleus*

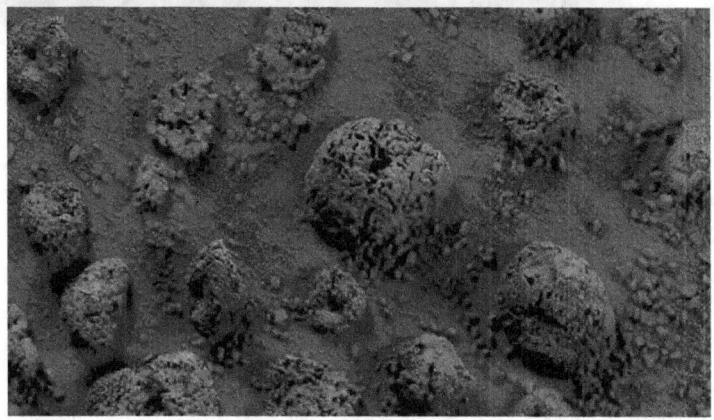

Yves Klein dans le processus de réalisation des *Cosmogonies*

Dans cette planche et la suivante: Yves Klein, en 1952, à Tokyo et à l'Institut Kodokan, pratiquant le judo

Yves Klein, *Reliefs planétaires*

Yves Klein, *Reliefs planétaires*

Yves Klein, *Reliefs planétaires*

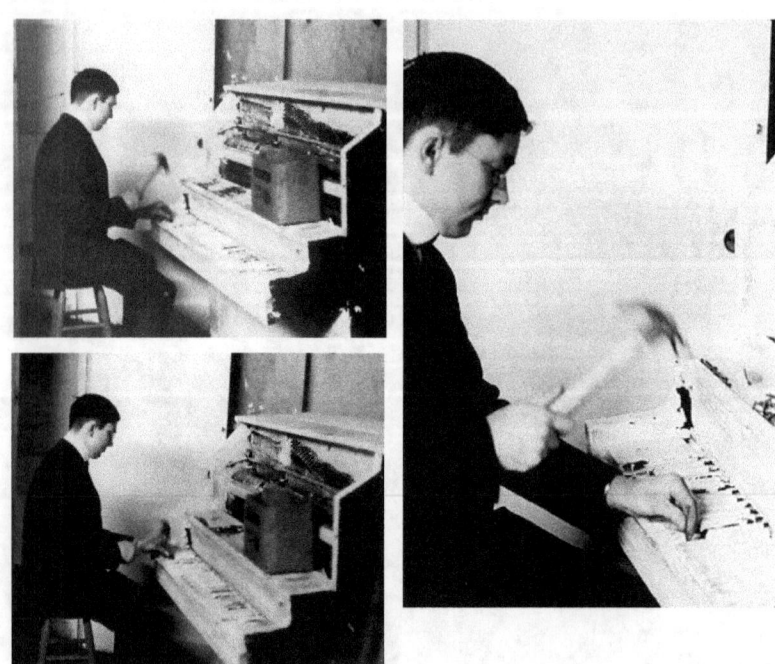

Georges Maciunas, *Piano piece No 13*, également connu comme *Carpenter's piano*

Joseph Beuys et Nam June Paik, «*In Memoriam George Maciunas*»

Piano Activities de Philip Corner, performance réalisée au *Fluxus Internationale Festspiele Neuester Musik*, Weisbaden 1962, photographies de Hartmut Rekort.
De gauche à droite: Emmett Williams, Wolf Vostell, Nam June Paik, Dick Higgins, Benjamin Patterson et George Maciunas

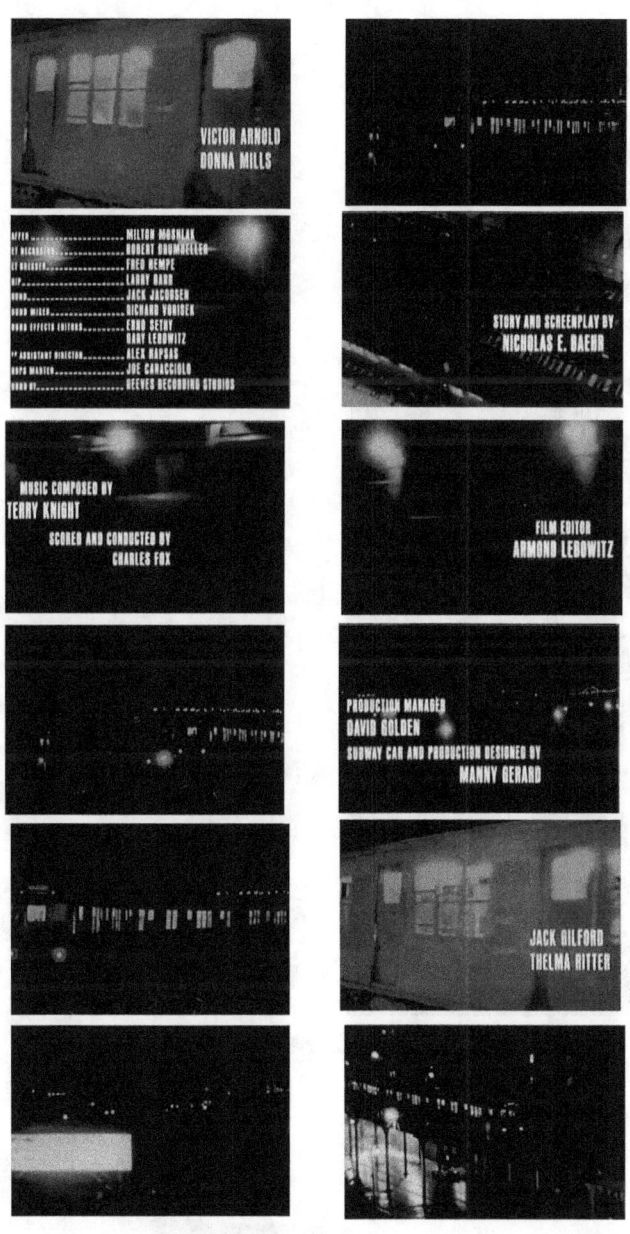

Générique de *The Incident*

Duchamp, Teeny, et John Cage jouant aux échecs dans une performance, *Sightssoundsystems*, Festival of Art and Technology, Toronto, 1968

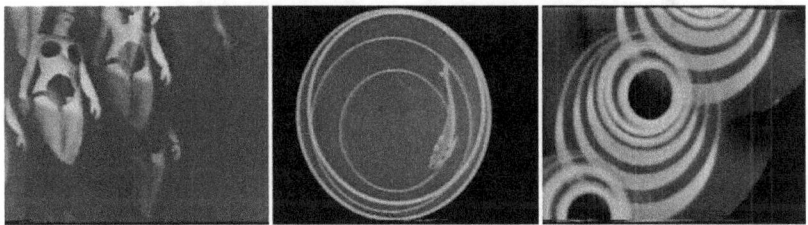

Dreams That Money Can Buy - Duchamp Segment

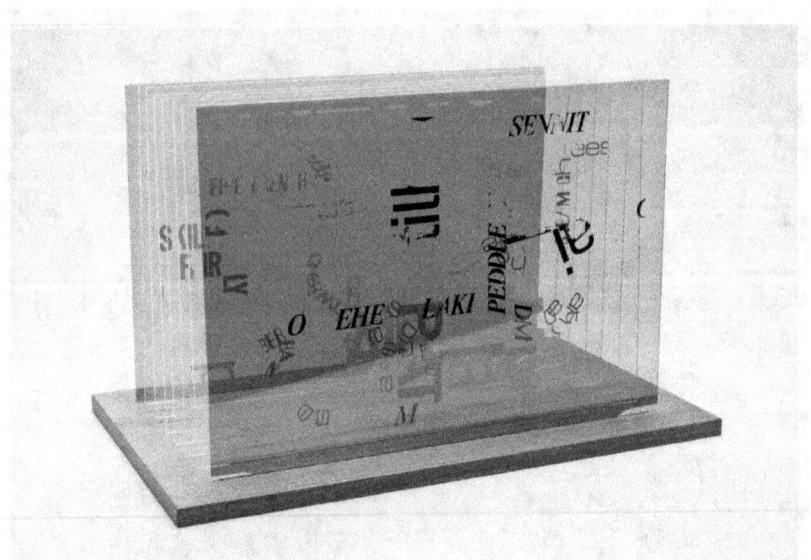

Cage, *Not Wanting to Say Anything about Marcel*

Duchamp,
Le Grand Verre,
1915-1923

Marcel Duchamp, *Nu descendant l'escalier No 1*, 1911

Marcel Duchamp, *Nu descendant l'escalier No 2*, 1912

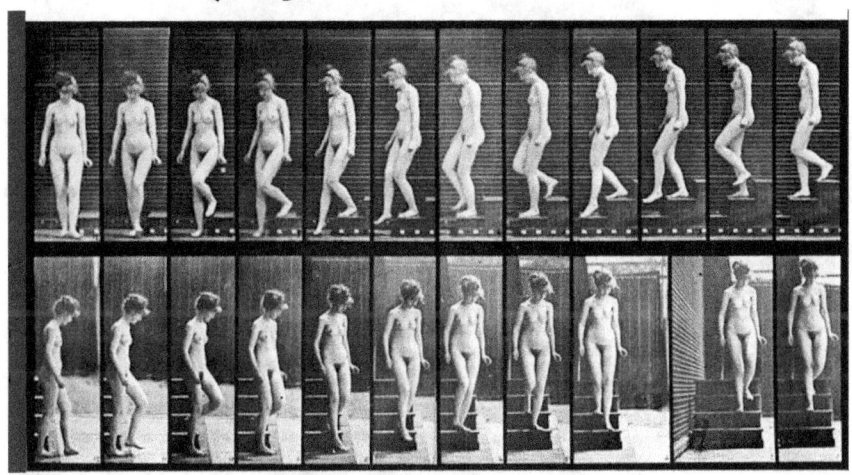

Muybridge, *Femme nue descendant l'escalier*

Umberto Boccioni, *Forme uniche della continuità nello spazio*

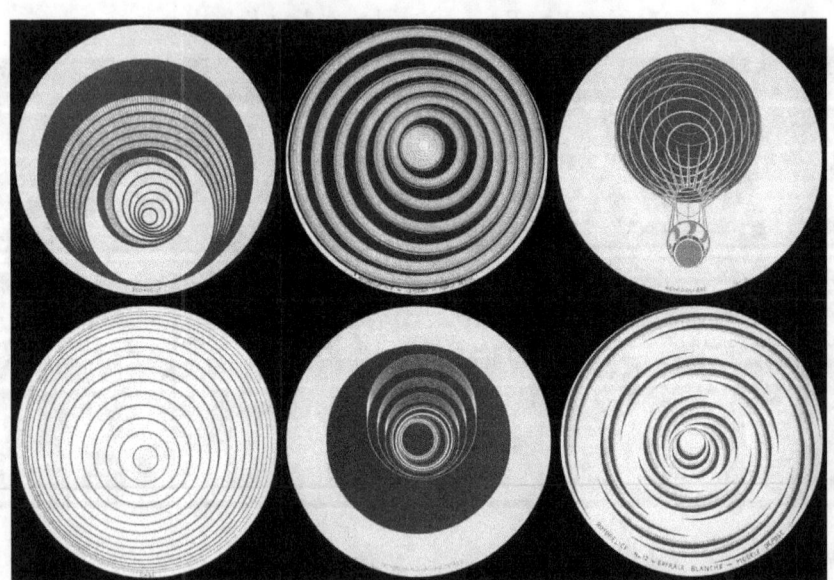

Marcel Duchamp, rotoreliefs pour *Anémic Cinéma*, 1926

Duchamp, *Roue de bicyclette*

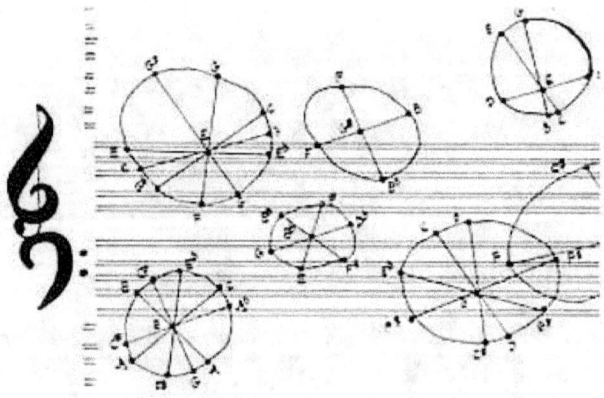

Music for Marcel Duchamp

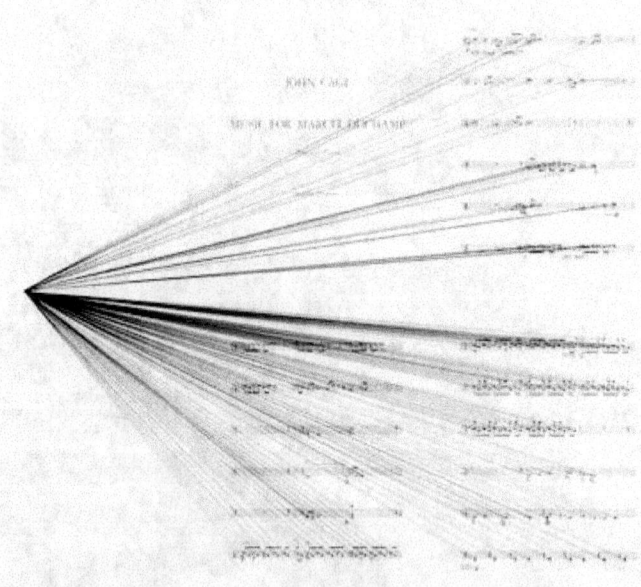

Erratum Musical

Yvonne

Faire une empreinte marquer des traits

une figure sur une surface imprimer

un sceau sur cire

Magdeleine

Faire une empreinte marquer des traits

une figure sur une sur...face imprimer

un sceau sur cire

Erratum musical.

III L | 12 à 85 | 2. 5. 8. [illegible] 20. 26. 27. 62. 67. 72. 75. 83.

M | 85 à 45 | tous jusq. 23. 8. 20. 26. 27. 62. 67. 72. 75. 83.

II N 65 à 85 | 1. 2. 4. 6. 7. 8 9. 10. 11. 12. 13. 14. 15. 16. 17. 18. 20. 21. 22. 24. 25. 26. 27. 29. 30. 31. 32. 34. 35. 37. 39. 40. 42. 43. 45. 46. 47. 49.
52. 53. 54. 55. 56. 57. 59. 60. 61. 62. 63. 64. 65. 66. 67. 69. 71 72. 73. 75 77. 78. 81. 82. 83.

O 65 | 1. 5. 19. 23. 28. 33. 36. 38. 41. 42. 43. 51. 52. 58. 65. 70. 73. 76. 79. 80. 84. 85.

III P 45 | 1. 2. 3. 4. 5 7. 8. 9. 11. 12. 13. 14. 15. 16. 17. 18 20. 21. 22. 23. 24. 25. 26. 27. 28. 29. 30. 31. 32. 33. 34. 35. 36. 37. 38. 39. 40. 41. 42. 44. 45. 46. 47. 48. 49.
50. 51. 53. 54. 55. 56. 57. 58. 59. 60. 61. 62. 63. 64. 66. 67. 68. 69. 70. 71. 72. 75. 76. 78. 79. 80. 81. 84. 85.

Q 10 | 1. 6. 10. 19. 43. 65. 73. 74. 77. 81. 83.

Chaque chiffre indique une note; un piano ordinaire contient environ 85 notes; chaque n° est le n° d'ordre à partir de la gauche ~~de l'instrument~~.

Inexécutable, pour instrument de musique précis (piano mécanique, orgues mécaniques ou autres instruments nouveaux pour lesquels l'intermédiaire virtuose est supprimé); l'ordre de succession est [au gré] ~~et~~ interchangeable; le temps qui sépare chaque chiffre romain sera probablement constant (?) mais il pourra varier d'une exécution à l'autre; exécution bien inutile d'ailleurs;

appareil enregistrant ~~[illegible]~~ automatiquement des périodes musicales fragmentées

Vase contenant les 85 notes (ou plus; quart de ton), figures: numéro sur chaque boule.

A ouverture laissant tomber les boules dans une suite de wagonnets B, C, D, E, F, etc.

→ Wagonnets B, C, D, E, F, allant à une vitesse ~~[illegible]~~ variable recevant chacun 1 ou plusieurs boules.

Quand le vase est vide: la période ~~en~~ [en tant de] wagonnets est inscrite et peut être exécutée par un instrument ~~précis~~. Un autre vase = une autre période. Il résulte ~~de la~~ ~~[illegible]~~ l'équivalence des périodes et de leur comparaison une sorte d'alphabet musical nouveau, permettant des descriptions modèles. (à développer).

Woodstock Artists Association

presents

john cage, composer

david tudor, pianist

PROGRAM

aug. 29, 1952 .... john cage
for piano .... christian wolff
extensions #3 .... morton feldman
3 pieces for piano .... earle brown
premier sonata .... pierre boulez
                              2 parts
5 intermissions ..... morton feldman
for prepared piano ... christian wolff
4 pieces .... john cage
    4' 33"
      30"
        2' 23"
          1' 40"
the banshee .... henry cowell

PATRONS: Mrs. Emmet Edwards, chairman; Mr. and Mrs. Sidney Berkowitz, Dr. and Mrs. Hans Cohn, Mr. and Mrs. Henry Cowell, Mr. and Mrs. Rollin Crampton, Mr. and Mrs. Roland d'Albis, Mr. and Mrs. Pierre Henrotte, Dr. and Mrs. William M. Hitzig, Mrs. Charles Rosen, Dr. and Mrs. Harold Rugg, Mr. and Mrs. Alexander Semmler, Mr. and Mrs. John Striebel, Mr. and Mrs. Richard Thibaut, Jr., Capt. C. H. D. van der Loo, Miss Alice Wardwell.

MAVERICK CONCERT HALL

Friday, August 29   8:15 P. M.

BENEFIT ARTISTS WELFARE FUND

4'33"
FOR ANY INSTRUMENT OR COMBINATION OF INSTRUMENTS
John Cage

4'33" (In proportional notation), 1952-1953, MoMA, acquis en 2012 grâce à Henry Kravis, en honneur à Marie-Josée Kravis

I

TACET

II

TACET

III

TACET

NOTE: The title of this work is the total length in minutes and seconds of its performance. At Woodstock, N.Y., August 29, 1952, the title was 4' 33" and the three parts were 33", 2' 40", and 1' 20". It was performed by David Tudor, pianist, who indicated the beginnings of parts by closing, the endings by opening, the keyboard lid. However, the work may be performed by any instrumentalist or combination of instrumentalists and last any length of time.

THE MOVEMENTS MAY

AFTER THE WOODSTOCK PERFORMANCE A COPY IN PROPORTIONAL NOTATION WAS MADE FOR IRWIN KREMEN. IN IT THE TIMELENGTHS

FOR IRWIN KREMEN   JOHN CAGE

OF THE MOVEMENTS WERE 30" 2'23" AND 1'40". IT

30"
2'23"
1'40"

for Burroughs with MC DC Sept. 29 Christian highly recomm. Cornelius can't understand problems. Suggest instead Richard Burnes & as many of his gentle five group as Sad W. can accomodate. Am writing Burnes suggesting he contact you in London via Adser Love. G.

5100
222 7888

St. Her
Caxton St SW1

Thursday, call Ann Lauterbach

I

TACET

II

TACET

III

TACET

NOTE: The title of this work is the total length in minutes and seconds of its performance. At Woodstock, N.Y., August 29, 1952, the title was 4' 33" and the three parts were 33", 2' 40", and 1' 20". It was performed by David Tudor, pianist, who indicated the beginnings of parts by closing, the endings by opening, the keyboard lid. However, the work may be performed by any instrumentalist or combination of instrumentalists and last any length of time.

FOR IRWIN KREMEN   JOHN CAGE

No. 6777

JOHN CAGE

4' 33"

NOTE: THE TITLE OF THIS WORK IS THE TOTAL LENGTH IN MINUTES AND SECONDS OF ITS PERFORMANCE. AT WOODSTOCK, N.Y., AUGUST 29, 1952, THE TITLE WAS 4'33" AND THE THREE PARTS WERE 33", 2'40", AND 1'20". IT WAS PERFORMED BY DAVID TUDOR, PIANIST, WHO INDICATED THE BEGINNINGS OF PARTS BY CLOSING, THE ENDINGS BY OPENING, THE KEYBOARD LID. AFTER THE WOODSTOCK PERFORMANCE, A COPY IN PROPORTIONAL NOTATION WAS MADE FOR IRWIN KREMEN. IN IT THE TIMELENGTHS OF THE MOVEMENTS WERE 30", 2'23", AND 1'40". HOWEVER, THE WORK MAY BE PERFORMED BY ANY INSTRUMENTALIST(S) AND THE MOVEMENTS MAY LAST ANY LENGTHS OF TIME.

FOR IRWIN KREMEN

4' 33"

FOR ANY INSTRUMENT OR COMBINATION OF INSTRUMENTS

John Cage

COPYRIGHT © 1960 BY HENMAR PRESS INC., 373 PARK AVE. S., N.Y., N.Y. 10016

4'33" for solo piano; reconstruction par David Tudor, page 1, c.1989

I

TACET

II

TACET

III

TACET

NOTE: The title of this work is the total length in minutes and seconds of its performance. At Woodstock, N.Y., August 29, 1952, the title was 4' 33" and the three parts were 33", 2' 40", and 1' 20". It was performed by David Tudor, pianist, who indicated the beginnings of parts by closing, the endings by opening, the keyboard lid. However, the work may be performed by any instrumentalist or combination of instrumentalists and last any length of time.

FOR IRWIN KREMEN   JOHN CAGE

COPYRIGHT © 1960 BY HENMAR PRESS INC., 373 PARK AVE. SO., NYC 16 N.Y.

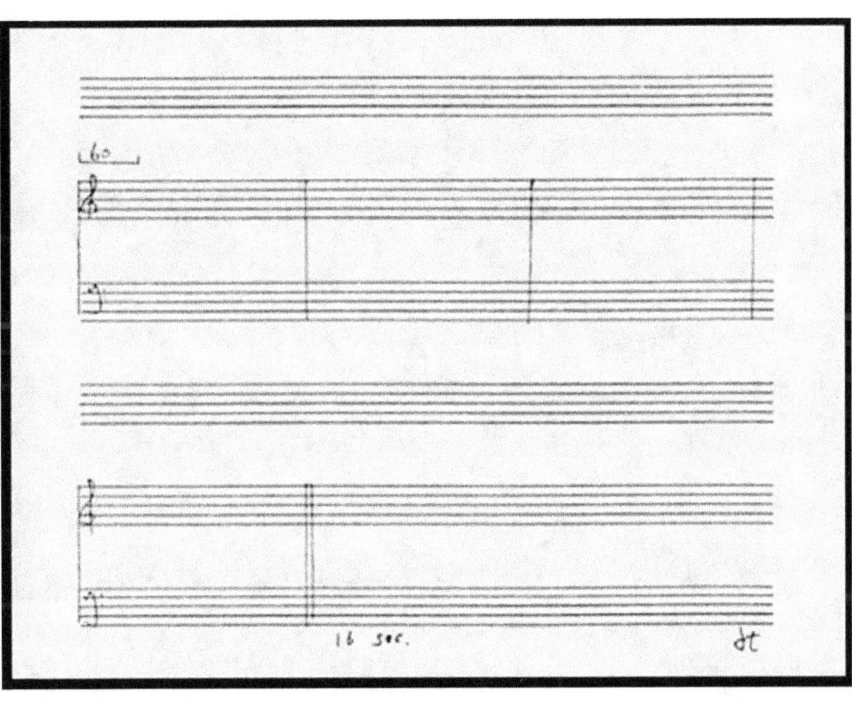

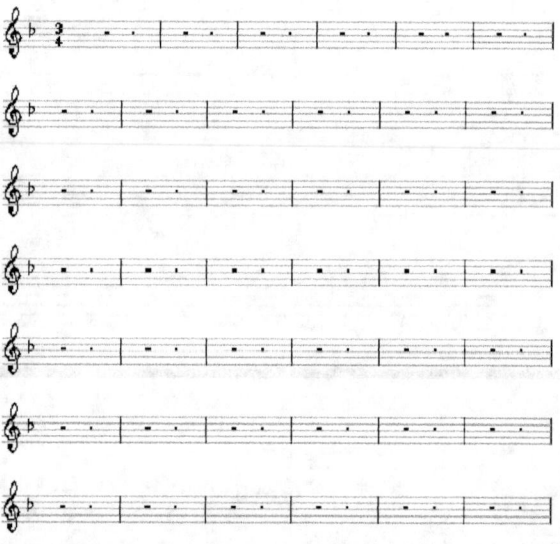

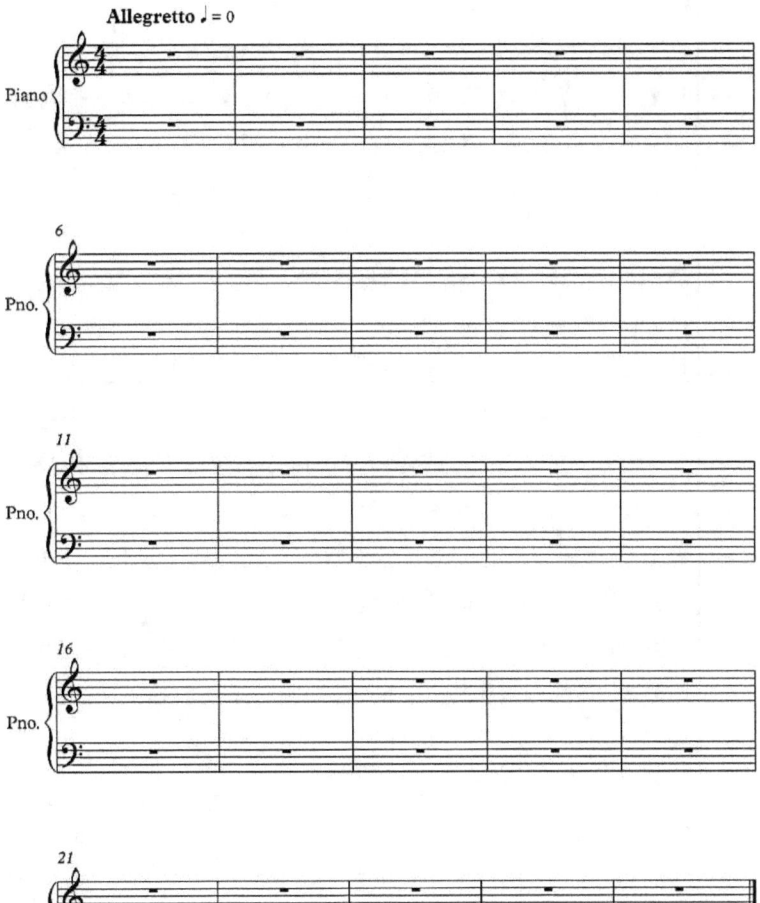

CHANCE

CHANCE - Score

CHANCE - Score

A ROOM

Performance Notes

This piece may also be performed with or without the preparations. The rhythmic structure is 2 (4, 7, 2, 5, 4, 7, 2, 3, 5). The piece is the third part of "SHE IS ASLEEP."

Table of Preparations

Objects may be placed between the strings of a grand piano, transforming the sounds with respect to all of their characteristics.

From damper in inches strings 2 - 3	Material	From bridge in inches strings 1 - 2	Material
2	long bolt	near bridge	rubber (over 2, under 1, 3)
8	large bolt	$5\frac{1}{4}$	bolt
2	long bolt	$1\frac{3}{8}$	bolt with rubber
6	large bolt	$4\frac{1}{2}$	medium bolt
$6\frac{7}{8}$	penny (under 2, over 1, 3)	2	medium bolt
8	weather stripping (over 2, under 1, 3)		

A ROOM

JOHN CAGE
(1943)

sempre una corda, **ppp**

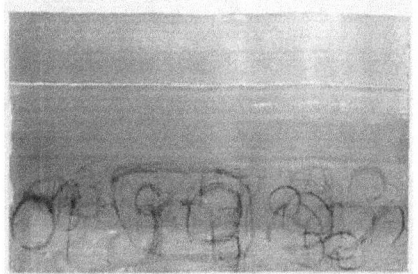
NEW RIVER WATERCOLOUR SERIES IV, NO.6, 1988. WATERCOLOUR ON PAPER © THE JOHN CAGE TRUST

Ryoanji

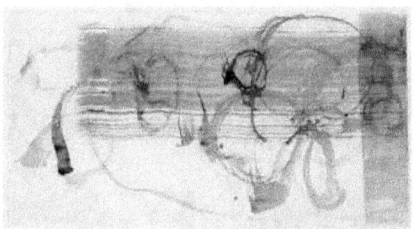
NEW RIVER WATERCOLOUR SERIES I, NO.3, 1988. WATERCOLOUR ON PAPER © THE JOHN CAGE TRUST

Aria

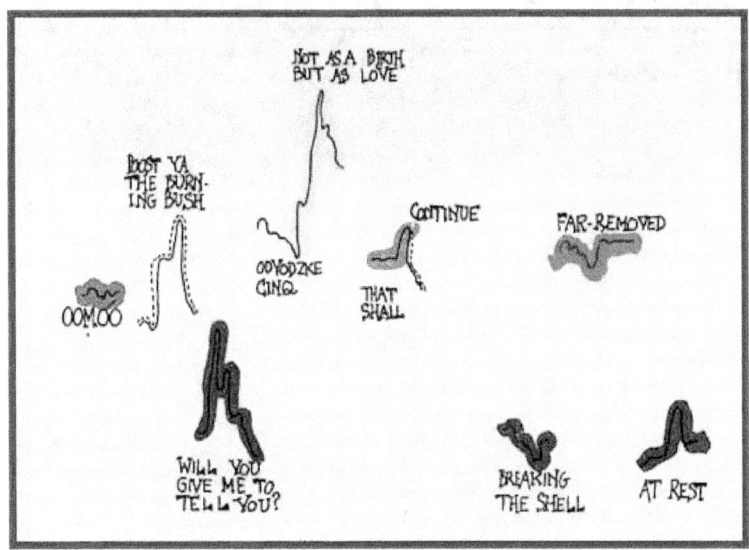

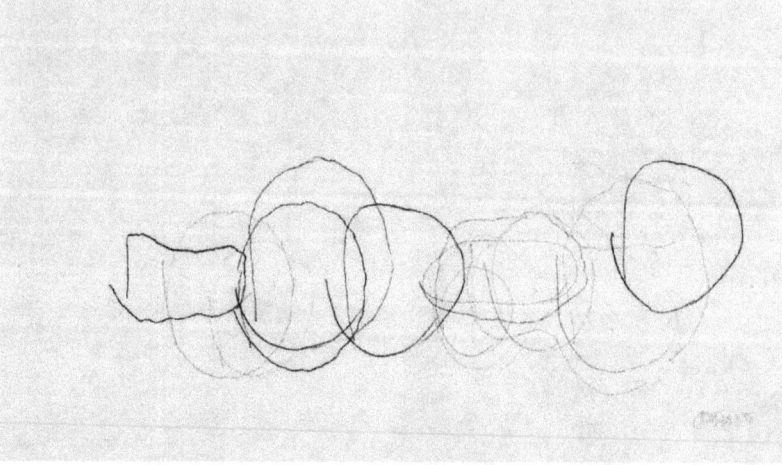

Ryoanji

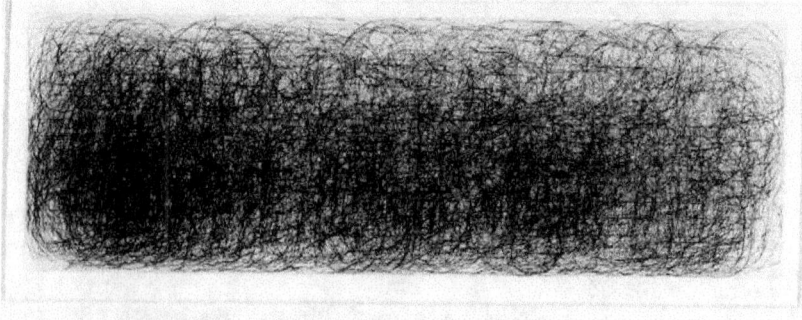

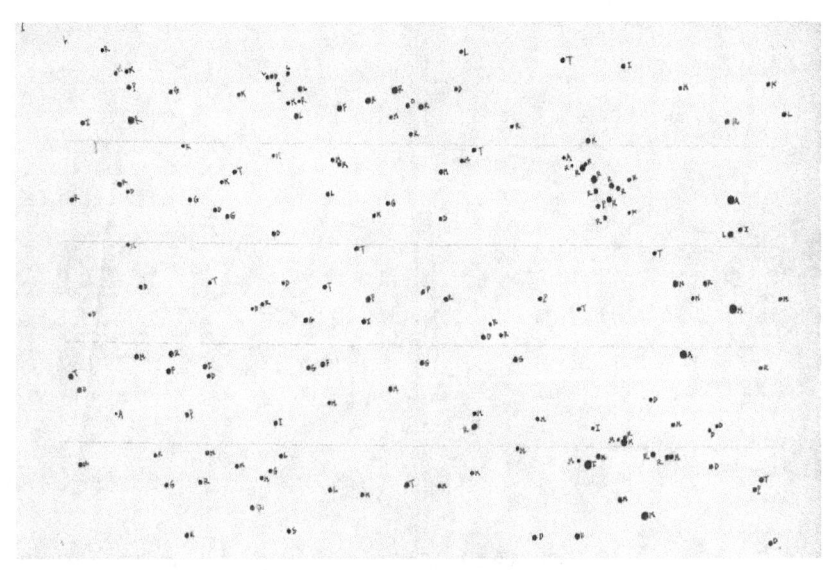

Atlas Eclipticalis

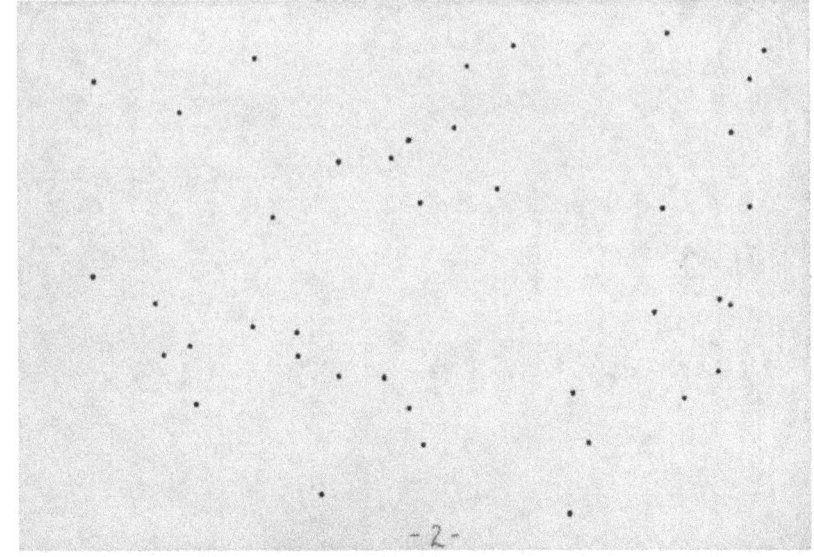

Music Walk

Music Walk

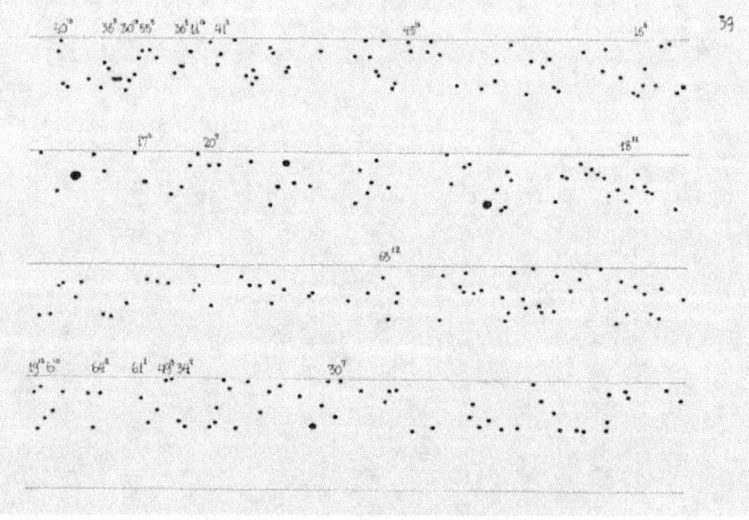

Song Books, Solo for Voice No.II

Song Books, Solo for Voice No.61

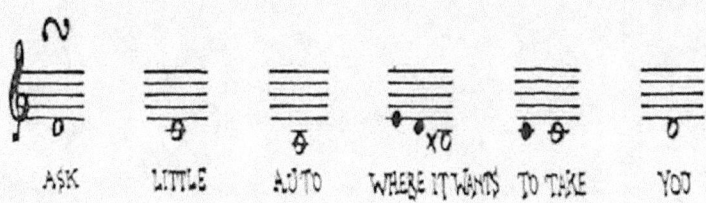

Song Books, Solo for Voice No.68

PROPERTIES AND INSTRUMENTS USED IN WATER WALK

1 Chronometer (Stop-watch)
2 Tables 6' x 2' (approx. 2' - 3' high)
1 Table large enough for a tape-machine
1 Bath tub 3/4 filled with water
1 Toy Fish (automotive in water: i.e. mechanical and to be wound up, having movable tail fins; or preferably electrical, battery-run, the fish made of rubber with movable tail fins, activated by connecting wires which are attached to it)
1 25¢ piece (optional)
1 Grand Piano with lid removed so that there is free access to the strings, having a keyboard lid not hinged, so that it may be effectively slammed closed; no piano bendh; arrange pedal with weight or other means so that resonance is not stopped by dampers
1 Tape Machine running at 7½ i.p.s.
1 Tape recording entitled Water Walk made especially for this composition
1 Explosive Paper Bottle (exploded by pulling a string) which ejects confetti (not bits of paper, but streamers), obtained in party shops; several will be needed for rehearsal
1 Electric Hot Plate
1 Pressure Cooker with hot water having removable cap or valve at center of lid
1 Supply of Ice Cubes and means for containing them (Ice Bucket or Insulated Paper Bag)
1 Ordinary Drinking Glass (approx. 8" high)
1 Pitcher (approx. 12" high with an opening at least 6" in diameter) with handle
1 Whistle (nondescript)
1 Toy Rubber Duck which sounds when squeezed
1 Vase (approx. 18" high) with water if fresh roses are used
1 Dozen Red Roses (fresh or artificial)
1 Garden Sprinkling Tin Can with handle and water
1 Chinese Gong 12"-16" in diameter with gong beater (yarn-covered) and having string for holding it suspended
1 Bottle of Campari
1 Electric Mixer (with ice cubes in it) capable of breaking up ice
1 Iron pipe (at least 12" long, 1" in diameter)
5 Portable radios of inferior quality
1 Turkish cymbal approx. 12" in diameter with handle
1 Soda Syphon (a second will be required for rehearsal
1 Quail Call activated by squeezing a rubber bulb
1 Goose Whistle
FOR SUGGESTED PLACEMENT OF ABOVE PROPERTIES AND INSTRUMENTS, SEE DIAGRAM.

NOTES REGARDING SOME OF THE ACTIONS TO BE MADE IN THE ORDER OF OCCURENCE

Start watch and then time actions as closely as possible to their appearance in the score where each page = 1 minute.

1. After starting fish, place on strings of piano, low or middle register, so that movable tail fins set strings vibrating.
2. Friction: Scrape a bass string lengthwise with fingernail or coin.
3. Slam piano keyboard lid closed.
4. Make pizz. on high piano string with fingernail or coin.
5. Explode bottle up and over piano.
6. If fish is electrical, no winding is necessary before placing it in bath tub.
7. Produce steam by opening cap-valve of pressure cooker. Reclose.
8. Pizz. on low piano string with finger tip.
9. Place ice in glass (preparing a drink).
10. Fill pitcher with water from bath tub.
11. Glissando on strings (low or middle register up or down) with tympani stick.
12. Place vase with roses in tub so that it remains upright.
13. Water roses with garden sprinkler.
14. Lower gong into tub while constantly sounding it with beater. Leave gong in tub.
15. Pour sufficient Campari for a "Campari Soda."
16. The dominant seventh should be a simple chord doubled at the octave, middle register both hands. Open lid to do this, then slam closed again.
17. Hit edge of bath tub with pipe.
18. Radios are to be slapped if they are to be pushed off tables later (this should not be rehearsed since it smashes radios). In this case, the radios need not be functioning. If radios are to be played, tune each one differently, to stations or static or both.
19. Begin whistling near pitcher and then submerge whistle in water while still blowing through it.
20. Simply replace vase and roses back of tub.
21. Grasping symbal handle, crash instrument against surface of water in tub.
22. Syphon soda into glass where ice and campari have already been put.
23. Any 2 pizz. with fingernails on piano strings, together or in succession.
24. Open lid to produce single notes. Use both forearms for cluster.
25. Drink Campari Soda which is ready, not entirely, for there is insufficient time.
26. 'Goose' is a goose whistle.
27. Remove valve for steam production, this time entirely, replacing it at end after other business is finished.

Since floor becomes wet during rehearsal and performance, an assistant should be provided who mops up.

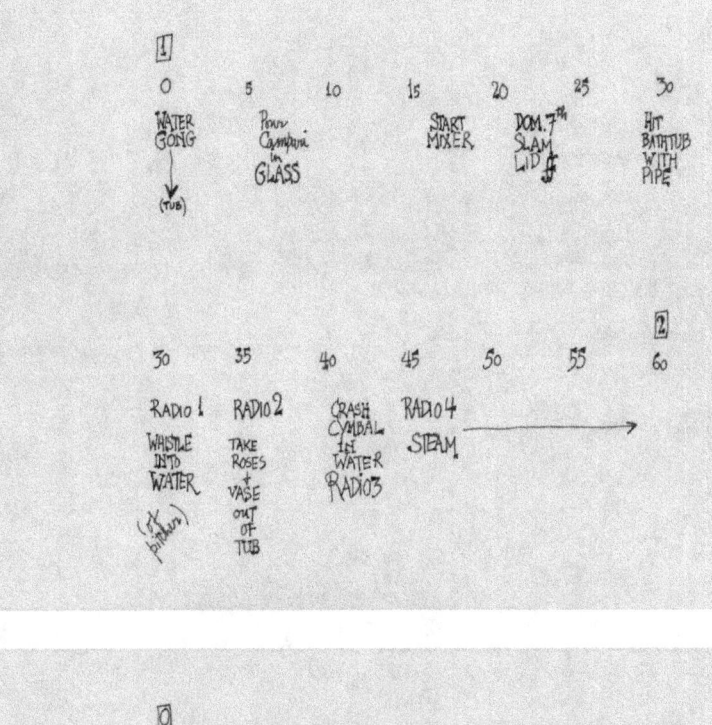
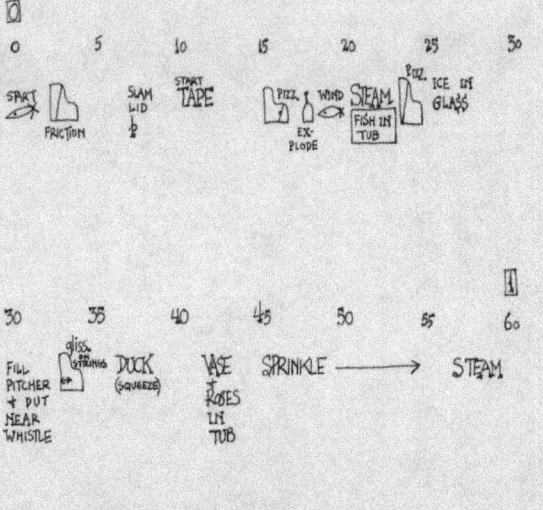

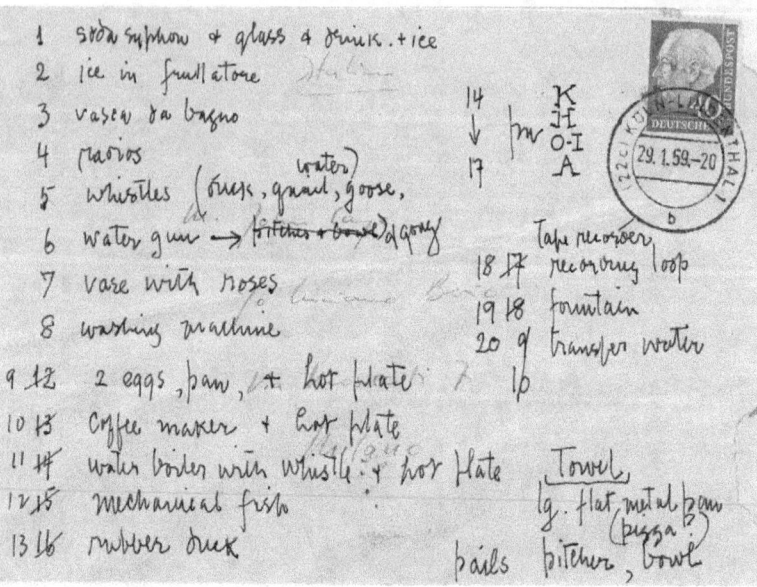

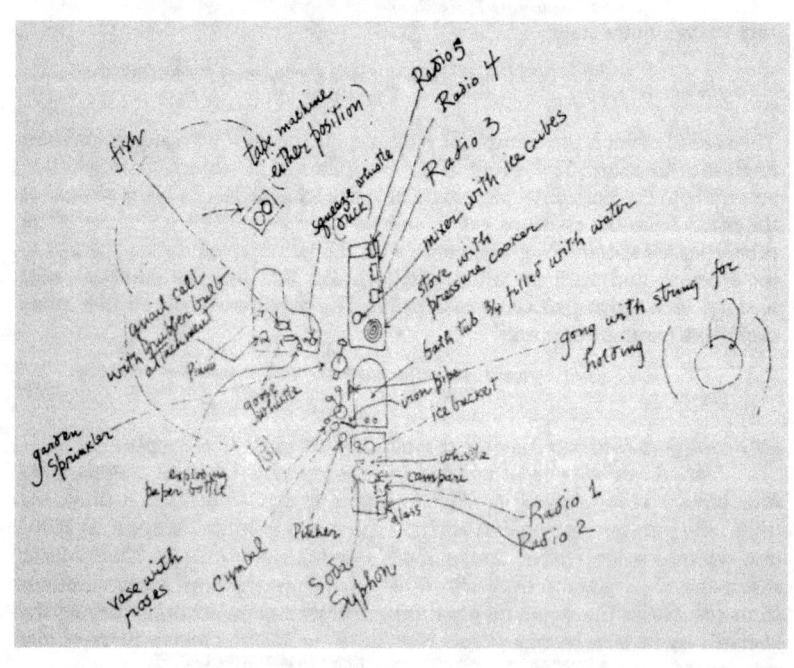

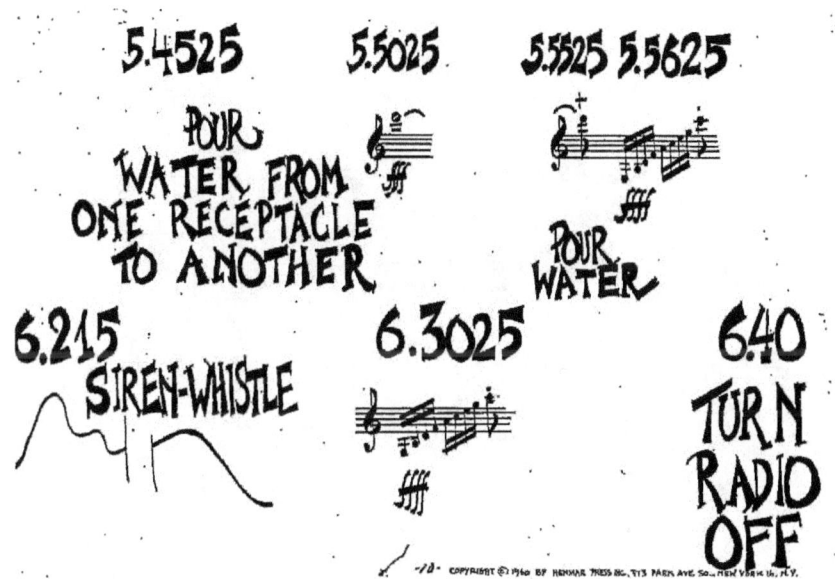

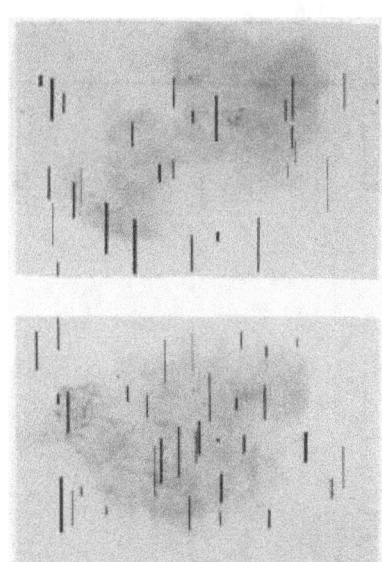

Global Village, diptyque

Example 6.1 John Cage, Water Music (1952)

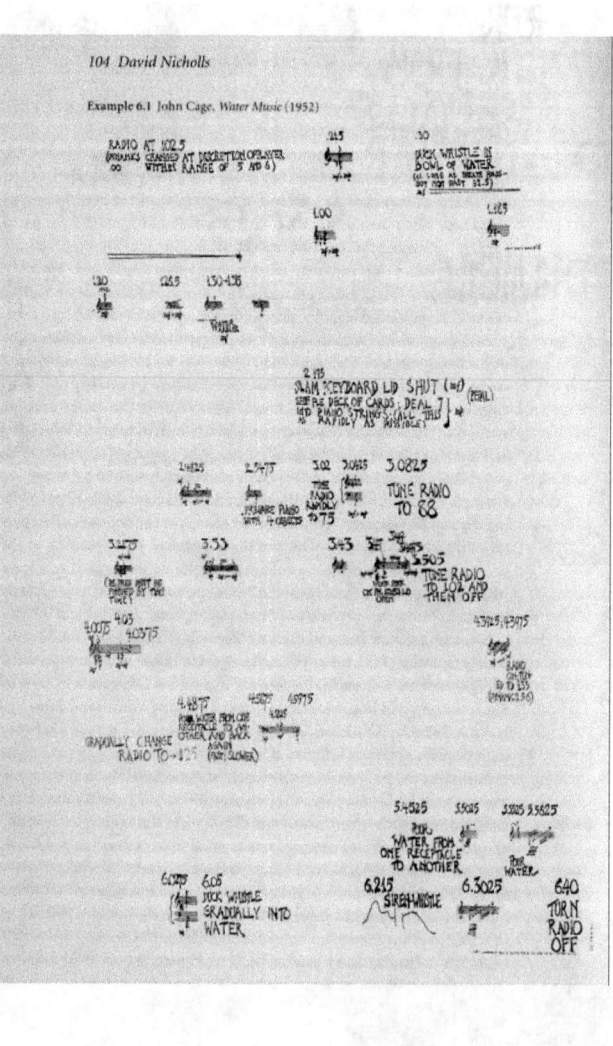

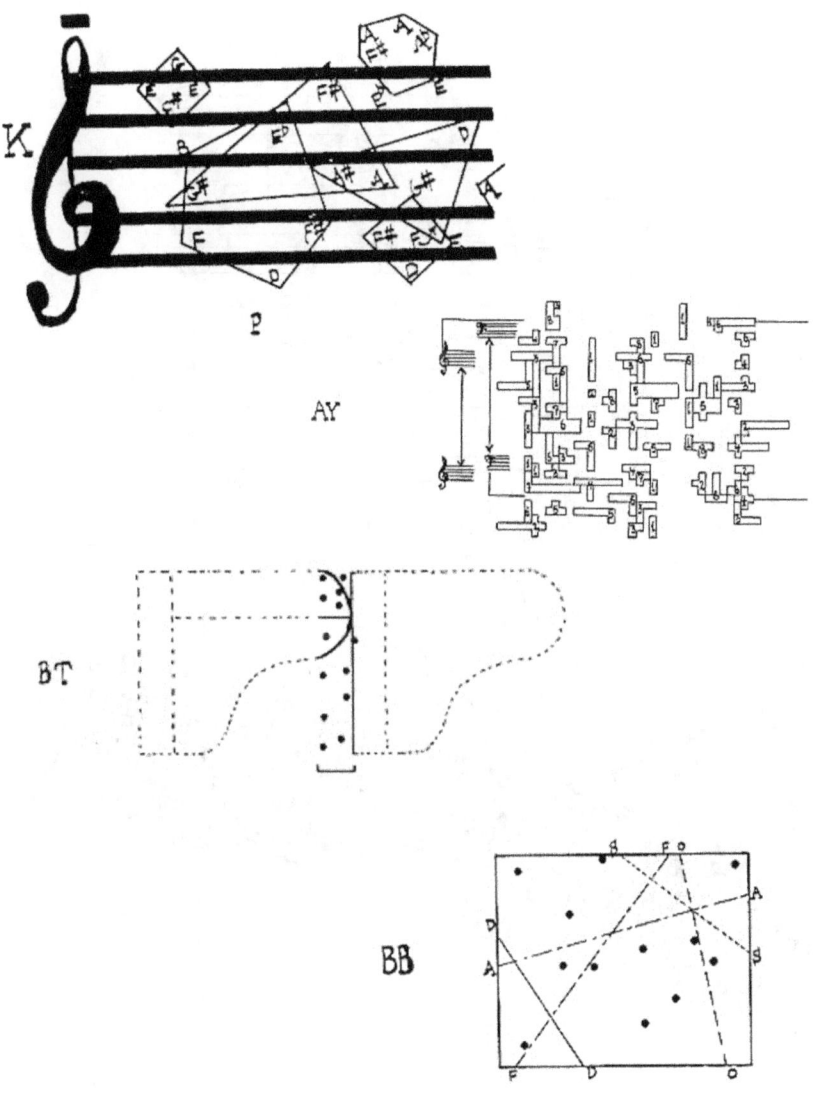

Concert for Piano and Orchestra

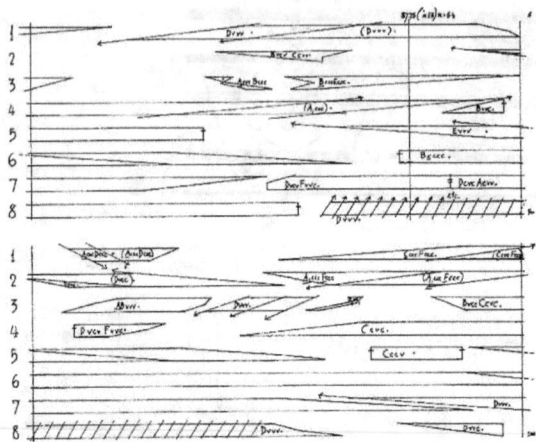

Williams Mix

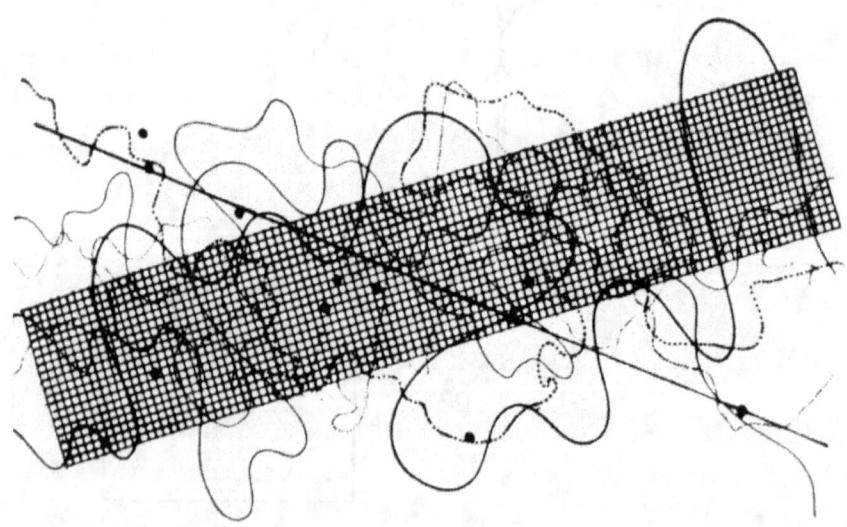

Fontana Mix

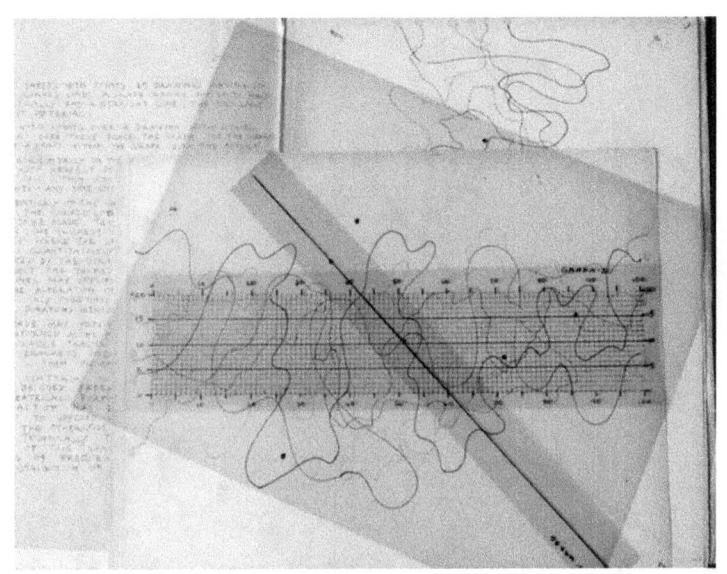

Fontana Mix

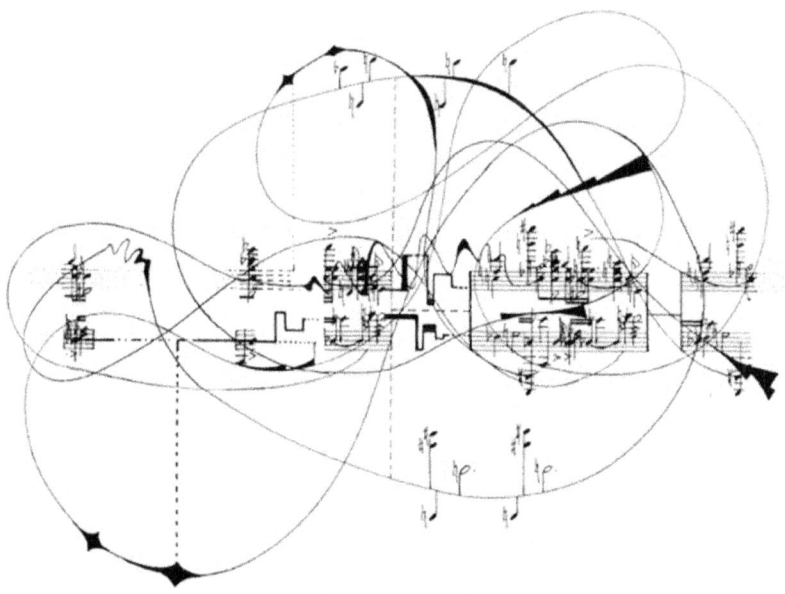

Variations II

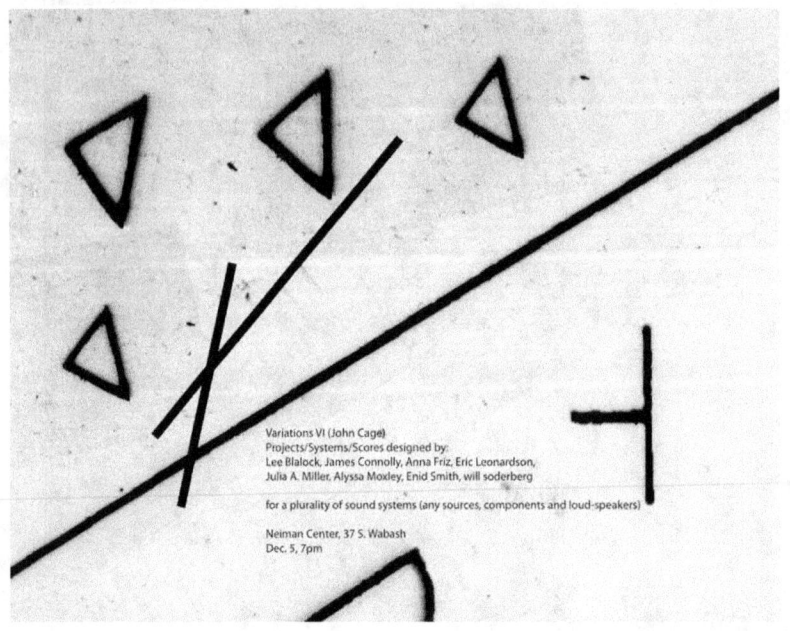

Variations VI (John Cage)
Projects/Systems/Scores designed by:
Lee Blalock, James Connolly, Anna Friz, Eric Leonardson,
Julia A. Miller, Alyssa Moxley, Enid Smith, will soderberg

for a plurality of sound systems (any sources, components and loud-speakers)

Neiman Center, 37 S. Wabash
Dec. 5, 7pm

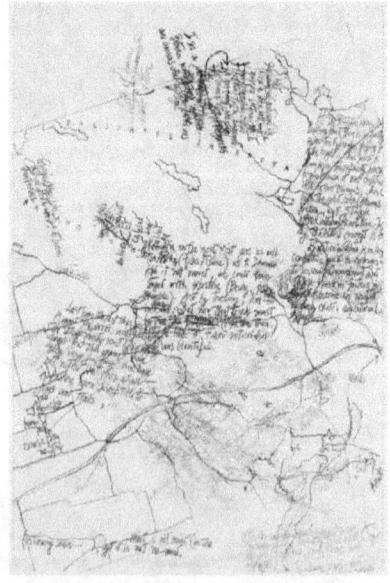

MUSHROOM BOOK PLATE X (WITH LOIS LONG AND ALEXANDER H. SMITH), 1972, COLOUR LITHOGRAPH © THE JOHN CAGE TRUST

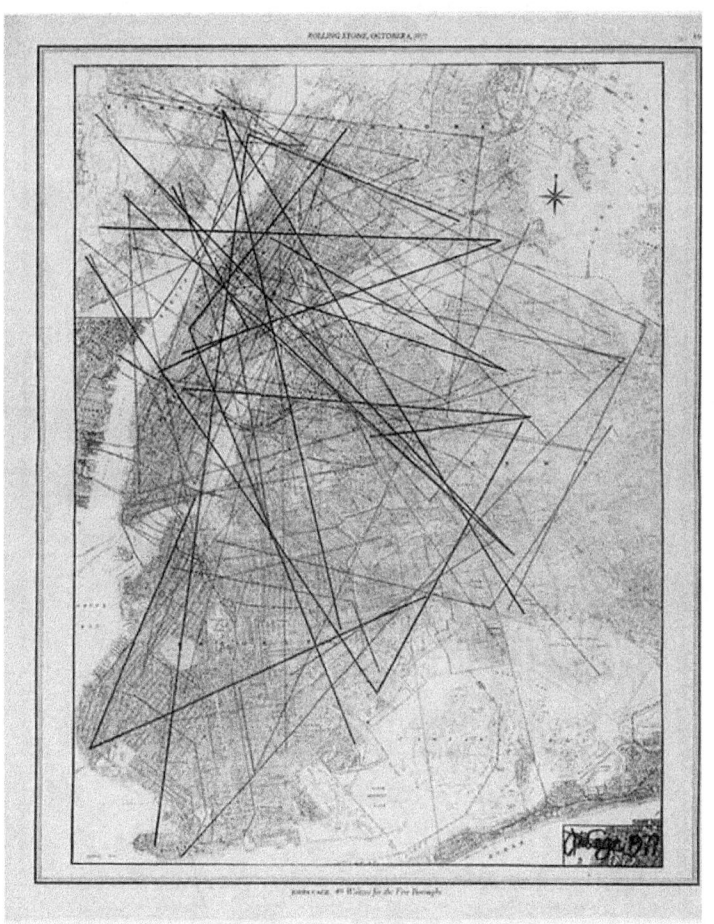

49 Waltzes for the Five Boroughs

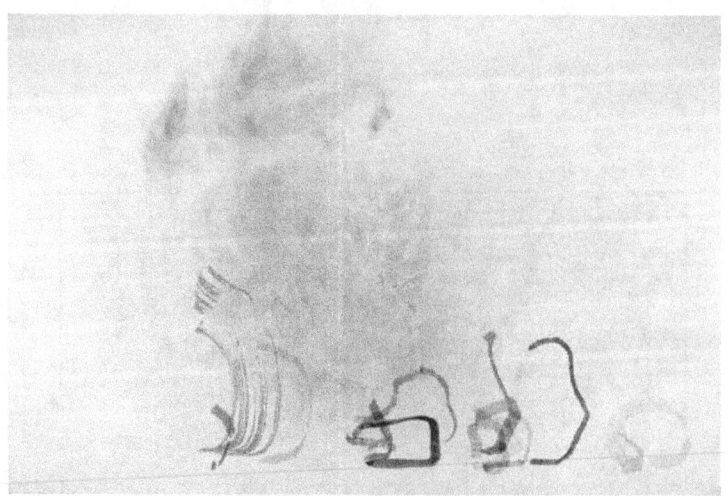

River Rocks and Smoke 4/11/90 #1

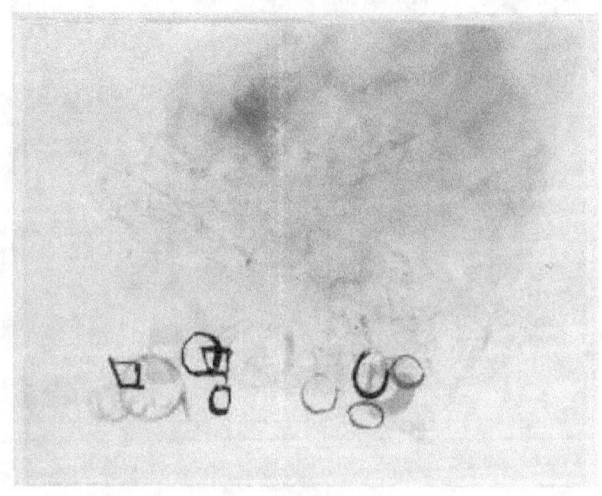

10 Stones

Dramatic Fire

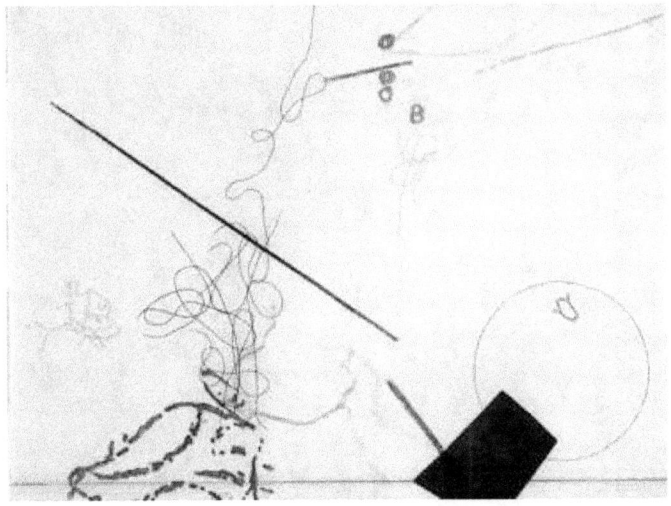

Dereau #11

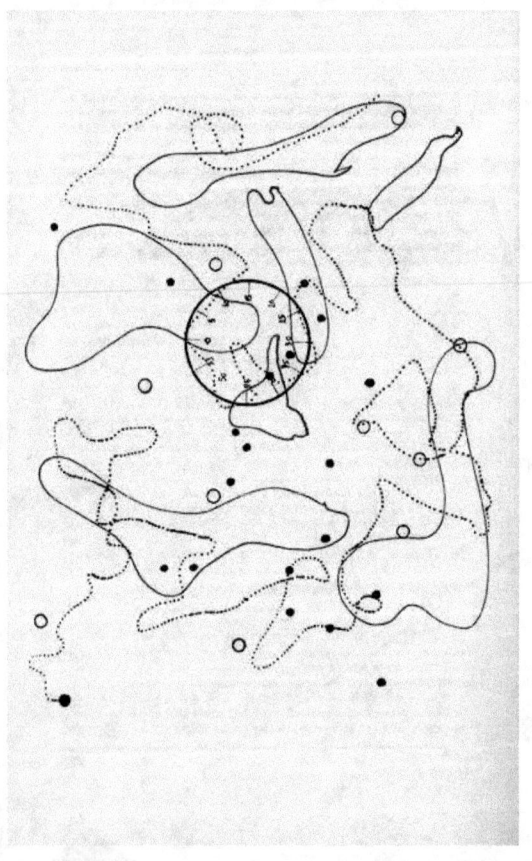

Cartridge Music

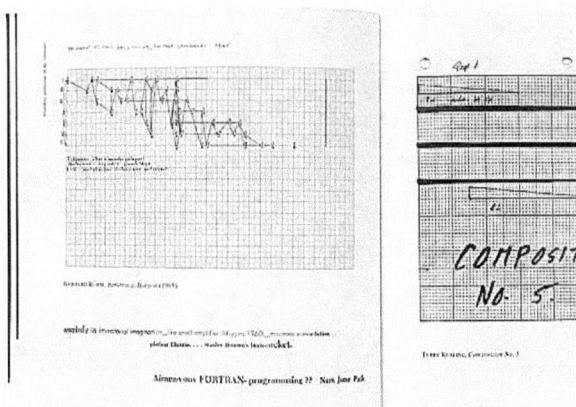

LECTURE ON NOTHING

I am here   ,   and there is nothing to say   .
                                                             If among you are
those who wish to get   somewhere   ,   let them leave at
any moment   .   What we re-quire   is
silence   ;   but what silence requires
            is   that I go on talking   .
                                               Give any one thought
            a push   :   it falls down easily
;   but the pusher   and the pushed   pro-duce   that entertainment   called   a dis-cussion   .
                           Shall we have one later   ?
                                            IV
Or   ,   we could simply de-cide   not to have a dis-
cussion   .   What ever you like .   But
now   there are silences   and the
words   make   help make   the
silences   .
                                      I have nothing to say
            and I am saying it   and that is
poetry   as I need it   .
                      This space of time   is organized
.   We need not fear these   silences, —
                                  IV

THIS IS A SCORE FOR MAKING A RECORDING ON TAPE, USING AS MATERIAL ANY 42 PHONOGRAPH RECORDS. (IT WAS WRITTEN FOR THE DANCE, PORTRAIT OF A LADY, BY JEAN ERDMAN. THE RECORDS USED WERE EXCLUSIVELY JAZZ.)

EACH GRAPH UNIT EQUALS 3 INCHES OF TAPE (15 I.P.S.) EQUALS 1/5 SECOND. THE NUMBERS BELOW OUTLINED AREAS REFER TO AMPLITUDE: SOFT (1) TO LOUD (8); SINGLE NUMBER = CONSTANT AMPLITUDE, 2 NUMBERS = CRESC. OR DIM., 3 OR MORE = ESPRESSIVO. ● INDICATES CHANGE OF RECORD. BEGINNINGS AND ENDINGS OF SYSTEMS (2 ON A PAGE) ARE INDICATED BY DOTTED LINES.

THE RHYTHMIC STRUCTURE IS 3 X 5. THE LARGE DIVISIONS ARE INDICATED BY VERTICAL LINES THROUGH THE SYSTEMS. THE SMALL DIVISIONS ARE INDICATED BY SHORT VERTICAL LINES BELOW THE SYSTEMS FOLLOWED BY A NOTATION (E.G. a^3) GIVING THE DENSITY OF THAT PARTICULAR SMALL STRUCTURAL PART. AT THE 4TH LARGE STRUCTURAL DIVISION, THERE IS THE SIGN, M+I, MEANING "MOBILITY + IMMOBILITY." THIS REFERS TO THE METHOD OF COMPOSITION BY MEANS OF THE I-CHING.

THE RECORD, USED IN PERFORMANCE, MAY BE TAPE OR DISC.

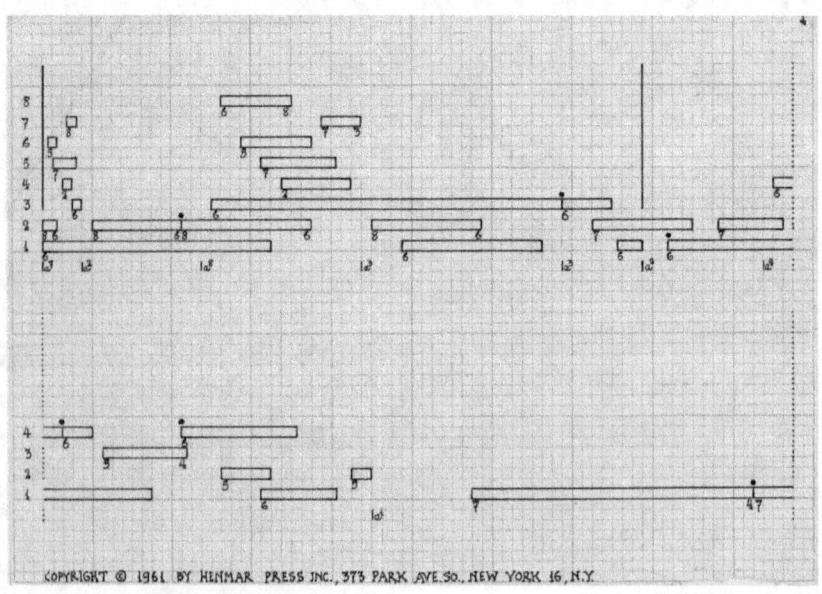

COPYRIGHT © 1961 BY HENMAR PRESS INC., 373 PARK AVE. SO., NEW YORK 16, N.Y.

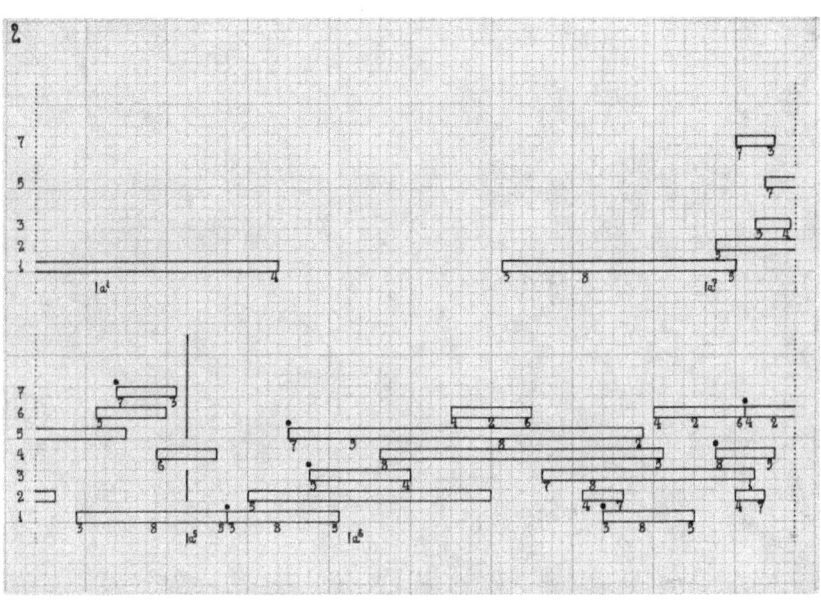
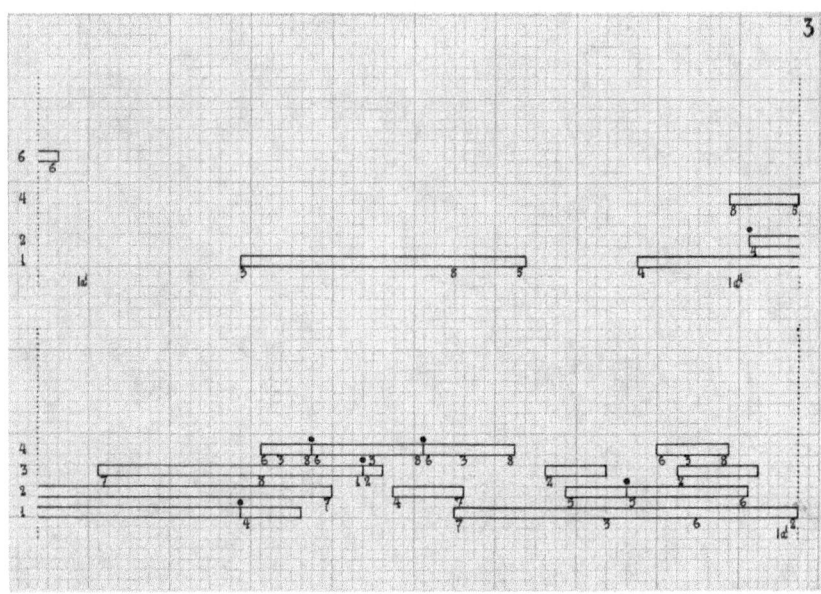

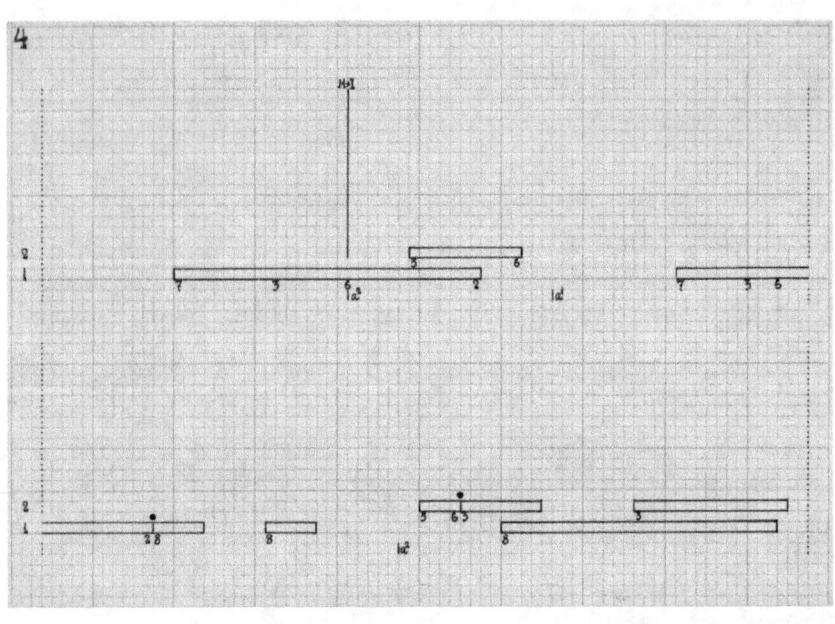

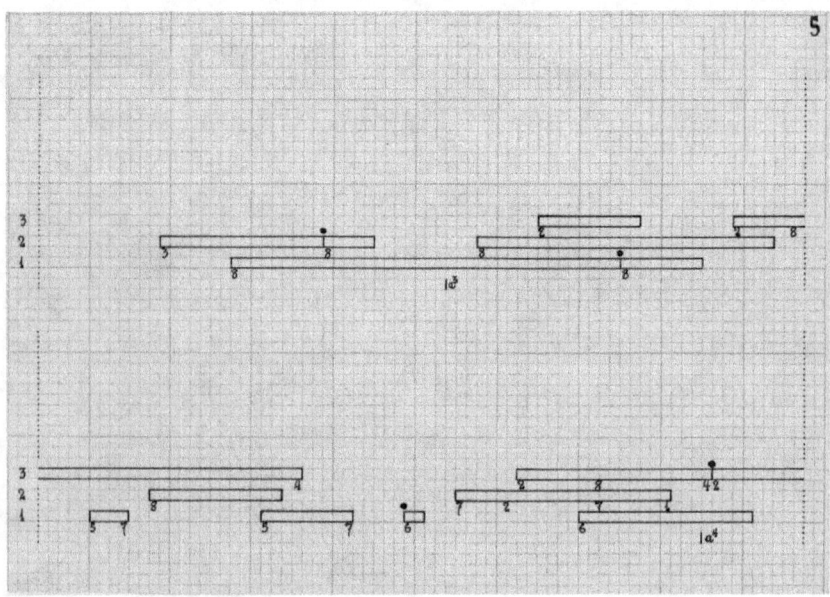

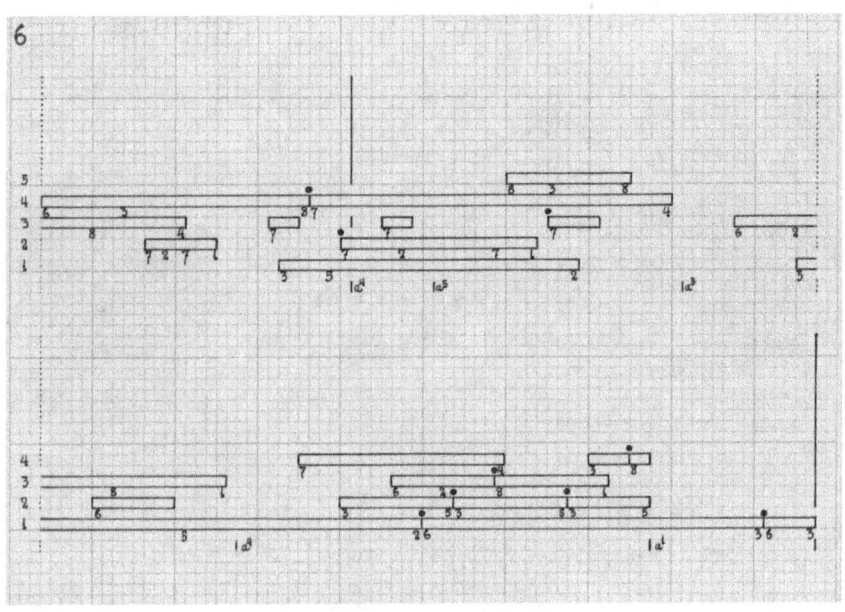

Imaginary Landscape No. 4, page 19

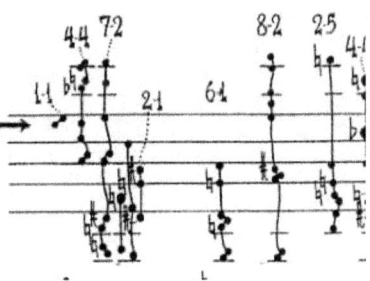

Atlas Eclipticalis, Variations IV, 0'00"

FOUR[6]

PLAYER 1   JOHN CAGE

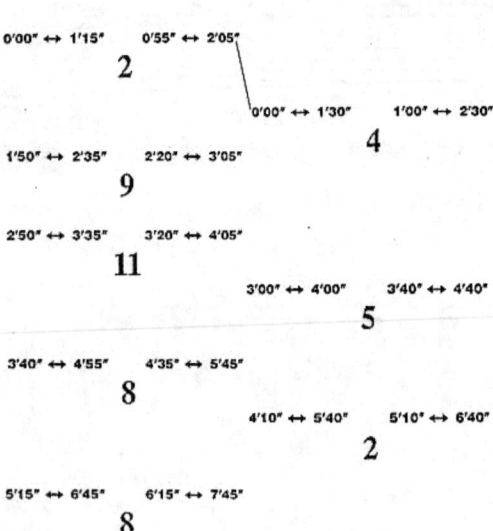

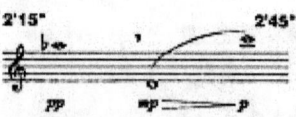

Freeman Etudes

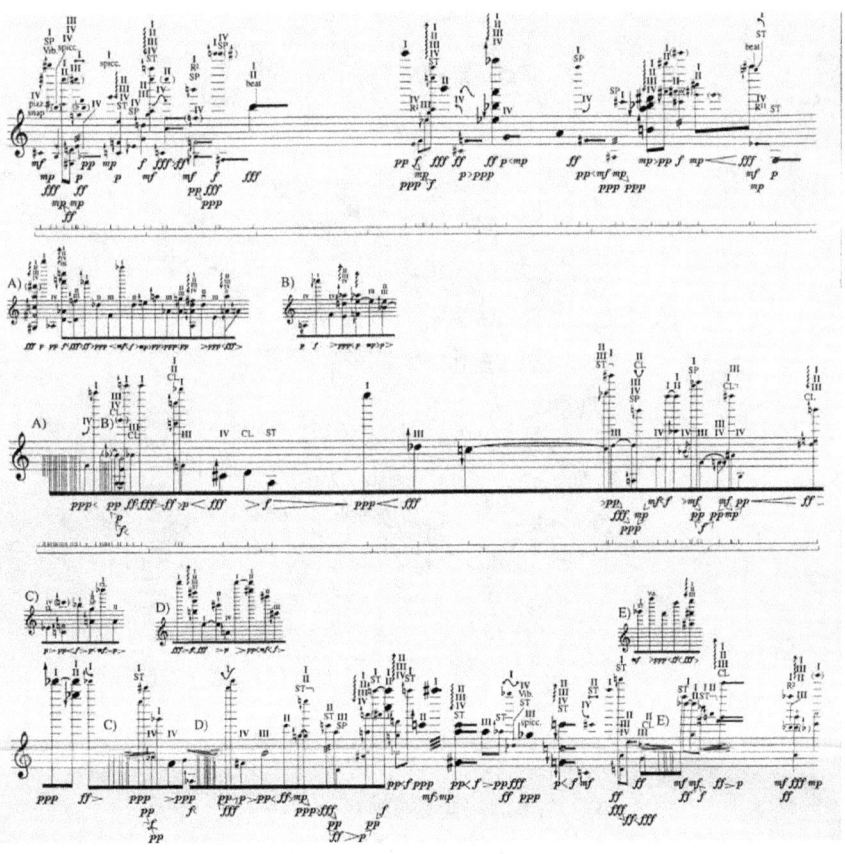

Branches

percussion solo, duet, trio or orchestra (of any number of players)

Study See Child of Tree. If Branches is to be performed as a solo, it begins with a performance of C.o.T. Follows that beginning with an I Ching determined silence of 1, 2, 3, 4, 5, 6, 7 or 8 minutes acc. to an I Ching determination. Use the table for 8.

The silence is then followed by a variation of Child of Tree, specifically a performance using an I Ching determined number of the 10 instruments. Use the table for 10.

1-7 = 1   33-38 = 6
8-14 = 2   39-44 = 7
15-20 = 3   45-50 = 8
21-26 = 4   51-57 = 9
27-32 = 5   58-64 = 10

Having determined the number of instrs, use the table for 9 to determine which. Distribute these in the a (as in Child of Tree) Time Structure

COPYRIGHT © 1976 BY HENMAR PRESS INC., 373 PARK AVE. S., NYC 10016

Inlets

Litany for the Whale

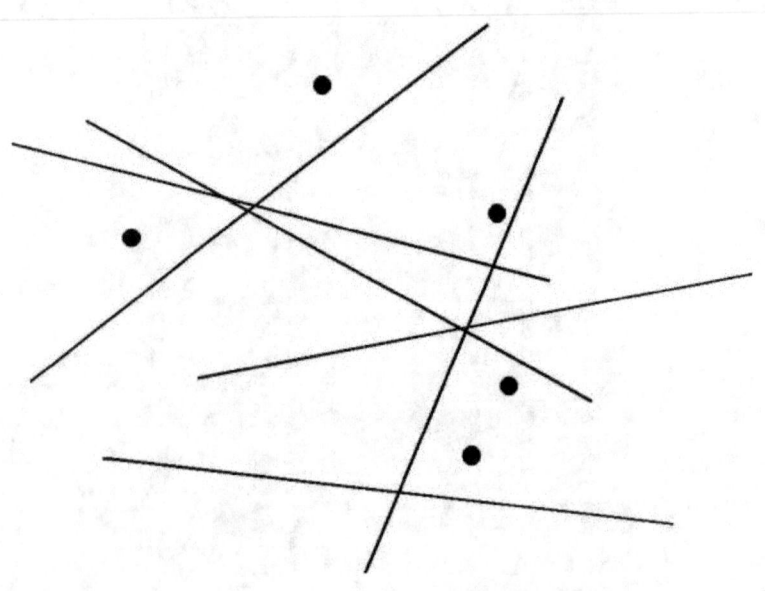

Chance

Song Books

pg. 5 $10^2, 2^1, 6^1, 5^5, 5^4, 4^1, 4^1, 2^1, 5^3, 2^1, 4^3$
       $7^6, 1^1, 8^8, 7^7, 10^1, 5^1, 3^3, 7^7, 2^1, 3^3$

pg. 6 $6^5, 4^1, 5^5, 6^2, 8^7, 8^4, 5^3$

pg. 7 $9^4, 2^1, 4^3, 9^7, 4^4, 2^1, 9^3, 6^2, 2^2, 1^1, 2^2, 10^3, 5^2$
       $7^1, 6^5, 7^2, 8^4, 7^2, 8^6, 9^8$

pg. 8 $3^3, 5^1, 8^2, 6^2, 2^2, 3^3, 7^1, 9^8, 5^2, 8^3, 3^3, 8^1$
       $5^1, 9^3, 4^2, 8^7$

pg. 9 $3^1, 3^3, 7^2, 2^2, 3^1, 4^4, 7^6, 9^1, 9^7, 9^5, 7^6, 6^3, 1^4, 1^1$
       $7^1, 6^5, 8^8, 4^1, 6^2, 7^1, 9^2, 2^3, 10^1, 1^3, 6^6$

pg. 10 $9^6, 5^1, 4^3, 6^2, 6^2, 2^2, 2^1, 3^2, 5^3, 1^1$

pg. 11 $2^2, 6^4, 9^7, 7^4, 7^3, 3^1, 1^1, 7^2, 1^1, 5^4, 3^3$

Song Books

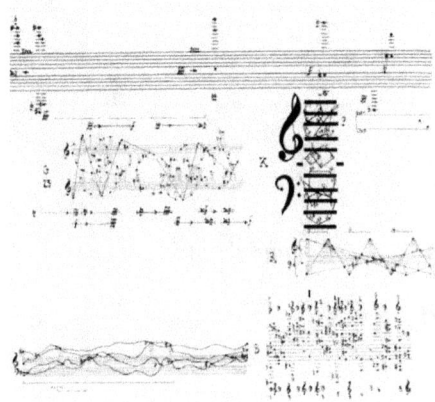

Concert for Piano and Orchestra:
Solo for Piano

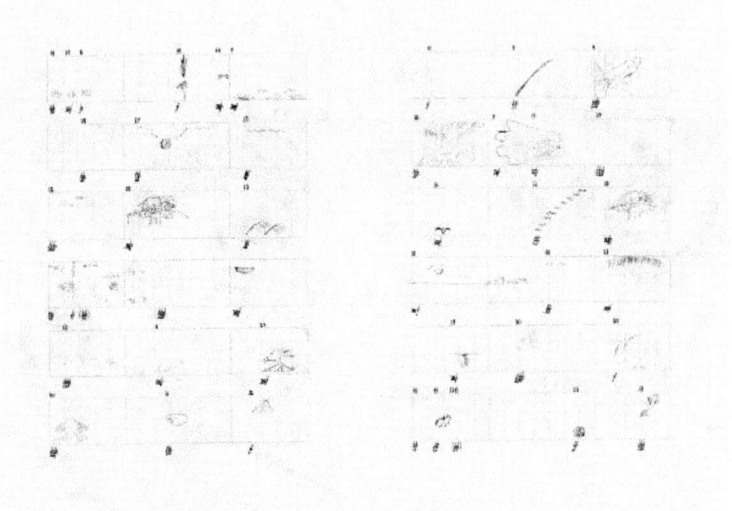

Score Without Parts (40 Drawings By Thoreau)/Twelve Haiku

*Sixty-two Mesostics
Re   Merce
Cunningham No.51*

La syllabe Om
en devanāgarī

Marinetti, typographie, 1919

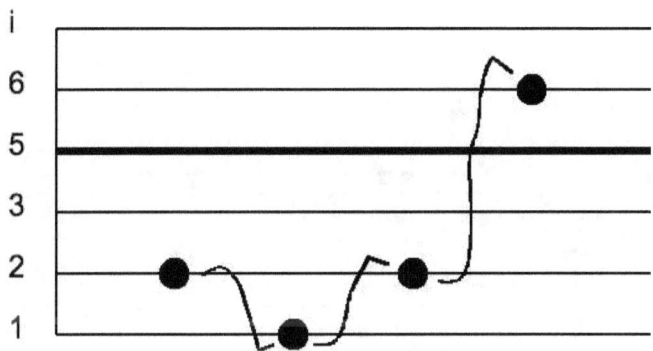

2126

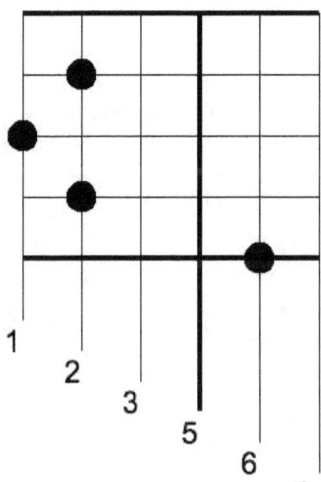

De haut en bas, et de gauche à droite, et pour la même séquence d'accord: Méthodes de notation Surakarta, Yogyakarta, Kepatihan et Occidentale

John Cage, *Experiments in Chance Operations*

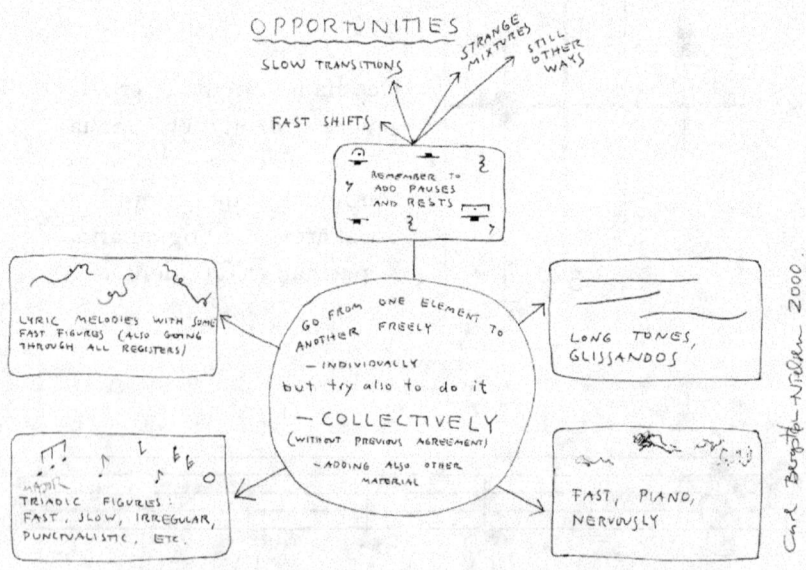

Carl Bergstroem-Nielsen, *Opportunities*

TREATISE
CORNELIUS CARDEW

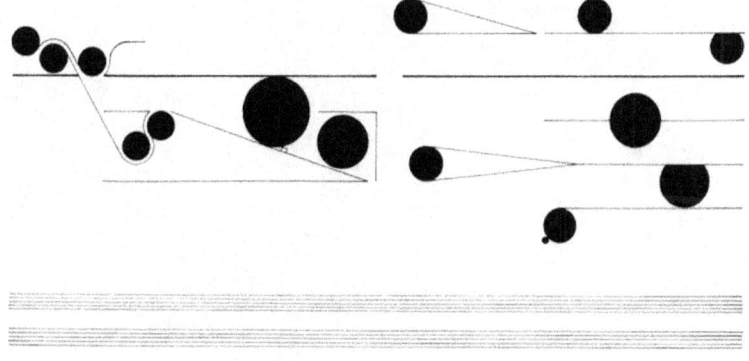

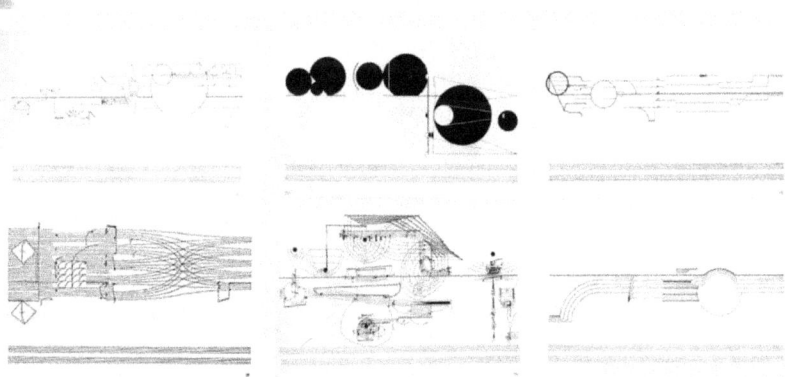

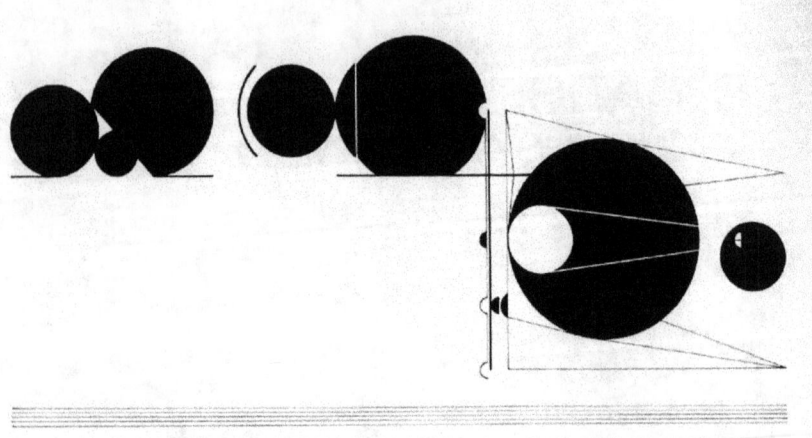

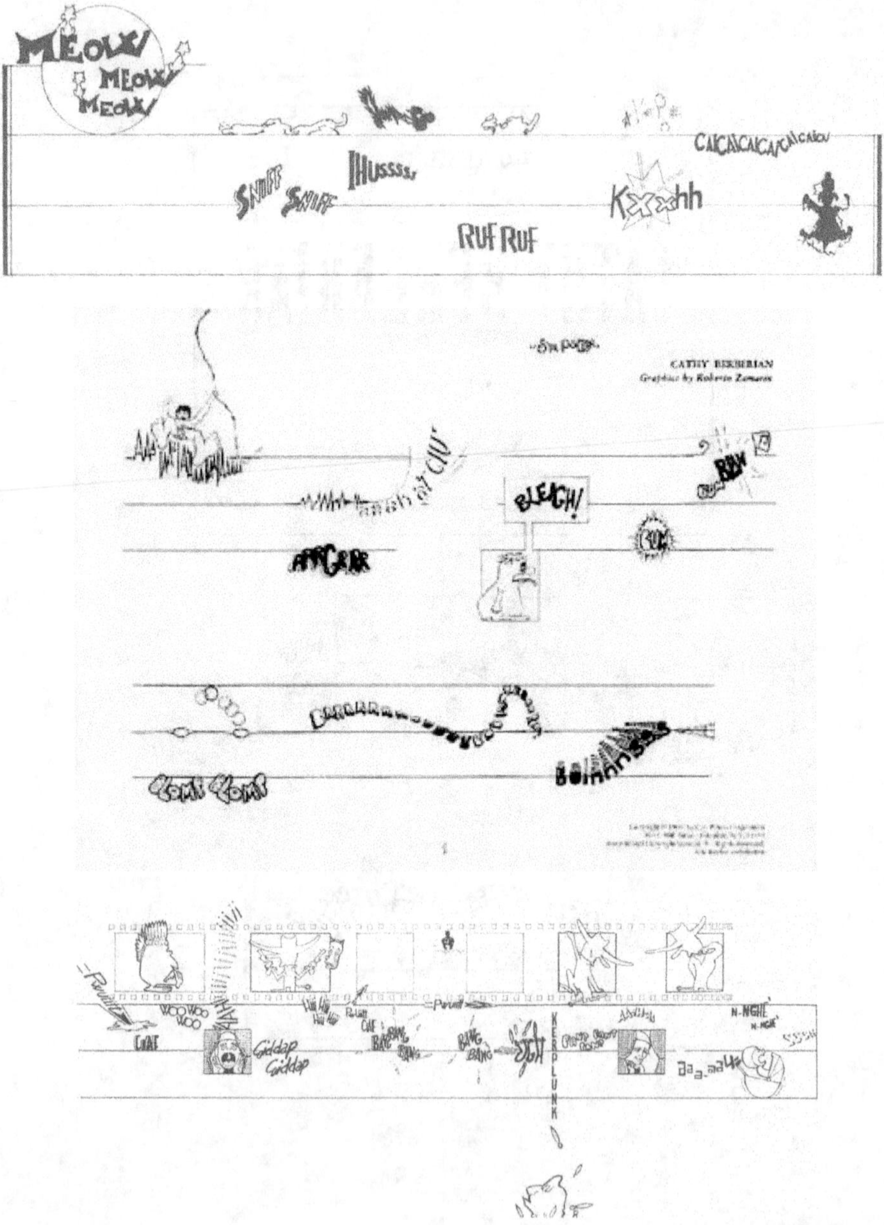

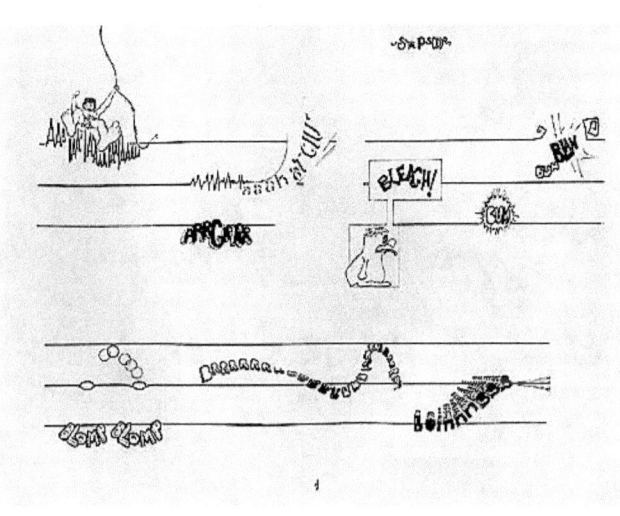
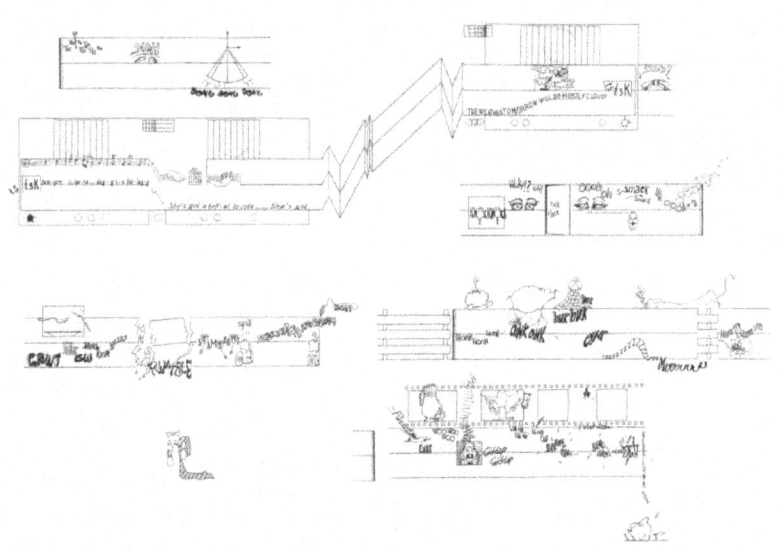

Position of the instruments / Positionierung der Instrumente / Posizione degli strumenti

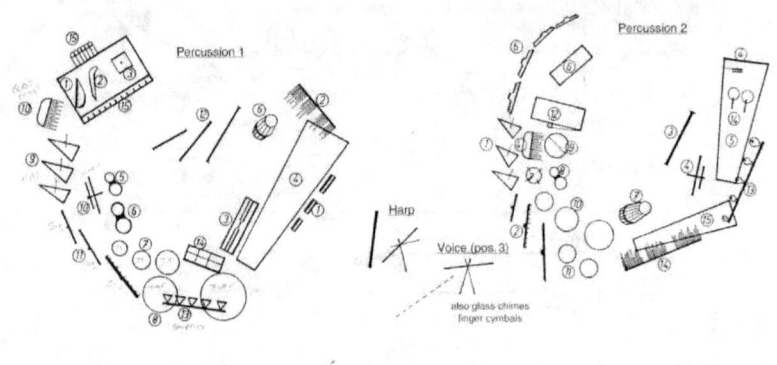

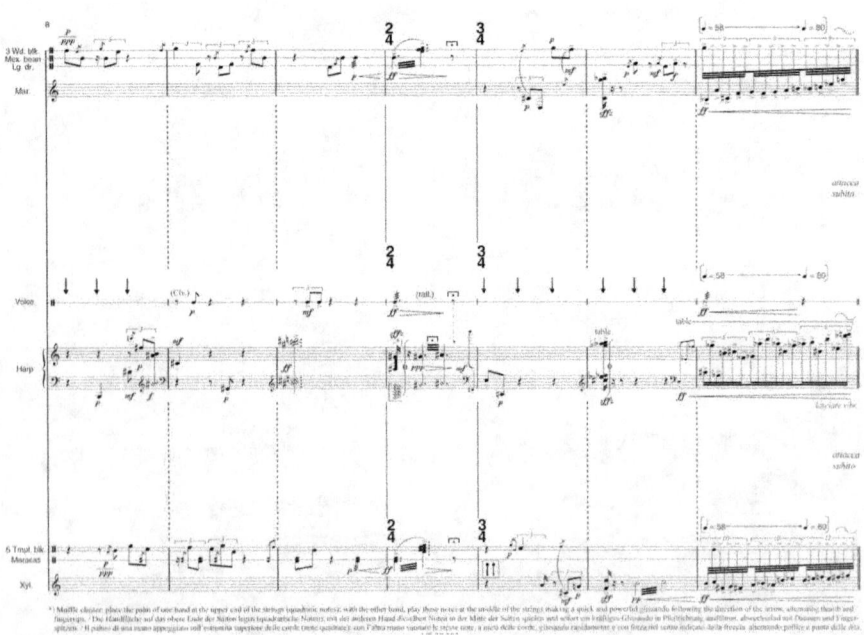

Luciano Berio, *Circles*

Read the questions of A in sequence until you make a Yes
or reach the end (silence)

If you make a Yes in A move to B
and answer questions at random

Spend plenty of time on A and B before tackling C and D

Read the questions of C in sequence (possibly continuing B
the while) until you make a Yes or reach the end (silence)

If you make a yes in C move to D
and answer questions at random

Take breaks for consideration as required

Silent participants may recommence with A at any time

A
(1) *Do you want to sing a note? Yes? Sing one.*
(2) *No? Do you want to sing a noise? Yes? Sing one.*
(3) *No? Do you want to play a note? Yes? Play one.*
(4) *No? Do you want to play a noise? Yes? Play one.*
(5) *No? Do you want to make a note? Yes? Make one.*
(6) *No? Do you want to make a noise? Yes? Make one.*
(7) *No? Do you want to hear a note? Yes? Hear one.*
(8) *No? Do you want to hear a noise? Yes? Hear one.*
(9) *No? Do you want to leave the room? Yes? Leave it.*
(10) *No? Stay, silent.*

B
Can the note or noise rise? Yes? Raise it.
No? Hold it constant.
Can it get louder? Yes? Get louder.
No? Cut it off.
Can it vibrate? Yes? Vibrate it.
No? Reiterate it.
Can you hold it long? Yes? Hold it long.
No? Hold it as long as possible.
Can it change colour? Yes? Change its colour.
No? Let it change in any way of its own accord.

C
Does the music set you in motion? Yes? Move around (dance).
No? Does it hurt your ears? Yes? Duplicate a sound close to you.
No? Does it let your mind wander? Yes? Duplicate a sound far away (real or imaginary).
No? Does it accelerate or retard your heartbeat? Yes? Trace the tempo audibly.
No? Does it fray your nerves? Yes? Gyrate and wail.
No? Does it make you feel ridiculous? Yes? Laugh and recommence as from A(2).
No? Does it remind you of something? Yes? Pursue and substantiate the memory.
No? Does it suggest an impression (a picture)? Yes? Add touches to the picture.
No? Does it affect you at all (in an unspecified way)? Yes? Define it verbally, and enhance the affect.
No? Be silent.

D
Do you want the music to go on for ever? Yes? Listen.
No? Exert yourself to the maximum.
Do you want someone to tell you what to do? Yes? Tell your neighbour what to do.
No? Move out of range.
Do you want the music to stop now? Yes? Block your ears.
No? Breathe on it to keep it glowing.
Do you notice gaps in the total sound spectrum? Yes? Trickle into them.
No? Create some.
Do you need more questions? Yes? Make them up.
No? Close your eyes and follow your inclination.

Corneliusa Cardex, *Schooltime Special*

→ sing 8   IF
  sing 5   THE ROOT
  sing 13(f3)   BE IN CONFUSION
  sing 6   NOTHING
  sing 5 (f1)   WILL
  sing 8   BE
  sing 8   WELL
  sing 7   GOVERNED
  hum 7
→ sing 8   THE SOLID
  sing 8   CANNOT BE
  sing 9(f2)   SWEPT AWAY
  sing 8   AS
  sing 17(f1)   TRIVIAL
  sing 6   AND
  sing 8   NOR
  sing 8   CAN
  sing 17(f1)   TRASH
  sing 8   BE ESTABLISHED AS
  sing 9(f2)   SOLID
  sing 5(f1)   IT JUST
  sing 4   DOES NOT
  sing 6(f1)   HAPPEN
  hum 3(f2)
→ speak 1   MISTAKE NOT CLIFF FOR
MORASS AND TREACHEROUS BRAMBLE

NOTATION
→ The leader gives a signal and all enter concertedly at the same moment. The second of these signals is optional; those wishing to observe it should gather to the leader and choose a new note and enter just as at the beginning (see below).
"sing 9(f2) SWEPT AWAY" means: sing the words "SWEPT AWAY" on a length-of-a-breath note (syllables freely disposed) nine times; the same note each time; of the nine notes two (any two) should be loud, the rest soft. After each note take in breath and sing again.
"hum 7" means: hum a length-of-a-breath note seven times; the same note each time; all soft.
"Speak 1" means: speak the given words in steady tempo all together, in a low voice, once (follow the leader).

PROCEDURE
Each chorus member chooses his own note (silently) for the first line (if eight times). All enter together on the leader's signal. For each subsequent line choose a note that you can hear being sung by a colleague. It may be necessary to move to within earshot of certain notes. The note, once chosen, must be carefully retained. Time may be taken over the choice. If there is no note, or only the note you have just been singing, or only a note or notes that you are unable to sing, choose your note for the next line freely. Do not sing the same note on two consecutive lines.
Each singer progresses through the text at his own speed. Remain stationary for the duration of a line; move around only between lines.
All must have completed "hum 3(f2)" before the signal for the last line is given. At the leader's discretion this last line may be omitted.

Corneliusa Cardex, *The Great Learning*, § 7

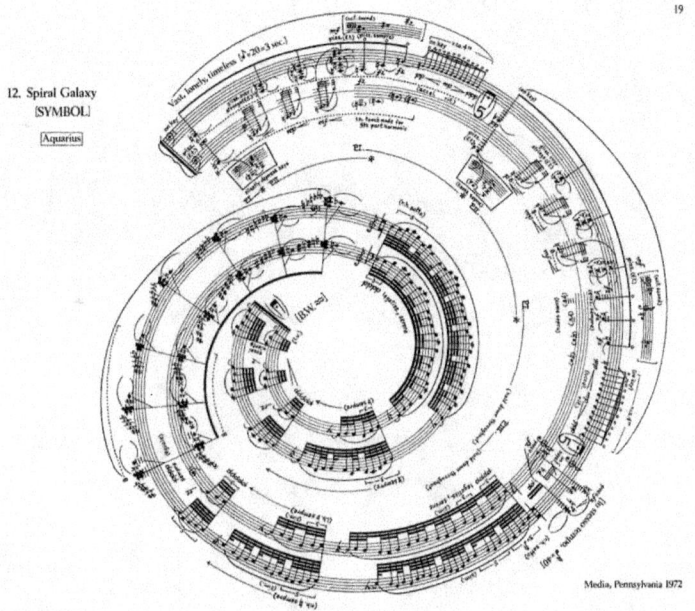

Robert Crumb, *Spiral Galaxy*

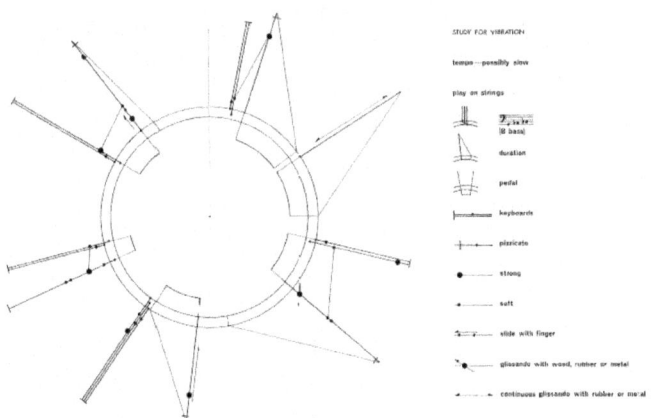

Toru Takemitsu, *Study for Vibration*

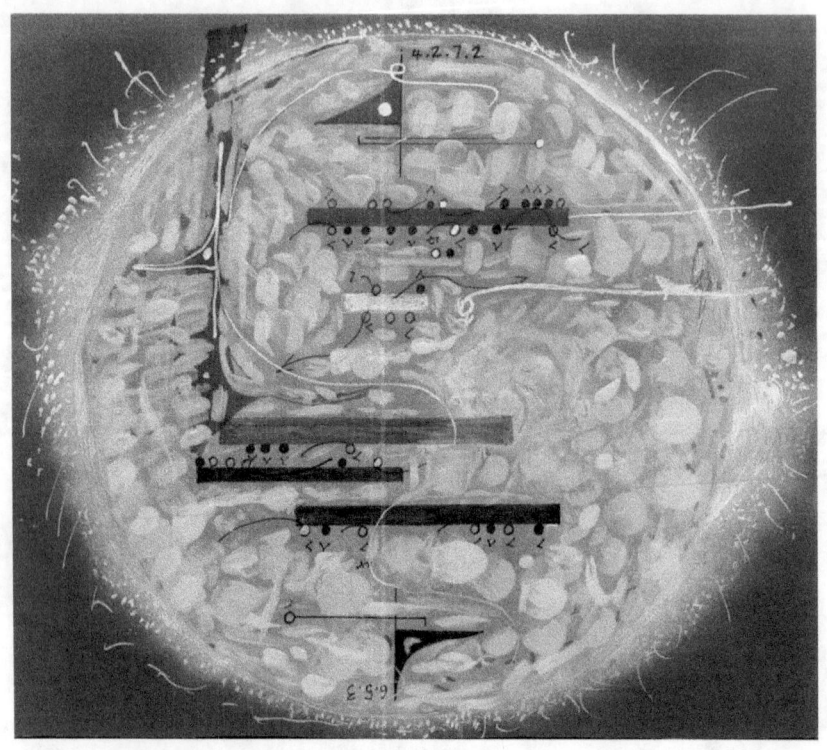

Wadada Leo Smith, *Kosmic*

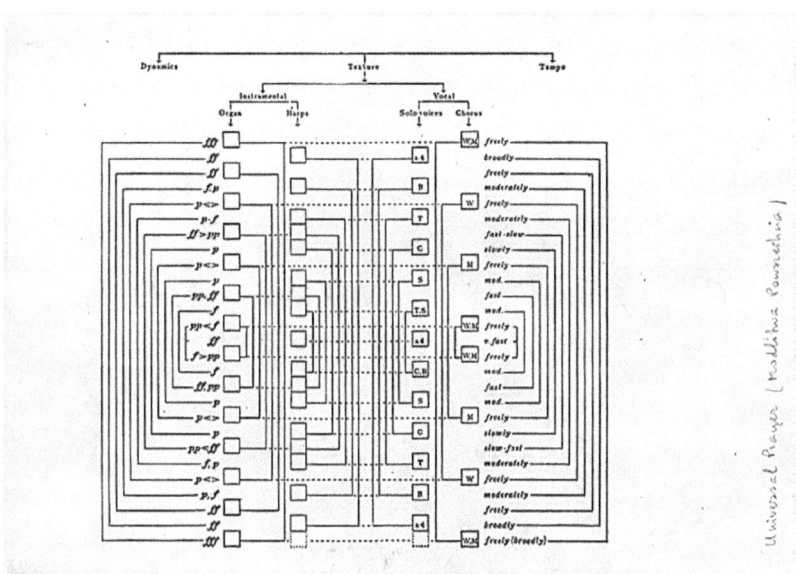

Andrzej Panufnik, *Universal Prayer*

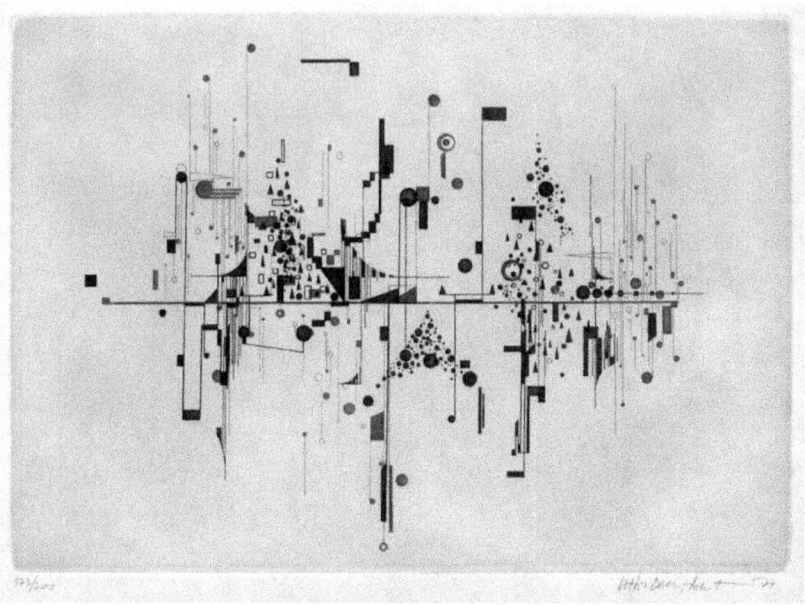

Roman Haubenstock-Ramati, *Konstellationen*

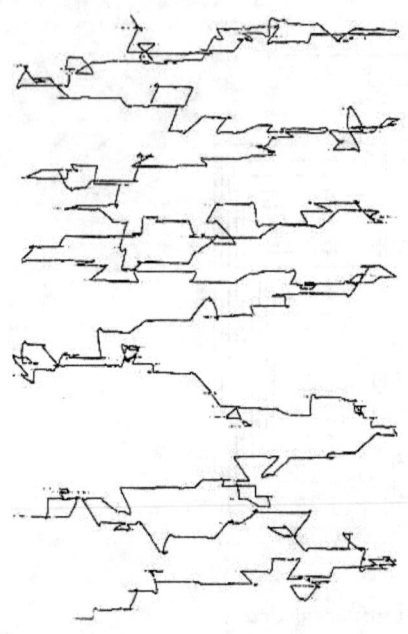

Gottfried Michael Koenig,
Ubung fur Klavier

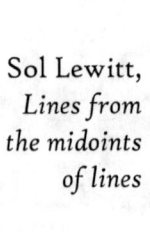

Sol Lewitt,
*Lines from
the midoints
of lines*

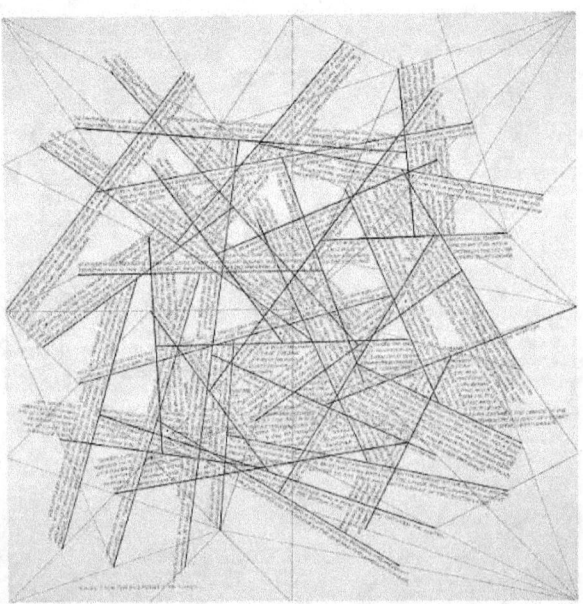

Hugh Shrapnela, *Cantation I*

Terry Riley, *In C*

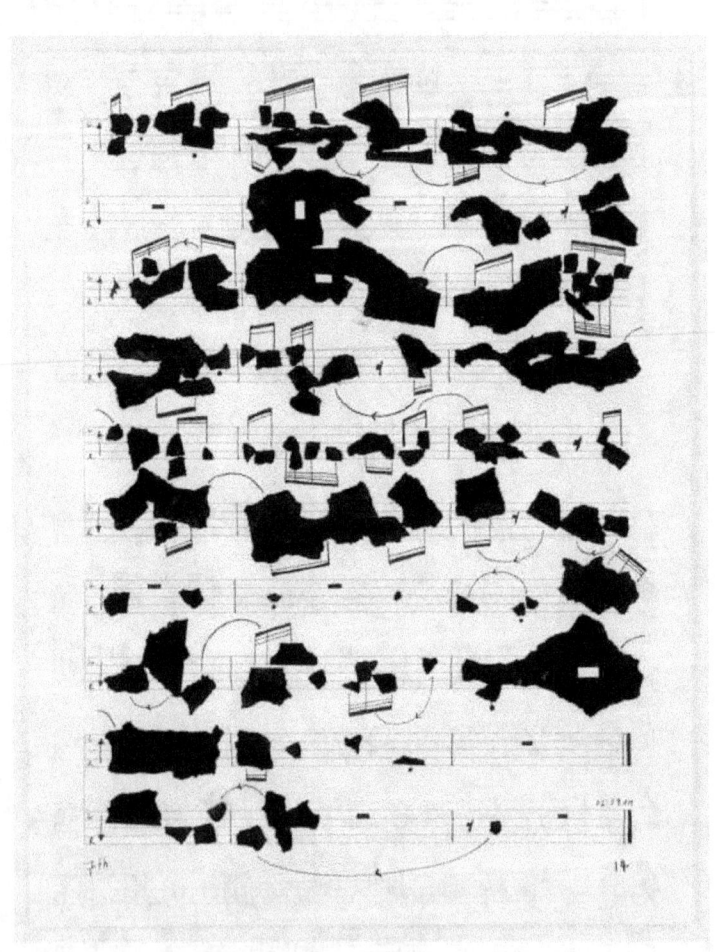
Paul Chan, *Score for 7th Light*

William Anastasi, *Subsay Drawing*

```
silencio  silencio  silencio
silencio  silencio  silencio
silencio            silencio
silencio  silencio  silencio
silencio  silencio  silencio
```

Eugen Gomringer

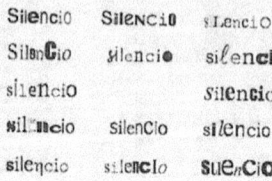

Matías Ayala, "*Homenaje a Gomringer*"

Alan Riddell

Escolteu aquest silenci.

Joan Brossa

Two Poems on a Theme by Eugen Gomringer

SOUND SOUND SOUND

SOUND   SOUND

SOUND SOUND SOUND

SILENCE SILENCE SILENCE

SILENCE   SILENCE

SILENCE SILENCE SILENCE

Steve McCaffery

SONIDOsILENCIOS

Eduardo Scala
Martín Gubbins

modelo concreto:

ABSTRACCIÓN GEOMÉTRICA

5 1   2

4   3

Julio Reija
Arnaldo Antunes, "*Agá*"

agagueiraquasepalavra
quaseaborta
apalavraquasesilêncio
quasetransborda
osilêncio   eco

David Bustos

Henri Chopin

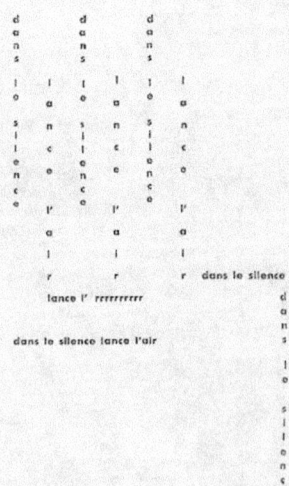

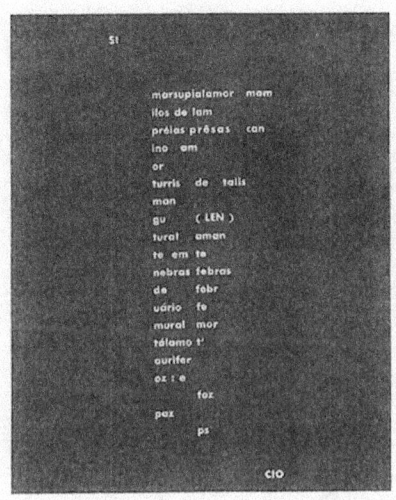

Haroldo de Campos, "*SI LEN CIO*"

Ana María Briede, "*Silencio*"

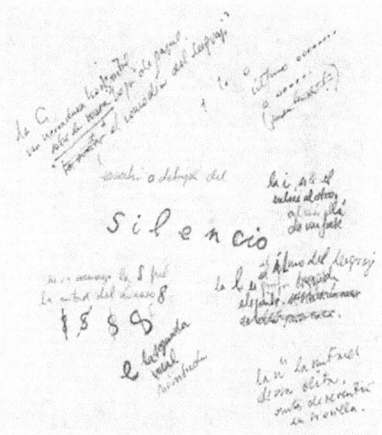

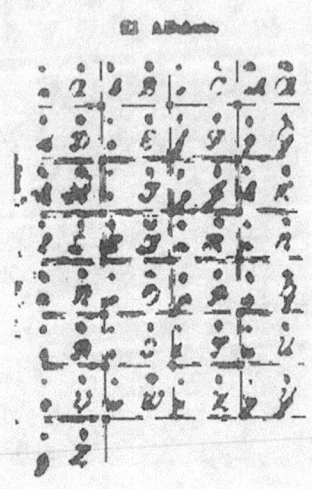

Martín Gubbins, "*Silencio del alfabeto gastado*"
Martín Bakero, "*Silence*"

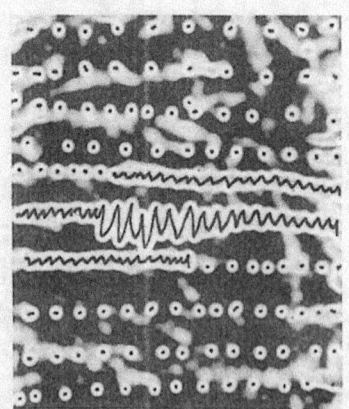

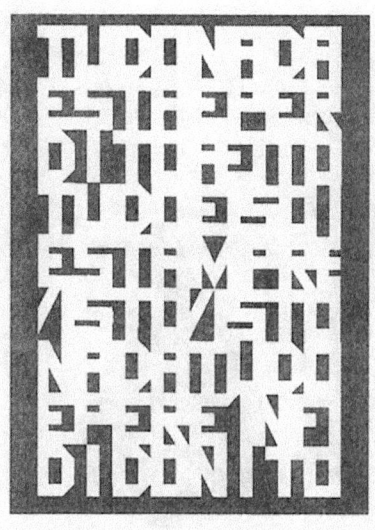

Augusto de Campos, *"Tudo está dito"*
Ivana Vollaro

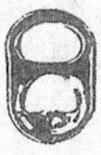

"El GriTO" de Munch

Nick Roth, *Water Project, Scores 1 & 2*

Robert Rauschenberg, *White Painting* (sept panneaux), 1951

Robert Rauschenberg, *Mother of God*, c.1950

Kazimir Malevitch, *Composition Supreématiste: Blanc sur Blanc*, 1918

Yves Klein, *Monochrome Bleu*, 1961

Robert Rauschenberg,
Erased de Kooning Drawing,
1953

Leonid Lerman, *Improvisation in Red and Blue*, 1993

Yuri Albert, *About Beauty*, Série *Alphabet for the Blind*, 1988–89

Paul Graham, *Man walking with blue bags, Augusta*, Série *American Night*, 2002

Robert Rauschenberg, *Sans titre* (triptyque en noir), c.1951

Ad Reinhardt, *peinture abstraite*, 1963

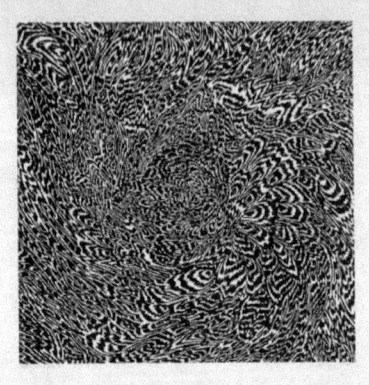
Bruce Conner, *#125*, 1971

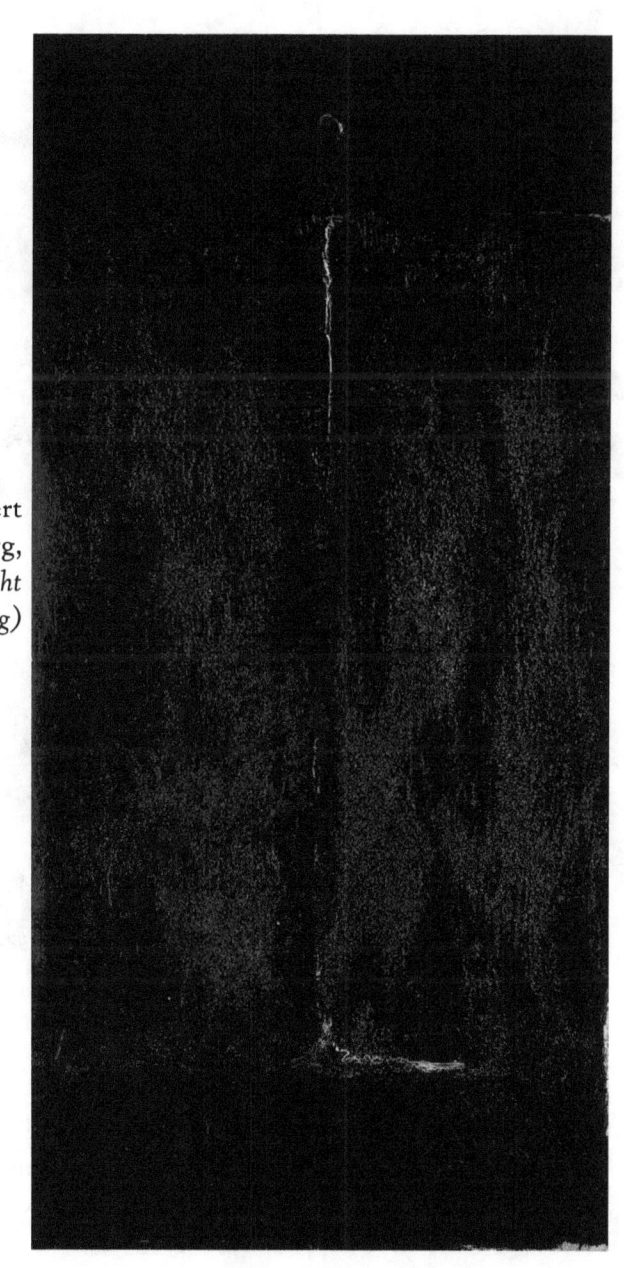

Robert Rauschenberg, *Untitled (Night Blooming)*

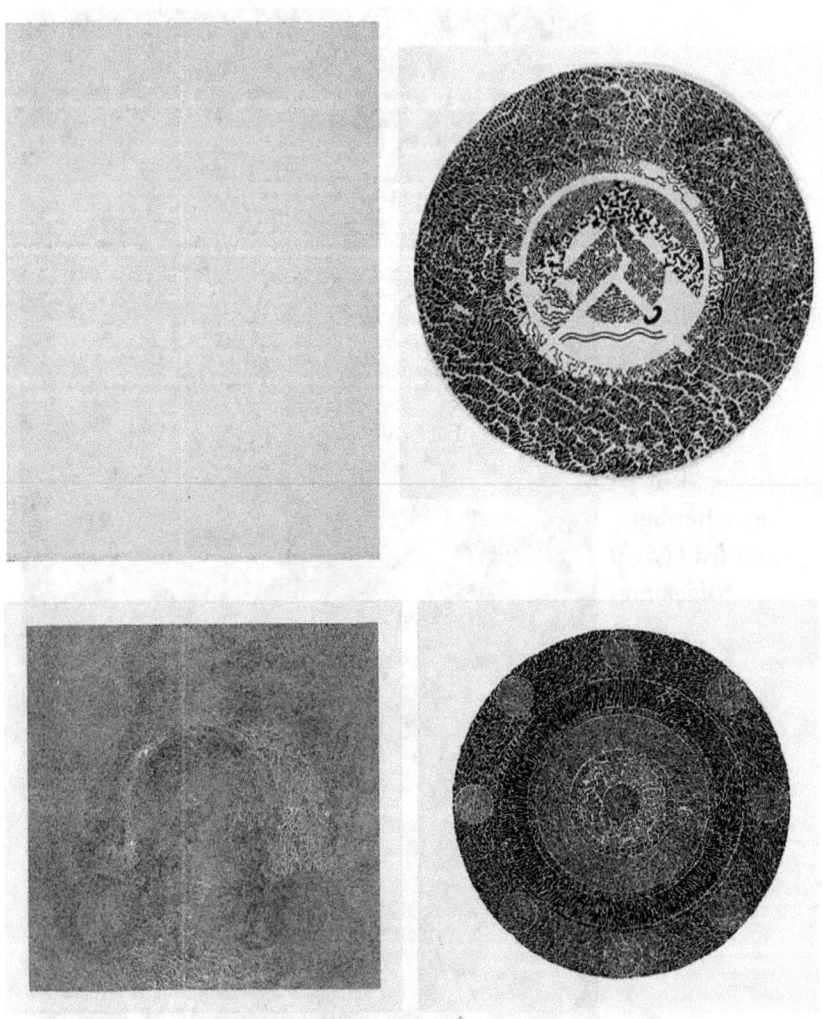

De gauche à droite, et de haut en bas: Bruce Conner: *UNTITLED D-1 (INK DRAWING MADE TO BE HUNG IN THE SUN TO DISAPPEAR OVER TIME)*, 1965–71; Élément du centre bas de *SAN FRANCISCO DANCERS' WORKSHOP POSTER*, 1974; *#100 MANDALA*, 1970; *#115*, c.1970–74

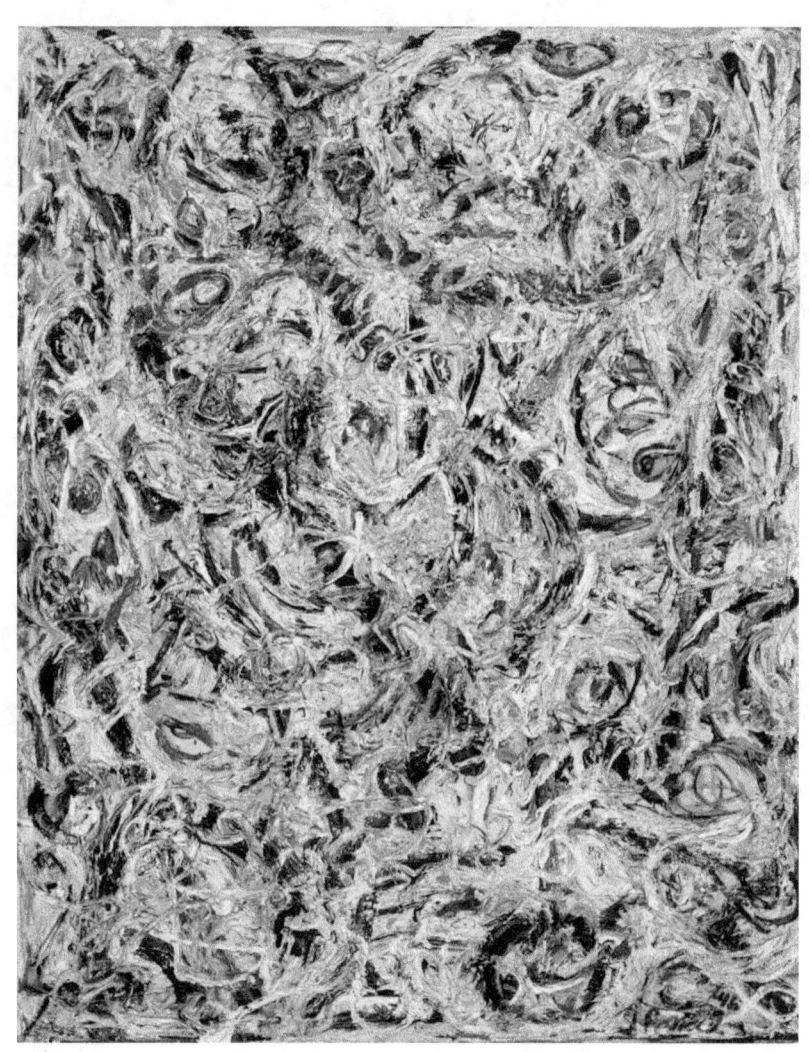

Jackson Pollock, *Eyes in the Heat*

Jackson Pollock, *Mural*

Jackson Pollock, *There Were Seven in Eight*

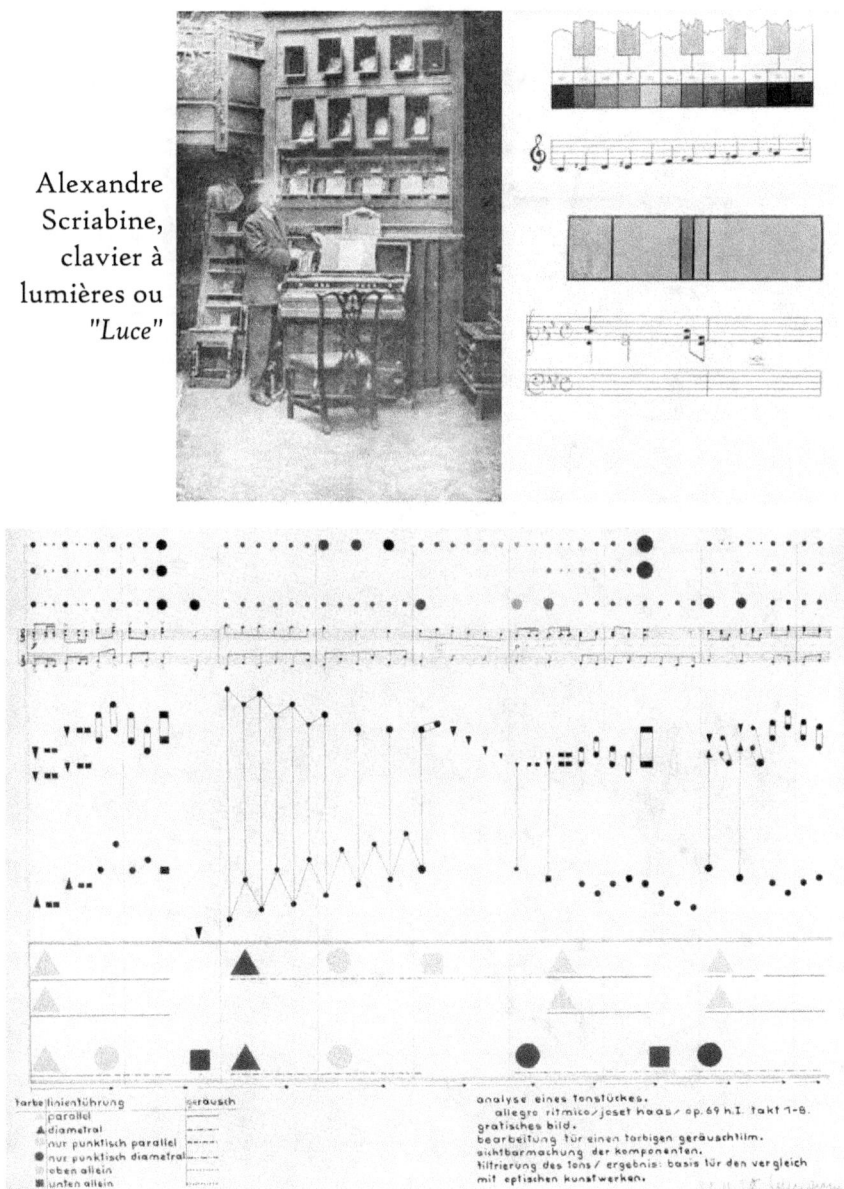

Alexandre Scriabine, clavier à lumières ou *"Luce"*

Analyse graphique de la musique d'après Kandinsky par un étudiant du Bauhaus, 1930

Kandinky, *Succession*, 1935

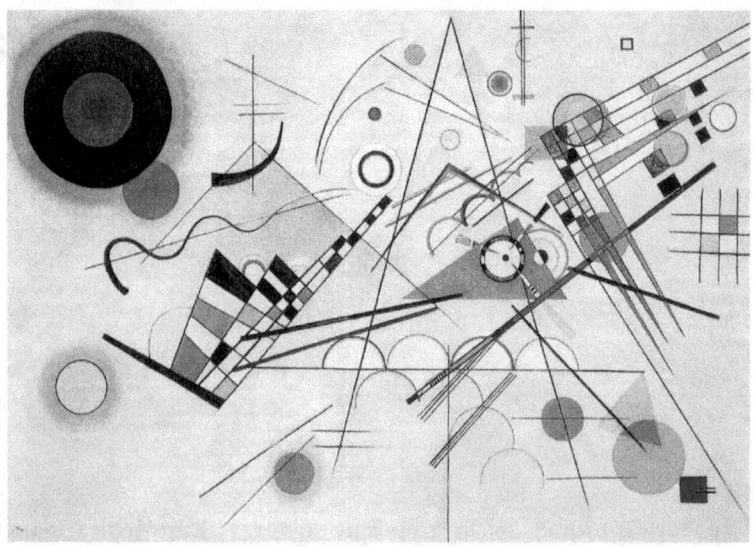

Kandinsky, *Composition VIII*, 1923

Correlation between notes and colors, color triads/tetrads and chords.

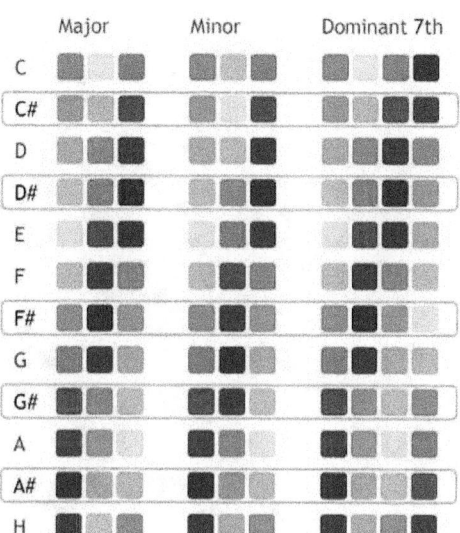

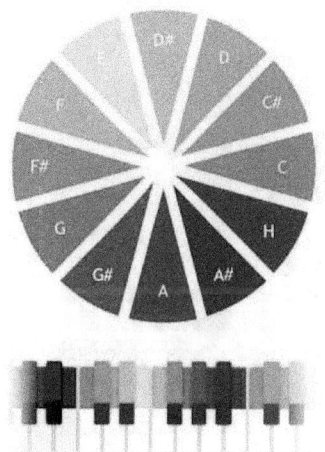

Any chord translated to its analog color state, defines color triad/tetrad with the same estetic quality as the original chord contains.

	DO	DO#	RE	RE#	MI	FA	FA#	SOL	SOL#	LA	LA#	SI
Newton (1704)	red		orange		yellow	green		blue		indigo		violet
Castel (1734)	blue	blue-green	green	olive-green	yellow	yellow-orange	orange	red	crimson	violet	agate	indigo
Field (1816)	blue		purple		red	orange		yellow		yellow-green		green
Jameson (1844)	red	red-orange	orange	orange-yellow	yellow	green	green-blue	blue	blue-purple	purple	purple-violet	violet
Seemann (1881)	carmine	scarlet	orange	yellow-orange	yellow	green	green-blue	blue	indigo	violet	brown	black
Rimington (1893)	deep-red	crimson	orange-crimson	orange	yellow	yellow-green	green	blueish-green	green-blue	indigo	deep-blue	violet
Bishop (1893)	red	oran-red or scarlet	orange	gold or yel-oran-	yellow or green-gold	yellow-green	green	aquamarine	indigo or violet-blue	violet	violet-red	red
Helmholtz (1910)	yellow	green	green-blue	cayan-blue	indigo-blue	violet	end of red	red	red	red-orange		orange
Scriabin (1911)	red	violet	yellow	steely-metal	pearly-blue	dark-red	bright-blue	rosy-orange	purple	green	steely-metal	pearly-blue
Korsakov (1911)	white	violet	gold	grayish blue	sapphire	green	green gray	cinnamon	gray-violet	golden green		Blue lead

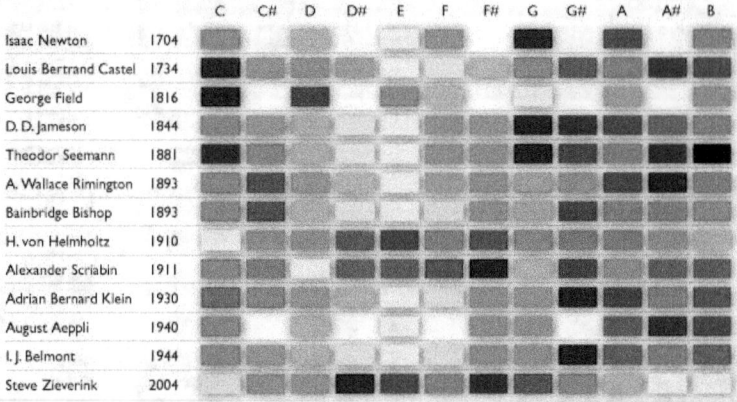

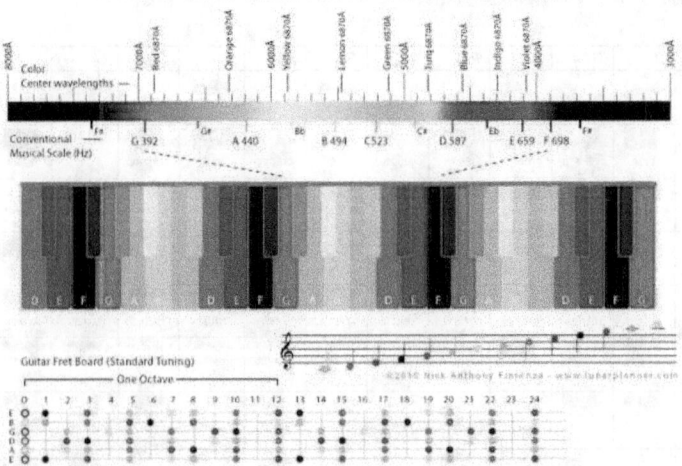

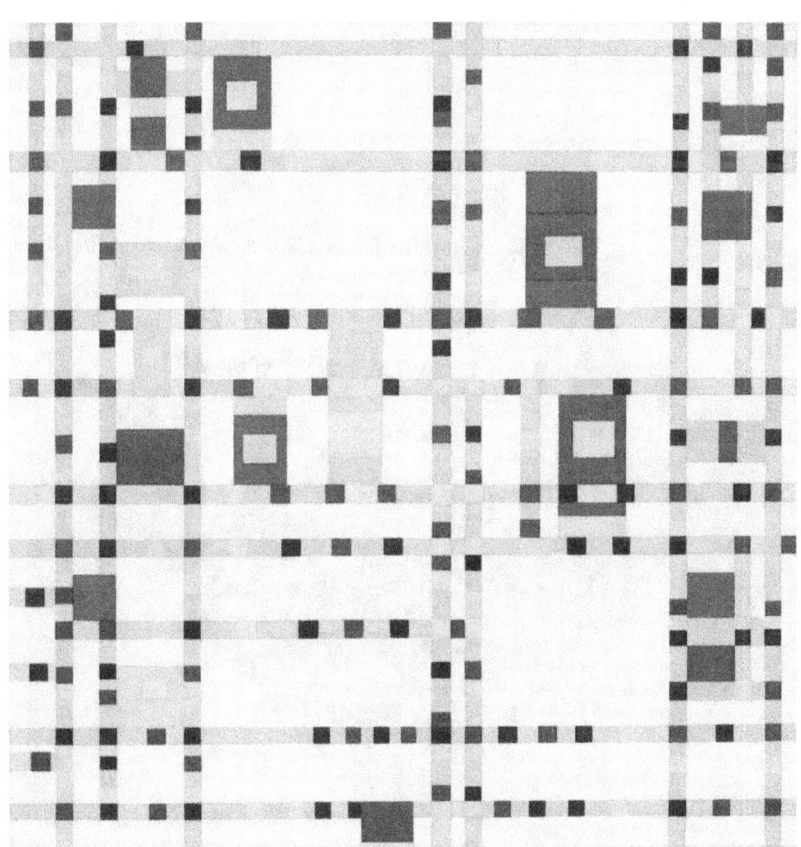

Piet Mondrian, *Broadway Boogie-Woogie*

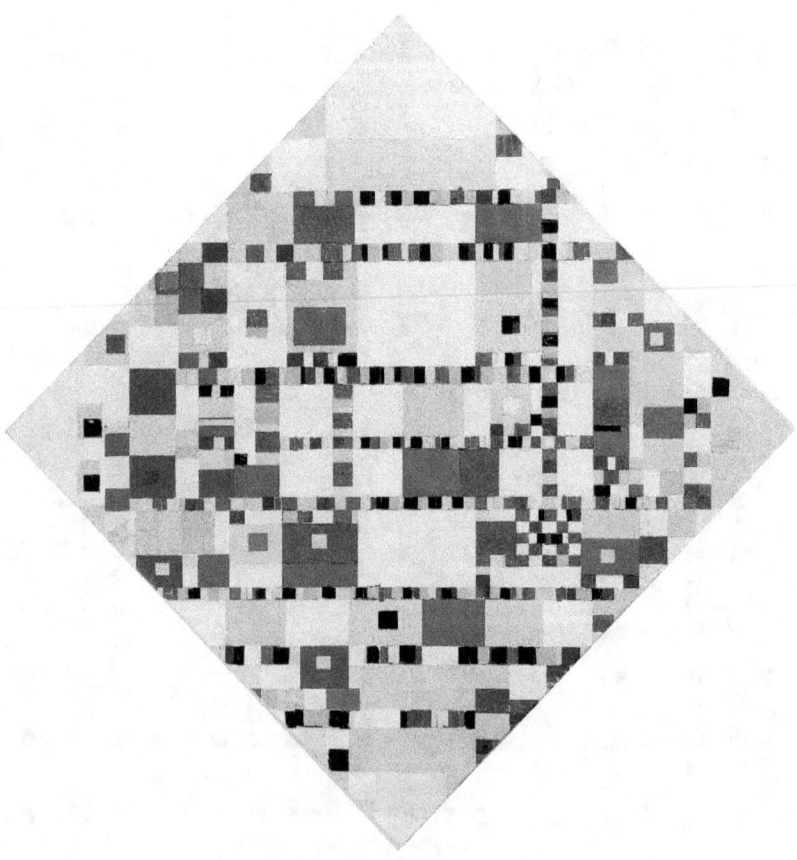

Piet Mondrian, *Victory Boogie-Woogie*

Frantisek Kupka, *Plans verticaux I*

Frantisek Kupka, *Autour d'un point*

Barnett Newman, *The Voice*

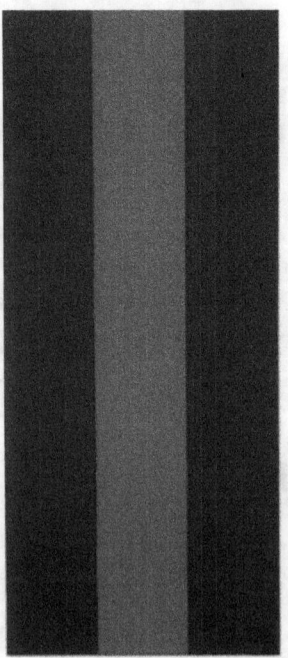

Barnett Newman, *Voice of Fire*

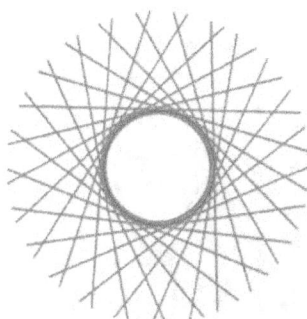

Deux manières de représenter le fibré tangent d'un cercle : tous les espaces tangents (en haut) sont regroupés de manière continue et sans se recouvrir (en bas)

Deux oeuvres de Victor Vasarely

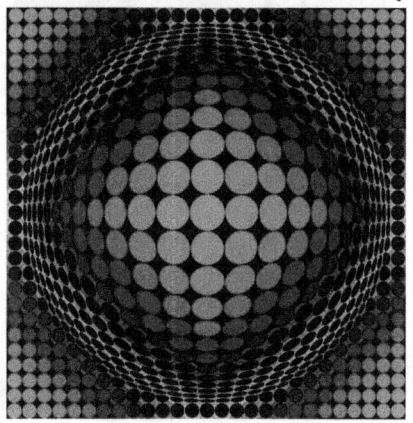

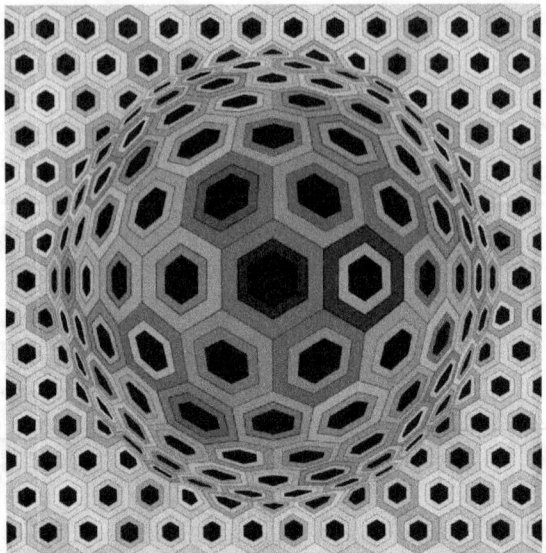

Deux oeuvres de Victor Vasarely

Victor Vasarely, *Le Zèbre*

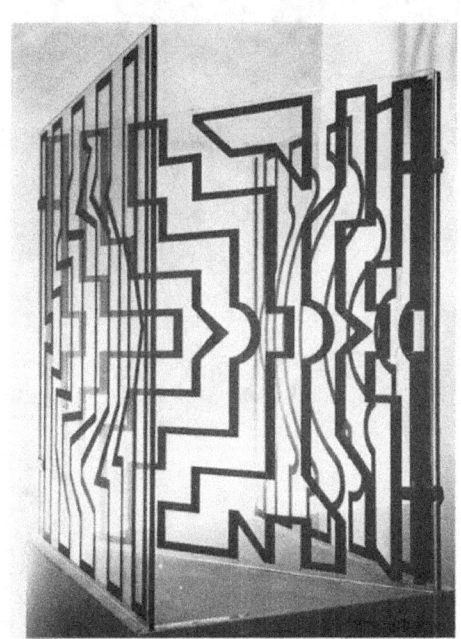

Victor Vasarely, *Sorata-T*

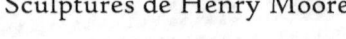

Sculptures de Henry Moore

Daniel Buren, *Les Deux Plateaux*

Béla Bartók, *Trois Études Op.18*

Béla Bartók, *Sonatine*

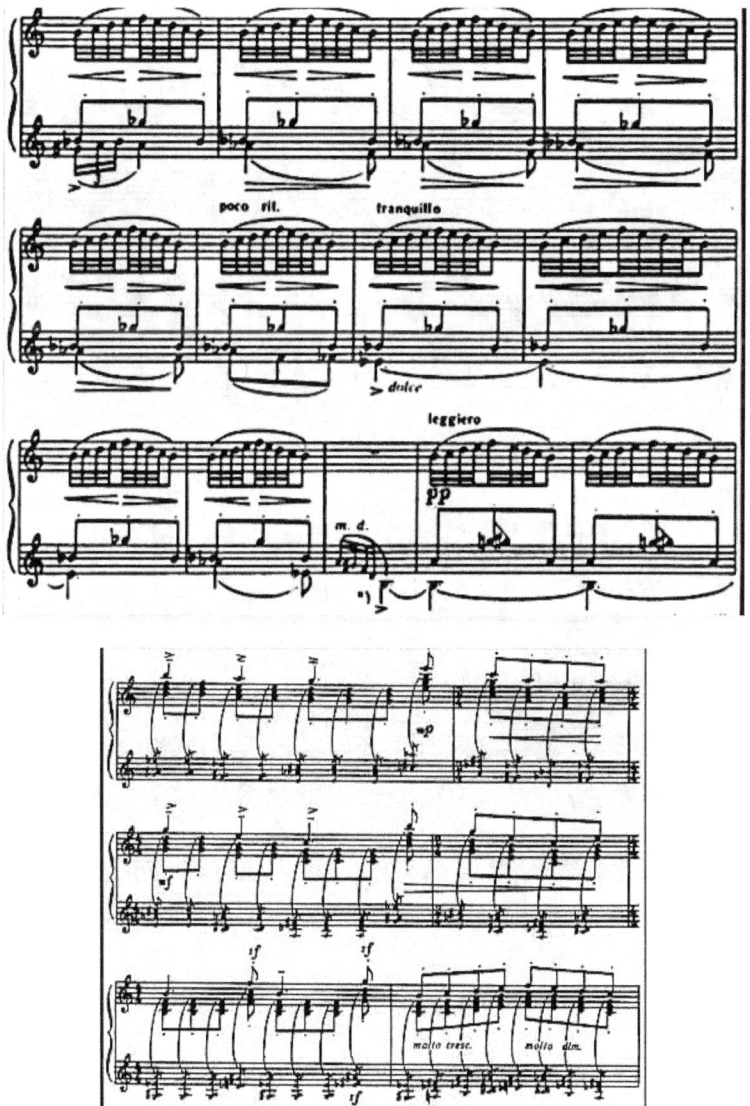

Béla Bartók, *Trois Burlesques Op.8*

Chopin, Études Op.10 et Op.25

Chopin, 19 Valses

Chopin, *Op.* 64 No 2

Chopin, *Nocturne* Op.9 No.2

Chopin, *Polonaise-Fantaisie* Op.61

Chopin, 24 Préludes Op.28

Chopin, *Op.25 No 12 (Océan)*

Chopin, *Quatre Ballades*

Chopin, *Quatre Scherzi*

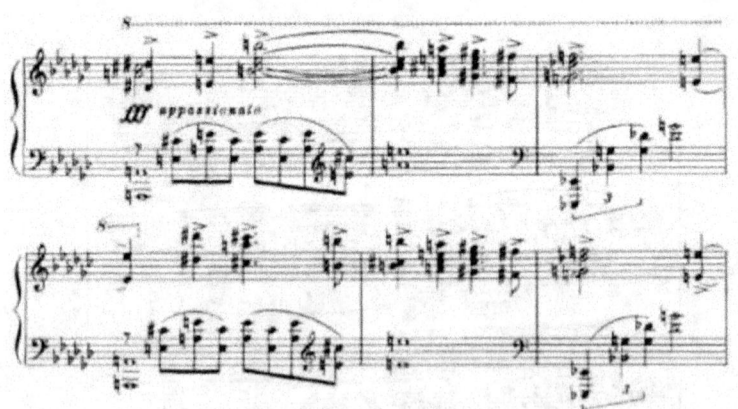

Rachmaninoff, *Élégie Op.3 No 1*

Rachmaninoff, *Variations sur un Thème de Chopin Op.22*

Rachmaninoff, *10 Préludes Op.23*

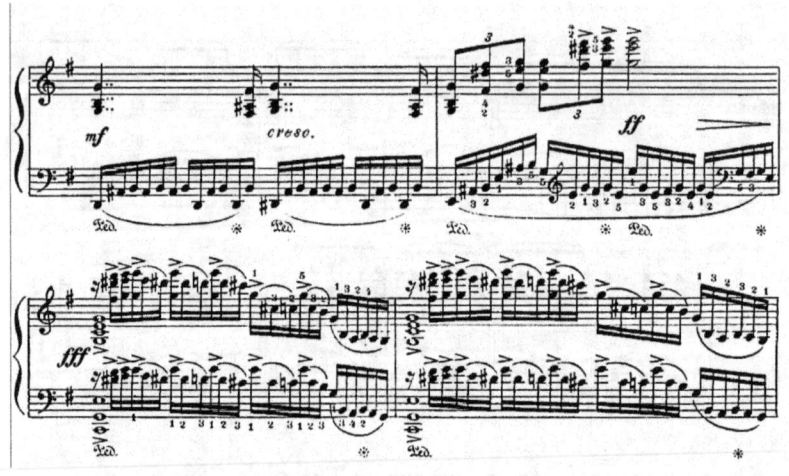

Rachmaninoff, *Moments Musicaux Op.16 No. 4*

Maurice Ravel, *Valses Nobles et Sentimentales*

Maurice Ravel, *Miroirs*

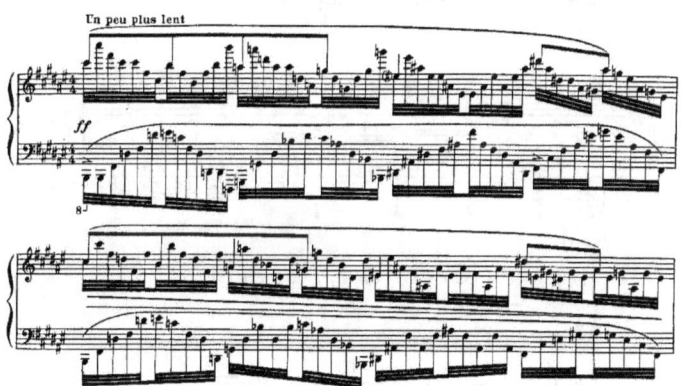

Maurice Ravel, *Gaspard de la Nuit*

Godowsky, *Java Suite*

John Ireland, *Décorations*

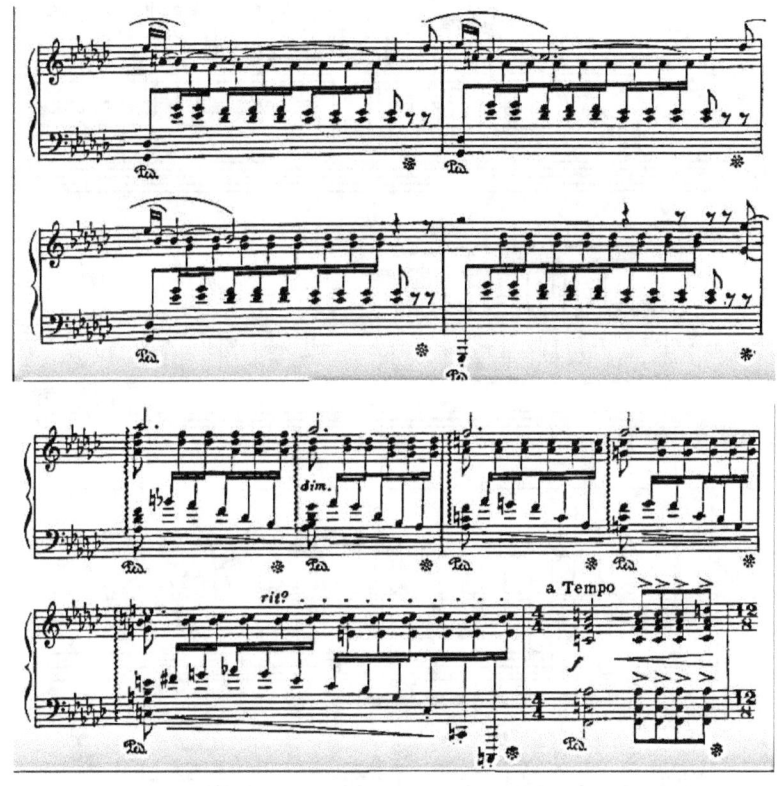

Respighi, *Six Pièces pour Piano Solo*

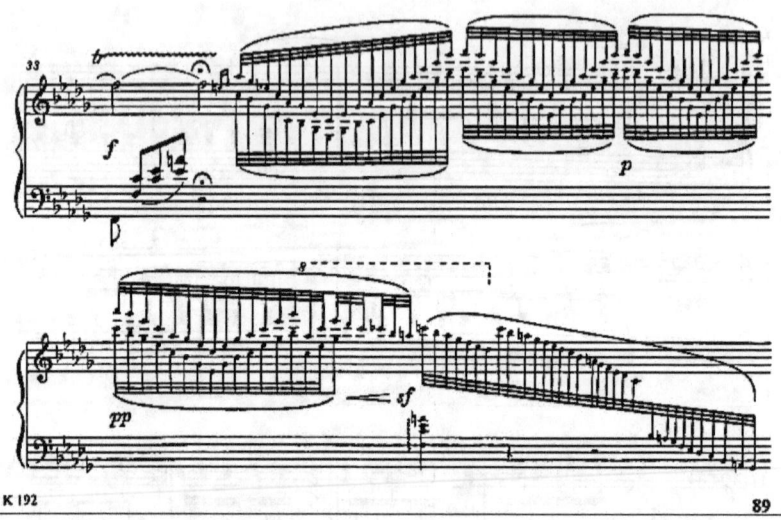

Kissine, *L'Alouette*

Moritz Moszkowski, Concert pour Piano en Mi Majeur Op.59

Moritz Moszkowski,
Concert pour Piano en Mi Majeur Op.59

Camille Saint-Saëns,
Le Carnaval des animaux

Camille Saint-Saëns,
6 Études Op.52

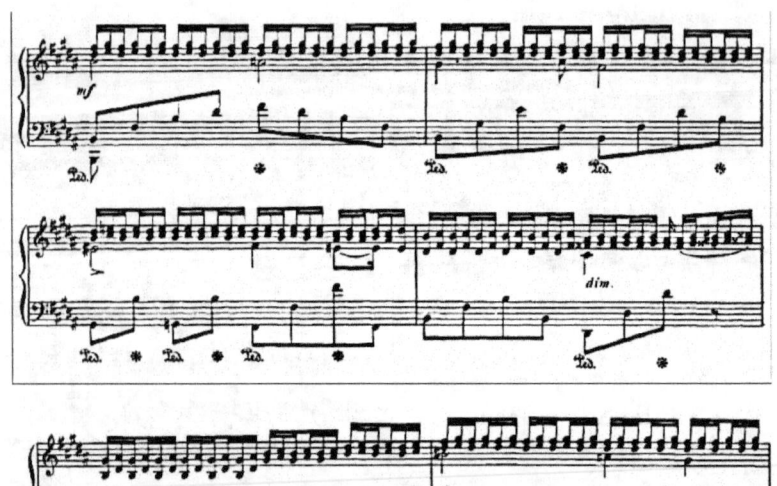

Camille Saint-Saëns, *6 Études Op.III*

Camille Saint-Saëns,
Le Carnaval des animaux

Camille Saint-Saëns,
Allegro appassionato
Op.70

Karol Szymanowski,
4 Études Op.4

Karol Szymanowski,
Métopes Op.29

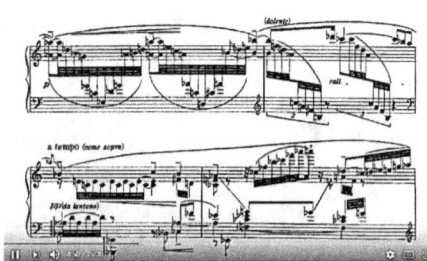

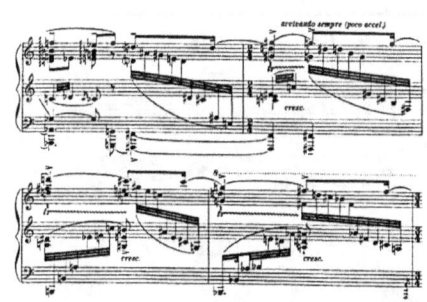

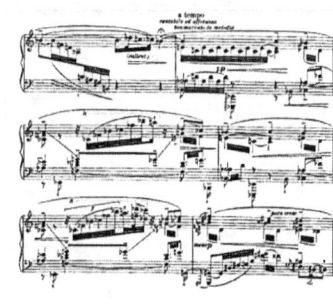

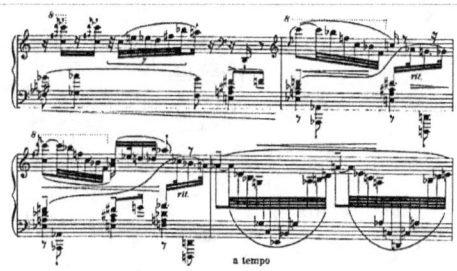

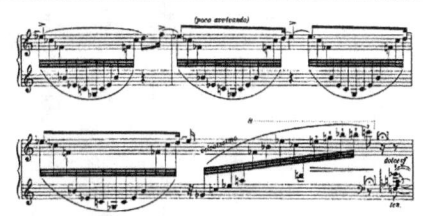

Claude Debussy, *Suite Bergamasque*

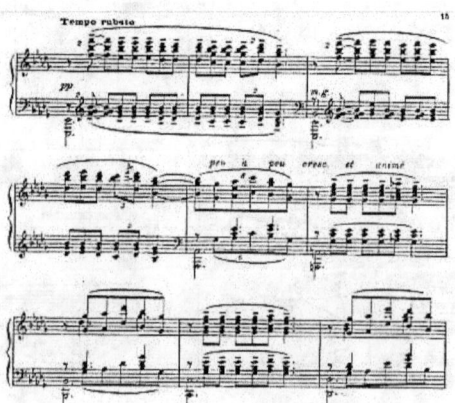

Claude Debussy,
Clair de Lune,
Suite Bergamasque

Claude Debussy, *Rêverie*

Claude Debussy, *12 Études*

Franz Liszt, *Réminiscences de Norma*

Franz Liszt, *Réminiscences de Don Juan*

Franz Liszt, *Rondo Fantastique sur un thème espagnol "El Contrabandista"*

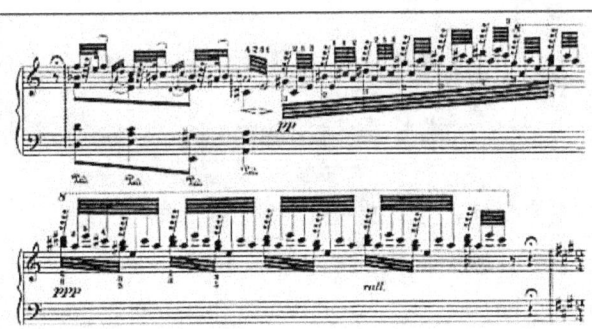

Franz Liszt, *Rhapsodie Hongroise No 2*

Franz Liszt, *Études d'exécution transcendante, S.139*

Rossini-Liszt, *Études d'après Paganini S 161 No 3*

Rossini-Liszt, *Ouverture de Guillaume Tell*

Schubert, *Quatre Impromptus Op.90*

Beethoven, *Sonate No.21 en Do Majeur*, "Waldstein"

Beethoven, *Sonate No.21 en Do Majeur, "Waldstein"*

Alexandre Scriabine,
8 Études Op.42

Alexandre Scriabine, *8 Études* Op.42

Alexandre Scriabine, 24 Préludes Op.11

Alexandre Scriabine,
Poème de l'Extase

Alexandre Scriabine, *Poème de l'Extase*

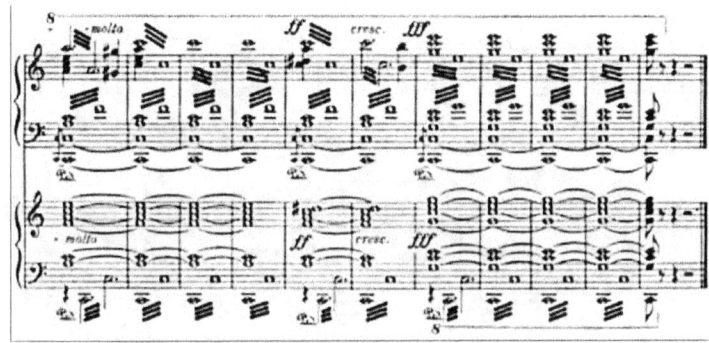

Alexandre Scriabine, *Poème de l'Extase*

Alexandre Scriabine, *Concert pour Piano en Fa dièse mineure Op. 20*

Olivier Messiaen, *Préludes pour Piano*

Schumann, *Kreisleriana* Op. 16

Brahms, *Sonate No.3 en Fa Mineur*

Brahms, *Variations sur un Thème de Paganini* Op.35

Comparaison alternée des deux premières pages de notations de la *Sonate No 3 en Fa Mineur* de Brahms et de la *Sonate en Fa Mineur K.466* de Domenico Scarlatti

Mendelssohn, *Trio pour Piano No 1 en Ré Mineur*

Mendelssohn, *Trio pour Piano No 2 en Do Mineur*

Sergei Prokofiev, *Quatuor à cordes No 1*

Jean-Sébastien Bach,
Chaconne en Ré Mineur

Nikolai Medtner,
6 Skazki, Op.51

Nikolai Medtner, *Mélodies Oubliées III* Op.40

Nikolai Medtner, *Skazki*

Nikolai Medtner, *Skazki*

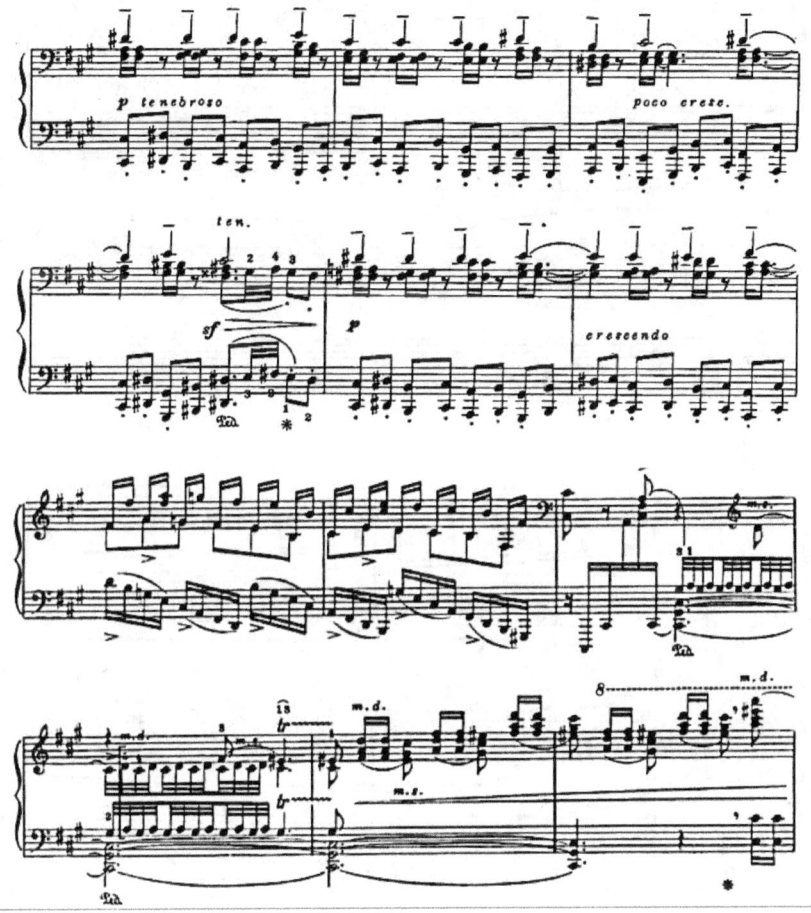

Nikolai Medtner, *Sonate-Ballade in Fa dièse Majeur No.8*

Nikolai Medtner, *Sonata Minacciosa* Op.53 No 2

Claude Debussy, *Estampes*

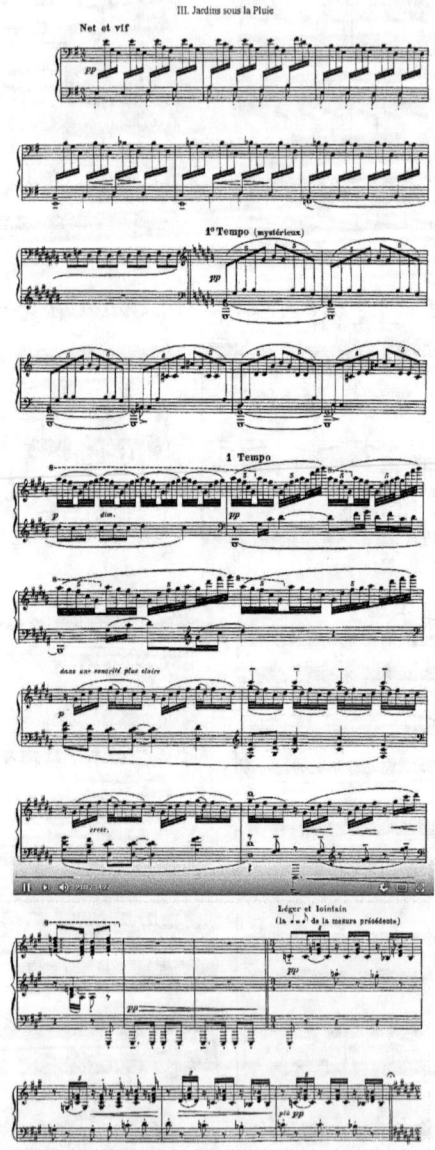

Claude Debussy, *Estampes*

Claude Debussy, *Estampes*

Claude Debussy, *Quatuor à cordes en Sol Majeur*

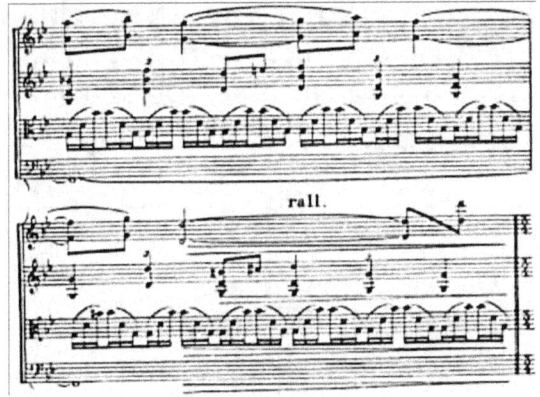
Maurice Ravel, *Quatuor à cordes en Fa Majeur*

Mendelssohn, *Octuor à cordes en Mi Bémol Majeur*

Beethoven, *Quatuor à cordes No 14 Op.131*

Beethoven, *Quatuor à cordes No 14 Op.131*

Alexandre Borodine, *Quatuor à cordes No 2*

Dmitri Shostakovich, *Quatuor à cordes No 8*

Prokofiev, *Quatuor à cordes No 1*

Prokofiev, *Quatuor à cordes No 2 "Kabardinien"*

Burletta

Béla Bartók, *Quatuor à cordes No 6*

Claude Debussy, *Quatuor à cordes en Sol Majeur*

Schubert, *La Mort et la Jeune fille*

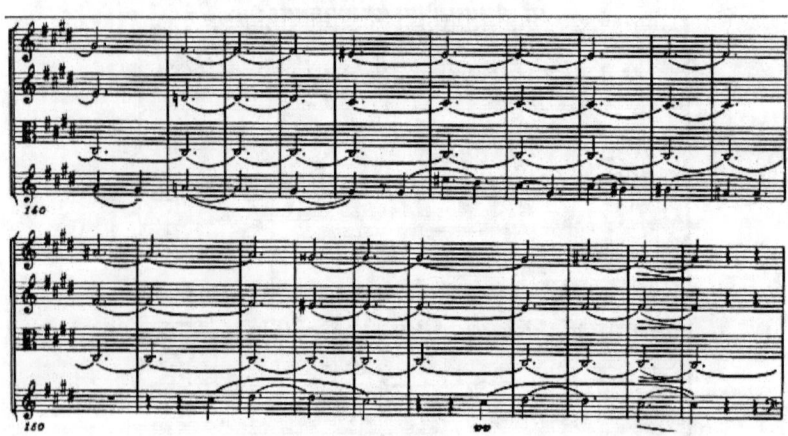

Dmitri Shostakovich, *Quatuor à cordes No 8*

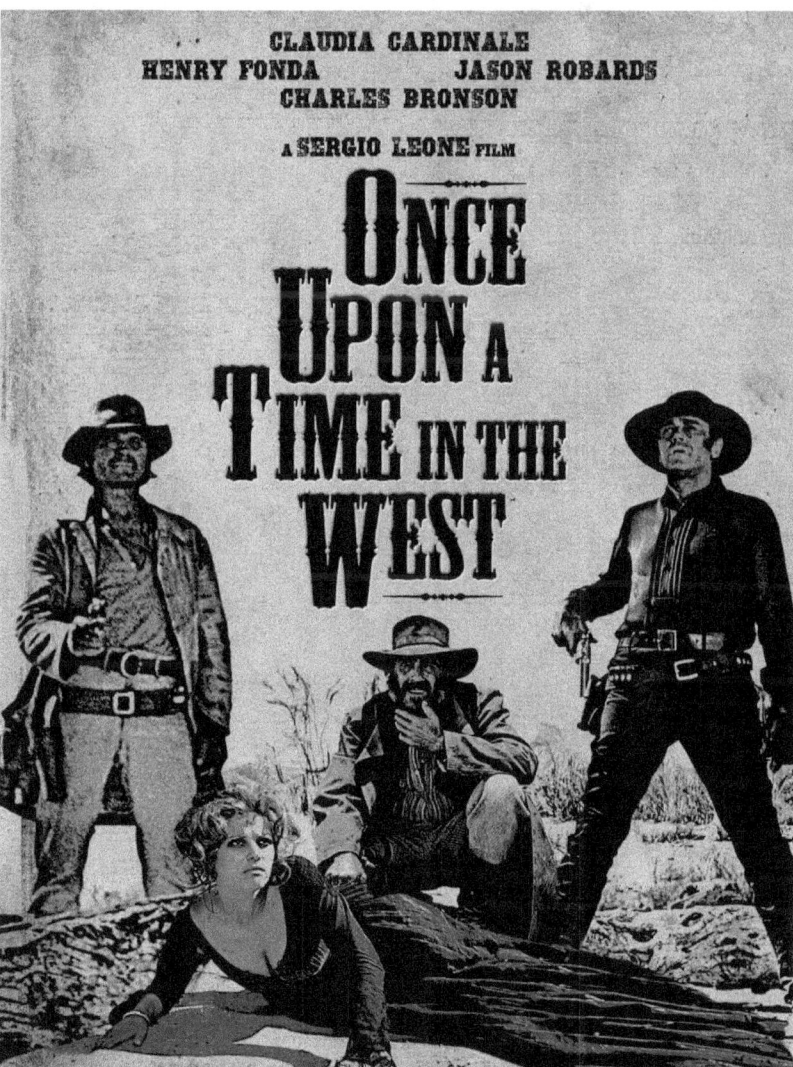

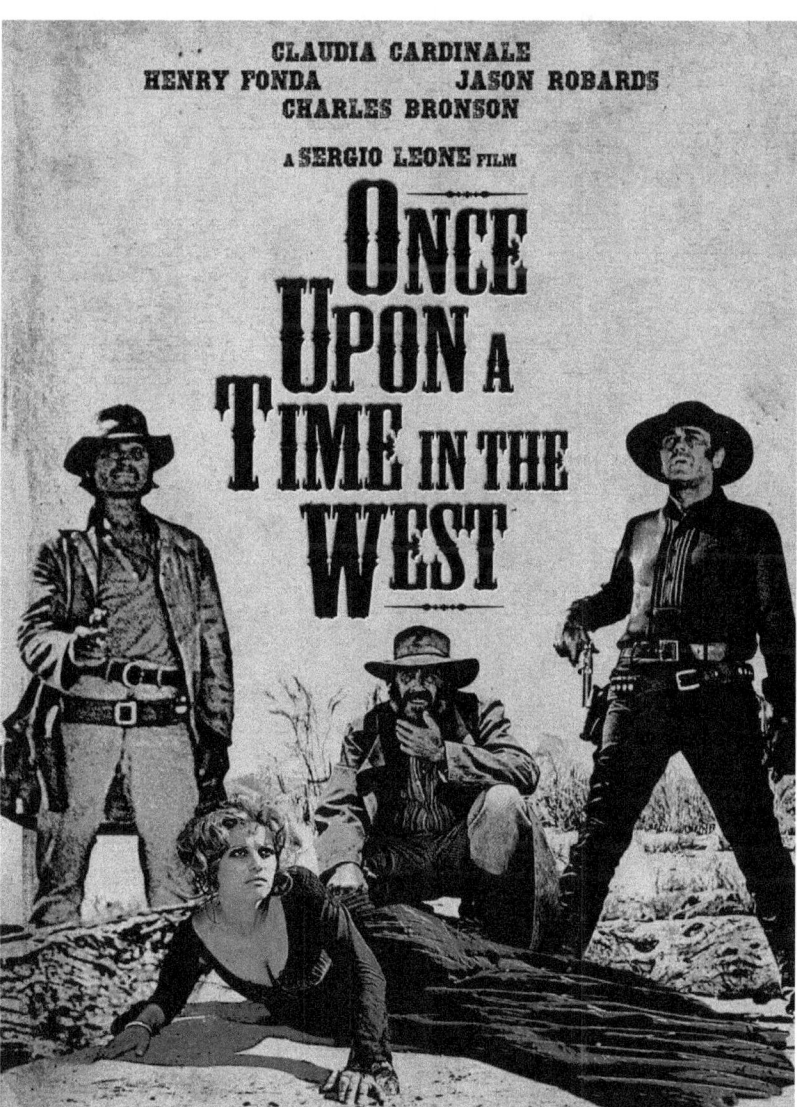

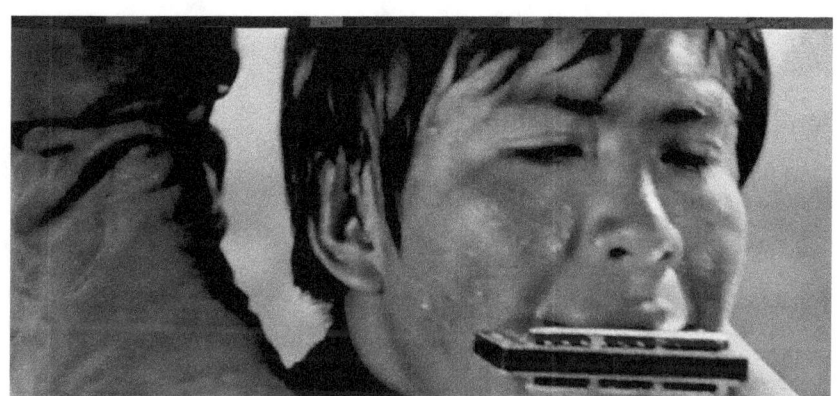

The Man With The Harmonica
(from 'Once Upon A Time In The West')

Ennio Morricone

www.ingramcontent.com/pod-product-compliance
Lightning Source LLC
Chambersburg PA
CBHW061929220426
43662CB00012B/1843